포닝

끝없이 나를 타인에 맞추 살아가는 사람들을 위한 심리학

포닝

Fawning
Fawning
Fawning

잉그리드 클레이튼 지음 | 최시은 옮김 | 김현수 감수

센시오

내 감정은 쓰레기통이면서
타인의 마음만 돌보는 이들을 위한,
새로운 삶 입문서

———/———/———/———

나는 왜 나에게 충실할 수 없을까?

관계 트라우마, 복합 트라우마의 영향으로 스스로를 온전한 자신으로 대하지 못하는 사람들이 있습니다. 더 안타까운 것은, 그런 트라우마를 안고 살아왔다는 사실조차 모르는 경우가 많다는 사실입니다. 그저 '나는 원래 그런 사람'이라 생각하며, 남들에게 끝없이 맞추고 순응하며 살아갑니다. 그러면서 마음 한편에는 알 수 없는 불안과 상실감이 자리하고 있지요. 이 책은 트라우마가 우리 내면에 미치는 영향과 작동 방식을 깊이 들여다보는 책입니다.

다음과 같은 분들이라면, 특히 도움이 될 것입니다.

상대방의 기분이 나빠 보이면 반사적으로 "미안해"라고 말하는 사람.

큰일이 날 것 같은 불안감에 거절을 못하는 사람.

내가 무엇을 원하고 좋아하는지 잘 모른다고 느끼는 사람.

나를 함부로 대하는 관계(나르시시스트 등)에서 벗어나지 못하고, 똑같은 관계를 반복하는 사람.

우울증이나 불안장애 치료를 받아도 근본적인 해결이 되지 않는다고 느끼는 사람.

어린 시절 부모의 감정을 돌보는 '감정 쓰레기통' 역할을 했던 사람.

저자는 복합 외상후스트레스장애(C-PTSD)의 관점에서 '순응 반응'을 재정의하며, 우리가 왜 해로운 관계를 반복하는지, 왜 머리로는 알면서도 거절하지 못하는지를 명쾌하게 설명합니다. 오랜 시간 동안 우리 사회와 심리학계는 타인에게 과도하게 맞추는 행동을 그저 '착한 성격', '배려심이 깊은 것', 혹은 '자존감이 낮아서 생기는 공동의존Codependency' 정도로 치부해 왔습니다. 하지만 이 책은 그 이면에 숨겨진 깊고 오랜 생존의 역사를 경이로운 시선으로 조명합니다.

저자는 우리가 흔히 아는 트라우마 반응인 '투쟁Fight, 도피Flight, 경직Freeze'을 넘어, 만성적 피해자에게 흔히 나타나는 네 번째 반응인 '순응Fawn'을 수면 위로 끌어올립니다.

순응은 결코 비굴함이나 성격적 결함이 아닙니다. 그것은 압도적인 위협과 안전하지 않은 환경(특히 아동기의 양육 환경) 속에서 살아남기 위해 한 인간이 무의식적으로 선택해야만 했던 '현실적인 생존 전략'입니다. 타인의 미세한 기분 변화를 알아채기 위해 신경계를 극도로 곤두세우는 동시에(과잉각성), 정작 나 자신의 분노와 슬픔, 욕구는 철저히 마비시키고 억압하는(과소각성) 이 정교한 방어 기제는 어린 시절의 우리를 지켜주었습니다.

이 책은 단순한 위로에 머물지 않습니다. "당신에게 잘못이 있는 것이 아니다"라는 선언을 넘어, 당신의 신경계가 당신을 살리기 위해 그토록 치열하게 일해왔음을 생물학적, 심리학적 근거를 통해 입증해 줍니다.

이 책의 가장 위대한 성취는 바로 '수치심의 해독'과 '새로운 자신의 발견'에 있습니다. 수많은 트라우마 생존자들이 가해자에게 저항하지 못하고 오히려 그들에게 동조했거나 미소를 지었다는 사실 때문에 끔찍한 자기혐오와 수치심에 시달립니다. 하지만 저자 잉그리드 클레이튼은 깊은 연민과 성실한 자기 통찰을 통해 말합니다. "그것은 당신이 약해서가 아니라, 살기 위해 당신의 뇌와 몸이 최선을 다해 일한 결과"라고 말입니다. 지금껏 나를 지키기 위해 고군분투해 온 '보호자'로서의 순응 반응을 비난하지 않고 안아줄 때, 비로소 진정한 치유가 시작됨을 이 책은 아름답게 증명합니다.

나아가 저자는 '내면가족체계IFS'와 신체 감각 기반의 접근을 통해, 내면의 상처받은 아이를 억압하지 않고 껴안으면서 '순응'이라는 갑옷을 벗는 구체적인 로드맵을 제시합니다. 타인의 인정이 없어도 스스로 존재할 수 있는 힘, '아니요'라고 말해도 안전하다는 감각을 되찾는 그 과정은 우리를 진정한 치유로 이끕니다.

누군가의 기분을 살피느라 정작 내 마음이 멍드는 줄 몰랐던 분들, 관계를 위해 나를 희생하는 것이 사랑이라 믿었던 분들, 그리고 이유 모를 공허함과 자기혐오에 시달려온 모든 분께 이 책을 강력히 추천합니다.

어려운 이론이 아닌, 풍부한 사례와 저자의 진솔한 자기 고백을 따라가다 보면, 뜨거운 눈물과 함께 몸으로 공감하는 순간을 만나게 될 것입니다.

저자와의 친절한 동행을 통해, 당신은 어느새 타인을 위한 조연이 아닌 내 삶의 온전한 주인공으로 서 있는 자신을 발견하게 될 것입니다. 이제 그 무거운 눈가리개를 벗고, 당신이 보지 못했던, 하지만 늘 그곳에 있었던 빛나는 당신을 만나보시길 바랍니다.

명지병원 정신건강의학과 전문의,
전 한국트라우마스트레스 학회 이사장,
성장학교 별 교장

김현수

순응에서 벗어나는 여정을 함께한 일곱 명의 이야기를 기록하며

이 책에는 모두 일곱 명의 내담자가 등장합니다. 이들은 트라우마 치료 과정을 저와 함께하며 짧게는 1년, 길게는 16년까지 만나온 실제 인물들로, 제게 무척 소중한 사람들입니다. 우리가 함께한 여정을 완전히 담아낼 수는 없지만, 적어도 포닝Fawning, 즉 '순응 반응'이라는 주제만큼은 최대한 진실하게 전하고자 했습니다.

이들이 공통적으로 경험한 중요한 변화는, 스스로 순응 반응을 인식하고 그것과 일정한 거리를 둘 수 있게 되었다는 점입니다. 이전에는 보지 못했던 자신의 패턴을 알아차리기 시작한 것입니다. 실제 치료 과정에서는 여정의 후반부에 이르러서야 이러한 경험담을 나눌 수 있었습니다. 이 책에서는 우리가 도달한 마지막 이야기 외에도, 순응 반응의 맥락을 이해하지 못했던 예전의 모습과 그때의 시선까지 함께 담고자 했습니다.

내담자들에게 사적인 이야기를 공유해도 되는지 허락을 구하는 일은 상당히 조심스러웠습니다. 하지만 정말 감사하게도, 제 설명이 미처 끝나기도 전에 모두들 흔쾌히 동의해 주었습니다. 자신의 가족과 친구들을 포함해 많은 사람들이 '순응 반응'의 개념을 모를뿐더러, 설령 인식하더라도 그로부터 자유로워지기는 결코 쉽지 않다는 사실을 누구보다 잘 알기 때문입니다. 그래서 자신의 이야기가 누군가에게 도움이 되기를 바라는 마음으로 기꺼이 나서주었습니다.

그들의 용기와 솔직함은 이 책이 세상에 나오기 전부터 이미 저에게 큰 도움과 의미가 되었습니다. 단지 제가 이 책을 썼기 때문만은 아닙니다. 저 역시 평생 순응 반응을 보이며 살아온 사람으로서, 여전히 그로부터 조금이라도 더 자유로워지기 위해 씨름하고 있기 때문입니다.

이 책에서는 순응 반응을 보다 입체적으로 전달하기 위해, 치료 기록과 함께 사후 인터뷰 및 서면 응답을 보완적으로 활용했습니다. 그 과정에서 "이건 지금까지 한 번도 말한 적 없는 것 같은데요…." 하고 시작되는 이야기를 많이 들을 수 있었습니다. 순응 반응을 깊이 들여다보는 경험 자체가 내담자들에게 또 다른 통찰과 치유의 시간을 열어준 듯했습니다. 누군가에게 도움이 되고자 했던 그들의 마음이, 역설적으로 자신을 더 깊이 이해할 수 있는 계기가 된 셈입니다. 그 모든 이야기는 독자들을 위한 집단의 지혜와 통찰로 이어졌습니다.

개인의 신원을 보호하기 위해 이름과 일부 세부 사항은 변경하였지만, 이 책에 담긴 경험과 통찰은 모두 실제에 기반하고 있습니다. 저는 그들의 이야기를 해석하는 사람이기보다, 그것을 독자에게 전달하도록 허락받은 사람일 뿐입니다.

그들의 오랜 이야기가, 당신이 자신에게로 돌아오는 길목에 가장 처음으로 내미는 작은 손길이 되어주길 바랍니다.

fawning[fɔ́:niŋ]:
휑아양부리는, 알랑거리는, 아첨하는

심리학에서 말하는 '포닝'은
나를 보호하기 위한 무의식적인 방어 기제로,
나를 고통스럽게 하는 사람이나 관계에
오히려 가까이 다가서고 환심을 사려 하는 행동을 뜻한다.

1부
포닝을 이해하기

1장. 트라우마의 마지막 퍼즐, 포닝

2장. 그때 우리는 왜 순응할 수밖에 없었을까?

3장. 순응할 때 나타나는 징후들

4장. 우리의 관계를 움직이는 순응의 회전목마

2부
포닝에서 벗어나기

5장. 나를 부르는 신호에 응답하라

6장. 순응을 벗어버리기 위한 내면 작업

7장. 치유를 위한 바깥 작업

F A W N I N G

Fawning

Fawning

Fawning

Fawning

1부

포닝을 이해하기

1장

트라우마의 마지막 퍼즐,
포닝

FAWNING

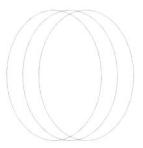

열세 살 무렵, 나는 밤이면 마당에 나가 온수 풀에 앉아 있기를 좋아
했다. 우리는 콜로라도주 아스펜에 살았는데, 집집마다 창문을 환히
밝히던 불이 꺼지고 나면 칠흑같이 어두운 밤하늘에 별자리가 더
선명하게 보였다.

　그날도 나는 온수 풀 안에 있었는데, 새아빠가 밖으로 나왔다.
나무 둥치 같은 새아빠의 다리가 테라스를 쿵쿵 울리며 걸어오는
것이 눈에 들어왔다. 그가 풀장 안으로 들어오자 입고 있던 반바지
가 공기로 부풀었다가 어둠 속으로 가라앉았다. 나는 다시 별을 쳐
다보면서 새아빠는 지금 어떤 모드일지 짐작해 보려 애썼다. 내 모
든 행동을 지적하고 나를 싫어하는 '무서운 아빠' 모드일 수도, 아니
면 멋지고 친절한 척하는 '좋은 아빠' 모드일 수도 있었다.

　새아빠 랜디 아저씨는 우리 아빠의 가장 친한 친구였다. 랜디 아
저씨가 갑자기 엄마의 남편이 되고 곧이어 우리를 이 외진 산골로

데려왔던 게 겨우 1년 전이었다. 친구들, 친척들과 멀리 떨어져 이 낯설고 이상하기만 한 곳에 살게 된 충격에서 나는 아직 헤어나지 못하고 있었다. 그래도 동네 술집 전화번호만큼은 금방 외웠다. 엄마와 새아빠가 외출하고 나면 지금 어디쯤 있는지를 알아내려 매번 전화를 걸었던 탓이다. 술집 종업원들 덕분에 나와 동생, 의붓동생은 두 사람이 갑자기 귀가할 때의 돌발 상황에 대비할 수 있었다.

새로운 가정은 독재 체제였다. 새아빠의 기분에 따라 규칙은 늘 바뀌었고 없던 규칙도 하루아침에 생겼다. 아무리 애를 써도 그 기준에 맞추기란 불가능했지만, 규칙을 지키지 못하면 외출 금지 벌을 받았다. 때로는 몇 달씩이나 집 밖으로 나갈 수 없었고 그러는 동안 새아빠는 말 한마디 걸지 않았다.

하지만 풀장 안에 있는 지금은 새아빠가 나를 무시하지도, 비난하지도 않았다. 그가 기분이 좋은 것 같아, 내심 마음이 놓였다.

"저 위에서 별들하고 살았으면 싶은가 보구나. 그렇지?"

새아빠는 살짝 웃었다. 비웃음은 아니었다. 오히려 내 마음을 인정해 주는 것 같았다. '여기 나랑 같이 있는 게 내키지 않는다는 거 안다. 그래도 괜찮아'라고.

진심을 꺼내놓는다고 생각하니 마음의 경계가 허물어졌다. 우리가 솔직한 대화를 나눌 수도 있겠다는 느낌이었다. 딱딱하게 굳었던 마음이 조금씩 누그러졌고 나는 혓바닥으로 교정기를 건드리며 피식 웃었다.

"이리 와 내 무릎에 앉지 그러냐. 그럼 그렇게 목을 꺾지 않아도 될 거다."

새아빠는 이렇게 말하며, 하늘을 올려볼 때 머리를 자기 가슴에 기대도 된다는 몸짓을 해 보였다. 계부로서 느끼는 부성애 같은 것에서 하는 말이리라. 당시에는 그렇게 여겼다. 무엇보다 지난 1년 동안 쭉 불안정한 상태로 지냈기에, 나는 보살핌이 절실했고 행복한 가족이 필요했다.

나는 천천히 움직여 새아빠 무릎에 앉은 다음 몸을 뒤로 젖혀 머리를 새아빠의 가슴 위쪽으로 기댔다. 새아빠가 나를 팔로 붙들었고 보글거리는 수면 아래로 내 발가락이 살짝 보였다. 누군가가 관심을 주고, 붙들어 주고, 내 존재를 인정해 준다는 기분에 나는 점점 느슨해졌다.

"이렇게 가까이 있으니 좋네."

새아빠가 내 엉덩이를 손바닥으로 살짝 쥐면서 말했다.

"너도 싫지 않은 것 같아서 정말 기쁘다."

순간, 머릿속이 복잡해지면서 몸에 힘이 들어갔다.

'무슨 말이야? 왜 저런 말을 하는 거지?'

새아빠의 손에서 전해지는 기운으로 나는 그 말의 의미를 곧바로 느낄 수 있었다. 이건 분명 내가 싫어해야 하는 상황이었다. 하지만 동시에 신중한 줄타기를 해야 한다는 생각도 들었다. 무서운 버전의 새아빠를 깨워서 문제를 만들고 싶지 않았다. 나는 공기처럼 옅은 소리로 침착하게 말했다.

"제가 왜 싫어하겠어요?"

온수 풀 안에서 새아빠의 말을 기다리는 동안, 그의 몸에 난 억센 털들이 내 피부를 바늘처럼 찔러 따끔거렸다. 새아빠와 나 사이에 빨려들 듯 흐르는 물 때문에 진공 상태에 갇힌 것처럼 숨이 막혀왔지만, 최대한 움직이지 않고 가만히 있었다.

"예민한 여자애들도 있거든."

새아빠가 대답했다.

"그런 애들은 남자들한테 거리를 두고 싶어 하지." 잠시 멈췄다가 그가 다시 말을 이었다.

"넌 그렇지 않아서 좋구나. 이렇게 가까이 있을 수도 있고 말이야."

그 순간이 모든 것을 바꿔놓았다. 정확히 말하자면, 내 안의 무언가가 달라졌다. 새아빠가 친절해 보이는데도 불안한 것은 처음이었다. 이제껏 내가 불안했을 때는 늘 새아빠가 폭력적이거나 냉랭할 때였다. 혼란스러웠다. 지금 새아빠의 목소리는 부드럽고 차분했다. 겉으로는 다정한 모습이었다. 하지만 그가 있는 그대로를 말하고 있지 않다는 것을 나는 몸으로 느낄 수 있었다. 뭔가 크게 잘못된 느낌이었다.

만약 그 순간을 천천히 돌려볼 수 있다면, 내 마음이 둘로 갈라지는 것 같으리라. 한편으론 두려웠다. 나는 열세 살 아이였고 내 안전이 위협받는 상황이라는 것을 본능적으로 느끼고 있었다. 다른 한편으론 그 온수 풀 안의 권력 구조 때문에 내 두려움을 모른 척해야 했다. 어쨌든 그는 내 삶을 쥐고 있는 권력자이자 어른이었다. 우리가 같이 살게 된 순간부터 엄마라는 작은 존재는 새아빠의 그늘 아래로 사라졌다. 엄마의 몸은 새아빠가 움직일 때만 움직였고 엄마의 말은 새아빠가 했던 말을 그대로 따라 할 뿐이었다. 엄마가 눈앞에 있을 때도, 우리 엄마는 도대체 어디로 사라져 버렸는지 항상 궁금했다. 대장은 새아빠였고 우리 모두 대장에게 잘 보여야 했다.

그래서 내가 어떻게 했을까? 위협이 닥치면 우리는 보통 '투쟁, 도피, 경직3F. Fight, Flight, Freeze' 반응을 보인다고 하지만, 내 몸은 그중 어느 것도 가능하지 않다는 것을 직감했다.

'투쟁'은 애초에 대안이 못 되었다. 우선은 새아빠가 공격적인 면을 드러내지 않았기 때문에 맞서서 싸울 거리가 없었다. 새아빠는 나를 감정적으로 조종하면서 구슬리고 있었고 그건 효과가 있었다. 나는 내 감정을 의심하게 되었고 새아빠가 그러는 것처럼 이 상황을 별일이 아닌 것으로 믿게 되었다. 게다가 새아빠는 몸집이 나의 두 배는 족히 되었다. 그가 엄마에게 물리적 폭력을 가하는 모습을 직접 본 적은 없었지만, 엄마 몸에는 멍이 있었다. 새아빠와 싸우는 것은 위험한 선택이었다.

당연히 '도피'도 아이에게는 불가능한 대안이었다. 도망치면 어디로 간단 말인가? 누구에게 가야 할까? 인간 아이가 살아남으려면 성인을 필요로 하고, 인간은 다른 어떤 종보다도 양육자에게 의존하는 기간이 길다. 나는 내 친구들과 친척들에게서 멀리 떨어져 있었다. 달리 갈 수 있는 안전한 장소가 없었다.

'경직'은 충격적인 경험을 할 때 보이는 흔한 반응이지만 그때 내 몸은 적어도 완전히 얼어버리지는 않았다. 나는 정신을 차리고 그 상황에 대처할 방법을 찾아내야 했다. 새아빠가 이끄는 대로 따르면 상황을 악화시키지 않고 계속해서 새아빠의 호의를 얻을 수 있을지 몰랐다. 나는 안전하다고 느끼지 못했지만, 그런 척해야 했다. 새아빠가 싫었지만, 그가 나를 좋아하게 만들어야 했다.

그래서 내 몸은 다른 대안을 찾았다. 나는 온수 풀 안에 새아빠와 둘만 있는 상황이 두려웠지만 아무렇지도 않은 듯 태연하게 굴었다. 기분이 좋은 척, 심지어는 새아빠의 환심을 사려고도 했다. '별일 없다'는 메시지를 행동으로 표현하고 있었다. 나는 풀장 안에 한참을 더 머물다가, 그만 나가봐야겠다고 말하고 새아빠의 무릎에서 떨어져 나왔다. 테라스에 발을 디디자마자 내 방으로 '순간 이동' 하고 싶은 마음이 간절했다. 마음은 뛰고 싶었지만 평소처럼 걸으려 애썼다. 한 걸음 한 걸음이 슬로모션 같았다. 반쯤 벗은 상태로 온몸이 젖은 채 펼치는 슬로모션 행진이었다.

그날 저녁에 무슨 일이 일어난 것인지, 그리고 그 일이 내가 갈등 상황에 반응하는 방식에 어떤 영향을 미쳤는지는 30년 뒤에 알게 되었다. 트라우마 반응에는 네 번째 'F'가 있다. 바로 '순응Fawning' 이다.

안전하려면 관계를 유지해야 해

'순응'이라 하면, 한 푼이라도 더 벌기 위해 고용주의 비위를 맞추는 직장인이나 상대방 마음에 들기 위해 살살거리는 어린아이의 이미지를 떠올릴지도 모르겠다. 메리엄-웹스터 영어사전 역시 순응, 즉 '포닝Fawning'을 '매달리거나 아첨하는 태도로 상대의 환심을 사려는 행동'으로 정의한다. 하지만 이 정의는 트라우마 맥락에서의 순응 반응의 핵심은 담지 못한다.

심리치료사이자《복합 외상후스트레스장애: 생존에서 번영까지 Complex PTSD: From Surviving to Thriving》의 저자 피트 워커Pete Walker는 정신적 외상 및 학대를 겪은 이들의 다양한 사례를 연구한 후 '순응 반응'을 이렇게 정의했다.

'위협에 대한 반응 중 하나로, 자신에게 위협을 가하는 존재에게 오히려 더 매력을 호소하는 것.[1]'

순응 반응을 보이는 사람은 갈등을 직면하는 대신 무마하고자 한다. 그리고 이를 위해 타인의 요구를 들어주고, 기대에 맞추며, 스스로를 낮춘다. 그것이 안전을 지키는 최선이기 때문이다. 적어도 당장에는 말이다.

원치 않는 상대, 폭력적인 남자가 찝쩍대는데도 미소를 짓거나 소리 내어 웃어준다면, 그것은 순응 반응이다. 직장 분위기가 불합리한데도 돈벌이를 위해 자신의 중요한 가치관을 외면하고 있다면, 그 또한 순응 반응이다. 부모의 반복적인 학대 행위를 모른 척하며 관계를 유지하고자 한다면, 예상하다시피 그것은 순응 반응이다.

이처럼 트라우마 상황의 순응 반응이라는 개념을 알고 나면, 무력하거나 학대받는 상황에서 우리가 왜 그렇게 행동하는지 이해할 수 있다. 이것은 A학점을 받아보려고 채점자에게 잘 보이려 하는 것이나 권력에 아부하는 것과는 다르다. '순응 반응'은 의식적인 행동

---

[1] 피트 워커,《복합 외상후스트레스장애 : 생존에서 번영까지》

이 아니다. 부당함, 수치심, 방치, 학대 등 우리를 위협하는 상황에 직면했을 때 자신의 안전을 확보하기 위해 나타나는 반응이다.

어떤 면에서 순응 반응은 동양의 전통 무술인 합기도와도 비슷하다. 합기도의 핵심 원칙은 바로 '조화를 이루는 법[2]'에 있다. 합기도의 목표는 단순히 상대를 공격하거나, 공격을 피하는 것이 아니다. '상대의 에너지와 의도'를 읽고 거기에 맞춰 함께 움직이는 것이다. 그렇게 상대와 연결되면 상대의 다음 움직임을 예측해[3], 양쪽 모두의 안전을 지키면서 상황을 평화적으로 해결할 수 있다.

순응 반응도 마찬가지다. 안전하지 않다고 느낄 때 우리는 공격자나 학대자에게 우리를 맞춘다. 그 상황에서 그저 무사히 벗어나기를 바랄 뿐이다. 우리를 아프게 하는 상대에게 의존하기 때문에 그 관계를 잃지 않으려 애쓰는 것이다. 그 사람이 부모(또는 양부모)라면 우리의 생존이 그들의 보살핌에 달려 있다. 상대가 직장 상사라면 급여나 승진 기회를 좌우한다. 상대가 배우자인 경우, 생활비나 자녀 양육, 또는 결혼으로 얻는 지위를 의탁하게 된다.

순응 반응에서 관계를 유지하는 것은 곧 안전을 지키는 일이다. 순응 반응은 위협을 무효화하려는 시도이며 실제로 효과가 있지만, 여기엔 보이지 않는 손실이 따른다. 타인의 요구에 맞춘다는 것은

---

2 〈무도: 합기도란 무엇인가?Martial Arts: What Is Aikido?〉, 전국 가라데 & 코부도 연맹, 2024년 11월 열람, https://www.nkkf.org/blogs/martial-arts-what-is-aikido

3 〈합기도가 효과적인 리더십에 대해 우리에게 가르쳐 줄 수 있는 것은 무엇인가?What Can Aikido Teach Us About Effective Leadership?〉, 미시간 로스앤어 리더십 센터, 2024년 8월 열람, https://sanger.umich.edu/news-1-2-19-ema-aikido/

자신의 요구는 포기하는 것을 의미하기 때문이다. 순응은 본질적으로 나 자신의 필요, 가치, 의견을 버린다는 의미이고 이로써 우리는 더욱 취약해지고 만다.

단순히 아부를 떨거나 눈치를 보는 경우라면, 자기 행동 방식을 어느 정도는 조절할 수 있다. 반면에 순응 반응은 의식적 선택이 아닌 생존 메커니즘이다. 우리 머릿속 '파충류의 뇌(인간 뇌를 구성하는 세 영역 중 하나로 뇌간에 해당. 가장 원시적이고 본능적인 뇌이며 생명 유지에 필요한 호흡, 혈압, 심장 운동 등을 관장한다-옮긴이)'는 생존 확률이 가장 높은 행동을 10억 분의 1초 속도로 선택하고 그 결과가 성공적이면 몸은 그것을 기억했다가 이후에도 반복한다. 순응하는 이들의 의도는 결코 상대를 기쁘게 하거나 굳이 도움을 주려는 것이 아니다. 무력한 상황에서 조금이나마 힘을 찾고 싶은 것이다.

내가 괜찮고, 너도 괜찮으면, 다 괜찮은 거야

새아빠와의 상황은 점점 더 안 좋은 방향으로 흘러갔다. 온수 풀일이 있고 3년쯤 지났을 때 새아빠는 온갖 거짓말을 동원해서 나를 몰래 라스베이거스에 데려갔다. 엄마가 위독한 외할아버지를 만나러 간 사이였다. 라스베이거스의 카지노에서 새아빠는 계속 자기 손을 잡고 다니게 했다. 내가 여자친구라도 되는 것처럼 보란 듯이 데리고 다니면서도 내게는 '미성년자가 카지노에 있는 걸 들키면 곤란해질 것'이라고 얘기했다.

겉보기엔 아무 일도 없는 것 같았다. 명백한 성적 학대는 없었다. 커다란 침대가 하나만 있는, 천장에 거울이 달린 호텔 스위트룸을 잡았을 뿐이다. 우리는 그 침대에서 나란히 잠을 잤다. 새아빠는 반쯤 벗은 채였고, 나는 헐렁한 운동복을 입고 새아빠에게서 등을 돌려 침대 귀퉁이를 붙든 채였다. 내 몸은 그 상황이 잘못되었음을 느꼈고 공포가 일었다. 하지만 그 상황을 뭐라고 설명해야 할지 알 수 없었다.

몇 달이 지나도록 나는 도움이 될 만한 누군가에게 그 일을 말하지 않았다. 하지만 새아빠가 내 베개 위에 쪽지를 남긴 것을 보았을 때, 드디어 뭔가 구체적인 증거가 생긴 것 같았다. 내용은 잘 기억나지 않지만, 새아빠와 내 관계의 역학을 읽기에 충분했던 것으로 기억한다. 나는 학교 상담 선생님에게 쪽지를 보여드렸고 선생님은 걱정스러운 표정으로 나를 보았다.

"잉그리드, 얘기 좀 나눠야 할 것 같구나."

그동안 있었던 일들을 전부 털어놓을 때가 되었다고 생각하니 몸이 떨려왔다. 나는 선생님에게 라스베이거스에서 있었던 일을 말했다.

그것은 건강한 투쟁 반응의 전형이었다. 나는 계속되는 새아빠의 접근을 막으려면 누군가의 도움이 필요하다는 것을 알았다. 엄마가 모든 걸 알아주길, 그래서 새아빠를 떠나고 끝없이 계속되는 이 악몽에서 나를 구해주길 바랐다. 그리고 더 큰 권한이 있는 누군가의 도움이 필요하다는 것도 본능적으로 알았다. 하지만 상담 선생님 주관하에 사회복지사와 모두가 한자리에 모였을 때, 엄마는 나를 구하기보다 침묵하는 쪽을 택했다. 엄마는 냉정한 얼굴로 남편을 불러 달라 요청했다. 그 사람이 무슨 일을 저질러서가 아니라 상황을 정리하기 위해서라는 말도 잊지 않았다. 새아빠가 곧 들이닥쳐 내게 "거짓말하지 마!"라고 소리쳤다. 그러고는 내가 우리 가족의 골칫덩어리라고 말했다.

엄마가 새아빠 편을 들었던 일은 결국 내게 가장 큰 상처로 남았다. 엄마는 엄마의 방식으로 '아무 일 없음'을 믿으려 했던 것이리라. 새아빠는 내게 트라우마를 남겼지만, 내심 엄마가 그 사실을 알게 되면 당연히 상황이 해결될 것이라고 생각했다. "미안하다. 엄마가 잘못했어. 미안해, 아가"라며 나를 안아줄 줄로만 알았다. 그렇게 우리는 새아빠를 떠나게 될 것이라 믿었다. 하지만 나를 구해줄 것이라 믿었던 유일한 사람이 가해자 편을 드는 모습을 목격했다.

순응형 사람 중 상당수가 성장 과정에서 이와 유사한 일을 겪는다. 자신 외에는 누구에게도 절대로 온전히 의지할 수 없다는 것을 깨닫게 되는 경험이다. '관계에서 오는 안전망'은 남의 이야기일 뿐이고, '무조건적 사랑'은 환상에 불과하거나 노력을 다해서 획득해야 하는 것이라 배운 사람들은 그 결과 '지나치게 독립적인 성향'을 띠게 되는 경우가 많다. 건강한 관계에서 오는 지지에 기대는 법을 모르면 모든 것을 혼자서 해결해야 한다. 힘든 일이 생겨도 아무에게도 터놓지 않는 것이 당연하다. 힘든 일은 마음속에 꼭꼭 눌러 담고, 안전을 유지하기 위해 아무 일 없는 척 순응을 계속한다. 그렇게 우리는 외로워지고 지쳐간다.

겉으로는 모든 것을 잘 관리하는 듯 '완전히 괜찮은 사람'처럼 보인다. 아무런 문제 없이 맡은 역할에 충실하고 성공적인 경력을 쌓으며 오랜 관계를 이어간다. 하지만 그것이 전부는 아니다. 진실을 말하자면, 오랜 시간 너무 많은 것을 수용해 왔기 때문에 이제는 부당함을 느낄 수조차 없게 된 상태다. 우리는 대인관계에서 오는 어려움을 해결하기 위해 무감각해지거나 우울에 빠지고, 더 나은 사람이 되려고 끝없이 애쓰면서 현상을 유지해 간다. 그리고 끊임없이 스스로를 가스라이팅하면서 '그렇게 나쁜 건 아니야'라고 믿는다.

가족과 여러 공동체들 또한 우리에게 순응을 가르친다. 흔히 '예의'라는 이름으로 포장되지만, 위계적이고 가부장적인 사회에서 살아남고 적응하기 위해 순응은 꼭 필요한 반응이다. 다른 사람에게 맞추어야 한다는, 순응에 대한 익숙한 가르침은 이런 것들이다.

"삼촌한테 뽀뽀해야지."

"선물이 마음에 안 들어도 좋다고 말해야 하는 거야."

"아버지 술 드시는 건 어디 가서 입에 담지 말아라."

"사람들 불편하게 하지 마."

"네가 더 열심히 해."

"받아들여. 그래도 네 엄마잖아."

"관계를 유지하려면 더 매력적으로 보여야 해."

"거리를 유지하려면 덜 매력적으로 보여야 해."

"조직을 위해서야."

"그러다 잘못되면 속이 시원하겠어?"

"그냥 해."

"좀 참아."

"무시해."

"웃는 얼굴로."

이 밖에도 우리가 진정한 자신을 외면하도록 요구하는 암시적 혹은 명시적인 메시지들은 셀 수 없이 많다. 결국 우리는 자신의 경계를 알 수 없게 되고 그렇게 순응이 시작된다.

자기 자신과의 연결을 잃는다는 것. 이것이 순응 반응의 가장 슬픈 측면이다. 이렇게 학습된 방법은 우리 내면에 너무도 깊게 자리 잡아, 자신이 그 방법을 쓰고 있는지조차 깨닫지 못하게 된다. 겉으로는 그저 괜찮은 척하지만, 실은 적응하기 위해 끝없이 나를 타인에 맞추며 살아가는 것이다. 어쩌면 자신은 그저 마음이 넓고, 공감을 잘하고, 인정 많은 사람일 뿐이라고 믿을지도 모른다. 실제로 그런 성향을 지니고 있을 수도 있다. 그러나 그중 어느 정도가 트라우마 반응으로 인한 것인지 알 수 없다. 심지어 자신이 트라우마를 경험했다는 사실조차 알지 못하는 사람들이 적지 않다.

복합 트라우마와 순응 반응

지속적인 관계 속 트라우마로 고통받는 사람들에게 순응 반응은 흔하게 나타나는 대응 메커니즘이다. 관계 트라우마는 폭행이나 교통사고 등 단일한 사건으로 정신적 충격을 받는 것과는 구별되며, 심리학 분야에서 비교적 최근에 등장한 개념인 '복합 트라우마

Complex Trauma'에 해당한다. '복합 트라우마'란 개인의 안전이 위협받는 상황이 일상적으로 지속되는 것을 말한다. 특성상 주로 대인관계에서 발생하는데, 단일한 진단이나 하나의 특정한 사건으로 설명할 수 없다. 끝이 보이지 않는 괴로운 상황이 장기간 이어지면서 삶 전반에 공기처럼 스며드는 것이 바로 복합 트라우마다.

이러한 복합 트라우마는 내 경우가 그랬듯, 가족 안에서 빚어지는 감당하기 어렵거나 학대적인 관계가 원인이 되곤 하며, 가족보다 큰 규모의 사회 구조 안에서도 물론 발생할 수 있다. 억압이나 소외가 작용하는 집단이라면, 그리고 개인이 그 집단에 받아들여지기 위해 자신의 일부를 부정해야 한다면, 어디서든 일어날 수 있다. 연인 관계에서도 마찬가지다.

복합 트라우마의 까다로운 측면은, 우리가 그것을 트라우마로 인식하지 못한 채 당연시하거나 개인적 결함으로 오인하는 경우가 많다는 것이다. 나 역시 내가 겪은 일들을 떠올리며 흔히들 말하는 '트라우마'였다고 생각은 했지만, 그 진정한 의미에 대해 알기까지는 오랜 시간이 걸렸다. 트라우마라고 하면 뭔가 더 끔찍하거나 명확한 사건이 있어야 할 것 같았다. 내게 그런 일은 일어나지 않았기에 내가 겪는 증상들은 온전히 내 탓이고, 문제의 원인도 나에게 있다고 믿었다.

실상 우리 사회가 트라우마의 존재와 그 중요성을 인식하기 시작한 것 자체가 그리 오래된 일이 아니다. 1980년대에 들어와서야 외상후스트레스장애PTSD, Post-Traumatic Stress Disorder에 대한 진단이 미국 정신의학협회가 발행하는 《정신질환 진단 및 통계 편람Diagnostic and Statistical Manual of Mental Disorders》에 수록되었다. 현대 정신질환 진단의 표준으로 활용되는 이 서적에서, 외상후스트레스장애의 진단 기준은 "'인간의 일반적인 경험 범위를 넘어서는' 정신적 외상(트라우마) 사건에 노출되어야 한다[4]'라고 명시한다. 트라우마란 극적이고 파괴적이며 매우 드물게 일어나는 사건이라 인식하는 것이다.

하지만 이후 수십 년 동안 트라우마에 대한 인식의 폭은 점차 확장되었다. 실제로 사람들이 트라우마를 경험하는 경우는 매우 흔히 발생한다. 미국 성인의 약 70퍼센트가 살면서 적어도 한 번 이상 어떤 형태로든 트라우마적 사건을 경험한 적이 있다고 답하는데[5], 보고된 사례만 이 정도이니 아마 실제 숫자는 더 많을 것이다. 수많은 가정들이 다양한 중독 문제, 성적 학대, 신체적 학대, 분노 조절 및 적절한 치료를 받지 못한 정신질환의 문제를 겪는다. 여기에 빈곤이나 인종차별 같은 사회적 문제도 더해진다.

이러한 일들은 '인간의 일반적 경험 범위를 넘어서는' 것으로 보기 어려우며, 누구든 흔히 겪을 수 있는 경험이다. 그렇기에 우리는 오랫동안 이런 일들을 남에게 드러내면 안 되는 것, 혼자서 감당하거나 참아야 하는 것, 용서하고서 잊고 넘어가야 하는 것이라 여겼다. 지금도 낡은 사고방식에 갇혀 '이런 경험은 트라우마가 아니다'

---

4 《정신질환 진단 및 통계 편람》, 제3판, 미국 정신의학협회

5 C. 벤젯C. Benjet 외, 〈세계적인 트라우마적 사건 노출의 역학: 세계 정신 건강 조사 컨소시엄 결과에서The Epidemiology of Traumatic Event Exposure Worldwide: Results from the World Mental Health Survey Consortium〉, 《심리의학Psychological Medicine》 제46권 제2호(2015), 미국 국립의학도서관

라고 단정짓는 사람도 많다. 하지만 우리는 이제 안다. 이처럼 광범위하게 스며드는 상처가 전쟁이나 자연재해에 못지않게, 어쩌면 그보다 더 인간 정신에 해로울 수 있음을 말이다. 이 상처는 겉으로 좀처럼 드러나지 않으며 보이지 않는 심연에서 곪아간다. 혼자서 극복하거나 개인이 성장을 통해 해결해야 하는 문제라 여기기 때문에 상처는 자칫 더 깊어지기 쉽다.

1970년대 여성해방운동 당시 하버드대 정신의학과 교수 주디스 허먼Judith Herman은 '단일 사건으로 인한 (급성) 트라우마'와 '반복되는 트라우마적 사건'을 구분하여 정의했다. 허먼은 여성들이 털어놓는 성폭력과 가정 폭력 경험담을 들으며, 이것이 참전용사들이 트라우마를 설명하는 방식과 상당히 유사하다는 사실을 발견했다. 점점 더 많은 여성이 목소리를 내기 시작하자, 허먼은 그들의 현실을 대변하는 논문을 썼고 이 논문들은 비공식적으로 널리 알려지게 되었다.

허먼이 제시한 '복합 트라우마' 개념은 남성과 여성, 공적 영역과 사적 영역, 사회적으로 인정받는 경험과 낙인찍힌 경험 사이의 간격을 모두 다루기 위한 것이었다. 허먼은 또한 우리 생각보다도 훨씬 더 많은 사람들이 일상적 트라우마를 지속적으로 겪고 있으며, 기존의 외상후스트레스장애에 대한 정의로는 이를 설명하기에 충분치 않다고 주장했다. 이에 따라 1988년,《정신질환 진단 및 통계편람》에 '복합 외상후스트레스장애Complex-PTSD'라는 새로운 진단명을 추가할 것을 제안했지만 허먼의 제안은 받아들여지지 않았다.

지금까지도 복합 외상후스트레스장애(그리고 더 넓은 의미의 복합 트라우마)는 미국 내에서 공식 진단으로 인정받지 못하는 실정이다. 때문에 연구 자금 지원, 교육 과정 반영, 보험 보상 등에 제약이 생겨서 전문가뿐 아니라 일반 대중에게도 걸림돌이 되고 있다[6]. 사회의 취약한 다수를 돕는 데 필요한 언어를 의료체계가 수용하지 못하는 셈이다.

두더지 잡기로는 트라우마에서 벗어날 수 없다

내가 만난 내담자들만 살펴봐도, 이들이 나를 찾은 표면적 이유는 '복합 트라우마'가 아니었다. 이들은 자존감 저하, 우울감, 불안, 중독, 대인관계 등의 문제 때문에 도움을 요청했다. 이것이 바로 복합 트라우마가 우리 삶에 모습을 드러내는 방식이기도 하다. 지속적인 위협이 나의 안전감이나 자아상을 무너뜨릴 때 우리는 어떻게든 건더내기 위해 미숙한 대처 방식을 동원하게 된다. 그것이 곧 부정적인 자아상, 약물 의존, 섭식장애, 혼란한 경계 설정과 같은 결과로 나타난다.

나이와 성별, 삶의 궤적이 저마다 달랐지만 내담자들은 유사한 모습을 보였다. 만일 내가 복합 트라우마가 모습을 드러내는 교묘한 방식을 알지 못했다면, 그들이 지닌 문제의 뿌리를 알아보지 못했을 것이다. 눈앞에 드러난 문제에만 집중할 때 치료 과정은 근본적인 치유에 이르지 못한 채 여기저기 끝없이 나타나는 증상만 관리하는

---

6 다행히도 세계보건기구WHO에서 발행하는 《국제질병분류 제11판International Statistical Classification of Diseases and Related Health Problems(ICD-11)》에 2018년부터 복합 외상후스트레스장애에 관한 내용이 포함되었다.

'두더지 잡기'에 그치고 만다.

우리가 자신의 증상을 있는 그대로 받아들이고, 그것이 타고난 결함이나 기능 이상이 아니라는 사실을 이해하며, 트라우마를 회복하기 위해서는 신체에 기반한 통합적인 접근이 필요함을 인식할 때 놀라운 변화가 일어난다. 한때 우리는 더 많은 통찰을 얻고자 노력하고, 나의 가치를 증명하려 갖은 애를 썼지만 결국 모든 것이 원위치로 돌아오는 다람쥐 쳇바퀴에서 벗어나지 못했다. 이제 비로소 생존 모드에서 벗어나 진정한 회복의 여정을 시작할 수 있을 것이다.

이 책에서 '트라우마'라는 표현은 여러 의미로 사용되었다. 각각에 대한 설명은 다음과 같다.

트라우마적 사건(또는 정신적 외상 사건)Traumatic Events

교통사고나 자연재해처럼 충격적이고 두렵거나 생명을 위협하는 경험을 말한다. 또한 폭력을 직접 겪거나 목격하는 일, 배신, 학대, 방임과 같은 경험도 포함된다. 이러한 사건들은 개인에 따라 트라우마로 이어질 수도 있고, 그렇지 않을 수도 있다.

트라우마(또는 정신적 외상)Trauma

트라우마는 그리스어로 '상처'를 뜻하며, 트라우마적 사건이 우리의 신경계를 압도하며 남기는 정신적 상흔을 가리킨다. 트라우마적 사건은 시간이 지나면 과거가 되지만, 그 경험은 우리가 기억을 저장, 처리 및 통합하는 방식에 변화를 가하기 때문에 그 영향은 현재까지 이어진다. 해결되지 않은 트라우마는 분열된 자아, 체화된 기억, 시간 안에 갇힌 듯한 감각 등으로 지속된다.

트라우마 촉발 요인(혹은 트리거)Trauma Trigger

과거에 경험한 트라우마적 사건을 상기시키는 감각이다. 특정 소음, 기념일, 영화 속 장면과 같은 외부 자극이 될 수도 있고 무력감, 고독감, 신체 긴장감 등 내부 자극이 될 수도 있다.

트라우마 반응Trauma Response

위협에 직면했을 때 몸이 보이는 즉각적인 반응을 말한다. 이러한 반응은 이성적 판단이 아니라 본능에서 비롯되며, 우리를 안전하게 지키기 위한 무의식적인 시도다.

트라우마 반응에는 투쟁, 도피, 경직이라는 세 가지 유형이 있다고 알려져 왔으나, 최근 연구에서는 네 번째 유형인 '순응' 반응을 조명했다. 이로써 순응 반응이 단순히 타인을 기분 좋게 하려는 의도가 아니라 '위협에 대응하는 신체의 무의식적 반응' 임을 이해할 수 있게 되었다. 모든 트라우마 반응은 감정을 적절히 조절하거나 다루지 못하는 문제로 이어질 수 있다.

복합 트라우마(또는 복합 외상)Complex Trauma

대인관계 속 반복되는 위협에 장기간 노출되는 경험과, 그로 인해 발생하는 어려움을 말한다. 주로 어린 시절에 겪는 경우가 많으나 아동기에만 국한되지는 않는다(예: 장기간 지속되는 가정 폭력 등). 복합 트라우마라는 용어는 관계성 트라우마, 발달 트라우마, 심리적 트라우마, 아동기 트라우마 등과 혼용되기도 한다.

외상후스트레스장애와 복합 외상후스트레스장애Post-Traumatic Stress Disorder(PTSD) and Complex Post-Traumatic Stress Disorder(CPTSD)

트라우마와 관련된 진단명이다. 이 두 가지 질환의 진단은, 과거의 트라우마적 사건을 지속적으로 재경험하는가, 트라우마적 사건을 상기시키는 요인을 회피하는가, 반응·기분·인지 측면의 어려움을 겪는가를 기준으로 한다. 복합 외상후스트레스 장애의 경우, 여기에 더해 정서 조절 문제, 부정적인 자아 개념, 관계의 어려움까지 포함한다.

고착 상태에서 벗어나기

내가 만성적인 순응 반응에서 회복하기 시작한 것은, 새아빠가 죽어가고 있다는 소식을 듣고 나면서부터였다.

'새아빠가 다 털어놓을 거야. 그러면 엄마가 나를 다시 믿어줄 거고, 나는 자유로워질 수 있어.'

그렇게 수십 년간 품었던 희망이 이제 마지막 순간에 다다른 듯했다. 그 사람과 나 사이에 놓인 모래시계에도, 이제 마지막 모래가 얼마 남지 않았다.

내가 과거에서 벗어나기 위해 할 수 있는 모든 노력을 다했음을 하늘은 알고 있으리라. 17살에 집을 떠나고부터 나는 뒤를 돌아보지 않았다. 가족 안에서 반복되는 악순환을 잊지 않겠다는 결심으로 술을 끊은 게 스물한 살 때다. 심리학 학사학위를 받은 후 곧바로 석사과정에 진학했고, 곧이어 임상 심리 전공으로 박사학위를 받았다. 이후에도 수련을 계속해 개인 클리닉을 열었으며 성공적으로 운영했다. 요가를 배우고, 영적 수행에 몰두하고, 자기계발서도 닥치는 대로 읽었다. 겉으로는 끔찍했던 어린 시절을 완전히 극복한 사람처럼 보였을 것이다. 하지만 안으로는, 전부 그대로였다. 여전히 순응 반응을 보였고 여전히 갇혀 있었다.

내 가족이 제 역할을 하지 못했다는 사실을 머리로는 이해했다. 그와는 별개로, 살기 위해 몸으로 익힌 본능적인 대응 방식은 쉽게 사라지지 않았다. 나는 서른이 한참 넘어서까지 이렇게 농담 아닌 농담을 하곤 했다.

"혹시 내 등에 무슨 광고판이라도 붙어 있는 거 아니야? 착취자, 학대자. 여기로 지원 바랍니다."

말 그대로 내 주변에는 하나같이 형편없는 남자들, 빈둥대며 빌붙는 룸메이트들, 나를 이용하는 사람들이 모여들었다. 그것이 독약인 줄 알면서도 매번 삼켰다. 그러다 보면 언젠가는 내게도 필요한 항체가 생길 것이라고 믿었다. 마치 저주에서 벗어나기 위해 발버둥 치는 사람 같았다.

이렇게 건강하지 못한 관계에 대해 상담하기 위해 전문가들을 찾아가기도 했다. 왜 나는 겉모습만 다를 뿐 속은 똑같은 사람들만 골라 만나는 걸까? 이런 상황에서 쌓인 수치심을 어떻게든 해결하고 싶었다. 연애를 시작할 때는 늘 희망이 있는 것처럼 보였다. 하지만 어느 순간 돌아보면 나는 또다시 같은 패턴에 갇혀 있었다. 치료를 받아야 할 남자들을 경제적으로 도와주었고 바람피우는 남자, 감정적으로 학대하는 남자, 회피하는 남자, 중독에 빠진 남자들을 만났다. 그 관계는 언제나, 그들이 결국 나를 떠나는 형태로 끝이 났다.

나는 온갖 형태의 부당한 대우를 견뎠다. 마치 상대의 나쁜 행실을 상쇄시키거나, 심지어 연금술사처럼 더 좋게 바꿀 수 있다고 생각하는 사람 같았다. 갈등이 생길 때면 전염병이라도 되는 것처럼 피했다. 당시 내가 얼마나 취약한 상태였냐면, 광고 메일을 차단하고 싶은데도 보낸 사람이 알게 될까 봐 차마 하지 못할 정도였다. 나는 습관적으로 남들을 나보다 위에 두면서 '돕는다'는 명목으로 그들의 상처를 치유하려 했다. 그러면 내 상처도 저절로 사라질 것처럼 느꼈다.

친구, 가족, 직장 상사, 멘토와의 관계에서도 착취가 계속되었다. 나는 자존감을 높여준다는 온갖 치유 프로그램들을 섭렵하면서 내면을 다지고자 나름대로 노력했다. 하지만 한편으로 '도대체 이걸 얼마나 더 실행해야 긍정적인 변화가 나타나는 거야.' 하는 의문을 지울 수 없었다.

그 모든 시간 동안 통찰, 연민, 용서를 향한 나의 노력이 오히려 나를 옭아매고 있다는 사실은 깨닫지 못했다. 끝없이 분석하고 '착한 사람 되기'에만 집중한 나머지, 해결되지 않은 내 상처는 간단히 외면했다. 사실 이것은 '나는 이미 망가졌다'라는 믿음에 동조하는 행동이었다. 내가 자랑스럽게 여기던 모습이든, 그렇지 못해 부끄러워하던 모습이든, 모든 행동이 트라우마 반응에서 비롯한 것임을 전혀 알지 못했다.

우리 몸의 각성 스위치와 차단 스위치

스트레스 반응이라고도 불리는 트라우마 반응은, 위협에 직면했을 때 신체가 즉각적으로 보이는 자연스러운 반사 반응이다. 이러한 반응은 특정 사건 때문에 신경계가 압도될 때 나타나며, 우리가 손상을 입지 않도록 스스로 보호하는 무의식적인 생존 메커니즘이다.

위협이 닥치면 우리의 이성적 사고는 단절된다. 야생의 동물들을 상상해 보라. 위험신호를 감지한 동물은 '내가 지금 과민 반응하는 건가?'라는 생각을 하지 않는다. 그저 '반응할' 뿐이다. 인간도 마찬가지다.

트라우마 반응에서 가장 널리 알려진 것은 앞에서도 언급한 '투쟁 혹은 도피' 반응이다. 이것은 교감신경계에 의해 활성화되는 '과잉각성Hyperarousal 상태'로, 이때 우리 몸은 마치 '각성 스위치'가 켜진 것처럼 전신의 호르몬이 폭주한다. 심장이 빠르게 뛰고, 혈압이 높아지며, 숨이 가빠진다. 감지된 위협에 대응하기 위해 가능한 모든 자원이 동원되는 상태다. '투쟁 혹은 도피'라는 이름 그대로, 우리는 위험에서 벗어나기 위해 공격하거나(투쟁), 혹은 탈출을 시도한다(도피).

만약 투쟁이나 도피가 가능하지 않은 상황이라면, 부교감신경계(휴식과 소화를 관장)가 작동해 '차단 스위치'를 켠다. 이때 우리는 '경직' 반응을 보이게 되며 몸은 '과소각성Hypoarousal 상태'로 접어든다. 사슴에게 갑자기 자동차 전조등을 비췄을 때처럼, 겁에 질려 불시에 온몸이 얼어붙는다.

경직 반응은 다가올 충격에 대비하는 상태라고 설명할 수 있다. 움직이려 하지만 안전에 대한 확신이 없는 상태다. 과소각성의 양상은 다양하다. 겁에 질려 움직일 수 없는 상태부터 감각의 마비, 전신의 힘 빠짐, 완전한 정지 상태까지 폭넓게 나타난다. 과소각성 상태에서는 심박수가 낮아지고 호흡도 느려지며, 극단적으로는 가사假死 반응까지 보일 수 있다.

이 모든 반응은 의식적인 행동이 아니며, 몸이 추가적 손상으로부터 자신을 보호하고 멈추기 위해 죽은 듯한 상태를 취하는 것이다. '죽은 척하기'는 생존이 달린 상황에서 시도할 수 있는 최후의 방법이자, 몸으로 '붕괴' 또는 '항복'을 선언하는 것이다. 야생에서는 포식자에게 먹잇감으로 잡힌 동물이 일순간 축 늘어지는 모습을 볼 수 있다. 하지만 포식자가 먹잇감을 떨어트리기라도 하면 그 먹잇감은 한순간에 다시 달아날 수 있다. 비록 오랫동안 남을 깊은 상처를 입었더라도 말이다. 실제로 과소각성은 절망감, 해리, 우울증이 시작되는 원인이 되기도 한다.

순응 반응은 지금까지 살펴본 세 가지와는 다른 '혼합 반응'이다. 여기서는 교감신경계(과잉각성 상태)와 부교감신경계(과소각성 상태)가 동시에 활성화한다.

• 순응 반응에서 과잉 각성된 측면이 활성화되면, 우리는 본능적으로 '지배적 위치에 있는' 사람의 기분과 상태를 세심히 살피고 관리하게 된다. 관계에서 어떤 문제가 발생하든, 내가 모든 책임을 짊어지고 가해자의 기분에 맞추면서 해가 되는 관계에 의존한다. 때로 순응 반응은 놀라울 정도로 능동적인 형태로 나타나기도 한다.
• 하지만 동시에 우리는 자신에게서 떨어져 나온 상태가 된다. 순응 반응에서 과소각성된 측면이 활성화되면 '나답다'라는 느낌, 삶 전반에 걸친 주체적 감각이 희미해진다. 그리고 종종 학대가 자신에게 어떤 영향을 미치는지 감지하는 능력이 무뎌진다.

순응 반응은 아주 가느다란 바늘귀에 실을 꿰는 일처럼 정교하다. 이때 우리는 싸우거나 도망쳐서 더 큰 해를 입을 위험까지는 감수하지 않는다. 그렇다고 완전히 얼어붙지도 않는다. 단순히 죽은 척하는 것 이상으로 '삶을 연기'하는데, 이는 고도로 발달한 적응 반응이라 할 수 있다. 다만, 우리는 연기를 하면서도 그 사실을 인식하지 못한다. 소꿉놀이하듯 가족 역할을 연기하고, 처한 상황에서 벗어나거나 견뎌내기 위해 게임을 수행한다. 때로 우리는 살면서 만나는 타인의 수만큼 많은 역할을 맡곤 한다.

꼭대기에 붙들린 롤러코스터

동물이 위협에 직면하면 트라우마 반응이 신경계를 온통 장악한다. 그리고 위협의 순간이 지나가면 몸은 긴장을 풀고 생존을 위해 억눌러 두었던 에너지를 말 그대로 '털어낸다'.

하지만 진화를 거치면서 인간은 이 필수적인 본능을 무시하도록 학습했다. 그 결과 트라우마가 발생하면 우리 몸은 각성과 긴장 상태에 계속해서 머물곤 한다. 특히 복합 트라우마의 경우, 위협이 일시에 끝나지 않기 때문에 우리는 전투가 벌어지는 현장 속에서 계속해서 살아가야 하는 상태에 놓인다. 털어내지 못한 에너지는 안으로 삼키며, 그것은 우리 내면에 자리 잡는다. 그래서 복합 트라우마의 생존자들은 감정 조절의 어려움을 늘 안고 살아가는 것이다.

이렇게 되면 과거가 현재처럼 느껴지고, 감각은 예민해지며, 반응은 과도하게 증폭된다.《몸은 기억한다The body keeps the score》의 저자이자 트라우마 분야의 대표적인 연구자 베셀 반 데어 콜크Bessel van der Kolk 박사는 이렇게 설명한다. 트라우마를 겪었던 몸은 그 상황을 잊지 못한 채, 실제 위험 요인이 존재하지 않는 상황에서도 늘 잠재적 위험을 예상하면서 그 상태에 갇혀 있다. 이렇게 해결되지 않은 트라우마는 시간 속에 갇힌 몸의 기억으로 지속되면서 현재를 황폐하게 만든다. 다시 말해, 파편화된 자아 속에 트라우마가 남아 있다고도 할 수 있다.

본래의 트라우마 반응은 롤러코스터의 궤적과도 같이 설계되어 있다. 한껏 고조되었다 해소되면서 우리를 위험한 상황에서 안전한 지점으로 이동시킨다. 어느 순간 롤러코스터가 멈추면 우리는 내려야 한다. 하지만 복합 트라우마와 만성적 트라우마 반응을 겪는 경우 우리는 롤러코스터의 중간 지점을 계속 맴돌면서 알람 해제가 유예된 상태로 살아가게 된다. 이런 관점에서 보면, 얼마나 많은 사람들이 트라우마 반응을 자신의 성격으로 오인하며 살고 있을지 생각해 보게 된다. 어디까지가 나인지, 또 어디서부터가 무의식적 트라우마 반응인지 전혀 구분하지 못하는 것이다.

순응 반응이 '나'를 대신할 때

나는 순응 반응의 개념을 알기 전부터 여기에 관한 글을 쓰기 시작했다. 어떤 관계가 건강하지 않으리라는 것을 뻔히 알면서도 나는 왜 계속 되풀이하는지, 그 이유를 간절히 이해하고 싶었기 때문이다. 새아빠가 세상을 떠난 뒤, 내 어린 시절에 무슨 일이 있었는지를 더 분명한 시선으로 돌아보고 확인해야겠다는 직감적인 생각이 들었다. 그렇게 기억하는 일들을 모두 글로 쓰기 시작했다.

새아빠가 나를 불편하게 했던 일들을 하나하나 적어 내려갔다. 온수 풀에서 있었던 일, 나를 몰래 라스베이거스에 데려갔던 일, 엄마가 새아빠를 위해 둘러대던 수많은 변명들까지. 마음의 댐이 무너진 듯 기억이 마구 쏟아져 나왔다. 그 기억들은 세상 밖으로 나오게 되기를, 목소리를 얻게 되기를, 나 자신에게 인정받기를 기다리고 있었던 것만 같았다.

나는 이 글을 복합 트라우마 경험을 담은 회고록으로 출간했다.

하지만 글쓰기를 마무리하던 시점까지도 출간은 중요한 관심사가 아니었다. 그저 치료라는 안전한 울타리를 넘어, 내가 겪은 일을 진실하게 밝히고 싶었을 뿐이었다. 내 이야기의 주도권을 되찾고, 또 그것을 눈으로 볼 수 있도록 지면에 남기는 일은 그 자체로 깊은 치유가 되었다.

나는 회고록의 제목을《나를 믿어주기Believing Me》라고 지었다. 내 트라우마의 많은 부분은 새아빠가 한 일뿐 아니라, 나를 믿어주지 않던 엄마의 태도 때문이기도 했기 때문이다. 당시 그 일에 대해 조치를 취한 사람은 아무도 없었고, 내게는 엄마뿐이었다.

회고록에 제목을 붙이고, 내가 겪은 일들을 재구성하는 과정을 통해 내 이야기의 결말은 내 손에 달렸다는 사실을 깨달았다. 모래시계에 남은 마지막 모래알들은 결국 나의 것이었다. 새아빠가 과거를 인정하지 않은 채 세상을 떠난 것은 중요하지 않았다. 나는 더 이상 기다릴 필요도, 남의 기분을 맞추거나 거짓 연기를 할 필요도 없었다. 내 트라우마 경험이나 그 일에 대한 엄마의 생각을 극복할 필요조차 없었다. 그저 진실을 더 깊이 파고드는 것이 내가 할 일이었다. 그래야만 그 진실이 자신에게 미친 영향을 스스로 깨닫고 처리할 수 있을 터였다.

그렇게 몇 년간 내 경험을 글로 쓰며 사람들과 나누었다. 어느날 누군가가 피트 워커의 복합 트라우마 연구를 알고 있느냐고 내게 물었다. 피트 워커는《복합 외상후스트레스장애》의 저자로, 이 책은 어린 시절 트라우마의 치유에 관한 내용을 담고 있다. 워커의 연구에서 '순응 반응'이라는 개념을 처음 발견하고서, 나는 마치 내 과거

속에 길게 늘어서 있던 도미노 조각이 툭 하고 건드려진 듯한 느낌이었다. 한 조각이 이해되면 연이어 또 한 조각이 이해되고, 마침내 전체 흐름이 눈에 들어오기 시작했다. 순응 반응이 무엇인지, 그리고 내가 누구인지 알게 되었다.

순응 반응을 보이는 사람들, 워커의 표현에 따르면 '순응하는 유형'의 사람들은 '타인의 소망, 필요, 요구에 자신을 동화하면서 안전을 추구'한다. 나아가 워커는 이렇게 말한다.

"이들은 어떤 관계에서든, 그 관계에 속하는 대가로 자신의 필요, 권리, 취향, 경계를 모두 포기해야 함을 배우게 된다."

그것은 내 인생을 담은 한 문장이었다. 마침내 나의 어린 시절을, 지난 관계들을, 그리고 내가 그렇게나 수치심을 느껴온 이유를 이해할 길을 찾게 되었다. 자신을 새로운 관점에서 이해할 수 있는 언어를 얻고서, 나의 경험과 내담자들의 경험을 더욱 깊게 탐색해 나갔다. 일단 개념을 알게 되자 나와 내담자들의 삶 곳곳에 녹아 있던 순응 반응이 눈에 들어오기 시작했다. 우리는 집단적인 통찰의 시간을 경험하고 있었다.

해로운 사람들에게 반복해서 나를 맞추었던 행동에 대해, 이 행동의 정체가 무엇인지만이 아니라 그 이유에 대해서도 순응 반응은 설명해 주었다. 내 문제는 자존감이 낮은 것이 아니었다. 나 자신을 지키기 위해 설계된 신경계의 작동 방식이 몸에 새겨진 결과였다. 왜 정신의학 분야에서 이 경험을 파악하는 데 그토록 오랜 시간 혼선을 겪었는지 알 만했다. 순응 반응이 나타날 때는, 우리가 특정한 대상이나 상황에 대해 느끼는 감정과 실제로 드러나는 행동 사이에 심각한 불일치가 생기는 경우가 많기 때문이다.

　그때 온수 풀 안에서 내 몸과 뇌는 분명 도망치고 싶어 했다. 나는 그 혼란과 압도적인 두려움이 멈추기를 바랐다. 내 본능은 새아빠 잘못임을 알고 있었다. 하지만 나의 몸, 뇌, 본능은 그 온수 풀 밖의 현실 또한 알고 있었다. 새아빠의 기분 좋은 상태를 유지해야 안전을 지킬 수 있었다. 이렇듯 순응 반응은 이중 구속의 상황 속에서 일어난다. 순응하지 않았을 때는 불이익을 감당해야 하며, 그것은 분명히 실재한다. 이때 모든 요구를 동시에 충족할 수는 없으므로 우리 몸은 우선순위를 정한다. 그 결과 자신의 정체성보다는 안전을 지키는 쪽을 택한다.

　그러나 이 강압적인 선택에는 큰 대가가 따른다. 우리는 내면의 신호 체계와 단절되고, 내 안의 직관과 지혜를 무시하는 것에 익숙해진다. 다시 말해, 위험신호를 인식하는 능력이 흐려지며 그에 맞춰 대응하는 법도 잊게 된다. 순응하는 이들에게 내면의 안전이란 곧 외부의 안전에 달린 것이다. 그렇기에 늘 타인의 인식과 가치관, 형편과 사정 같은 외부 조건 속에서 안전을 찾는다. 그렇게 왜곡된 시각에 동화되는 동안 자기 신뢰와 자아감을 모두 희생하게 된다.

　진정한 본성과 단절되는 것 말고도 문제는 많다. 깊은 수치심에 시달리게 되고, 위험한 줄 알면서도 다가서는 행동을 반복하며, 존중 없는 관계를 지속한다. 무엇보다 내면의 가치와 어긋나는 일을 자꾸만 하게 된다. 자신이 왜 가해자의 기분을 맞추는지, 나쁜 상사에게 아부하는지, 문제 있는 부모에게 자기주장을 하지 않고 심기를 거스르지 않으려고만 하는지, 스스로도 그 이유를 도저히 이해할 수 없다. 그러면서도 그런 행동을 멈출 수가 없다.

상황을 조율하려는 이런 노력은 가해자에게 '아무런 문제도 없다'는 신호를 보내지만, 그것이 다가 아니다. 어느 순간 우리 자신도 그렇게 믿게 된다. 때로는 우리가 자신의 가치나 필요와 어긋나게 행동하고 있다는 걸 인식하기도 한다. 내가 새아빠와 온수 풀 안에 있는 동안 그랬던 것처럼 말이다. 하지만 때때로 눈가림이 너무 치밀해 우리는 '괜찮아', '사랑에 빠졌나 봐', '난 현재에 충실한 거야'라고 완전히 믿어버리기도 한다. 돌이켜 보면 나 역시 그런 상황이나 관계 속에 놓였던 적이 수없이 많았다. 나에게 나타났던 것은 분명 순응 반응이었지만 그것을 자각하지 못했다. 자기를 포기하는 것이 이미 몸에 배어 있는 상태였다.

순응 반응은 흔히 다음과 같은 모습으로 나타난다.

- 자신에게 상처를 주는 상대에게 오히려 용서를 구한다.
- 내면의 경고를 의식적으로, 혹은 무의식적으로 무시한다.
- 자신보다 타인을 더 신뢰한다.
- 진심으로 노력하고 도우면 상대가 달라질 것이라는 희망을 놓지 않는다.
- 나에게 상처 주는 사람을 감싸고, 내 고통보다 그 사람의 고통을 우선시한다.
- 내가 나서면 상황이 나빠질 것이라 생각해 의견을 내세우지 않는다.

어떤 이들은 자기 모습을 과장하는 형태로 순응 반응이 나타나기도 한다. 더 똑똑하고, 더 관대하고, 더 성공하고, 더 재미있고, 더 아름다워지면 더 많이 사랑받고, 더 인정받으며, 더 풍성한 관계를 맺게 되리라 믿는다. 반대로 누군가에게 순응 반응은 자기 모습을 축소하는 형태로 나타날 수도 있다. 목소리를 낮추고, 출신에서 나오는 특징을 숨기고, 창의성을 감추며, 자신감을 드러내지 않고 경계를 흐리는 식이다.

순응 반응은 눈에 띄게 드러날 수도 있고 그렇지 않을 수도 있다. 성적인 행동으로 나타나기도 하고, 상대를 경제적으로 지원하거나, 타인의 감정을 지속적으로 살피고 관리하는 것으로 나타날 수도 있다. 양상은 다양하지만 순응 반응의 변하지 않는 한 가지는, 안전하지 않은 세상에서 안전을 찾기 위한 시도라는 것이다. 그리고 많은 경우, 그 대가로 자기 자신을 희생하게 된다.

새아빠와 온수 풀 안에 있었던 그때 내 몸이 나서서 반응해 준 것을 진심으로 고맙게 느낀다. 내가 전혀 통제할 수 없는 상황이었고 내 머리로는 도저히 이해할 수 없는 상황이었기 때문이다. 자기를 포기한 상태였다고 섣불리 말할 수 없다. 오히려 한층 높은 차원의 빛나는 지혜가 발현되었다고 말하는 편이 맞을 것이다. 그 본능이 나를 지켜주었고, 그 집에서 4년이나 더 버틸 수 있게 해주었다.

우리의 목표는 트라우마 반응을 뿌리째 뽑아버리는 것이 아니다. 그렇게 할 수도 없다. 우리를 살리는 이 본능이 우리에겐 필요하다. 나 역시 내 본능에 감사하지만, 문제 상황에서 수백, 수천 마일이나 멀리 떠나왔는데도 나는 여전히 그대로였다. 그 흔적들은 어딜

가든 나를 따라다녔다. 이제는 매 순간 안전한지 더 이상 확인하지 않았으나, 무의식적으로 내가 사는 세상은 위험한 곳이라 여겼다. 사람은 생존 모드로 계속 살 수 없는 법인데도 모든 관계에서 이 본능이 나를 뒤흔들었다. 상황에 맞게 이리저리 자신을 바꾸고 지우면서 내가 누구인지 더는 알 수 없게 되었다. 순응 반응이 나를 대신하고 있었다. 그것이 나인 척 행세한다는 것도, 나쁜 것만이 아니라 좋은 것들까지 차단한다는 사실도 전혀 알지 못했다. 심지어 내 안의 좋은 것들로부터도 나는 가로막혀 있었다.

문턱 낮추기

나는 비슷한 어려움을 겪는 사람들이 함께 모여 공동체 감각을 나누는 '12단계 치유 프로그램(여러 중독자들에게 제공되는 협력형 집단 치료모델로, 전문가가 주도하기보다는 익명의 동료들에 의해 진행되며, 12개의 원칙에 따라 운영되는 치유 프로그램-옮긴이)'을 접하게 되었다. 오랫동안 그런 공간을 찾아 헤매지만, 모든 기준이 내겐 너무 부담스럽게 느껴졌다. 아무리 애를 써도 술을 완전히 끊지는 못하던 상태라 '진짜 나'라는 사람이 영적이고 정상적인 사람들 사이에서 기대에 부응할 수 없을 것만 같았다.

그러나 12단계 치유 프로그램의 세계를 접하면서 기준선이 바닥까지 내려온 듯한 느낌이었다. '당신이 자신을 사랑할 수 있게 될 때까지 우리가 당신을 사랑하겠습니다'라는 그곳의 슬로건을 보고 나서 생각했다. '어쩌면 이곳은 나를 받아줄지도 몰라.' 그 소박한 공간에서 나 자신을 더 알게 되었고 다른 사람과 관계 맺는 법, 그리고 나를 수치심으로 채우지 않는 영적 수행과 연결되는 법을 배웠다.

그것은 내가 이 책을 통해 바라는 일이기도 하다. 나는 기준을 낮추려 한다. 순응 반응을 둘러싼 어떤 판단이나 수치심도 걷어내려 한다. 서로 연결되고 솔직해질 때 비로소 우리는 진정으로 도움이 되는 도구에 다가갈 수 있으며, 우리 자신에게도 다가설 수 있다.

오랜 시간 동안 사람들은 마치 우리에게 뭔가 문제가 있는 것처럼 이야기해 왔다. 어서 이겨내야 한다고, 철이 들고, 선을 확실히 긋고, 자존감을 키우고, 자립하면 문제가 해결될 것이라고 말이다. 하지만 그런 말을 들으면 오히려 경계심만 높아질 뿐이다. 경계 수준을 완화하려면 기준을 낮춰야만 한다. 진정한 변화를 일으키는 방법은 그것뿐이다. 지금의 나는 충분히 납득 가능한 존재이며, 지금까지 내가 했던 모든 선택과 행동에는 마땅한 이유가 있었음을 이해해야 한다. 그리고 솔직히 말해, 어느 정도는 앞으로도 계속 그럴 가능성이 있다는 사실마저 받아들여야 한다.

모든 사람은 경계심이 있고, 저마다 대응 메커니즘을 가지고 있다. 순응 반응이 모든 사람의 선택지는 아닐 수 있지만, 누구나 한 가지, 혹은 여러 가지가 조합된 형태의 대응 방식을 갖추고 있다. 나는 우리가 더 많은 자유와 유연함을 가지게 되기를 바라며, 그럴 수 있다고 믿는다. 하지만 순응 반응에서 벗어나는 것을 환상 속의 낙원처럼 그리고 싶지는 않다. 이렇게 말하면 뻔한 이야기만 늘어놓는 답답한 심리치료사처럼 보일까 봐 걱정되지만, 이 말을 꼭 하고 싶다.

"당신의 모든 아픔과 상처, 그리고 여기에 대응하기 위해 했던 모든 부끄러운 행동과 마주하라. 그러고 나면 당신은 분명 나아질 것이다. 하지만 그렇게 해도 최상의 시나리오에는 도달할 수 없을 것이다. 적어도 100퍼센트는 아닐 것이다."

완전한 안정, 완벽한 충족이란 없다. 우리가 살아가는 동안 결승선 또한 없다. 이 세상에서 사람들과 어울려 살아가는 몸을 지닌 존재로서, 우리는 어떤 형태로든 계속 반응할 것이다.

나는 근본적으로 중독자다. 가능한 좋은 기분을 유지하기 위해 늘 이 방법 저 방법을 시도했다. 수십 년 동안 금주를 하고, 심리치료를 받고, 심리치료사로 일하기도 하면서 내내 완벽한 처방을 찾으려 노력했다. 이 책에서 전하는 접근법이 치유에 가장 효과가 있다고 나부터 느끼지 못했다면, 이전에 시도해 본 어떤 방법보다 낫다고 확신하지 않았다면, 이렇게 사람들 앞에 나를 내보이는 일은 하지 않았을 것이다. 내가 만난 내담자들도 마찬가지다. 그들은 저마다의 문제를 직면하고 슬퍼하고 감당해야 했다. 그럼으로써 더 많은 선택지를 갖게 되고, 더 온전히 자신으로 살아갈 수 있게 된다면, 분명 그 모든 과정을 겪을 만큼 충분히 가치 있는 일일 것이다.

치유의 목표는 우리 몸이 지닌 유연함과 회복력이라는 본능으로 돌아가는 것이다. 몸의 자연스러운 원리에 뿌리를 둔 존재, 온전하고 진실한 자아로 돌아가는 것이다. 우리가 세상의 모든 위협을 없앨 수는 없지만 그 위협에 대해 이분법적으로 반응하는 것을 멈출 수는 있다. 즉 '회복 혹은 상실', '안전 혹은 위험'이라는 양극단을 오가지 않아도 된다. 우리는 불편함을 견디는 법을 배우고 자기 자신으로 존재할 역량을 키워나갈 수 있다. 그 가능성의 씨앗이 우리 안에 있다고 나는 믿는다.

나에게 맞지 않는 것들을 벗어내는 것에서부터 치유는 시작된다. 그 과정에서 그동안 닦아온 재능과 역량을 유지한 채 나의 목표와 가치에 초점을 맞추게 될 것이다. 동시에 오랫동안 버려두었던 자신의 일부 또한 회복하게 될 것이다. 순응 반응에서 벗어나는 것은 자신을 되찾는 여정이다. 나의 목소리를 찾고 내 권리를 받아들이는 과정이며, 마침내 타인의 기준이 아니라 나의 기준에 맞게 살아가는 과정이다.

순응 반응의 유사 개념들

'순응 반응'은 비교적 최근에 등장한 용어로, 그전까지는 '착한아이 증후군People-Pleasing'이나 '공동의존Codependency' 같은 개념이 그 자리를 대신했다. 이것은 겉으로 드러나는 순응 반응의 증상을 부분적으로 설명할 수는 있었지만 그 이면의 원인까지 포착하지는 못했다. 문제 행동의 양상에만 초점을 맞추고 그 출발점에 대한 이해를 소홀히 할 경우, 우리는 자신이 망가졌다거나 고쳐야 할 문제를 지닌 존재라고 계속 믿을 수밖에 없다. 그래서 순응 반응의 미묘한 뉘앙스를 알아가는 과정이 필요하다. 이를 통해 자신이 어떤 사람인지 뚜렷이 인식하게 되며, 우리가 그토록 바라던 자신 및 타인과의 건강한 관계로 나아가는 길이 마침내 열리게 된다.

순응 반응을 가진 한 사람으로서, 이야기를 계속하기에 앞서 양해를 구하고 싶다.

"부디 저한테 화내지 말아주시길."

착한아이 증후군이나 공동의존이라는 개념에서 위안을 얻은 사람들도 많다는 것을 나는 잘 알고 있다. 자신의 경험을 표현할 수 있는 개념과 언어, 공동체가 있다는 것은 그 사실만으로도 큰 선물과 같은 위안이 된다. 그 사실을 부정하려는 의도는 없다.

하지만 관련 서적을 숱하게 읽고, 프로그램에 참여하고, 검사지를 풀어보아도 그 개념이 나에게 온전히 와닿지 않았다는 사실 또한 부정할 수 없다. 오히려 어떤 면에서 나와 친구들, 동료들, 내담자들은 그 개념들로 인해 제대로 이해받지 못하는 기분, 수치스러움을 느끼기도 했다.

• 공동의존: 공동의존은 원래 알코올이나 약물 중독의 맥락하에서 중독자와 함께 사는 사람에게 나타나는 심리적 경향을 정의하는 개념이었다. 공동의존자는 중독자에게 감정적으로 과도하게 반응해 그들을 계속 중독 상태에 놓이게 만드는 역할을 한다. 알코올 중독자의 친구나 가족들로서는 이 개념을 통해 자신의 경험을 이해하고 표현할 수 있었다. 그러나 순응형 사람들은 여기에 공감하지 못하는 경우가 많다. 순응 반응이 알코올 중독자 부모나 배우자의 문제를 해결해 주거나, 누군가가 사고 치지 않도록 막으려는 것이 아니기 때문이다. 그래서 순응형 사람들의 경우 대부분 공동의존 개념이 도움이 되지 않는다.

멜로디 비티Melody Beattie는 공동의존과 관련된 여러 개념을 정리한 인물이다. 지금의 내가 순응 반응에 관해 하고자 하는 일을, 비티는 1980년대에 이미 해냈다. 이제는 고전이 된 방대한 분량의 저서《공동의존 더 이상은 없다Codependent no more》를 통해 그는 공동의존을 이렇게 정의했다.

'공동의존 성향을 가진 사람이란, 타인의 행동이 자신에게 영향을 미치는 것을 허용하고 그의 행동을 통제하는 것에 집착하는 사람이다. [7]'

내가 공동의존과 관련된 내용을 불편하다고 느끼는 이유가 여기에 있다. 공동의존이라는 용어를 대중에 널리 알린 사람의 정의에서조차 평가하는 듯한 뉘앙스가 느껴진다. '통제에 집착하는 사람'이라니, 나도 거기에 포함되는 걸까?

트라우마 반응으로서 순응은 위협에 대한 본능적 대응에서 비롯된다. 이들의 집착은 '통제'하려는 의도가 아니라 자신의 안전을 확보하기 위해 생겨난다. 타인이 자신에게 영향을 주도록 '허용'한다는 표현 역시 받아들이기 어렵다. 이 표현은 우리가 관계 속에서 의식적인 선택권과 면제권을 늘 지니고 있다는 전제를 깔고 있으며, 동시에 인간이 본래 관계를 지향하는 존재라는 사실을 부정하는 것처럼 들린다. 우리는 서로를 조절하며 함께 살아가고, 끊임없이 영향을 주고받는 존재다.

---

7 멜로디 비티,《공동의존 더 이상은 없다: 타인에게 흔들리지 않고 자신을 돌보는 법 Codependent No More: How to Stop Controlling Others and Start Caring for Yourself》

우리는 건강한 의존과 돌봄의 개념을 회복할 필요가 있다. 돌봄을 제공하는 사람들은 타인의 필요를 임의로 예측한다는 이유로 간혹 비난을 받기도 한다. 스스로 필요를 예측하거나 적절히 표현하지 못하는 사람들을 대신하는 것이 돌봄이라는 일의 본질인데도 말이다. 마찬가지로 순응하는 사람들은 가족과 사회의 이익에 부합하도록 사회화되어 왔음에도, 그렇게 행동한다는 이유로 문제시되곤 한다.

• **착한아이 증후군**: 착한아이 증후군라는 표현은 최근 온라인의 심리치료 관련 담론을 중심으로 주목받고 있다. 나 역시 열심히 고개를 끄덕이며 그들에게 공감하곤 했다. 착한아이 증후군이린 흔히 '거절하지 못하는 것'과 동일시된다. 누군가가 무언가를 필요로 하면 착한아이 증후군을 앓는 사람들이 그것을 채운다.

삶에서 나보디도 다른 사람, 다른 상황이 늘 먼저다. 이들은 자기 의견을 주장하는 것을 힘들어하는데, 그 때문에 관계가 항상 일방적이라고 느낀다. 갈등을 두려워하며, 갈등을 유발할 수 있는 경계는 좋게 말해 버겁고, 심하게 말하자면 불가능하다.

그러나 착한아이 증후군의 개념은 대부분의 순응형 사람들에게 충분히 와닿지 않는다. 겉보기에 우리 행동은 착한아이 증후군의 경우처럼 남을 기쁘게 하려는 것처럼 보일지 모르지만, 실제로는 이와 전혀 관련이 없기 때문이다. 만성적으로 순응 반응을 보이는 사람들은 최대한 안전하게 살아남고 싶을 뿐

이다. 그 과정에서 종종 공포, 혐오, 분개와 같은 여러 가지 감
정을 복합적으로 경험한다. 이처럼 온갖 감정이 뒤섞인 상태를
착한아이 증후군과 같은 개념으로 뭉뚱그려 표현하기는 힘들
다. 그렇기에 이 개념은 많은 이들의 경험을 정확히 설명하지
못한 채 오히려 소외시켜 왔다.

한편으로 착한아이 증후군라는 말은 타인에게 관대하고 친절
하며 극도로 도덕적인 '모범생' 이미지를 연상시키는데, 이 역
시 순응 반응과는 거리가 먼 이야기다. 마지막으로 착한아이
증후군은 내 행동의 결과로 타인이 만족하리라는 의미를 내포
하지만, 순응 반응에 해당하는 사람들은 보통 이렇게 답한다.
"정작 그 사람은 전혀 기뻐하지 않았어요."

공동의존과 착한아이 증후군은 당시 우리가 가진 정보로 중요
한 무언가를 설명하고자 했던 최선의 시도였다. 두 개념은 관계 트
라우마에 대한 이해가 점차 확장되던 흐름 속에서 개념화되고 알려
지기 시작했다. 하지만 전체적으로 함께 다룬 적은 없었기에, 트라
우마의 관점에서 충분히 조명되지 못했다.

이 용어들을 둘러싼 담론에서 특히 껄끄러운 점은, 그것들이 어
떤 맥락과도 무관하게 생겨난 개인의 문제이자, 절대적으로 혼자서
극복해야 할 문제라는 오명을 쓰고 있다는 것이다. 그러나 공동의존
과 착한아이 증후군은 다양한 역학관계를 만들어 내는 시스템 안에
서 형성된다. 여기에는 가족 간의 역학관계, 사회적 역학관계, 문화
적·구조적 역학관계가 모두 포함된다.

공동의존과 착한아이 증후군은 '역기능적인' 환경에서 발달한 '적응적' 대응 메커니즘이다. 이 행동들은 우리의 성격, 가치관, 자존감을 반영하는 것이 아니다. 언젠가부터 서구 심리학에서는 이러한 행동 양식들을 그것이 생겨난 맥락에서 분리해, 이상적인 환경과 건강한 관계라는 기준에서 바라보기 시작했다. 그렇게 되면 당연히 이 행동들은 문제투성이로 보이고, 우리는 마치 역기능적인 존재인 것처럼 느끼게 된다.

공동의존은 종종 이기적이라거나, '필요한 사람이 되고 싶어 하는 병적인 욕구'로 묘사된다. 그러나 진실에 더 가까운 설명은, 공동의존이란 건강한 상호 관계가 불가능한 맥락에서 발현된, 안전에 대한 욕구이자 소속감에 대한 욕구라는 것이다.

순응 반응을 보이는 사람의 상당수는 공동의존을 '질병'으로 보는 글을 읽으면서 소외감과 허탈함을 느낀다.[8] 우리는 병든 것이 아니다. 우리는 선택지가 거의 없는 상황에 고착되었을 뿐이다. 그렇기 때문에 "호구처럼 굴지 말라"거나 "자기 먼저 챙겨야지." 같은 말을 들으면 반감을 느낀다. 어린아이가 어떻게 자기를 먼저 챙길 수 있을까? 어떻게 사회적 약자가 구조적 억압 속에서 자신을 우선시할 수 있을까? 순응형 사람들은 스스로 호구라고 여겨서 순응하는 것이 아니다. 내가 더 나은 대우를 받아야 한다는 사실을 잘 안다. 다만 인생의 결정적인 시기에 그 '나은' 대우가 가능하지 않았을 뿐이다.

---

8 멜로디 비티, 《공동의존 더 이상은 없다》

나는 부모님의 음주를 방조한 것이 아니었다. 그들이 술을 마시는 것에 미칠 듯이 화가 났다. 나는 자신을 사랑하지 않아서 중심을 잃은 것이 아니다. 사랑했기 때문에 잃었다. 당시에 나를 지킬 방법은 그것뿐이었다.

순응 반응은 문제가 아닌 해결책이었다. 순응 반응은 잘 기능했다. 괴물을 잠재우고 산을 옮겼으며, 내가 살아남기 위해 필요한 구조들을 유지해 주었다. 그리고 그 모든 것은 내 의식의 허락 없이 일어났다. 그럼에도 지금껏 순응 반응을 향한 판단과 비난만 있을 뿐, 그것이 해낸 일들에 대한 이해나 인정, 연민은 거의 없었다. 솔직히 말하자면, 머리를 세게 얻어맞은 듯한 기분이었다.

인간의 신경계와 그것을 둘러싼 환경까지 포괄하는 큰 그림을 이해하게 되면서, 나는 공동의존과 착한아이 증후군을 순응 반응의 한 형태로 바라볼 수 있게 되었다. 그리고 그러한 관점에서, 이 행동 방식이 때로는 우리 자신과 타인에게 문제가 될 수 있음을 인정하게 되었다. 그러나 오랫동안 이 행동 양식들을 하나로 뭉뚱그려 '문제'라고 규정하고, 그런 행동을 보이는 이들을 '자존감에 문제가 있는 사람'으로 낙인찍은 것은 별개의 이야기이다. 그런 표현은 결코 이야기 전체를 담아내지 못한다.

우리는 순응 반응이 몸이 선택할 수 있는 최선의 방어 전략이자 생존을 위한 보호 메커니즘이라는 사실을 이해해야 한다. 그럴 때 비로소 우리 안의 순응 반응이 이제는 제 역할을 다했으며, 자리를 비울 때가 되었음을 똑바로 인식할 수 있다.

치열한 전투를 치른 방어막을 내려놓다

아동기에 트라우마를 경험하는 경우, 우리는 흔히 자신의 보호자에게 결함이 있다는 사실을 견디기 힘들어한다. 철저히 혼자가 되어야 한다는 공포를 피하기 위해, 우리는 본능적으로 책임을 자신에게 돌린다. 그렇게 우리의 몸은 무력한 상황에서 힘을 확보하려 한다.

'내가 망가트렸다면 내가 고칠 수 있다.'

이 믿음에 따라 구조자 역할을 자처하며, 이것이 안정적인 애착 관계를 대리하게끔 한다. 이제 우리는 '안전하게 관계를 맺고자 한다면 자신보다 타인의 필요를 우선시해야 한다'고 학습하게 된다.

엄마와의 관계에서 나는 엄마의 빈자리, 엄마가 손 놓은 엄마 역할에 대응해야 했다. 그래서 나의 순응 반응은 돌봄과 공동의존 쪽으로 치우쳤다. 순응 반응은 엄마의 방임을 가려주었고 덕분에 나는 엄마가 나아지기만 기다리며 견딜 수 있었다.

나는 엄마가 자유로워지는 날만을 바라고 살았기 때문에 엄마의 잘못된 행동도 제대로 보지 못했다. '엄마가 술을 끊으면' 또는 '엄마가 새아빠와 헤어지면' 같은 조건들은 곧 엄마가 자유로워지고, 엄마로서 제자리를 찾기 위한 전제였다. 그러는 동안 엄마는 새아빠 편을 드는 것이나 엄마로서 역할을 다하지 않는 것에 대해 책임을 면제받았다.

순응하는 사람들은 타인이 겪는 문제의 해법을 잘 찾아내고, 그것이 실현되도록 도와주거나, 기다리거나, 기대하는 데 익숙하다. 동시에 자신에 대한 방임을 인식하거나, 그 영향을 느끼는 감각은 점점 무뎌진다. 엄마의 정서적 부재는, 내가 나의 중심을 포기하고 나를 엄마 쪽으로 온전히 내주어야만 관계를 겨우 유지할 수 있었다는 뜻이다. 엄마는 너무 약해 보였고, 나는 엄마 대신 상황을 수습하고 모든 충격을 흡수해야 할 것처럼 느꼈다. 엄마에 대한 연민이 너무 컸기에 내 필요가 충족되지 않는 현실은 애써 보지 않으려 했다.

나는 엄마의 부재를 보상해야만 했다. 그래서 마치 나의 일부를 엄마에게 빌려주기라도 하듯 굴었다. 엄마 안에 있다고 믿고 싶었던 자원과 역량들을 엄마가 실제로 지니고 있는 것처럼 여기며 행동했다. 그러나 그 대부분은 현실이 아니라, 그렇게 되기를 바라는 나의 소망에 가까운 것이었다.

새아빠와의 관계에서 나는 새아빠의 포식자 같은 태도, 변덕스러운 행동에 반응했다. 새아빠는 자꾸만 거리를 좁히며 접근해 왔고, 나는 자신을 한 줌이라도 지켜야 했다. 하지만 모든 권한은 여전히 새아빠에게 있었고 나는 보살핌이 필요했다. 그 경험은 나에게 아부하고 아양 떨고 완벽을 추구하도록 가르쳤다. 그렇게 하면 새아빠와 나 사이에 마지막 남은 최소한의 거리를 지킬 수 있을 것이라 믿었기 때문이다. 나는 자신을 지키기 위해 연기하면서 적당한 지점에서 새아빠를 멈출 수 있기를 바랐다. 새아빠를 필요한 만큼만 기분 좋게 해서 내가 여전히, 아주 약간이라도, 나 자신으로 존재할 수 있기를 바랐다.

공동의존과 착한아이 증후군의 경우 모두, 우리는 자신의 중심에서 끌려 나와 타인까지 포함하는 새로운 중심을 떠맡도록 요구받는다. 다른 사람이 무너지지 않도록 돕거나, 우리 자신이 쓰러지지 않도록 경계하며 모두를 버티게 하는 것이 목표다. 만약 실패한다면, 나 하나만이 아니라 모든 것이 산산조각나고 만다.

거꾸로 말해 만약 우리가 어떻게든 잘해 내고 있다면, 순응 반응의 탁월한 측면이 빛을 발한다는 뜻이다. 제대로 기능하는 순응 반응은 강력하다. 우리는 스스로 유능하고, 똑똑하고, 유연하고, 관대하고, 타인에 공감하며, 친절한 사람이라고 느낀다. 때때로 순응 반응에 익숙한 사람들이 수치심과 나약함이 배어나는 표현에 공감하지 못하는 것도 어쩌면 당연한 일이다. 우리는 완전히 전문가들이기 때문이다!

그러므로 '순응 반응'이라는 용어는 단순히 이전의 용어를 새롭게 대체하는 것에 그치지 않는다. 그것은 순응 반응을 질병으로 보는 관점에서 벗어나 그 반응이 비롯된 근원을 존중한다는 선언이기도 하다.

치유란, 그것이 무엇으로부터의 치유이든 상처를 있는 그대로 드러낸다고 해서 이루어지는 것이 아니다. 그 상처에 대한 우리의 방어 전략을 마냥 부끄러워하는 것도 답이 아니다. 치유는 우리가 스스로를 지키기 위해 익힌 방식을 존중할 때 비로소 시작된다. 물론 우리의 대응 방식에는 결함이 있을지 모른다. 그러나 여기에 초점을 맞추는 것이 아니라, 그것이 용감한 시도였으며 꼭 필요한 일이었음을 인정할 때 치유가 가능해진다. 그제야 오래된 방어막은 물러나고, 새로운 방식이 들어설 자리를 내어주게 된다.

앤서니 이야기

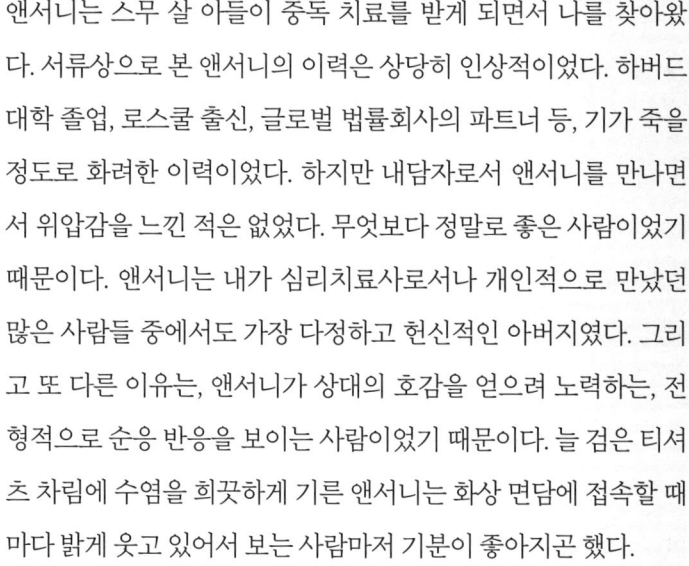

앤서니는 스무 살 아들이 중독 치료를 받게 되면서 나를 찾아왔다. 서류상으로 본 앤서니의 이력은 상당히 인상적이었다. 하버드 대학 졸업, 로스쿨 출신, 글로벌 법률회사의 파트너 등, 기가 죽을 정도로 화려한 이력이었다. 하지만 내담자로서 앤서니를 만나면서 위압감을 느낀 적은 없었다. 무엇보다 정말로 좋은 사람이었기 때문이다. 앤서니는 내가 심리치료사로서나 개인적으로 만났던 많은 사람들 중에서도 가장 다정하고 헌신적인 아버지였다. 그리고 또 다른 이유는, 앤서니가 상대의 호감을 얻으려 노력하는, 전형적으로 순응 반응을 보이는 사람이었기 때문이다. 늘 검은 티셔츠 차림에 수염을 희끗하게 기른 앤서니는 화상 면담에 접속할 때마다 밝게 웃고 있어서 보는 사람마저 기분이 좋아지곤 했다.

치료 초기에 앤서니는 이렇게 말했다.

"저는 치료받으면서도 꼭 경기를 치르듯이 점수를 따려고 하는 것 같아요."

그 말에 우리 둘 다 웃었고 앤서니는 말을 이었다.

"치료 과정에서 깨달은 걸 열심히 실천하긴 하는데요, 그게 선생님한테서 나아지고 있다는 말을 듣고 싶어서인 것 같아요. 칭찬이 듣고 싶은 거죠."

앤서니는 사람들이 옳다고 여기는 일을 하기 위해 평생 노력했지만 얼마 전부터 그것이 정말 최선일까 하는 의문이 들기 시작했다고 한다. '순응 반응'이라는 용어를 알지는 못했지만, 삶에서 그 방법이 더 이상 통하지 않는 지점에 와 있었다. 아들을 지난 5개월 동안 지냈던 재활 시설에 다시 데려다 주면서 위기가 찾아왔다. 앤서니는 그때 머릿속이 온통 이런 생각으로 가득했다고 말했다.

'이걸 회사 사람들한테 어떻게 숨기지? 가족들한테는? 내가 만들어 낸 이미지 속에 이렇게 계속 갇혀 살아야 하나?'

그는 타인의 인정을 받기 위해서라면 무엇이든 감수하는 삶의 방식을 더 이상 지속할 수 없었다. 문제는 다른 방법을 알지 못한다는 것이었다. 그래서 두려웠다.

앤서니가 '치료받으면서도 점수를 따려 한다'라고 농담하듯 말했을 때, 나는 그에게 속도를 좀 늦춰보자고 제안했다.

"제가 어떻게 생각할까에 맞추지 말고, 앤서니 당신에게 방향을 맞추면 어떤 기분일까요?"

"…안도감이 들어요."

그 말을 뱉으며 앤서니는 숨을 내쉬었다. 마치 자기 몸의 감각을 처음으로 느끼는 사람 같았다.

앤서니는 스스로를 '행복하고 유능한 직원'이라 믿으며 자신의 모든 것을 일에 쏟아부었지만, 사실 그런 태도는 대부분 경계를 적절히 설정하지 못한 데서 비롯된 것이었다. 이 주제를 깊이 파고들수록 우리는 앤서니가 회사의 허세 가득한 분위기를 얼마나 싫어하는지도 알게 되었다. 회사는 그가 실제로는 중요하게 생각하지 않는 일들에 대해 끊임없이 긴박감을 자아내는 곳이었다.

법률회사는 강박적인 순응형 사람들에게 이상적인 직장처럼 보인다. 행정 직원은 변호사에게 순응하고, 소속 변호사는 파트너 변호사에게 순응하며, 파트너 변호사는 고객에게 순응한다. 위계 구조가 분명하고 자신을 지우는 태도가 당연시된다. 직원이 더 많은 시간을 청구할수록 회사는 더 큰 수익을 얻는다. 앤서니는 삶을 6분 단위(법률회사에서 고객에게 비용을 청구하는 시간 단위로, 6분(0.1시간)당 단가를 곱해 비용을 산정한다—옮긴이)로 쪼개며 기계처럼 살고 있었다.

어떤 사람들의 경우, 순응 행동을 알아보는 일은 쉽지 않다. 그 행동이 그저 '기대에 부응하는 것'처럼 보이기 때문이다. 그리고 그 맥락에서 순응은 성공과도 상당히 비슷해 보인다. 우리가 이 방식을 밀어붙이는 이유는, 성공이 곧 안전을 의미한다고 믿기 때문이다. 성공은 보호막이다. 성공은 부와 명예, 그리고 물질적인 안정을 가져다준다. 적어도 우리는 그렇게 배워왔다. 앤서니는 자기 분야에서 최고였지만, 자신이 속한 문화에 휘둘리기는 마찬가지였다. 그는 경제적 안전과 안정된 삶을 명분으로 갈등을 회피하고 있었다.

삶에 필수적인 것들을 걱정 없이 누릴 수 있는 데서 오는 안정감을 부정할 수는 없다. 그러나 성공이 관계에서의 안전까지 보장해주지는 않는다. 특히 그 성공을 얻기 위해 자신을 지워야 한다면 더욱 그렇다. 성공은 트라우마를 치유하지 않는다. 성공했다고 해서 우리가 진정한 의미에서 살아 있고, 자신의 목적과 맞닿아 있다는 뜻도 아니다. 성공은 진짜 자신이 누구인지 아는 것과는 별개의 문제다. 그런 의미에서 성공은 깊은 자기 인식을 가로막는 감옥이 될 수도 있다. '내가 부족한 게 뭐가 있어?'라는 생각에 붙들려 더 이상 나아가지 못하는 것이다.

앤서니 역시 균형 잡힌 사람처럼 보였고 늘 미소를 유지했지만, 그것은 위장막에 불과했다. 그는 고객을 위해 밤새워 보고서의 오탈자를 수정하는 일에서 어떤 보람이나 힘을 느끼지 못했다. 지적 자극을 받는 것도 아니었다. 하지만 이를 알아차릴 때마다 **변화**를 시도하기보다 이를 악물고 하던 일을 계속했다. 이 모습이 진짜 자신이 아니라는 사실은 알고 있었다. 하지만 그 패턴이 지금의 일터에서만이 아니라 평생 반복되어 왔다는 사실을 깨달은 것은 시간이 한참 더 흐른 후였다.

앤서니의 부모는 그에게 명문대에 가라거나 변호사가 되라고 요구한 적이 한 번도 없었다. 그럼에도 앤서니는 늘 그렇게 해야 한다고 느꼈다. 어떤 면에서는 부모의 무관심, 즉 앤서니가 무엇을 하든 제대로 인정받아 본 적이 없다는 사실이, 그가 끝없이 타인의 인정을 갈구하게 된 배경이기도 했다. 성취의 기준이 높아질수록 '이 정도면 부모님도 인정하지 않을 수 없겠지?'라고 생각했지만, 부모는 여전히 그를 인정하지 않았다.

앤서니의 성장 과정에 명확한 트라우마적 사건은 존재하지 않았다. 앤서니의 트라우마(그가 오랫동안 부정해 온 단어였다)는 자녀를 인정하지 않는 분위기가 만연한 가정 분위기였다. 트라우마는 사건 자체보다도 사건에 대한 신경계의 반응을 설명하는 개념이다. 그의 경우, 부모에게 받아들여지지 못한 경험에 대해 그의 몸이 어떻게 반응했는지가 곧 트라우마를 의미하는 셈이다. 이를 알게 되었을 때조차, 앤서니는 부모의 행동이 원인이라 여기지 않았고 그저 자신의 부족함으로만 받아들였다.

내가 부모님 이야기를 꺼낼 때마다 앤서니는 변호하고 나섰다. 부모가 자신에게 상처를 주었던 순간을 이야기하려다가도 곧바로 말을 거두었다.

"부모님에 대해 나쁘게 말할 수는 없어요. 우리 부모님이 괴물 같은 사람들은 아니거든요."

앤서니는 수년간 익숙해진 노선을 고수하고 있었다.

"우리 가족은 끈끈하고 화목해요."

이 책 전반에서 살펴보게 되겠지만, 순응 반응을 가진 사람들은 탁월한 이야기꾼이다. 사실이기를 바라는 이야기에 매달리며, 그와 모순되는 정보는 무엇이든 차단해 버린다. 그러나 앤서니가 어린 시절의 이야기를 들려주었을 때, 나는 그가 아직 보지 못한 것을 볼 수 있었다. 앤서니가 여전히 삶에 갇혀 있는 이유는, 아직도 부모의 인정을 간절히 바라고 있기 때문이었다.

어릴 적 앤서니는 자신의 생각을 표현하려 할 때면 '꼴 보기 싫다', '잘난 척한다'는 말을 들어야 했다. 부모는 앤서니가 무언가를 잘 모를 때마다 빠짐없이 지적했고, 이렇게 농담처럼 놀리곤 했다.

"똑똑하다는 애치고 참 멍청하다니까."

이 농담은 어른이 된 지금까지도 계속되고 있다. 앤서니는 섬세한 아이였다. 어린 시절, 눈물을 참으려 애쓰던 자신의 모습을 아직도 생생히 기억하고 있었다. 끝내 울음을 터뜨리면 부모는 "엄살 부리지 마"라고 말했다. 그가 자란 동부 바닷가의 작은 마을에서는 성차별적인 사고방식과 고정된 성역할이 당연시되었다. 앤서니의 어머니는 겉으로 남편을 존중하는 듯 보였지만, 실제로는 집안의 모든 권한을 쥐고 있었다. 아무도 어머니에게 이의를 제기할 수 없었다.

55년의 결혼 생활 동안, 앤서니의 부모는 따로 움직이는 법이 없었다. 지금까지도 앤서니는 아버지와 단둘이 대화를 나눠본 기억이 없다. 어머니가 '소외되는 기분'을 견디지 못했기 때문이다. 드물게 어머니가 없는 사이 대화가 오가기라도 하면, 어머니는 몇 주 동안이나 집요하게 그 내용을 캐내려 들었다. 경계 따위는 존재하지 않았다. 어머니는 모든 정보를 손에 쥐고서 모든 것을 통제하길 원했다. 누가 무엇을 아는지, 어떻게 알았는지, 그래서 이제 뭘 할 것인지까지 말이다.

어린 앤서니가 무언가를 잘하면 그것은 어머니를 닮은 덕분이었고, 잘하지 못하면 다시 줄을 서서 바로잡아야 했다. 고등학교 시절 앤서니는 클래식 음악, 특히 클라리넷 연주에 소질을 보였다. 어머니 역시 지역 행사마다 피아노를 연주하던 음악가였다. 앤서니는 어려운 곡을 연주했던 어느 연주회를 기억한다. 그 자리의 주인공은 온통 어머니였다. 앤서니가 얼마나 잘해 냈는지, 긴장하진 않았는지는 관심도 없었다. 어머니는 마치 그 무대가 자신의 자리인 것처럼 관객과 소통했다. 앤서니에게 관심이 쏠리기라도 할라치면 불쾌해하는 모습까지 보였다. 앤서니는 어머니가 "우리 아들 진짜 재능 있지?" 하고 말하는 것을 들어본 적이 없었다. 대신 언제나 "저 애 재능은 나를 닮았어"라는 말뿐이었다.

"그 이야기를 들으니 마음이 아프네요."

어느 날, 앤서니가 이런 이야기를 털어놓았을 때 나는 이렇게 말했다. 진심이었다. 그러나 그 말을 들은 앤서니는 불편해 보였다.

"제가 너무 과장한 걸 수도 있어요."

앤서니는 자신의 이야기를 무마하려는 듯했다. 성장 과정에서 정서적 학대나 방임을 겪은 사람들 대부분이 그렇듯, 앤서니 역시 스스로 가스라이팅하는 법을 익혔다. 모든 책임을 자신에게 돌리는 것이다.

'내가 너무 예민한 거야. 과민반응하는 거지. 그렇게까지 속상해할 일이 뭐가 있어?'

그런데 치료를 시작한 지 2년쯤 되었을 때, 앤서니가 받은 음성 메시지 한 통이 그의 삶을 완전히 바꿔놓았다.

그 무렵 앤서니는 개인적으로나 일적으로나 진정한 변화의 시기를 지나고 있었다. 자신을 변호하기 시작했고, 경계를 설정했으며, 새로운 관심사에 마음을 열었다. 부모와의 소통 방식에도 변화를 시도하던 중이었다. 당시 부모님은 다가오는 집안 결혼식에 신경을 쏟고 있었다. 하지만 앤서니는 그 결혼식에 아들을 데리고 가는 것이 불안했다. 아들에게는 대가족을 처음 만나는 자리였고, 재활 시설을 나온 뒤 처음으로 술이 있는 환경에 노출되는 상황이 었다. 게다가 자신이 형수와 관계가 좋지 않다는 점도 부담으로 다가왔다.

앤서니는 용기 내어 자신의 취약함을 드러내기로 마음먹고, 솔직한 심정을 부모에게 털어놓았다.

그러나 부모님의 반응은 여느 때와 같았다.

"이제 다 나았지?"

그들은 손자가 얼마나 힘겨운 싸움을 이어가고 있는지 들으려 하지 않았고, '완벽한 가족 행사'가 될 결혼식을 망칠지도 모른다는 이야기는 더더욱 듣고 싶어 하지 않았다. 그들의 회피적인 태도에 앤서니는 소름이 끼쳤다. 그럼에도 포기하지 않고, 진심 어린 관계를 기대했다. 한편으론 부모님의 입장을 이해해 보려고도 애썼다.

"어머니, 아버지가 결혼식을 얼마나 기대하시는지는 알아요. 저도 기대돼요. 하지만 솔직히 걱정되기도 해서요….."

그러나 부모가 그의 진심에 귀 기울일 의사가 없다는 사실이 분명해졌고, 앤서니는 전화를 끊었다. 두 시간 뒤, 어머니에게서 다시 전화가 왔지만 받지 않고 음성사서함으로 넘겼다. 잠시 후 녹음된 메시지를 들었을 때, 그의 심장은 내려앉았다. 거기엔 믿기 어려운 내용이 담겨 있었다.

아마도 어머니 주머니 속에 들어 있던 전화기 버튼이 잘못 눌린 듯했다. 앤서니와 통화를 끝낸 뒤, 부모끼리 나눈 악의 어린 대화 일부가 실수로 녹음되어 앤서니에게 전송된 것이다.

"쟤는 제 아들을 평생 싸고돌 생각인가 봐. 그냥 좀 참고 웃으면서 결혼식 분위기에 맞추면 될 일을! 형수랑 싸웠다는 말도 어떻게 믿어? 매사에 과대 해석하는 애잖아."

앤서니가 내게 그 음성 메시지를 들려주었을 때, 그가 받은 충격을 고스란히 느낄 수 있었다. 수십 년 동안 알고 있으면서도 결코 인정하고 싶지 않았던 진실이 그를 덮친 순간이었다. 앤서니는 한 번도 사랑받는다고 느낀 적이 없었지만, 부모의 지인들 앞에서는 '사랑 넘치는 가족'의 모습을 연기해야 한다는 부담에 시달렸다. 그는 희생양이었다. 불편함이나 서운함을 표현할 때마다 책임은 언제나 앤서니에게 돌아갔다. 그러나 이제는 가족에 대한 진실을 인정하는 것이 더 이상 배신처럼 느껴지지 않았다.

"속으로는 다 알고 있었던 것 같아요."

앤서니는 말했다.

"그래도 그 말을 직접 귀로 들을 필요가 있었나 봐요. 이제 제가 잘못 생각한 게 아니라는 걸 알겠어요."

그날 이후 앤서니는 부모의 인정을 얻기 위해 사는 삶을 멈추기로 결심했다. 아무리 순응해도 부모의 인정을 받을 수 없다는 사실을 받아들인 것이다. 매우 고통스러웠지만, 동시에 근본적으로 자유로워지는 경험이기도 했다. 오랫동안 자아를 억누른 채 살아온 세월에 대한 필연적인 분노를 쏟아낼 수 있었고, 분노는 변화로 이어졌다. 나는 이 변화를 '순응 반응에서 벗어나기Unfawning' 라고 부른다. 회복 과정에서 매우 강력하고 치유적인 단계다.

순응 반응에서 벗어나기 시작하면, 우리는 타인의 기분을 맞추던 오래된 방식에서 떨어져 나와 지금껏 외면해 온 내면의 목소리를 듣게 된다. 앤서니의 부모는 달라지지 않았다. 그러나 이제 앤서니는 부모가 상처 주고 비꼬는 언행에 결코 책임을 지지 않으리라는 것을 알기에, 정면으로 맞서 싸우려 하지 않았다. 회사 문화 역시 변하지 않았지만, 새로운 일자리를 찾아 회사를 떠날 필요를 느끼지 않았다.

앤서니의 아들은 자기 삶을 살기 시작했고, 새로운 관계를 맺으며 자신의 길을 찾아갔다. 앤서니 역시 마찬가지였다. 그는 삶의 모든 영역에서 방식을 바꿔나갔다.

앤서니가 자신의 힘을 되찾는 방식은 이러했다. 평생 마음이 끌렸던 '이상한 것들'에 조금씩 관심을 기울이기 시작했다. 가족은 늘 비웃던 일들이었다. "남자가 돼 가지고 그런 건 하는 게 아니야"라는, 50년긴 들었던 메시지에 반기라도 들듯 일주일간 힐링 휴가를 떠났다. 그동안 놀림이 두려워 피했던 금기들을 직접 경험하는 데 몰두하는 시간이었다. 다른 남자들처럼 골프나 사교 모임에 참석하는 대신 그는 얼굴 마사지와 요가, 필라테스를 즐겼고, 샤먼을 만나기 위한 여정에 올랐다.

잘 손질된 대나무 숲길을 따라 한참을 걷고 나니, 일본식 전통 찻집을 닮은 건물에 도착했다. 그곳에서 만난 샤먼은 그에게 편안히 누워 눈을 감고, 언제든 의지할 수 있는 안전하고 행복한 내면의 장소를 떠올려 보라고 안내했다. 그러자 이유를 설명할 수는 없었지만, 새끼 곰 몇 마리와 함께 있는 자신의 모습이 떠올랐다.

예상치 못한 이미지였다. 앤서니는 곰과 아무런 연관도 없었기 때문이다. 그러나 그 장면을 떠올리는 동안 두려움은 사라지고 온몸에 기쁨이 퍼지는 것을 느꼈다. 새끼 곰들은 장난스럽고 연약했지만 동시에 안전해 보였다. 앤서니는 그 곰들이 자신에게 무언가를 전하는 듯한 느낌을 받았다.

"자기 자신이 되세요. 가면은 벗어도 좋아요. 유연해질 수 있어요. 약한 부분을 보여도 괜찮아요."

그곳은 앤서니 내면의 안전한 장소였다.

만남이 끝날 무렵, 샤먼은 그 경험을 떠올릴 수 있는 기념 동전이나 깃털을 가져가겠느냐고 물었다. 그러나 이번에 앤서니는 순응하지 않았다. 곰이 새겨진 동전은 자신에게 아무 의미가 없다는 것을 알았기 때문이다. 대신 그는 '팔에 새끼 곰 한 마리를 문신으로 새겨도 괜찮겠다'고 생각했고, 행동으로 옮겼다. 그리고 문신을 새긴 바로 다음 날, 믿기지 않게도 진짜 살아 있는 곰이 그의 집 앞마당에 나타났다.

이제껏 동네에서 곰을 본 적이 한 번도 없었는데, 그날만큼은 어린 곰 한 마리가 마당에 앉아 있었다. 곰은 아무것도 부수지 않았고 소란을 피우지도 않았다. 그저 구부정하게 앉아 밤의 허공을 응시할 뿐이었다. 이후로도 앤서니에게는 곰과 함께하는 마법과도 같은 순간이 몇 차례 더 찾아왔다.

어느 날은 뒷마당에서 새끼 곰들이 어미와 함께 있는 모습도 목격했다. 곰들이 종일 머무는 동안 그는 거리를 유지한 채 지켜보았다. 어미 곰은 세심하게 새끼들을 돌보았는데, 그로서는 그 장면을 계속 바라보기가 힘들었다. 어미의 목표는 분명해 보였다. 새끼들이 어엿한 성체로 자라 세상으로 나가도록, 어미 품을 떠나 자기 힘으로 살아가도록 하는 것이었다. 어미는 자기만족을 위해 새끼들을 곁에 붙잡아 둘 생각이 없어 보였다. 그 담담한 보호와 양육의 장면을 지켜보며 앤서니는 다시 한번 깊은 아픔을 느꼈다.

새끼 곰 가운데 한 마리는 지금도 앤서니의 집 근처에 산다. 녀석은 가끔 마당에 있는 나무를 찾아와 배를 드러낸 채 몇 시간씩 낮잠을 자곤 한다.

앤서니는 우리가 순응 반응을 내려놓을 때 어떤 변화가 일어나는지를 보여주는 살아 있는 증거다. 마침내 무언가가 달라지기 시작했다. 자신을 위한 것이라곤 전혀 없던 삶에서 벗어나 진정으로 삶을 즐기게 되었다. 평생 읊었던 대본을 내려놓고, 고유하고 창의적이며 한층 확장된 삶을 발견했다. 순응 반응에서 벗어나는 일은 하나의 성장이다. 어린 시절부터 이 안전 유지 전략에 의존했던 사람들은 자신도 모르게 작고 어린 상태에 머무르게 되지만, 그 사실을 자각하지 못한다. 우리는 시간 속에 갇혀 있다. 순응 반응에서 벗어난다는 것은, 오랫동안 깊이 숨겨두었던 자신과 다시 마주하는 일이다. 우리가 진정 어떤 사람인지 알아가는 과정이다.

앤서니의 이야기에는 중요한 지점이 정말 많지만, 특히 강조하고 싶은 것이 있다. 그가 스스로 느끼기에 명백히 끔찍한 아동기를 겪지는 않았다는 사실이다. 그의 치유가 시작될 수 있었던 결정적 계기는 자신의 증상을 인정하고 받아들인 일이었다. 쉰 살이 될 때까지, 나답다고 느끼는 일을 한 번도 해보지 못했다는 사실은 결코 사소한 신호가 아니다.

쉰 살에 처음 문신을 새긴 뒤, 앤서니는 몇 개의 문신을 더 새겼다. 별다른 취미도 없고 자신에게 돈을 쓰는 것도 아끼던 그였지만, 최근에는 예술 작품 수집을 시작했다. 그가 특히 이끌리는 작품은 세속적이지 않은 존재, 환상적이고 기발한, 커다란 눈을 가진 존재를 주제로 한 것들이다.

예전의 앤서니는 주말이면 무엇을 해야 할지 몰라 지루하고 우울했다. 자신이 어떤 활동을 좋아하는지 탐색하는 것조차 그에게는 부자연스러운 일이었기 때문이다. 그러나 지금 그의 집과 삶은 활기와 색채로 가득하다. 쉬는 날이 좀 더 많았으면 하고 바랄 정도다.

앤서니의 아들도 잘 지내고 있다.

"아들이 나를 필요로 할 때 언제든 도울 준비는 되어 있지만, 이제는 감시자처럼 굴지 않습니다."

앤서니와 아들은 각자 자신을 찾아가고 있다.

현재 앤서니의 아들과 여자 친구는 곧 태어날 아기를 기다리는 중이다. 아이는 아들이고, 앤서니는 기쁜 마음으로 손자에게 선물할 거대한 바닷속 풍경을 그리고 있다. 그는 이렇게 말했다.

"내 손자는 진짜 나를 만나게 될 겁니다. 내가 생각하는 '할아버지답게' 연기하는 내가 아니라요."

자신이 누구인지, 무엇을 중요하게 여기는지 안다는 것은 앤서니에게 깊은 안정감과 자신감을 가져다주었다. 성과로 인정받아야 한다는 강박을 자식에게 물려줄 생각은 전혀 없지만, 그로부터 회복해 나가는 과정을 의식적으로 자식들과 나누고 있다. 자신과 아들, 손자까지 삼대가 모두 잘해 낼 것이라고 그는 믿는다.

2장

그때 우리는 왜
순응할 수밖에 없었을까?

F A W N I N G

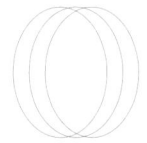

순응 반응을 멈추는 일은 왜 이토록 어려운 것일까? 곧 알게 되겠지만, 우리를 둘러싼 거의 모든 곳에는 순응 행동을 강화하고, 보상하며, 심지어 강력히 요구하는 권력 구조가 존재하기 때문이다. 순응 반응을 부추기고 심지어 당연하게 여기는 환경 속에서 살아가는 한, 누구에게도 쉽게 "순응 반응을 멈추라"고 말할 수 없다.

얼마 전 나는 댁스 셰파드Dax Shepard가 진행하는 팟캐스트 '방구석 전문가Armchair Expert'를 듣고 있었다. 초대 손님은 최근 영화 〈오늘의 여자 주인공Woman of the Hour〉으로 감독 데뷔를 한 안나 켄드릭Anna Kendrick이었다. 나는 이 영화가 넷플릭스에 막 공개되었을 때 보았다. 처음에는 1970년대에 실존했던 연쇄 살인마의 이야기라고만 생각했다. 수백 명으로 추정되는 여성 피해자들을 범인이 어떻게 성폭행하고 구타하고 살해했는지를 다룬 영화인 줄 알았다. 그런데 영화를 보고 한참이 지난 뒤, 문득 이 영화의 초점은 범인의 광기나 범행 동기가 아니라는 사실을 깨달았다.

영화는 여성들의 이야기를 하고 있었다. 우리가 가장 취약한 순간에 어떻게 버림받는지, 도움을 청하면 어떻게 조롱당하는지, 그리고 스스로를 돌보려 할 때조차 어떻게 수치심을 느끼게 되는지를 이야기하고 있었다. 자신의 목소리를 낸다는 것이 때로는 배우자나 직업, 우정을 잃는 일과 같은 의미가 된다는 사실도 영화는 비춰준다. 미소를 지어야 하고, 섹시한 외모를 가꿔야 하며, 분위기를 맞추되 너무 똑똑해 보이지 말고, 주변 남자들의 기분을 살펴라. 여성들이 이런 이야기를 얼마나 흔히 들어왔는지를 말하고 있었다.

이 영화는 여성들이 항상 안고 살아가는 암묵적인 메시지들에 관한 이야기였다. 내가 영화를 처음 보았을 때 그 사실을 알아차리지 못했던 이유는, 그 메시지들이 나에게도 너무나 자연스러웠기 때문이다. 하지만 바로 그것이 이 영화의 핵심이었다. 영화에 등장하는 여성들은 성격이나 나이, 지적 능력과 관계없이 모두 특정한 순간에, 혹은 평생에 걸쳐 순응 반응을 경험한다.

영화의 후반부에 이르러 범인은 모델 일을 하는 열다섯 살 소녀를 성폭행한다. 바닥에 누워 있던 아이는 고개를 돌려, 자신을 성폭행한 범인이 울고 있는 모습을 보게 된다. 온몸이 묶인 채 처참하게 폭행당한 아이는 달아날 수도, 맞서 싸울 수도 없다. 그래서 아이는 범인이 괜찮은지를 묻는다. 범인의 눈길을 끈 소녀는 미소를 지으며 이렇게 말한다.

"이 일은 아무한테도 말하지 말아주세요. 제가 너무 창피할 것 같아서요."

그렇게 소녀는 그 상황에서 벗어난다. 순응 반응을 보이면서. 자신을 죽이려 했던 범인을 다정하고 부드럽게 대하면서. 그의 차에 다시 오르면서.

팟캐스트에서 안나와 댁스, 그리고 공동 진행자 모니카는 트라우마 반응으로서의 순응 반응에 대해 이야기를 나누기 시작했다.

안나는 댁스에게, 어렸을 때 '투쟁'의 방식을 주로 선택했는지 물었다. 댁스는 그렇지 않았다고 답했다. 댁스는 열두 살이었을 때, 머슬카에서 내린 한 성인 남성이 친구와 자신에게 다가왔던 일화를 들려주었다. 그 남자는 댁스가 던진 말에 화가 나, 그대로 그의 먹살을 잡고 머리를 전봇대에 내리꽂았다.

"그럼 그때 작전은 '냅다 뛰어!'였겠네요?" 안나가 물었다.

"그건 상상 속에서나 가능한 일이에요. 저는 아부를 했죠." 댁스는 답했다.

"아뇨, 형님. 형님처럼 쩌는 분한테 제가 어떻게 감히 덤벼요."

그는 이어서 말했다.

"제 생각에 순응 반응에서 완전히 자유로운 사람은 없어요. 이건 정말 뱃속 깊은 곳에서 올라오는 강렬한 본능 같은 거라서요. 만약 상대가 양부라면, 이제 일종의 게임에 돌입합니다. 실제로 일어난 일을 축소하고, 다른 이유 때문이었다고 그럴싸하게 돌려 말하면서 그 사람에게 수치심을 주지 않으려 안간힘을 쓰는 거죠. 왜냐하면 그 사람이 갑자기 수치심을 확 느끼면 그때는 상황이 정말 위험해지거든요."

댁스는 순응 반응이 어떤 느낌인지 정확히 알고 있었다. 하지만 그는 이렇게 덧붙였다.

"이제는 제가 체격도 이만큼 커졌고, 나이도 먹을 만큼 먹었잖아요. 누가 제 머리를 전봇대에 처박으려 들다가는, 그 사람도 만만치 않게 험한 꼴을 보게 되겠죠. 그런 의미에서 저는 어느 정도 순응 반응에서 벗어난 셈이죠."

그 말을 듣고 나는 멈칫했다. 댁스는 190센티미터에 가까운 거구가 되었기 때문에, 말 그대로 '순응할 필요가 없어졌다'고 말하고 있었다. 그리고 그것이 일종의 특권이라는 사실을 잘 알고 있었다. 그의 말을 뒤집으면 이렇게 해석할 수도 있다.

'만약 당신이 키 150센티미터에 몸무게 50킬로그램이라면, 순응 반응에서 벗어나는 일은 불가능하다.'

자신이 싸울 수 있다고 느끼는 순간부터, 댁스의 선택지는 늘 '투쟁'이 되었다. 그는 말을 이었다.

"만약 제가 더 이상 순응할 필요가 없는 상태가 되지 못했다면, 저는 정말 망가졌을 거예요. 왜냐하면 그게 정말 싫었거든요. …죽도록이요. 그 사람들에게 맞서지 못하고, 내 목소리를 내지 못하고, 진실을 말하지 못하는 나 자신에게 느꼈던 자괴감은, 제가 겪었던 어떤 일보다도 괴로웠어요."

안전을 지키기 위해 순응한 뒤에 밀려오는 수치심은, 폭력 그 자체보다도 깊은 상처를 남긴다. 이는 순응 반응을 경험한 사람들이 공통으로 이야기하는 부분이다. 왜 자기 입장을 내세우지 못했는지, 맞서 싸우지 않았는지, 상대의 요구를 들어주고 아양을 부렸는지, 기분을 맞춰줬는지 돌이키며 괴로워한다. 그러나 진실은, 우리 대부분에게 순응이 언제나 더 안전한 선택이었다는 사실이다.

우리 중 많은 이들은 무력한 상황에서 쉽게 벗어날 수 없다. 나는 팟캐스트 녹음 자리에 함께 있던 모니카와 안나를 떠올리지 않을 수 없었다. 두 사람 모두 여성이고 체구가 작으며, 게다가 모니카는 유색인종이다. 나는 자신을 공격하는 이들에게 결코 맞서 싸울 수 없었던 수많은 여성들을 떠올렸다. 우리는 '순응할 필요가 없어지는 지점'에 도달하지 못한다.

그러므로 순응 반응 뒤에 따라붙는 수치심을 걷어내기 위해서는, 우리에게 순응을 요구하고 그것을 강화하는 구조를 이해하는 일이 무엇보다 중요하다. 이어질 주제들만으로도 각각 한 권의 책을 써도 부족하겠지만, 여기에서는 순응 반응을 보상하고 지지하며, 심지어 강요하는 환경과 구조, 그리고 그 맥락을 간략하게 살펴보고자 한다.

우리를 순응하게 만드는 8가지 구조

남자, 남자, 남자들의 세상

사실 순응 반응의 특성은 전통적으로 '여성적'이라고 여기는 성향에 가깝다. 타인을 따르고, 맞추고, 돌보고, 부드럽고 상냥하게 말하며, 달래주고, 기쁘게 하는 이런 태도는 남성이 모든 권력을 쥐는, 이른바 가부장제라 불리는 시스템을 표현하기에 매우 적합한 표현들이다.

마치 백화점 매장의 접객 직원처럼, 여성은 누구에게나 친절한 것이 당연하다고들 생각한다. 심지어 길에서 마주친 행인조차 무뚝뚝하게 대해서는 안 된다. 동시에 외모나 옷차림에도 신경을 써서 남들 보기에 매력적이어야 한다. 여성이 미소를 짓지 않았다는 이유만으로 지적하려 드는 남성들도 적지 않다.

물론 순응 행동은 다른 모든 트라우마 반응과 마찬가지로 성별에 차이가 없으며 누구에게나 나타날 수 있다. 그럼에도 유독 여성의 경우에, 살면서 순응이 필요한 순간을 많이 경험한다. 내가 아는 거의 모든 여성들이 그랬다. 여성들은 순응하도록 길러지고 사회화되었으며, 여성의 신체는 가족과 사회 전반의 필요를 충족하기 위해 동원되는 자원처럼 사용되곤 한다. 수많은 여성들이 정서적 부담을 떠안고 필수적인 돌봄을 제공하면서, 일상적 위계 속에서 자아감과 안전감을 찾아야 했다.

- 어떻게 상대를 기쁘게 하거나, 돕거나, 존중을 표할 수 있을까?
- 어떻게 상대의 성가신 일을 덜어줄 수 있을까?
- 어떻게 내 생각을 지우고 말투를 부드럽게 해서 '독한 여자'로 보이지 않을 수 있을까?

순응 반응은 성역할이 분명하게 구분된 우리 사회 시스템에서 늘 필연적인 부분이었다. 다만 그것은 '순응 반응'이라는 이름 대신 '협조적이다', '사람들과 잘 어울린다', '남들이 꺼리는 일을 솔선수

범한다', '친절하다'와 같은 표현으로 불렸다. 이는 사회에서 단순히 용인되는 수준을 넘어, 마땅히 요구되는 행동 방식이었다.

그러나 그 영향이 여성에게만 국한되는 것은 아니다. 남성들 또한 가부장제 안에서 순응을 요구받는다. 페미니스트 학자 벨 훅스bell hooks는 저서 《남자다움이 만드는 이상한 거리감The Will to Change》에서 이렇게 설명한다.

> "가부장적 문화에서 남자아이들이 배우는 남성성의 첫 번째 교훈은, 가면 쓰는 법을 배우는 것이다('남성성'이라는 개념에 이미 '가면'의 의미가 내포되어 있다). 자신이 느끼는 주된 감정이 성차별적 관점에서 남성에게 적합해야 한다는 것이다. 만약 기준에 부합한다고 인정되는 감정이 아니라면 결코 표현해서는 안 된다. 남자아이들은 가부장적 이상을 실현하기 위해 진정한 자아를 유기하도록 요구받는다. 그렇게 아주 이른 시기에 자기 배반을 배우고, 영혼을 죽이는 행동에 대해 보상받는다. [9]"

어른을 공경하라, 문화적 규범

전통과 지혜의 수호자로서 사회의 연장자들은 오랫동안 권위의 자리를 차지해 왔다. 이상적으로 보자면, 그들은 과거의 유산과 미래 세대를 잇는 다리 역할을 하며, 상호 존중에 기반한 사회적 위계

---

9 벨 훅스, 《남자다움이 만드는 이상한 거리감: 페미니스트가 말하는 남성, 남성성, 그리고 사랑The Will to Change: Men, Masculinity, and Love》

구조를 유지하는 존재들이다.

그러나 많은 사람들에게 '어른을 공경하라'는 말은 다른 의미로 다가온다. 나이가 많거나 지위가 높다는 이유만으로, 어른이 말하면 무조건 따라야 한다는 소리처럼 들리기도 한다. 물론 규칙과 질서, 문화적 규범을 지키는 일은 건강한 생태계가 작동하는 데 필수적이다. 하지만 개인의 자율성보다 순종을 우선시할 때, 그 결과는 권력 남용과 다르지 않을 것이다.

같은 맥락에서 나는 미국 체조 대표팀 사건을 떠올리게 된다. 미국 체조계는 수십 년 동안 선수들에게 통증을 참고 훈련을 계속하라고 강요했고, 그 결과는 종종 심각한 부상으로 이어졌다. 선수들은 자기 몸이 보내는 섬세한 신호보다 담당 코치의 지시를 따르도록 훈련받았다. 당시 부상을 입은 선수들은 팀 전담의 손에 내맡겨졌는데, 별도의 관리 감독은 일절 없었다. 이후 이 전담의는 아동 성범죄자로 밝혀졌다.

위계화된 사회는 우리에게 자신의 서열을 파악하고, 그 위치에 따라 행동할 것을 요구한다. 이러한 규범에 저항할 때는 매우 큰 위험을 감수해야 한다. 위계 구조가 존재하는 모든 곳에서 우리는 순응 반응이 왜 필요한지를 목격할 수 있다. 학계, 정계, 기업, 종교 단체 등의 사회 구조를 떠올려 보자. 이러한 구조 안에서 신체적, 정신적, 문화적, 사회적으로 아무런 핸디캡이 없는 사람들에게는 특권이 부여된다. 우리가 시선을 두는 거의 모든 곳에 힘의 구조가 존재하며, 그 구조를 유지하기 위한 불문율들이 함께 작동한다.

가족만큼 널 사랑하는 사람은 없어

가족에 관해 우리는 흔히 이렇게 말한다.

"가족만큼 널 사랑하는 사람은 없어."

이 말은 가족의 범주 안에 있는 개별 구성원이나 각자의 성격, 역할에 대한 고려 없이, 당신에게 가족이 곧 최고의 지원 체계라고 단정한다. 그러나 안타깝게도 트라우마 치료사로서 나는 그 말이 사실이 아닌 경우를 숱하게 목격한다. 우리의 가족 체계는 종종 심각한 역기능을 낳는데도 가족에 관한 진부한 믿음은 여전히 굳건하다. 아이들은 '가족은 곧 사랑'이라는 신념을 내면화한 채, 가정 안에서 실제로 무엇을 경험했든 평생 그 두 단어를 동일시하며 살아간다.

우리는 관계 속에서 살아가도록 태어났다. 종種으로 보자면 인간은 다른 어떤 종보다도 훨씬 오랜 기간, 그리고 훨씬 깊이 양육자에게 의존한다. 만약 길게 연장된 이 아동기 동안, 아이의 신경계가 학대나 방임 속에서 안전을 확보하는 데 온통 초점을 맞춰야 한다면 어떤 일이 벌어질까? 살아남기 위해 감정적 자원을 상당 부분 희생하며 부모나 가족, 양육자의 기분에 맞추려 애쓰게 될 것이다. 어항 밖의 삶을 상상조차 하지 못하는 금붕어처럼, 순응 반응은 병든 시스템 안에서 살아남기 위한 조건이 된다.

이런 환경에서 자라는 아이는 "너를 사랑한단다"라는 말을 들으면서도 정작 필요한 관심과 보호는 받지 못한다. 때로는 용서나 외면이 생존 전략이 되며, 심지어 "안녕히 주무셨어요"라는 평범한 인사조차 순응 반응이 되기도 한다. 전혀 안녕하지 못한 상황에서 그 인사는 '안녕하다'는 메시지를 전달하기 때문이다.

만약 부모가 정서적, 정신적 어려움을 겪고 있다면 자녀가 느끼는 다양한 감정을 있는 그대로 수용하지 못하는 일이 흔히 벌어진다. 어떤 부모들은 자녀를 훈육하고 부모의 권위를 세운다는 명목하에, 자녀에게 생존 모드로 살아가는 법을 가르친다. 아이가 자기 모습을 드러내지 않고, 다루기 쉬운 존재가 되도록 만드는 것이다.

여기서 중요한 사실은, 아이가 자신의 감정을 허용받지 못하면 그 감정을 조절하는 법 또한 배울 수 없다는 점이다. 부모로서 우리의 역할은 먼저 우리 자신을 조절하는 법을 배우고 감정을 받아들이는 능력을 기른 뒤, 똑같은 것을 아이들에게도 가르치는 것이다.

하지만 우리의 양육자들 또한 대물림된 트라우마를 안고 살아왔다. 때로는 의식적으로, 그러나 대부분은 자신도 모르는 사이 그 상처를 자녀에게 물려준다. 알코올 의존이 만연한 가족이나 자기애로 뭉친 가족이 대표적인 예다.

어떤 가정에서는 자녀가 '부모화'되기도 한다. 이때 부모와 자녀의 역할이 뒤바뀌기 때문에, 부모가 아이를 돌보는 대신 아이가 부모의 고통과 문제에 책임을 느끼게 된다. 아이는 부모가 서로를 험담하는 이야기를 묵묵히 들어주거나 조언을 건네기도 하며, 말 그대로 부모를 '키운다'. 이렇게 정서적으로 미성숙한 부모는 자녀와 지나치게 많은 것을 공유하며 아이가 자신의 보호자인 것처럼 동정이나 자존감, 위로를 구한다. 그 결과 아이는 자기 삶을 사는 것에 죄책감을 갖게 된다. 정작 자신의 본능이 존중받는 경험을 하지 못한 아이는, 자기 신뢰를 형성하는 데 어려움을 겪게 된다.

이런 환경에서 아이는 아무 문제도 없는 척하는 법을 배운다. 아이가 보기에는 자기 가족들 모두가 그렇게 하고 있기 때문이다. 자신의 몸이 절규하며 "아니요"라고 외칠 때조차, 겉으로는 고개를 끄덕이며 "네"라고 말하는 법을 익히게 된다.

너에게 어울리는 가면을 쓰렴

순응 반응은 인종차별에 대응하기 위한 필수적인 생존 전략이다. 동시에 순응 반응은 인종차별을 내면화하는 관문 역할을 해왔다. 그리고 언제나 그렇듯 순응 반응은, 한 사람이 처한 트라우마적 상황보다는 그에 대한 반응이 문제인 것으로 오인하게 만든다.

내담자 데이비스는 40대 초반의 흑인 남성이다. 우리는 수년 동안 함께 치료를 진행했는데, 순응 반응에 대한 이야기를 하던 중 데이비스는 그것이 '코드 스위칭Code-Switching'과 비슷하다고 말했다. 주변 환경이나 상황에 따라 자신의 행동 방식을 조절한다는 소리였다. 코드 스위칭은 남들을 불편하게 하지 않기 위해 화법과 외양, 행동을 포함하여 자신을 드러내는 방식 전체를 조율하는 것을 뜻한다.

데이비스는 유머 감각이 뛰어난 사람이지만, 수염과 눈썹이 만들어 내는 인상은 대체로 진지하다. 머릿속에는 많은 생각이 있지만 그것을 상대에게 쉽게 드러내지는 않을 것 같은 사색적인 얼굴이다. 우리는 주로 그의 어린 시절에서 기인한 복합 트라우마 경험을 다룬다. 현재 그는 '내면의 더 아이다운 부분과 다시 연결되기'를 시도하는 중이다. 자신 안의 취약함, 부드러움, 장난기를 회복하려는 것이다.

어느 날 그가 이렇게 말했다.

"내 안에는 웃음이 가득하다는 걸 알아요. 하지만 그걸 사람들

앞에 내보이지는 않아요."

데이비스는 그렇게 하면 안 된다고 늘 스스로에게 일렀다. 그가 자란 지역에서는 성숙함과 남성성을 유지하려면 냉정해야 하고, 지나친 호기심을 드러내지 말아야 하며, 남의 일에 참견하지 말아야 한다는 암묵적인 합의가 있었다.

데이비스에게 사회화란 곧 '웃지 않는 법'을 배우는 일이었다. 그는 무관심함과 강인함을 연기해야 했다. 데이비스는 이것이 흑인 공동체 안에서는 흔한 일이라고 말했다. 이상한 사람으로 보이거나 따돌림을 당하고 싶지 않다면 말이다.

"항상 웃고 다니면 실없는 사람인 거죠." 데이비스는 그렇게 설명했다.

데이비스에게 순응 반응이란 쿨한 척하는 태도, 마음을 쉽게 열지 않는 것, 주변 사람들에게 지나치게 친근하게 굴지 않는 것이었다. 그러나 이제 그와는 다른 방식을 시도해 보고자 했다. 적어도 시도는 해보고 싶었다. 하지만 딸의 농구 시합을 보러 갔을 때, 그는 자신이 또다시 예전의 '쿨한 말투'를 쓰고 있다는 사실을 알아차렸다. 거의 초면인 다른 흑인 부모들과 함께 있는 자리에서 가볍게 구는 것이 적절하지 않다고 느꼈기 때문이다. 그는 관중석에 앉아 이렇게 생각했다.

'이제 이런 건 그만하기로 했잖아. 그래도 지금은 어쩔 수 없어. 이런 상황에서 별나게 행동할 수는 없으니까….'

그렇다고 그가 백인 동료들과 함께 있을 때 환하게 웃는 얼굴을 보이는 것도 아니었다. 그런 상황이 되면 오히려 마음을 닫아버린다. 백인들이 풍기는 근심 걱정 없어 보이는 여유나, 서로 팔꿈치로 툭 치며 장난치는 친근한 분위기를 자신은 느끼지 못한다고 데이비스는 말했다. 그들과 가벼운 잡담을 나눌 때면 어쩐지 어색하게 느껴지지만, 그들에게 순응한다. 말투와 속도를 맞추고, 사실상 아무런 관심도 없는 대화에 박자를 맞춘다. 마음이 편하지는 않지만 그렇다고 무례한 사람이 되고 싶지 않다.

그 모든 행동 아래에는 깊은 불안이 자리하고 있다. 그는 자신이 연기를 하고 있다는 사실을 알고 있으며, 가능한 한 빨리 집으로 돌아가 그 가면을 벗고 싶어 한다.

얼마 전 《뉴욕 타임스 매거진》에는 전설적인 뮤지션 프린스의 기사가 실렸다. 그의 이야기를 담은 미공개 다큐멘터리에 관한 기사였다. 힙합 뮤지션 퀘스트러브Questlove가 이 다큐멘터리를 보고서 보인 반응이 기사에 인용되었는데, 그가 표현한 언어와 감정은 데이비스의 이야기와 정확히 겹쳤다. 두 사람 모두 '쿨함'이라는 가면을 내내 쓰고 살아왔음을 알 수 있다.

"그 다큐멘터리를 보며 퀘스트러브는 천하무적의 가면을 쓸 때 어떤 대가를 치르게 되는지 마주할 수밖에 없었다. 그가 느낀 무게는 수세대에 걸쳐 흑인들에게 지워진 것이다. 퀘스트러브는 이렇게 말했다. '일종의 보호막이죠. 우리는 그걸 남자다움이나 쿨함이라고 부를 수도 있어요. 쿨하다는 개념 자체는… 애초에 흑인들이 이 나라에서 자신을 지키기 위해 만들어 낸 거예요.' 그는 프린스의 다큐멘터리가 특히 흑인 남성들에게 있어 '천하무적'이라는 가면을 깨뜨리는 문화적 기여를 한다고 느꼈다. [10]"

그 다큐멘터리가 실제로 공개될지는 확실하지 않다. 어쩌면 그 이유는, 과장된 이미지가 아닌 인간 프린스를 온전히 보여주기 때문일지도 모른다. 이 다큐멘터리는 프린스, 그리고 유색인종들이 오랫동안 감당해 온 무언가를 드러내고 있는 듯하다.

《우리 할머니의 두 손My Grandmother's Hands》의 저자 레스마 메나켐Resmaa Menakem은 미국 사회를 가리켜 "백인 신체 지상주의와 그에 대한 적응 방식이 핏속에 흐르는[11]" 곳이라고 강렬하게 표현한다. 이곳에서 살아가는 모든 유색인종에게, 이러한 생존 전략은 늘 필수적인 것이었다.

벗어나기 힘든 덫, 나르시시즘

임상심리학자인 나조차도 회고록을 쓰기 전까지는 내가 나르시시즘 성향의 가족 체계 안에서 자랐다는 사실을 깨닫지 못했다. 어렸을 때 나는 그저 새아빠를 '나쁜 놈'이라고만 생각했다. 새아빠 하면 극단적인 자기중심주의, 공감 능력 결여, 과민한 반응 등과 같은

---

10 사샤 바이스Sasha Weiss, 〈우리가 전혀 몰랐던 프린스The Prince We Never Knew〉, 《뉴욕 타임스 매거진》

11 레스마 메나켐, 《우리 할머니의 두 손: 인종차별의 트라우마와 우리의 마음과 몸을 회복해 가는 길My Grandmother's Hands: Racialized Trauma and the Pathway to Mending Our Hearts and Bodies》

특징이 떠올랐다. 하지만 그것을 나르시시즘Narcissism과 직접 연관 짓지는 못했다. 임상적 기준이란, 우리가 실제로 겪는 경험을 설명하기에는 턱없이 부족하기 마련이다.

라마니 더바술라Ramani Durvasula 박사는 임상심리학자이자 베스트셀러《누구도 나를 함부로 대할 수 없습니다It's Not You》의 저자다. 책이 출간되기 몇 년 전, 나는 소셜미디어를 통해 그를 알게 되었고 그의 연구가 나르시시즘 자체보다는 그 영향 속에서 살아가는 사람들의 경험에 초점을 맞추었다는 사실에 깊은 인상을 받았다. 자격을 갖춘 전문가가 나르시시즘에서 살아남은 이들의 경험에 집중한다는 점에서, 마치 나의 과거가 인정받는 듯한 느낌이 들었다. 그는 책에서 이렇게 썼다.

"나르시시스트를 식별해 내는 일보다 훨씬 중요한 것은, 용인할 수 없는 행동의 기준이 무엇인지, 그리고 그것이 당신에게 어떤 영향을 미치는지를 이해하는 것이다. [12]"

박사의 말에 따르면, 나르시시즘 성향의 사람과 함께 사는 것 자체가 학대에 해당한다.

"나르시시즘적 학대란 해롭고, 기만적이며, 상대의 경험을 무

---

[12] 라마니 더바술라,《누구도 나를 함부로 대할 수 없습니다: 나를 갉아먹는 관계에 시달리는 사람들을 위한 해방 심리학It's Not You: Identifying and Healing from Narcissistic People》

력화하는 행동 및 패턴을 말한다. 이러한 관계에서는 안전과 신뢰가 무너지는 시기와, 평범하거나 심지어 즐겁게 느껴지는 시기가 번갈아 나타난다는 특징이 있다.[13]"

내가 나르시시즘의 생존자로서, 그리고 같은 분야에 몸담은 동료로서 이메일을 보냈을 때 그는 매우 사려 깊고 연민 어린 답장을 보내왔다. 그때 이후로 지금까지 우리는 좋은 친구이자 멘토 관계를 이어오고 있다. 그의 헌신적인 연구 덕분에, 나는 내게 일어났던 일이 복합 트라우마였으며 나르시시즘적 학대가 주된 원인이었다는 사실을 이해하게 되었다. 실제로 피트 워커는 순응 반응을 보이는 사람들에 대해 이렇게 말한다.

"그들의 부모 중 최소 한 명은 나르시시스트인 경우가 많다. 부모는 경멸을 이용해 아이에게 복종을 강요하고, 두려움과 수치심을 통해 아이가 건강한 자아감을 형성하지 못하도록 만든다.[14]"

감정적으로 학대받고 조종당한 사람에게는 어떠한 잘못도 없다. 다만 그런 관계에 얽히게 되었을 때, 순응 반응은 개인이 고통을 견

---

13 라마니 더바술라, 《누구도 나를 함부로 대할 수 없습니다》

14 피트 워커, 〈4F: 복합 외상후스트레스장애에서 트라우마의 유형The 4Fs: A Trauma Typology in Complex PTSD〉, 2024년 8월 열람, https://sanger.umich.edu/news- 1- 2- 19- ema-aikido/

디며 살아남기 위한 최선의 전략이 되곤 한다.

나아가 만성적인 순응 반응은 우리를 나르시시즘적 학대에 더욱 취약하게 만들기도 한다. 그 때문에 나는 집을 떠난 후에도 여전히 착취적이고 학대적인 관계에서만 '안전함'이라는 감각을 느꼈다. 어린 내가 생존 기술을 연마했던 관계, 인간관계의 기본적인 패턴이 처음 형성되었던 그 관계에서 나는 오래도록 벗어나지 못했다. 그렇게 나는 순응 반응을 통해 다시 한 번 스스로를 구하는, 반복된 역학 관계 속으로 발을 디뎠다.

내가 만난 내담자들 중 상당수가 이와 유사한 관계의 패턴을 경험했다. 동화 속 미녀와 야수의 관계, 즉 공감자와 나르시시스트의 조합은 우리에게 익숙한 서사이다. 이러한 패턴은 가족만이 아니라, 동일한 구조가 작동하는 모든 관계에 적용될 수 있다.

독이 되는 긍정성

"그냥 용서하고 잊어버려."

표현이나 정도의 차이는 있지만, 순응하는 사람들은 대부분 이런 소리를 듣는다. 만약 그게 정말 가능한 일이라면, 누구보다 먼저 그렇게 했을 것이다. 사실 순응하는 사람들은 갈등을 피하기 위해 늘 서둘러 용서하고, 잊고, 타인에게 자신을 맞춘다. 말하자면 우리는 '어떻게든 용서하기'의 대가다. "누구나 실수는 하게 마련이야"라거나 "과거는 과거잖아"라는 말을 들으면, 마치 용서가 골인 지점이라도 되는 양 그쪽을 향해 돌진한다. 그렇게 해서라도 수치심이 내면으로 더 깊이 파고드는 것을 막을 수 있기를 바라면서 말이다.

하지만 솔직히 말해, 그 방식은 효과가 없다. 복합 트라우마의 맥락에서, 용서하고 극복하라는 메시지는 사실상 조작에 가깝다. 거짓된 우월감과 독이 되는 긍정성이라는 크고 모호한 포장지로 감싸 회피하는 것에 불과하다. 트라우마 피해자에게 "용서는 결국 너 자신을 위한 거야"라고 손쉽게 건네는 말은 특히 그렇다. 그게 정말 우리를 위한 것일까?

극복의 메시지 또한, 독이 되는 긍정성의 탈을 쓰고 악용될 수 있다.

"너는 정말 강한 사람이야. 그렇게 많은 일을 겪고도 다 이겨냈잖아."

"너는 다시 일어설 수 있어. 항상 그랬으니까."

이런 상투적인 말만 봐도 그렇다. 극복의 경험이 실제로 우리를 강하게 만들 수 있지만, 그것이 의무나 기대의 형태로 강요될 때는 우리의 목소리를 묵살하는 또 다른 도구가 되고 만다. 회복을 강요하는 것은, 순응하는 이들이 이미 갇혀 있는 악순환의 고리를 더욱 강화할 수 있다. '계속 퍼줘라. 계속 견뎌라. 계속 밀어붙여라'라는 메시지로 쉽게 변질되기 때문이다. 그러나 진정한 회복은 고통을 무시하거나 어떤 대가를 치르더라도 버텨내는 것이 아니다. 자신이 겪은 일을 온전히 느끼고, 소화하고, 통합할 수 있는 공간을 마련하는 일이다. 순응하는 사람들이 오랫동안 피하도록 조건화되었던 바로 그 일 말이다.

표면적으로는 누군들 부정적인 감정을 내려놓고 싶지 않겠는가? 특히 순응 반응을 가진 사람들에게 '부정적 감정을 내려놓는다'

는 생각은 상당히 매력적이다. 이들은 "갈등은 없어야 해, 절대로!" 라는 신념 아래 감정을 누르며 살아온 사람들이다. 하지만 분노나 불쾌함, 좌절감을 느끼는 것을 스스로 허용하지 않는다면, 우리는 결코 내면의 진실을 마주할 수 없다. 자신이 처한 현실을 제대로 느낄 수 없고, 자기주장을 하거나 새로운 대응 전략을 익히는 일 또한 불가능해진다. 그 결과 우리는 자기 자신과 타인 모두와의 연결이 끊긴 채 같은 자리에 고착된다.

나의 트라우마는 긍정적 사고방식에 관한 자기계발서를 열심히 읽는다고 치유되지 않았다. 나를 아프게 했던 모든 일을 '그냥 잊어버리자'고 다짐하는 일은 나를 붙들고 있는 고착 상태를 지속할 뿐이었다. 솔직히 말하자면, 나는 그런 말을 들을 때마다 분노를 느낀다. 부정적인 경험을 충분히 소화한 뒤 스스로의 선택으로 용서를 결정하는 것과, 억지로라도 용서해야만 내면의 안전을 확보할 수 있다고 회유당하는 것은 전혀 다른 차원의 이야기다. 후자는 용서가 아니라, 부정이다.

인간은 감정을 초월할 수 있을까?

'독이 되는 긍정성'의 자매 격이라 할 수 있는 심리적 경향으로 '영적 회피Spiritual Bypassing'가 있다. 영적 회피에 대해, 임상심리학자이자 불교 지도자인 존 웰우드John Welwood는 이렇게 정의한다.

"영적 사상이나 수행을 이용해 개인적·정서적으로 아직 해결되지 않은 문제를 비켜 가거나, 불안정한 자아감을 지탱하거나,

인간의 기본적인 욕구와 감정, 발달 과업을 폄하하는 행위 [15]"

방어 기제의 하나인 영적 회피는 다른 반응들에 비해 경건해 보일 수는 있지만, 자기방어가 목적이라는 점에서 결국 다르지 않다. 그것은 진실을 가린다. 문제 속으로 발을 들이기보다는, 오히려 발을 빼는 데 가깝다. 간절히 기도하고 오랜 시간 묵상하면 감정이라는 혼란스러운 인간 경험을 초월할 수 있을 것이라 믿는다. 그러나 이러한 영적 수행은 억압의 형태이며, 대개는 우리가 느끼는 감정을 스스로 견딜 수 없거나, 혹은 느껴서는 안 된다고 믿기 때문에 나타난다.

'신의 손에 맡기라'거나 '그 일은 신의 뜻이다', '온 우주가 너의 편이다.' 같은 말들이 본질적으로 틀렸다는 소리는 아니다. 다만 그러한 말들이 우리의 감정으로부터 멀어지게 만드는 방식으로 사용될 때, 순응하는 사람들에게는 특히 파괴적인 영향이 일어날 수 있음을 지적하고자 한다.

만약 인간의 조건을 완전히 초월하는 방법을 당신이 알고 있다면, 나는 진심으로 경의를 표할 것이다. 그러나 통제할 수 없는 감정적 고통과 씨름하고 있는 수많은 사람들에게, 우리가 그 모든 고통을 초월하도록 만들어진 존재가 아니라는 사실을 다시 한번 말하고 싶다. 우리는 자신의 두 발보다 더 빨리 달릴 수 없고, 자신의 사고 너머를 생각할 수 없다. 매일 매시간 살아 숨 쉬는 인간의 작동 체계

15 존 웰우드, 《깨달음의 심리학: 불교, 심리치료 그리고 개인적·영적 변용의 길Toward a Psychology of Awakening: Buddhism, Psychotherapy, and the Path of Personal and Spiritual》

를 무시한 채로는 문제와 고통에서 완전히 자유로워질 수 없다. 적어도 그것은 지속 가능한 방식이 아니다.

영적 회피는 이타적이고 영적인 목적을 좇는다는 명분으로 순응 행동을 지지하면서 오히려 자기 포기 경향을 강화할 수 있다. 또한 '당신이 더 신실해져야만 그 상황에서 벗어날 수 있다'는 메시지를 통해 타인을 휘두르고 악용하는 경우도 종종 발생한다.

내 안의 진실을 서서히 죽이는 가스라이팅

가스라이팅Gaslighting은 정서적 학대의 한 형태로, 조작과 축소를 통해 상대가 자신의 현실을 의심하도록 만드는 행위다. 예를 들어 "네가 과민 반응하는 거야"라고 몰아붙인다든가, 명백하게 부당한 행동을 하면서도 "너도 알잖아, 내가 그런 짓 할 사람 아니라는 거"라고 말하는 식이다.

가스라이팅이 특히 심각한 문제가 되는 이유는, 효과가 확실하기 때문이다. 가스라이팅은 한 사람에게서 그 사람의 진실과 자기 신뢰를 서서히 빼앗는다.

순응 반응의 맥락에서 가스라이팅은, 해로운 상황을 전혀 해롭지 않은 것처럼 인식하도록 적극적으로 조장한다. 상대가 모든 죄책감을 떠안도록 속이고, 순응하는 사람의 회피에 확신을 부여한다. 자기 포기와 타인에게 맞추는 행동을 정당화하면서, 그 순응 전략이 계속 유지되도록 만든다. 그 결과 가스라이팅은 피해자 내면의 분열을 더욱 깊게 한다. 진실을 알고 있는 자기와, 그 진실 속에서 살아남기 위해 책임을 떠맡는 자기가 점점 멀어지게 되는 것이다.

처음에는 타인에 의해 조작이 일어나지만, 이윽고 그것을 내면화해 스스로를 가스라이팅하게 되면 그것을 셀프 가스라이팅^{Self-}Gaslighting이라 부른다. 나에게 셀프 가스라이팅은 이런 생각의 형태로 나타났다.

'그렇게까지 나쁜 일은 아니었을지도 몰라.'
'내가 겪은 일은 '진짜' 트라우마는 아니야.'
'그 사람은 그런 의도가 아니었을 거야.'
'이제 그만 잊을 때도 됐잖아.'

나는 인생의 대부분을 셀프 가스라이팅하며 살았다. 그 뿌리가 너무 깊어져, 트라우마 전문 심리학자가 된 뒤에도 내 자신의 트라우마적 과거를 믿지도, 인정하지도 못할 정도였다. 마치 유령에게 홀린 사람처럼 나는 이렇게 믿으며 살았다. '내가 너무 예민한 거야. 내가 과민 반응하는 거겠지.'

오래전, 내가 어렸을 때 처음 상담했던 사회복지사는 이렇게 말했다.

"정서적 학대는 신고 대상이 아니에요."

아직 미성숙했던 나는 그 말을 듣고, 외부에 문제가 없다면 문제는 '내 안'에 있는 것이라고 생각하게 되었다. 그때부터 분노, 우울, 혼란, 죄책감이 소용돌이치며 밀려왔지만, 그 감정들마저 내게는 거짓처럼 느껴졌다. 그것들은 어떤 '사실'과도 연결되지 않은 것처럼 보였기 때문이다. 그래서 나는 스스로에게 그런 감정은 부적절하다고, 느껴서는 안 된다고 끊임없이 말해왔다.

이런 순간에 복합 트라우마의 파편화^{Fragmentation}가 일어날 수 있다. 나는 마치 두 개의 인격으로 나뉜 것 같았다. 무슨 일이 일어났는지 알고, 그것이 잘못되었으며 책임이 나에게 있지 않다는 사실을 인식하는 사람과, 그저 살아남기 위해 모든 책임을 감수하는 사람으로.

가스라이팅과 셀프 가스라이팅의 교묘한 점은, 눈에 보이지 않기에 알아차리기도 어렵다는 것이다. 나는 어렸을 때 차라리 몸에 멍이라도 들었으면 좋겠다고 바랐던 기억이 있다. 그랬다면 사회복지사가 내 이야기를 들어줄지도 모른다고 생각했기 때문이다.

눈에 보이지 않는 상처는 의심받기 쉽다. 나에게 있었던 그 큰 일들을 스스로 의심하기 시작하자, 의심은 내 삶 전체로 번져갔다.

'내가 보살핌을 받을 자격이 있을까?', '좋은 것들을 누릴 자격이 있는 사람일까?', '나 같은 사람이 성취를 누려도 될까?'

나는 점점 자신을 전혀 신뢰할 수 없는 존재처럼 느끼게 되었다. 내가 봐도 너무 바보 같았다. 내가 찾는 것은 흔들림 없는 진실이었지만, 세상의 모든 것이 불확실한 가능성의 스펙트럼 위를 부유하는 것처럼 보였다. 끝없이 돌아가는 자기비판의 자이로스코프에서, 바늘은 언제나 나를 가리켰다.

지금 누군가가 내게 "나는 너 안 믿어. 너는 거짓말쟁이야. 전부 네가 꾸며낸 이야기잖아"라고 말한다면 분명 충격을 받을 것이다. 당연히 그래야 한다. 그럼 남에게는 그런 말을 할 수 있을까? 그런 상황은 아무리 떠올리려 해도 도무지 떠오르지 않는다. 또한 이제는 나 자신에게도 그렇게 말할 일은 없을 것이다.

셀프 가스라이팅은 우리가 인지 부조화를 해소하는 하나의 방식일 수는 있다. 하지만 결국 그 대가를 떠안게 된다. 가장 뼈아픈 부분은, 우리가 스스로에게 거짓말을 하게 된다는 사실이다. 우리는 결국 자신을 신뢰할 수 없는 사람이라고 믿게 된다.

나는 수십 년을 그 거짓말 속에 살았고, 수많은 내담자들이 안갯속에서 나와 같은 혼란을 털어놓는 것을 지켜보았다.

'내가 미친 게 아닐까?'

'문제는 나일 거야.'

내 회고록의 제목을 《나를 믿어주기》라고 정한 데에는 분명한 이유가 있다.

이제 나는 나를 믿는다. 당신 또한 자신을 믿게 되기를, 그렇게 되기까지 이 책이 도움이 되기를 바란다.

순응을 증폭하는 세상

순응은 너무나 많은 맥락 속에서 주입되고, 권장되며, 때로는 노골적으로 요구된다. 그 때문에 우리는 그것을 트라우마 반응으로 인식하지 못하고, 그저 자신의 성격이나 기질로 여기기 쉽다. 그러나 순응 반응은 단순히 한 개인의 대응 메커니즘에 머무르지 않는다. 개인의 영역을 넘어 훨씬 더 큰 구조 안에서 번성하고 재생산된다.

순응은 우리 안에서 점화되지만, 피드백이라는 고리를 통해 세상에서 증폭되고 보상받는다. 우리의 자아감은 개인의 적응 과정 속에서만 왜곡되는 것이 아니다. 우리를 본연의 모습에서 점점 더 멀어지게 만들고, 그 변화를 가속하는 억압적 시스템 속에서 변형된다.

그렇기에 순응하는 사람들의 사고방식에는 소위 '댓글 차단'이 필요하다. 우리가 순응할 때 더 좋아하고, 우리가 자신을 의심하고 검열하도록 부추기는 피드백의 고리를 멈춰야 한다. 거기에서 한발 물러나야 한다. 그렇게 할 때 비로소 내면의 진짜 목소리를 분별해 내고 그 목소리에 귀를 기울일 수 있다.

이중 구속

순응 반응을 보이는 사람의 딜레마는, 서로 모순되는 두 가지 필요를 동시에 충족할 수 없다는 데 있다. 진정한 자신이 되는 것을 택할 것인가, 아니면 안전을 지키는 것을 택할 것인가. 이 둘을 모두 가질 수 없는 상황은 생각보다도 흔히 일어난다.

사람들은 "그렇게 남들한테 다 맞추면서 살면 안 돼"라고 말하면서도, 당신이 조금만 크게 자기 목소리를 내면 무례하고 이기적이며 공격적이라고 비난한다.

"선을 분명히 그으라니까"라고 하다가도 그 경계를 넘은 사람들에게 문제를 제기하면 너무 각박하게 굴지 말라거나, 큰일이 아니니 좀 더 유연해지라고 충고한다.

"남들 쓸데없는 얘기 다 들어줄 필요 없어"라고 말하던 사람은 정작 자신의 감정 노동을 떠맡아 줄 것을 은근히, 혹은 노골적으로 기대한다.

사람들은 말한다.

"너답게 살아! 사람들이 어떻게 생각하는지는 신경 쓰지 말고!"

하지만 당신이 일자리를 얻지 못하거나 급여를 인상받지 못하면, 당신이 너무 독단적이거나 자기중심적이기 때문이라고 판단해 버린다.

결국 순응하는 사람들은 무엇을 해도, 하지 않아도 비난을 받게 되어 있다. 이것이 바로 이중 구속Double Bind의 핵심이다.

이중 구속 상황에서는 언제나 희생하는 쪽이 있게 마련이다. 그런 상황에서 본능적으로 자신을 희생하는 것은 언제나 순응하는 사람들이다. '공공의 선을 위해서' 같은 거창한 목적 때문이 아니다. 그저 필요에 따른 선택일 뿐이다. 우리는 자신을 우선에 둘 수 없었고, 대등한 위치에 서본 경험도 거의 없었다.

그러나 우리가 순응 반응에 대해 인식하기 시작하면, 이전에는 흑백으로만 보이던 세상에 회색의 영역이 존재한다는 것을 알아차리게 된다.

'옳은 일'을 저버려야 할 때

몇 년 전, 남편 얀시와 생후 9개월 된 아들 헨리와 함께 콜로라도에 있는 사촌의 농장을 방문했을 때의 일이다. 엄마는 조용히 이야기하고 싶다며 나를 따로 불러냈다.

"이건 비밀이야. 너 어디 가서 이 얘기 하면 안 된다."

엄마는 흐느끼며 말을 이었다.

"더는 혼자만 알고 있을 수가 없구나. 랜디가 암이래. 얼마 안 남았어. 그런데 랜디는 지금 아무한테도 알리고 싶어 하지 않아."

나는 그 자리에 그대로 얼어붙었다. 그제야 새아빠가 왜 엄마와 함께 농장에 오지 않았는지 알 수 있었다. 여행하기도 힘들 만큼 상태가 심각한 듯했다. 엄마는 마치 제한 시간이라도 있는 것처럼 숨 가쁘게 이야기를 쏟아냈다.

"집에서 랜디랑 둘이 지낼 걸 생각하면 너무 무서워. 시간이 얼마나 걸릴지도 모르겠고, 나 혼자서는 감당할 수가 없을 것 같아. 그이가 몇 달이고 계속 버티면… 난 정말 못 하겠어."

그동안 내가 수도 없이 상상했던 것처럼 새아빠가 죽어가고 있다니, 믿을 수 없었다. 하지만 그보다 더 믿기 힘든 것은, 엄마가 새아빠에 대해 느끼는 두려움을 어느 정도 인정하고 있다는 사실이었다. 언제나 그 사람 편에 섰던 엄마지만, 슬픔과 공포 속에서 본심이 잠시 새어 나온 것이었다.

나는 엄마를 탓하지 않았다. 엄마와 새아빠는 산속 외진 곳에 살았다. 비포장길을 한참이나 달려야 해서, 겨울이면 엄마 혼자서는 차를 몰고 나올 수도 없는 곳이었다. 같이 산 수십 년의 세월 동안 늘 둘뿐이었다. 새아빠가 병에 걸리면서 간호는 전적으로 엄마의 몫이 되었다. 새아빠는 몸 상태가 괜찮을 때조차 공격적이고 변덕스러운 사람이라는 사실을 우리 둘 다 잘 알고 있었다.

엄마가 그 이야기를 털어놓는 속내에는 어떤 요구가 담겨 있다는 것을 알았다. 엄마는 내가 도와주길 바랐다.

나는 엄마를 위로하려 애썼다. 우리가 멀리 떨어져 살고 있지만 마음만은 곁에 있으며, 비밀은 반드시 지키겠다고 안심시켰다. 그

후 몇 달 동안 우리는 거의 매일 통화했고, 나는 엄마를 찾아가겠다고 약속했다.

"엄마, 너무 걱정하지 마. 헨리 데리고 갈게. 엄마 혼자 두지 않을게요."

그 말은 새아빠가 세상을 떠난 뒤에 가겠다는 뜻이었고, 엄마도 그렇게 이해했다고 나는 믿었다. 새아빠를 다시 만나거나 대화를 나누고 싶은 마음은 전혀 없었다. 삶의 마지막을 정리하는 시간에 혹시라도 자신의 잘못을 인정하지 않을까 하는 희미한 기대가 없진 않았다. 하지만 전화는 걸려오지 않았다. 새아빠가 병을 진단받은 후로 우리는 단 한 번도 이야기를 나누지 않았다. 그가 자신의 과거를 바로잡을 수 없다면, 나 역시 아무 일 없었던 척할 수는 없었다.

호스피스 간호사로부터 '하루이틀 남은 것 같다'는 말을 들었다는 소식에, 나는 그다음 주에 엄마를 만나러 갈 계획을 세웠다. 그러나 생의 끝자락에 있는 사람들이 종종 그렇듯 새아빠의 상태는 갑자기 호전되었다.

어느 날 엄마와 통화하던 중, 처음으로 수화기 너머에서 새아빠의 목소리가 들렸다. 거칠고 힘이 없었지만 어릴 적부터 나를 공포에 빠뜨리던 바로 그 목소리였다.

"온다니까 정말 기쁘다고 전해줘."

그 순간, 핏줄 구석구석까지 공포가 차오르며 속이 메스꺼워졌다.

'지금 저 인간이, 내가 자기 머리맡에 가서 인사하고 내 아들을 보여주러 올 거라고 기대하고 있는 거야? 말도 안 돼.'

엄마는 마치 우리 셋에게 얼마 남지 않은 다정한 시간을 나누기라도 하듯 울먹였다.

"잉그리드, 들었니? 너희 온다니까 너무 좋으시대."

"응, 들었어."

나는 애써 아무렇지 않은 척했다.

"엄마, 나 지금 나가야 해. 또 전화할게요."

전화를 끊자마자 나는 욕설을 뱉었다.

"XX, 제정신이야?!"

'그 작자가 아직 살아 있는데, 엄마는 어떻게 내가 와주길 바랄 수가 있어? 엄마는 정말 아무것도 기억 못하는 거야?'

새아빠보다도 엄마를 향해 분노가 치밀었다. 하지만 경계를 지켜야 한다는 것을 알면서도, 한편으로 나는 어쩔 수 없는 죄책감을 느꼈다.

'착한 딸이라면 엄마의 배우자가 죽어가는 상황에 곁을 지켜야 하는 거 아닌가?'

엄마한테 가는 것이 '옳은 일'처럼 느껴졌다. 그러나 이번에는 내 감정을 더 이상 축소할 수 없었다. 새아빠가 내 아이에게 어떤 형태로든 '할아버지'라는 호칭을 얻게 될지도 모른다는 상상만으로 몸이 떨렸다.

나는 친구 빌에게 전화를 걸었다. 어려운 결정을 앞둘 때마다 내가 찾는 친구다.

"엄마도 나몰라라 하는 냉혈한이 될 수는 없어. 사람들이 뭐라고 하겠어? 새아빠 보기 싫다고 비행기 표까지 바꾸면 너무 지독한 사람 같잖아."

나는 울면서 말했다.

"그렇지만 그 사람이 모든 비밀과 거짓말을 안은 채 세상을 떠나는 걸 도저히 두 눈 뜨고 지켜볼 수가 없어."

빌은 잠시 듣고 있다가, 아주 짧은 질문을 던졌다.

"네 인생에서 너를 제일 우선에 둔다면, 어떻게 할 것 같아?"

그 순간 바로 답하지는 못했지만, 내 마음속 답은 분명했다. 나를 우선에 둔다면 다시는 그를 만나지 않을 것이다. 생각할수록 답은 분명했지만 여전히 망설여졌다. 내 선택이 어떤 결과를 불러올지 감당하기 힘들었다. 어린 시절, 엄마와 새아빠에게 진심을 다해 맞섰던 단 한 번의 경험은 나에게 깊은 상처로 남았다. 다시 나 자신을 위해 나선다는 생각만으로도 몸 전체가 움츠러들었다. 게다가 엄마는 지금 엄청난 상실감에 빠진 상태였다. 지금이 정말 나 자신을 챙길 때일까?

내 삶에서 이런 곤란한 상황은 처음이 아니었다.

엄마와 관계를 유지한다는 것은, 나를 학대했던 사람이 내 삶에 계속 머무르도록 허락하는 일이었다. 엄마가 내 결혼식에 온다는 것은 그 사람 역시 초대한다는 뜻이었다. 친구들의 축배사가 끝난 뒤 그 사람이 마이크를 낚아채고서 "고등학교 친구들 최고!"라고 외치고, 이어 더 기분 나쁜 목소리로 "난 여고생들이 그렇게 좋더라, 하하!"라고 말하도록 내버려둬야 한다는 의미였다.

새아빠가 죽음을 앞두고 있던 그때, 나는 마흔한 살의 여성이었고, 한 아이의 엄마였다. 오랫동안 나 자신을 잃었던 모든 방식에서 회복하려 애쓰던 사람이었다. 나는 더 이상 예전처럼 행동할 수 없었다. 나는 '나'를 선택해야 했다.

나는 어떤 대가가 따른다 해도 그 결정을 지켰을 것이다. 하지만 불과 이틀 뒤, 사촌에게서 메시지가 왔다.

"돌아가셨어."

엄마가 본인 삶을 헤쳐나가도록 돕는 대신 나 자신을 선택한 그 일은 '목표를 달성했다'는 느낌이라기보다 내게 꼭 필요했던 하나의 전환점에 가까웠다. 물론 그 선택으로 내가 아무런 감정적 대가를 치르지 않았다고 말한다면 사실이 아니리라. 그 이후로 엄마와 나의 관계는 지금까지도 풀어가는 과정에 있다.

내가 평생 희생을 감수했던 이유 중 하나는, 언젠가는 엄마가 나를 다시 선택해 줄지도 모른다는 희망 때문이었다. 그렇게 하면 엄마가 내 가치를 알아봐 줄 것이라 기대했다. 하지만 내가 자신의 가치를 보기 시작하고서야, 마침내 내 안에 결정적인 변화가 일어났다. 이제 엄마가 나를 택해주길 바라는 대신, 스스로 나 자신을 택할 수 있게 되었다.

이중 구속 상황에서 자신을 택하는 일은 단 한 번으로 끝나지 않는다. 그럼에도 나는 당신에게, 당신만의 전환점을 향해 나아갈 용기를 내보라고 말하고 싶다. 아주 작은 일부터 시작해도 좋다. 어느 부분에서 이전과는 다른 방식을 택할 수 있을까? 남이 아닌 나 자신에게 초점을 맞춘 선택지가 있는가?

그 결정에 대가가 따르느냐고? 물론 따른다. 그러나 성장통 없이 우리는 결코 성장할 수 없다.

프랜시스 이야기

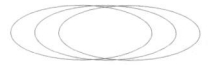

프랜시스는 위층에서 저녁을 준비하면서도 남자 친구 콜린이 내뿜는 분노의 열기가 바닥을 뚫고 올라오는 것을 느낄 수 있었다.

프랜시스는 늘 콜린의 마감 일정을 신경 썼고 그가 요구하는 대로 따르곤 했다, 이번 저녁 약속도 콜린에게 방해가 되지 않을 만한 때인지 한참 전부터 확인해 두었다. 집에 손님을 초대할 때는 늘 마음을 단단히 먹어야 했다.

그날 저녁 퇴근길에 프랜시스는 콜린의 메시지를 받았다.

"스타벅스에서 커피 좀 사다 줄 수 있어?"

친구가 올 시간에 맞추려면 촉박했지만, 콜린의 심기가 불편한 것을 알았기에 상황을 더 악화시키고 싶지 않았다. 게다가 프랜시스는 누군가를 챙겨주거나 챙김을 받는 것 모두 좋아하는 성격이었다.

스타벅스에 들렀다가 집에 도착했을 때 실내는 조용했다. 강아지도 반겨주러 나오지 않아, 남자 친구가 강아지와 함께 산책을 나갔으려니 하고 생각했다. 채소를 손질하던 중 휴대전화를 흘끗 보았는데, 콜린에게서 메시지가 와 있었다.

"어떻게 된 거야? 내 커피는 어딨는데?"

불 위에서 끓고 있는 파스타를 두고 프랜시스는 콜린의 작업실이 있는 아래층으로 내려갔다.

"자기야, 난 자기가 집에 있는 줄 몰랐어. 여기 커피 가져왔어. 나 20분 전에 집에 와서 저녁 준비하고 있었어."

"집에 온 지 20분이나 됐는데 이제야 갖고 왔다고?"

콜린은 얼굴에 땀방울이 맺힐 정도로 감정이 격해져서는 이렇게 소리 질렀다.

"그냥 나 좀 도와주면 안 돼?"

끓고 있는 파스타와 폭발하는 남자 친구 사이에서 갈등하던 프랜시스는, 반사적으로 눈앞의 불부터 꺼야 한다는 것을 알았다. 차분한 표정을 지어 보이며 프랜시스는 물었다.

"내가 어떻게 도와주면 될까? 자기 뭐가 필요해?"

캔버스와 나뭇조각들이 지하 작업실 바닥에 온통 흩어져 있었다. 철사와 물감, 시너가 산처럼 쌓여 있어 제대로 움직이기 어려울 지경이었다. 프랜시스는 발 디딜 틈을 만들어 가며 말했다.

"나 사실 위층에 가서 요리를 마저 해야 할 것 같아. 친구가 곧 도착할 것 같아서."

"알았어. 근데 네 친구 여기로는 데려오지 마. 나 지금 아무도 만나고 싶지 않으니까."

부엌으로 돌아오자 아래층에서 콜린이 물건을 집어던지는 소리가 들려왔다. 10분쯤 뒤에 친구가 오면 다 들릴 만한 소리였다. 머릿속에는 한 가지 생각뿐이었다.

'오늘 뭔가 안 좋게 끝날 것 같아.'

곧 친구가 도착했다. 프랜시스는 친구가 몰고 온 새로운 기운이 집 안에 들어찬 긴장감을 조금이나마 날려주기를 기대했다. 약간 어색했지만 프랜시스는 평소와 다를 바 없다는 듯 행동했다.

"어서 와. 이게 얼마 만이야!"

앉아서 이런저런 이야기를 나누다 친구가 가져온 늦은 생일 선물을 열어보았다. 그리고 다시 휴대전화를 슬쩍 확인했다.

'도와줘.'

'도와줘.'

'도와줘.'

프랜시스는 심장이 덜컥 내려앉았지만, 친구를 향해 웃으며 고개를 들었다.

"남자 친구가 계속 문자를 보냈는데 모르고 있었네. 진짜 미안한데, 나 잠깐만 아래층에 갔다 올게."

프랜시스가 계단에 발을 디디는 순간 콜린이 고함을 질렀다.

"내가 30분 동안이나 문자 보냈는데, XX, 뭐야 너?!"

"진짜 미안해. 전화기를 옆에 두지 않아서… 계속 요리하고 있었고, 친구가 와서 이제 밥 먹으려던 참이야."

"한 번도 전화기를 안 봤단 거야?"

"응. 보고도 모른 척한 거 절대 아니야."

콜린은 바닥에 앉아 있었다. 애더럴(각성제의 일종 ―옮긴이)에 취해 며칠째 잠을 자지 않은 상태였고, 청소는커녕 작업실을 거의 부숴놓은 상태였다.

"아주 잠깐만 도와주면 돼. 이거 다 내가 혼자 하고 있었단 말이야."

콜린은 프랜시스에게 오래된 커피통을 건넸다. 프랜시스는 무릎을 꿇고 손바닥으로 바닥을 훑었다. 붓을 하나씩 주워 커피통에 담으면서, 굴욕감과 비참함에 눈물이 흘렀다.

친구와 놀기 위해 허락을 구하는 아이처럼, 프랜시스는 몇 번이고 확인하고 또 확인했었다. 그런데도 결국 지금, 서른이 넘은 나이에 무슨 큰 잘못이라도 저지른 것처럼 혼나고 있었다. 프랜시스는 순응 반응으로 빚어진 말투로 조심스레 말했다. 서먹하되 충분히 관심을 표하는, 둥글지만 굳은 목소리로, 터질듯한 감정을 꾹 눌러 삼키는 말투였다.

"콜린, 친구가 아직 위에 있어. 나 다시 가봐야 해."

콜린이 "알았어!"라고 답하는 것을 듣고 프랜시스는 위층으로 올라갔다.

다시 자리에 앉았을 때 친구는 프랜시스가 울었다는 것을 알아차린 듯했다. 친구는 프랜시스의 팔에 손을 얹으며 물었다.

"괜찮아?"

프랜시스는 그냥 넘어가고 싶었고, 친구가 콜린에 대해 나쁘게 생각하는 것도 원치 않았다.

"남자 친구가 오늘 정말 힘들었거든. 큰 전시를 앞두고 있어서 스트레스가 좀 쌓인 것 같아."

아무렇지 않은 척 버티려 해도 도무지 정신을 차릴 수가 없었다. 음식을 넘기기 힘들었고 친구의 진지한 이야기도 귀에 들어오지 않았다. 아래층에서 들려오는 화난 망치질 소리에만 온통 신경이 쏠릴 뿐이었다.

"아래층에 무슨 일이야? 괜찮은 거야?" 친구가 물었다.

프랜시스의 심장이 내려앉았다. 창피함을 무릅쓰고 친구에게 말했다.

"정말 미안해. 오늘은 이만 자리를 끝내야 할 것 같아."

도시 반대편에서 먼 길을 달려온 친구는 도착한 지 30분도 채 되지 않았다. 친구에게 돌아가 달라고 말하는 이 상황이 자신도 믿기지 않았다.

프랜시스는 친구에게 거듭 사과하며 차까지 배웅했다.

"혹시 내가 도울 일 없어?"

집 앞 진입로에서 친구가 멈춰 서서 말했다.

"내 걱정은 말고. 충분히 이해해. 나중에라도 필요하면 우리 집으로 와."

고개를 끄덕이는 프랜시스의 눈가에 눈물이 차올랐다. 친구를 꼭 안아준 뒤 프랜시스는 혼자 남았다.

작업실로 다시 내려갔을 때, 콜린은 여전히 성질을 부리고 있었다. 제대로 되는 게 아무것도 없다고 하소연하면서도, 프랜시스에게는 다시 친구에게 가라고 했다.

"그만 돌아가 달라고 했어." 프랜시스가 말했다.

"왜 그랬어?"

콜린은 프랜시스의 저녁 약속을 망쳐놓은 사람이 바로 자신이라는 사실을 전혀 모르는 것처럼 당황스러운 표정을 지었다. 프랜시스는 콜린 주변을 발끝으로 조심스레 돌아다니며 엉망이 된 작업실을 치우기 시작했다. 그러면서 좋았던 한때를 떠올렸다. 콜린의 상태가 가장 좋았을 때는 누구보다도 사랑받는다고 느꼈다. 하지만 요즘처럼 전시를 준비할 때면 콜린은 가끔 극도로 예민해지곤 했다. 프랜시스는 자신이 알고 있는 '좋은 때'가 곧 돌아올 것이라 예상하면서 이런 혼돈의 시기를 늘 견뎠다.

처음 프랜시스와 치료를 시작했을 때는 이런 이야기를 들을 수 없었다. 그녀의 입에서 나오는 말은 오직 콜린이 '운명적인 사랑'이라는 이야기뿐이었다. 콜린은 프랜시스를 많이 좋아했고, 프랜시스는 그와 함께할 때 어느 때보다 이해받는다고 느꼈다. 물론 콜린에게 문제가 있다는 건 알았다. 콜린도 심리치료를 받으면서 자기를 좀 더 돌보았으면 하고 바랐다. 하지만 그녀가 생각한 해결책들은 어딘가 문제의 핵심을 비켜 간 것처럼 느껴졌다. 어느 순간부터는 상황이 지금처럼 나빠진 이유가 '자신이 모든 것을 망쳐버렸기 때문'이라는 생각을 떨칠 수 없었다.

프랜시스는 자신이 얼마나 이기적이고 교활한지 이야기했고, 감정적 외도를 저질렀다고 생각하며 그 문제를 바로잡고 싶다고 말했다. 프랜시스는 자기가 얼마나 나쁜 사람인지 내가 분명히 봐주기를 원했다. 그래야 내가 그녀를 '고쳐줄' 수 있을 테니까.

프랜시스는 몇 년째 금주 중이었다. 건강을 위해 필요한 일이기도 했지만, 그녀가 참여했던 12단계 치유 프로그램에서 자신의 '잘못'과 '단점', '성격적 결함'에 책임을 져야 한다고 배웠기 때문이었다. 12단계 치유 프로그램은 그녀가 지닌 이기심, 자기 본위, 불성실함을 덜어내기 위한 방법으로 다른 사람을 위해 봉사할 것을 권했다. 12단계 치유 프로그램 특유의 자기비판적 언어와 '자신에게서 벗어나 타인을 돌보라'는 반복적 메시지는 순응 반응을 도리어 강화할 수 있다. 이런 방식으로는 프랜시스를 복합 트라우마나 그에 대한 반응에서 벗어나게 할 수 없었고, 오히려 내면의 깊은 상처를 가릴 뿐이었다.

이 시도는 프랜시스가 놓여 있는 해로운 관계의 맥락을 놓치고 있었다. 특정한 자극 앞에서 프랜시스의 몸이 느끼는 것은 오직 하나였다.

'안전이 필요해, 지금 당장!'

어떤 상황에서 우리가 맡은 역할이 있다는 사실은 매력적으로 느껴질 수 있다. 그러나 그것은 만병통치약이 아니며, 우리의 트라우마를 치유하지 못한다.

프랜시스가 마침내 콜린에 대한 속내를 털어놓았을 때, 나는 그녀가 학대적 관계에 있다는 사실을 알아차렸다. 동시에 그녀 자신은 전혀 그렇게 인식하지 못한다는 것도 분명했다. 프랜시스는 계속해서 콜린이 '자기 사람'이라고 말했다. 그녀에게 콜린과 함께

하는 삶 외에 다른 대안은 존재하지 않았다. 이것이 내가 부딪힌 문제였다. 우리는 대화의 초점을 '나는 나쁜 사람이다'라는 그녀의 믿음에서 끌고 나와, 그런 믿음을 심어준 관계로 옮겨야 했다. 프랜시스는 트라우마 유대Trauma Bonding(트라우마를 경험한 후 피해자와 가해자 사이에 형성되는 강력한 정서적 유대-옮긴이)를 겪고 있었다.

누군가와의 관계에서 학대나 방임을 겪으면, 우리의 신체는 그 반대편으로 달아나는 데 집중하도록 화학적으로 설계되어 있다. 그런데 우리를 안심시키는 인물이 학대자 본인일 경우, 우리 뇌는 그 사람을 '안전'과 연결한다. 뇌는 학대자가 남긴 부정적인 영향보다 그 뒤에 찾아오는 안도감이라는 긍정적 경험에 매달린다. 이로써 우리는 살기 위해선 그 학대자가 필요하다고 느끼게 되고, 그 감정은 흔히 '사랑'으로 오인된다. 이렇게 극심한 기복을 반복해 겪으면서 '사랑'의 감정이 최고조로 상승하고 심지어 '마법'처럼 느껴지기도 한다. 그러나 이것은 단지 일관성이 없는 데서 오는 착시일 뿐이다. 심각하게 나쁜 순간이 존재하기 때문에 좋은 순간이 상대적으로 더 강렬하게 부각되는 것임을 우리는 깨닫지 못한다.

트라우마 유대는 반복되는 학대나 방임 속에서, 가해자가 간헐적으로 우리를 '구조하는' 경험이 발생하면서 형성되는 호르몬 기반의 애착 관계다. 슬롯머신을 떠올려 보자. 슬롯머신은 불규칙한 상금을 미끼로 사람을 중독시키고 곧 더 큰 보상이 나올 것처럼 믿게 만들면서, 결국 당신이 어렵게 모은 돈을 모두 털어 넣게 한다. 이것이 바로 간헐적 강화Intermittent Reinforcement(보상이 일정하지 않고 예측 불가능하게 주어질 때, 특정 행동이 더욱 강화되는 심리적 특징-옮긴이)다. 간헐적 강화는 트라우마 유대의 핵심이다. 기쁨과 고양감이 예측하지 못한 순간에 불쑥 찾아오는 이 관계에서는, 언제 다시 애정을 받을 수 있을지, 그런 순간이 오기는 할는지 가늠할 수 없다. 그리고 마침내 그 순간이 닥쳤을 때의 안도감은 잭팟을 터뜨릴 때와 다르지 않다. 천국 같다고 해도 과언이 아니리라.

프랜시스에게 무시와 칭찬이 반복되는 이 사이클은 어린 시절부터 시작되었다. 프랜시스의 어머니는 경계성 성격장애를 앓고 있었고 알코올 의존 상태이기도 했다. 별다른 치료를 받지 않았던 엄마는 혼란스럽고 예측 불가능했으며 프랜시스를 신체적으로도 학대했다. 프랜시스의 아버지는 성공한 변호사로, 완벽함과 성과를 당연하게 여기는 사람이었다. 프랜시스는 부모에게 각별한 아이였다. 어머니는 프랜시스가 언니들보다 더 예쁘다고 말했고, 아버지는 프랜시스를 '완벽한 패키지'라고 불렀다. 외모와 지성을 모두 갖추었다는 뜻이었다. 그리고 종종 이렇게 덧붙였다.
"저 이목구비 좀 봐. 만약 내가 십 대 남자였다면…."
프랜시스는 분명 아름다웠고 관능적인 매력을 지니고 있었다. 그러나 아버지에게 들었던 말로 인해 그녀는 자신의 가치가 외모에 달렸다고 믿게 되었다. 어떻게 하면 남자아이들에게 더 매력적으로 보일 수 있을지, 인정받으려면 얼마나 더 날씬하고 예뻐져야 할지를 끊임없이 고민했다. 또한 프랜시스가 어머니와의 관계를 설명할 때 분명했던 것은, 그녀가 좋은 성적이나 예쁜 외모로 우울에 잠긴 어머니의 관심을 끌어내는 법을 익혔다는 사실이었다. 순응 반응에 관해 집중적으로 이야기하던 중, 프랜시스는 한숨을 내쉬며 체념한 듯 말했다.

"나를 때리고 나면 엄마는 늘 아이처럼 슬픈 표정으로 과장되게 사과했어요. 그러면 그런 엄마를 달래는 건 늘 저였죠. 엄마가 자기가 저지른 일을 너무 수치스러워했기 때문에, 엄마의 샌드백이 되는 게 얼마나 끔찍한 일인지는 제대로 느낄 틈도 없었어요. 엄마에게 느끼던 연민이, 엄마 손에 맞은 아픔보다 항상 더 컸거든요."

분위기가 뒤바뀌어 어머니가 프랜시스를 '나쁜 년', '쓰레기'라고 부를 때마다, 프랜시스는 어머니의 기분을 돌려놓기 위해 순응했다. 그러면 어머니의 포옹과 키스, 선물을 받았고, 엄마의 화가 그쳤다는 사실에 안도의 한숨을 내쉴 수 있었다. 프랜시스는 '착한 아이'였다. 슬픔이나 분노를 드러내지 않았고 어머니를 조건 없이 사랑하며 비위를 맞췄기 때문이다. 프랜시스는 착한 아이였지만, 그 속은 썩고 있었다.

프랜시스의 어린 시절을 알아갈수록, 그녀가 남자 친구의 학대적 행동을 인식하지 못한 채 관계를 지속한 이유를 더 명확히 이해할 수 있었다. 그녀는 이미 오래전부터 학대가 반복되는 사이클 안에서 안전감을 느꼈던 것이다. 이것이 바로 순응 반응의 역할이다. 순응은 혼란스러운 상황 속에서도 안전(혹은 조금이라도 덜 위험한 상태)을 확보하기 위한 생존 반응이다. 프랜시스의 내면 경고 시스템은 더 이상 "도망쳐!"라고 외치지 않았다. 대신, 순응을 계속하라는 신호를 보내고 있었다.

프랜시스의 경고 시스템이 제 기능을 하도록 만들기 위해, 우리는 먼저 트라우마에 대해 이야기해야 했다. 트라우마가 그녀의 뇌를 어떻게 변화시켰는지, 오래된 생존 방식이 어떻게 근육 깊숙이 기억으로 새겨졌는지 이해할 필요가 있었다. 그러기 위해서는 프랜시스가 견뎌온 모든 일들이 사실은 학대였음을 규정하는 것부터 시작해야 했다. 프랜시스의 친한 친구도 같은 말을 한 적이 있었지만 프랜시스는 '학대'라는 표현은 너무 지나치다고 답했다.

그래서 우리는 이 이야기는 잠시 내려놓고, EMDR^{Eye Movement Desensitization and Reprocessing}(안구운동 민감소실 및 재처리 기법)과 IFS^{Internal Family System}(내면가족체계 치료) 같은 트라우마 치료법을 먼저 시도하기 시작했다. 프랜시스의 신경계가 조율되지 않은 상태와 조율된 상태를 구분하는 법, 그리고 조율된 상태가 유지되는 시간을 점차 늘리는 방법을 배워나갔다. 프랜시스가 혼자가 아니라는 것을 느낄 수 있도록 트라우마 생존자로서 내 경험을 나누며 진정성 있는 관계를 형성하려 애썼다. 동시에, 실제로는 너무나 두려웠을 일들을 정상적인 것으로 받아들이려 했던 우리 둘의 반응이 모두 '정상'이었음을 알려주었다.

그 과정에서 나는 프랜시스 커플의 상담을 맡은 심리치료사와 통화를 했다. 일반적으로 커플이나 부부의 치료는 관계를 회복하는 데 초점을 두기 때문에, 순응하는 사람이 모든 노력과 책임을 떠안는 방향으로 흘러가기 쉽다. 게다가 가해자들 상당수는 상담 중에 옳은 말만 늘어놓으면서 매력적인 인상을 남기곤 한다. 이 때문에 상담실 밖에서 일어나는, 겉으로 잘 드러나지 않는 관계 속 문제들이 가려질 수 있다. 나는 콜린이 자신이 가하는 감정적 학대를 축소하고, 스스로를 희생자처럼 포장하고 있지는 않은지 우려했다. 그래서 나는 심리치료사에게 단도직입적으로 말했다.

"저는 이 관계가 학대적이라는 점에 조금도 의심이 없습니다. 두 사람은 트라우마 유대를 형성하고 있어요. 프랜시스의 순응 반응을 건강하고 사랑이 넘치는 유대감으로 오해하지 않으셨으면 합니다."

어린 시절부터 형성된 트라우마 유대를 끊는 일은 분명 고통스럽다. 하지만 프랜시스와 나는 미세한 변화의 조짐을 감지하기 시작했다. 한 주씩 지날 때마다 프랜시스는 점점 더 자기 자신에게 가까워지는 모습을 보였고, 콜린과의 사이에 애써 부여하며 매달렸던 서사를 조금씩 놓아줄 수 있게 되었다. 그녀는 진실을 보기 시작했다. 다만 그 인식은 아직 불안정했다. 내 사무실에서는 분명하게 느껴지던 '뭔가 어긋났다'는 감각이, 일상으로 돌아가면 금세 흐려지곤 했다.

몇 달 뒤, 콜린은 프랜시스에게 다시 도와달라고 요청했다. 부드럽게 부탁하는 듯했지만, 하던 일은 잠시 멈추라고 요구했다. 당시는 두 사람이 경계 설정과 소통 방식을 개선하기 위해서 받던 상담 치료를 모두 끝마친 뒤였다. 위험을 감수하며 프랜시스는 이렇게 말했다.

"있지, 나 오늘은 안 될 것 같아. 미안해."

그 말에 콜린은 이성을 잃고 그녀를 나무라기 시작했다.

"그래, 그러시겠지. 정말 사소한 부탁인데 말이야. 내가 너한테 얼마나 많은 걸 해주고 있는데…."

프랜시스는 거실 소파에 앉아 콜린이 쏟아내는 말을 잠자코 들었다. 자신의 말에는 아무런 잘못이 없다는 것을 알았다. 남자 친구의 반응은 원래 이런 것이어야 했다.

"아, 아쉽네. 어쩔 수 없지. 너도 바쁘니까."

자신을 위한 공간을 조금 가지려 했을 뿐이었는데, 콜린은 불같이 화를 냈다. 그녀는 할 말을 잃었지만 동시에 처음으로 무언가를 분명히 보게 되었다. 프랜시스는 두 사람 관계의 패턴을 알아차렸다.

'이건 지나친 반응이야. 무례한 거야. 이건 분풀이야. 그리고 이건 내가 뭘 잘못해서가 아니야.'

마침내 베일이 걷혔다. 콜린과 마주한 채 거실 소파에 앉아 있던 프랜시스는, 내 사무실에 앉아 있던 자신의 자아와 연결되었다. 두 감각이 하나로 겹쳐지며 프랜시스는 큰 그림을 보기 시작했다.

'이건 정서적 학대야.'

프랜시스는 상황을 객관적으로 바라보았다. 그리고 그 상황을 바꾸기 위해 자신이 무엇을 해야 하거나, 하지 말아야 한다는 생각 자체가 잘못되었음을 깨달았다. 그녀가 할 일은 단 하나였다. 더 이상 자신을 버리지 않는 것.

그 깨달음은 머리에서 나온 전략이 아니었다. 그녀의 몸 깊은 곳에서부터 올라온, 몸으로 체현된 인식이었다. 하나로 통합된 프랜시스 자신이었다. 한 번 진실을 보게 되자 더는 못 본 척할 수 없었다. 그리고 그녀의 몸은 이제 물러서거나, 용서를 구하거나, 상황을 수습하려는 행동을 허락하지 않았다.

그날 밤 프랜시스는 친구의 집으로 가기로 결심했다. 콜린은 그녀를 따라다니며 계속 자극했고, 원하는 반응을 끌어내려 했다. 프랜시스는 맞서 싸우려 들지 않았다. 다만 이 말만을 되풀이했다.

"난 잘못한 거 없어. 잘못한 거 없다고."

"물론이지, 넌 절대 잘못한 게 없겠지!" 콜린이 소리쳤다.

그래도 프랜시스는 차분하게 같은 말을 주문처럼 반복했다.

"난 잘못한 거 없어."

그 순간, 모든 자각이 프랜시스의 몸에 와닿았다. 그리고 그 감각은 그녀가 몇 년 동안 품어왔던 희망, 언젠가는 달라질 거라는 기대를 산산이 부숴버렸다. '오늘 하루만 더 버텨볼까.' 하던 마음도 사라졌다. 프랜시스는 거대한 슬픔이 밀려오는 것을 느꼈다.

집을 나서며 프랜시스는 모든 것이 끝났다는 것을 알았다. 비참했다. 벌어진 상처를 안고 오랫동안 누군가 구하러 오기만을 기다리던 어린 시절의 나, 지금도 자신 안에 남아 있는 소녀가 끝내 '아무도 오지 않는다'는 선고를 들어버린 것 같았다. 구조대는 없었다. 차 안에서 주체할 수 없이 흐느끼며 언니에게 전화를 걸었다.

"나 지금 당장 가야겠어."

예전의 프랜시스라면 화해를 시도하며 먼저 콜린에게 연락했을 것이다. 이런 문자를 보냈을지도 모른다.

"시내에 안 간 건 내가 정말 미안해. 한 시간만 짬을 내서 다녀온 다음에 일을 마무리해도 됐을 텐데…."

프랜시스가 적당한 해결책을 제시하면 모든 상황이 적당한 선에서 마무리되곤 했다. 하지만 이번에는 달랐다. 그녀는 더 이상 착한 역할을 맡을 마음이 없었다.

그 이후에 벌어진 일들을 포장할 말은 없다. 프랜시스는 난생처음 펑펑 울었다. 몸을 앞뒤로 흔들면서 울음을 뱉어냈다. 나중에는 몸이 떨리고 토할 것 같은 기분마저 들었다. 그녀는 그때의 심정을 이렇게 설명했다.

"이제 다시는 괜찮아질 수 없을 것 같았어요. 차라리 죽을 수 있다면 그게 나을지도 모른다는 생각까지 들었어요. 이 세상에서도, 내 몸 안에서도 안전하지 않다는 느낌이었어요. 운명적인 사랑인 줄 알았는데 그 사람은 어떤 인정도, 사과도, 자기 행동에 대한 자각도 없이 나를 완전히 나쁜 사람 취급한 채 내가 떠나도록 내버려뒀어요. 살면서 나처럼 사랑했던 사람은 없다고 콜린이 그랬거든요. 그 사람을 위해서, 5년 동안 내가 줄 수 있는 모든 걸 바쳤어요. 그런데도 아무런 이해나 공감도 없다는 사실에… 우리 '러브 스토리'는 그저 신기루였다는 걸 깨달았어요. 이제 거짓말처럼 사라져 버렸죠."

그 말 속에는, 자신과 자신의 삶 전부를 다시 만들어 가야 한다는 깨달음이 담겨 있었다. 이제 분명해졌다. 어느 하나 온전한 것이 없었다. 그녀의 관계, 일, 자기 몸과의 관계까지. 프랜시스는 자신의 삶이 얼마나 어둡고 끔찍했는지를 처음으로 직면했다. 그녀를 그토록 오랫동안 얽맸던 것은 바로 콜린이었다. 이제 프랜시스는 완전히 혼자가 되었다.

과거의 프랜시스가 해체되면서 그녀는 순응 반응에서 벗어나기 시작했다. 새로운 출발이었다. 그러나 다시 일어서기까지는 많은 도움이 필요했다.

프랜시스는 몇 시간에서 길게는 며칠씩 이어지는 심한 공황발작을 겪었다. 우리가 그녀의 경험을 함께 되짚으며 소화해 나가는 동안, 관계에서 벗어난 그녀의 몸은 비로소 안전을 회복하고 트라우마를 처리하기 시작하는 듯 보였다. 그러나 동시에 그녀는 여전히 위협이 도사리고 있는 그 세계에 머무는 것처럼 느꼈다. 이런 상황이 겹치며 그녀에게 큰 부담이 되었다.

프랜시스는 자신이 보였던 순응 반응을 모두 인식했고 이제는 다르게 행동하려 애썼다. 그러나 그 모든 과정을 견디는 일은 너무도 버거웠다. 만성적인 트라우마 반응에서 벗어나는 일은, 마치 피부가 전혀 없는 상태로 살아가는 것과 같았다. 피부가 감싸주던 신경 말단이 그대로 노출된 채, 모든 외부 자극을 온몸으로 받아내야 하는 상황이었다. 결국 프랜시스는 일을 쉬고 보다 집중적인 치료에 들어가야 했다.

프랜시스는 집 밖으로 나갈 수 없었고 제대로 먹지도 못했다. 몇 달 만에 체중이 10킬로그램 이상 줄었다. 여러 면에서 상황은 이전보다 더 나빠진 것처럼 보였다. 평생 제대로 처리되지 못했던 고통이 한꺼번에 밀려왔기 때문이다. 마치 간신히 버티던 댐이 무너진 듯한 상태였지만, 그녀는 빠짐없이 치료를 받으며 도움을 청했고, 자신을 놓지 않았다. 그렇게 몇 달이 지나고서야 프랜시스는 분명히 알게 되었다. 그녀는 부서진 존재가 아니었다. 그리고 다시는 예전의 삶으로 돌아가지 않을 터였다.

프랜시스는 다시 학교에 다니기로 했다. 자신이 진정으로 중요하게 여기는 가치에 맞는 삶을 살기 위해서였다. 부모의 기대에 부응하기 위해 학위를 하나 더 따려는 것도, 누군가의 말을 듣고 따른 결정도 아니었다. 이제 더 이상 그런 방식으로 살지 않겠다는 선택이었다.

시간이 흐른 뒤, 그녀와 나는 그 과정을 되돌아보며 이야기를 나누었다. 프랜시스는 자신과 비슷한 경험을 한 내 이야기를 듣고 그것을 신경계 관점에서 이해하게 되었던 것이, 자신의 내면을 완전히 다시 설계하는 계기가 되었다고 말했다. 이전에는 그 상황을 이해할 수 없었고, 몸이 느끼는 고통을 설명할 방법도 없었다. 하지만 이제는 오랫동안 옥죄어 있던 감정의 처리 과정에 접근할 수 있게 되었다. 그녀는 이렇게 말했다.

"정말 감사해요. 그 과정이 아니었다면 저는 절대 벗어날 수 없었을 거예요."

'남자 친구의 행동은 정상이 아니다'라는 말을 듣고도, 그 사실을 진심으로 받아들이고 이해하며 직접 느끼기까지는 몇 년의 시간이 필요했다. 그리고 마침내 현실을 제대로 바라볼 수 있는 공간이 열렸다. 진실을 몸으로 인식하는 공간, 안전은 저 밖에 있지 않다는 사실을 깨닫는 공간이었다. 이 상황은 결코 용납할 수 없는 일이라는 깨달음이었다.

트라우마를 치유하는 과정을 통해 프랜시스는 자신의 삶을 '현재 시제'로 살 수 있게 되었다. 이제 과거도, 상상도, 희망이나 불안도 그녀를 지배하지 않는다. 그녀는 전과는 다른 방식으로 자신과 연결되었고, 그 결과 상대의 말과 행동이 있는 그대로 들리고 느껴졌으며, 자신의 아픔과 슬픔도 분명히 인식할 수 있었다.

'그 사람이 나를 사랑하게 만들기만 하면 돼!'라고 믿던 과거의 프랜시스는 사라졌다. 이제는 이렇게 말한다.

"이건 옳지 않아. 전혀 괜찮은 일이 아니야. 그리고 이건 내 잘못이 아니야."

프랜시스는 지금도 자신의 힘을 회복하는 여정을 이어가고 있다. 그녀는 부부 심리치료사가 되기 위해 수련 중이다. 실습 현장에서 그녀를 만날 때면, 그녀가 자신의 몸뿐 아니라 존재 전체에 깊이 뿌리내리고 있음을 느낀다. 그녀는 여전히 멋지다. 코에 피어싱을 한, 브루클린 감성의 멋쟁이. 하지만 이제 그녀는 자신의 가치가 외모에 달려 있지 않다는 것을 안다. 자신의 경험과 지혜, 성장을 바탕으로 세상에 의미 있는 기여를 할 수 있다는 것도 잘 알고 있다.

3장

순응할 때 나타나는
징후들

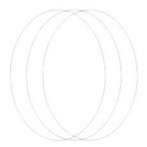

순응 반응을 보이는 사람들은 그 사실을 자각하지 못하는 경우가 많다. 순응 반응이 어린 시절의 트라우마 경험에서 비롯한 것이라면 더욱 그렇다. 그 시기에는 안전과 보호, 안정감의 추구가 삶의 핵심인 만큼, 위협 상황이 닥치면 무의식적으로 반응하게 된다. 이러한 애착 욕구는 잃는 것보다 얻는 것에 집중하기 때문에 순응 행동을 지속시키고 강화한다.

하지만 그 목적이 아무리 타당하다 해도 만성적인 순응 반응에는 필연적인 결과가 따른다. 가장 대표적인 것이 바로 자기의 포기 Self-Abandonment이며, 이는 다양한 형태로 나타난다. 갈등을 피하기 위해 자신의 감정을 축소하는 것에서부터, 상황에 맞춰 자신을 이리저리 바꾸기, 지속적으로 이어지는 불안까지 그 양상은 다양하다. 이 장에서는 순응 반응의 대표적인 징후들을 살펴볼 것이며, 이를 통해 당신은 그 징후들을(그리고 당신 자신을) 보다 분명히 이해하게 될 것이다.

순응 반응의 징후를 하나하나 떼어놓고 살펴볼 때 반드시 기억해야 할 점이 있다. 이 모든 징후들이 서로 밀접하게 연결되어 있다는 사실이다. 서로 겹치기도 하고, 쌍방으로 영향을 주고받기도 하며, 때로는 하나의 징후가 다른 징후를 촉발하기도 하고 그 반대의 경우도 있다. 다시 말해, 순응 반응을 완전히 포괄하는 하나의 지도 같은 것은 존재하지 않는다. 다만 이 장에서는 나와 내 내담자들이 함께 순응 반응을 알아가는 과정에서 발견한 몇 가지 중요한 이정표들을 소개하고자 한다.

순응 반응의 대표적인 징후들

자기 축소: 작아지되 완전히 사라지지는 않게

전남편 마크와 결혼하기 전, 마크는 내가 살던 집으로 먼저 이사를 들어왔다. 당시 나는 서른두 살이었지만 마치 소꿉놀이라도 하는 것처럼 묘한 기분이 들었다. 설레고 신나는 감정은 아니었다. '마치 이게 현실인 것처럼 연기하는 듯한' 괴리감에 가까웠다. 특히 그가 더 이상 생활비를 분담하지 않게 되고 내 학자금 대출로 부족한 생활비를 메워야 했을 때 그 감정은 더욱 선명해졌다. 그가 배우를 꿈꾸는 것은 내가 상관할 일이 아니었으나, 적어도 꿈을 이루기 위해 자기 밥벌이는 하기를 바랐다. 돈이 필요할 때마다 내게 기대지 말고 말이다.

함께 산 지 몇 달쯤 지났을 때 우리는 이탈리아 여행비를 마련하기 위해 공동 계좌를 개설했다. 그리고 얼마 후, 내가 계좌에 돈을 입금할 때마다 마크가 그 돈을 빼 가고 있다는 사실을 알게 되었다. 순간 분노가 일었고, 이 분노가 정당한 감정인지 한참을 고민했다. 하지만 적어도 그의 행동이 잘못되었다는 사실만큼은 분명해 보였다. 나는 방 안 책상에 앉아 입출금 내역을 백 번쯤 다시 들여다보며 그에게 뭐라고 말해야 할지 생각에 잠겼다. 때마침 마크가 집에 들어왔다. 그에게 건넨 내 목소리는, 분노보다는 마치 호기심 어린 질문처럼 들렸을 것이다.

"저기, 이 출금 내역들 좀 설명해 줄 수 있어? 우리 이 돈은 묶어 두기로 했던 것 같아서."

마크는 자기 잘못은 없다고 주장하며, 오히려 이 이야기를 꺼낸 나에게 화를 냈다. 그의 반응에 혼란스러워진 나는 곧바로 그의 관점을 받아들였고 이렇게 생각을 정리했다.

'그래, 이탈리아 여행보다 그 사람 조합비가 더 급한 거겠지. 내가 왜 그렇게 화를 냈나 몰라.'

나는 내가 느낀 감정을 축소했고, 그 일은 더 이상 중요한 문제가 아닌 것처럼 느껴졌다. 그렇게 문제는 '해결'되었고 우리는 다시 행복한 커플이 된 것 같았다. 무엇보다 그것이 내가 가장 바랐던 결과였다.

그 과정이 너무 빠르고 매끄러웠기 때문에 내가 무슨 행동을 하고 있는지 거의 자각하지 못했다. 하지만 내 분노를 축소한다는 것은, 진실을 알아보는 자신의 능력을 축소하는 일이었다. 그렇게 마크의 거짓말과 우리 관계에 존재하던 금전적 착취의 실체에 나는 눈을 감아버렸다.

순응 반응으로 자신을 작게 만든다는 것은 기본적으로 하나의 수학 문제와도 같다. 이것은 비율의 문제다. 관계를 하나의 컵이라고 할 때, 상대가 80퍼센트를 차지한다면 우리는 남은 20퍼센트 안에서 어떻게든 살아가는 법을 배워야 한다.

그리고 우리 삶은 그 비율을 유지하기 위한 전략의 연속이 된다. 이렇게 말이다.

- 눈앞의 상황이 일시적인 것이라고 믿으며 참고 견딘다.
- 자신을 계속 작게 유지하는 것 외에 다른 방법을 생각하지 못한다.
- 상대가 그렇게 큰 비율을 차지하는 것이 결국 모두를 위한 최선이라고 믿는다(특히 금전적 안전이나 신체적 안전이 걸려 있을 때).
- 분노를 느끼지만, 어차피 달라질 것이 없다고 생각하며 그 감정을 밀어내고 잊는다.
- '~만 하게 되면 ~하게 될 거야'라는, 마법적인 사고나 독이 되는 기대를 품는다(예를 들어, 그 사람이 일만 하게 되면 우리 관계도 좋아질 거야).
- 상대의 행동을 정당화하고 이유를 부여한다.
- 상황이 잘 풀릴 때를 기준으로 삼는다('좋을 때는 정말 좋아'라는 생각에 매달린다).

• '현실적'이 된다는 명목으로 기대치를 계속 낮춘다.

이러한 합리화는 모두 순응하는 사람들이 자신을 축소하는 방식이다. 관계라는 컵이 커지지 않는 한, 우리는 그렇게 할 수밖에 없다. 또한 순응하는 사람의 몸은 오랜 시간 복잡하고 위협적인 환경을 겪으며 이렇게 학습을 거쳤다.

'지금 엄마의 분노가 너무 크니까, 내가 작아져야 해.'

이 반응은 우리에게 안전으로 향하는 지도 역할을 해왔다. 의식적인 선택이 아니라, 자동적인 순응이다.

그렇게 몇 주, 몇 달, 몇 년에 걸쳐 자신과 자신의 욕구를 축소하다 보면, 본래 지녔던 능력의 일부만으로 살아가고 있다는 사실조차 인식하지 못하게 된다. 그것이 당연한 상태가 되고 우리는 '원래 그런 사람'이 되고 만다. 우리가 환경에 적응하는 방식은 놀라울 정도로 빠르다.

친구가 집을 비운 동안 봐주러 간 적이 있다. 그 집 옷장이 우리 집 거실만 한 크기였다. 집에 들어서는 순간 나는 '와, 이렇게 넓은 공간에는 절대 익숙해질 수 없겠다'라고 생각했다. 그런데 불과 5분 만에 나는 완전히 적응했다. 감사하게도, 우리는 적응하는 존재다.

순응 반응의 측면에서 적응한다는 것은 대개 우리가 필요로 하는 것, 느끼는 것, 그리고 우리 몸이 우리에게 전하는 신호들을 축소하는 일을 의미한다. 그 과정에서 우리는 자신의 가치마저 함께 축소한다. 때로는 아이 같은 목소리, 여린 목소리를 내거나, 실제로 몸을 웅크려 물리적으로 차지하는 공간을 줄이기도 한다. 그렇게 우리가 작아질수록 '상대(그것이 사람이든, 공동체든, 기업이든)'는 더 커진다. 그들의 욕구는 우리의 욕구보다 우선순위를 갖게 된다.

축소는 보호를 위한 반응이다. 몸을 웅크린 동물의 모습을 떠올려 보자. 그 모습을 보고 "저런, 저 다람쥐는 자존감에 문제가 있네"라고 말할 사람은 없을 것이다. 이렇게 생각하는 편이 훨씬 합리적이다. '저 동물은 본능에 충실한 거야. 무엇을 감지했기에 저렇게 반응하는 걸까?'

내가 처음 세이디를 만났을 때 그녀는 스무 살이었다. 레즈비언이었고 눌러쓴 야구 모자에, 헐렁한 티셔츠 아래로 문신한 팔을 드러내고 있었다. 학생이었던 세이디의 치료 비용은 이모가 부담하고 있었다. 그녀는 섭식장애로 도움을 구했지만, 초기 치료의 초점은 대부분 그녀의 불안정한 연애 관계에 맞춰졌다. 나중에 가서야 세이디는 자신의 순응 반응이 신체적 폭력으로부터 스스로를 지키기 위한 생존 전략이었음을 이해하게 되었다.

어느 날 오후, 세이디와 여자 친구 마거릿이 침실에 있을 때 갑자기 마거릿이 세이디에게 소리를 지르기 시작했다. 세이디는 겁에 질렸고, 처음에는 도피 반응이 활성화되어 문 쪽으로 달아나려 했다. 하지만 마거릿이 그녀를 너무 세게 붙잡는 바람에 세이디의 셔츠가 찢어졌다. 마거릿은 손에 쥔 셔츠 조각을 보며 소리 내 웃기 시작했다.

전혀 웃을 상황이 아니었지만, 세이디 역시 웃기 시작했다. 그것은 의식적인 선택이 아니었다. 세이디는 반사적으로 여자 친구의 분위기에 맞췄고, 둘은 세이디가 얼마나 엉뚱한지, 도망치려 했던 행동이 얼마나 과장된 연극이었는지를 이야기했다. 결국 대화는 이 모든 일이 세이디의 행동 때문이라는 결론으로 끝났다. 그러나 실제로는 그렇지 않았다. 세이디는 자신도 모르는 사이 긴장을 완화하고 안전을 확보하기 위해 대응 전략을 바꾼 것이다. 도피에서 순응으로.

자신을 작게 만들고 감정을 축소하며 학대를 견디고 싶은 사람은 아무도 없다. 우리가 그렇게 하는 이유는 관계를 유지하고, 주어진 환경 속에서 살아남아야 한다는 필요 때문이다. 여기서 반드시 기억해야 할 사실은, 순응하는 사람들 대부분은 순종적인 성향을 타고난 것이 아니라는 점이다. 우리는 스스로 작아지기를 원하는 것이 아니다.

순응형 사람들이 관계 안에서 비율과 거리감을 어떻게 경험하는지를 살펴보면 이들을 훨씬 더 잘 이해할 수 있다. 어째서 우리는 상황이 바뀔 때마다 전혀 다른 감각을 느끼는가? 왜 맥락에 따라 거의 다른 사람처럼 행동하게 되는가? 치료실 안에서 내담자들은 자신에게 거의 다가온 상태, 혹은 완전히 돌아온 상태로 보인다. 안전을 느끼는 공간에서는 자신의 '원래 크기'를 되찾기 때문이다. 그러나 다시 일상으로 돌아가면, 여전히 순응 반응 속에서 살아간다.

이런 불일치에 좌절감을 느낄 수도 있다. 하지만 순응 반응은 본질적으로 관계성 트라우마 반응이다. 즉, 우리가 놓인 관계의 맥락에 따라 반응의 양상이 달라진다는 뜻이다. 어떤 관계에서는 순응 반응을 줄이고 자신을 조금 더 드러내는 연습을 할 수 있다. 그러나 또 어떤 관계에서는, 어렵게 빠져나온 사자의 굴로 스스로 걸어 들어가기도 한다. '학대를 완화하는 것'과 '자존감을 지키는 것'이 충돌할 때, 이기는 쪽은 늘 전자다.

투쟁이나 도피에 비해 덜 적극적으로 보일 수는 있지만, 순응 역시 분명한 생존 반응이다. 우리는 순응 반응을 단순히 부적응 행동으로 오해해서는 안 된다. 그렇다, 우리는 스스로를 작게 만들었다. 그러나 그 덕분에 완전히 사라지지는 않았다. 순응 반응은, 아무리 작아지더라도 매 순간 존재하기를 택한 사람들의 행동이다.

과잉각성과 불안: 살얼음판 위를 걷는 요령

세이디는 어렸을 때 종종 숨을 참곤 했던 것을 기억한다. 숨을 들이마시면 예민해진 감각이 흐트러질 것 같았고, 내쉬는 순간 사방에 깔린 덫을 건드릴 것만 같았다. 집을 떠난 뒤에야 그동안 자신이 숨조차 제대로 쉬지 못한 채 살아왔다는 사실을 깨달았다.

숨 참기는 특히 엄마와 말다툼을 한 뒤에 심해졌다. 전날 밤 너무 늦게 들어왔거나, 먹은 그릇을 제때 치워두지 않은 날이었을지도 모른다. 겉보기에는 여느 십 대와 부모 사이에 벌어지는 다툼과 크게 다르지 않아 보였다. 그러나 세이디는 알고 있었다. 그 뒤에 다른 무언가가 닥쳐올 것이라는 사실을. 그래서 그 순간부터, 그리고 이후 몇 시간 혹은 며칠까지도 날이 선 상태로 지냈다.

세이디는 어머니의 행동이 아주 미세하게 달라져도 즉각 알아챌 만큼 과잉각성 상태에 있었고, 언제든 자신에게 더 무거운 벌이 내려질지 모른다고 예상했다. 매를 맞거나, 수치스러운 말을 듣거나, 권한을 박탈당하는 일들 말이다. 그러다 가끔, 어머니의 기분이 벌이 아니라 가벼운 장난 쪽으로 갑자기 기울어지는 순간이 있었다. 그것은 곧 세이디가 경계를 풀어도 된다는 신호였다. 그런 순간마다 세이디는 크게 안도했다. 적어도 어머니의 기분이 반대편으로 다시 기울어지기 전까지는.

어느 날, 어머니의 침실에서 빨래 문제로 말다툼을 하던 중 어머니가 세이디에게 양말을 집어던졌다. 힘껏 던졌지만 양말은 제대로 날아가지 않았고, 그 광경에 두 사람은 갑자기 웃음을 터뜨렸다. 실랑이는 그렇게 끝난 듯했고 어머니와 다시 가까워진 느낌에 안도한 세이디는 크게 숨을 들이쉬며 방을 나왔다. 그러나 다른 빨랫감을 가지러 다시 방에 들어갔을 때 어머니는 세이디의 얼굴을 세게 올려 쳤다.

이런 엄마와의 관계에서 세이디는 결코 경계를 늦출 수 없었고 그것은 지속적인 불안으로 이어졌다. 열일곱 살 무렵, 세이디는 하루 종일 마리화나를 피워야만 불안을 견딜 수 있는 지경이 되었다. 그녀의 경험을 보면, 호흡법이나 마음챙김을 통해 '더 평온한 상태'에 이르는 것으로는 관계성 트라우마나 불안을 치유할 수 없음을 알게 된다. 여기서 회복하기 위해서는 무엇보다도 '안전한 관계'라는 환경이 필요하다.

복합 트라우마의 피해자들은 관계 안에서 안전을 찾기 위해 끊임없이 타인의 기분을 살피고, 주변에 잠재한 위협 요소들에 주의를 기울인다. 우리는 미묘한 단서와 표정의 변화를 읽어낸다. 위험의 낌새를 멀리서도 감지한다. 과잉각성 상태에 놓인 우리는 최악의 시나리오에 사로잡힌 채 잠을 이루지 못하고, 작은 일에도 쉽게 놀라며, 지나치게 분석하면서 언제 무슨 일이 벌어질지 몰라 가슴을 졸인다. 모든 순간이 살얼음판 위를 걷는 것 같다.

돌이켜보면 나는 늘 탐정 같았다. 어린 시절, 온갖 방법을 동원해 부모의 행적을 알아내려 했다. 부모가 외출하면 그들이 약을 숨긴 곳을 찾기 위해 집안을 뒤졌고, 이 집 안에서 대체 무슨 일이 벌어지고 있는지 알아내기 위해 도움이 될 만한 단서를 두리번거리며 찾아다녔다. 이런 과잉각성 행동 때문에 순응 반응을 가진 사람들에게는 종종 '통제적'이라는 꼬리표가 붙는다. 하지만 나는 그 표현이 정말 싫다. 우리가 통제하려 드는 것이 어느 정도 사실일 수 있다. 그러나 그 이유는 우리가 이미 통제를 잃었기 때문이다. 우리가 통제적인 사람이어서가 아니라, 두려움에 놓여 있다는 뜻이다. 우리는 균형을 잃었고, 권한을 박탈당한 상태에 반응하고 있을 뿐이다.

순응 반응은 더 큰 손상으로부터 자신을 지키기 위한 시도다. 그러나 그 반응을 보이는 동안 우리는 대부분, 자신이 불안을 느끼고 있다는 사실조차 인식하지 못한다. 순응 반응은 우리가 느끼는 불안을 가린 채 돌봄을 제공하고, 기분을 맞추고, 사람들과 섞이는 방식으로 그 불안을 조절하려 한다. "나 지금 불안해"라고 말할 수 있다는 것은 몸의 자율적인 감각을 느낄 수 있다는 뜻인데, 순응하는 사람들 대부분은 그 감각을 잃어버린 상태다. 주의가 늘 타인의 생각과 감정에 쏠려 있기 때문이다.

그 대신, 불안은 이런 사고 형태로 나타난다.

- 저 사람, 혹시 나한테 화가 난 건 아닐까?
- 내가 제대로 한 걸까?
- 만약 내가 이렇게 하면, 저 사람은 어떻게 생각할까?
- 저 사람이 나를 불친절하다고 / 이기적이라고 / 과민 반응한다고 여기면 어쩌지?

이러한 두려움 속에서 순응 반응을 보이는 사람들은 자신의 입장을 변호하거나, 도움을 요청하거나, 의견을 표현하는 일을 몹시 어려워한다. 적절한 보수를 정하는 것도 힘들고, 당연히 받아야 할 돈을 달라고 말하는 것도 껄끄럽다. 비행기 객실에서조차 짐칸을 너무 많이 차지하고 있는 건 아닌지 신경쓴다. 누군가를 실망시킬까 무섭고, 혼나는 상황은 생각도 하고 싶지 않다. 대부분의 사람들이 타인의 호감을 바라지만, 순응하는 사람에게 타인의 호감이란 안전의 절대 조건이 된다.

순응하는 사람들 상당수는 쉴 새 없이 관계의 균형을 관리한다. 상대가 더 큰 힘을 쥐고 있다고 느끼는 순간, 그 힘이 아무리 관대한 모습을 하고 있더라도 불안을 느낀다. 관계에서 아주 미세한 불균형만 감지되어도 기울어진 저울을 바로잡기 위해 이쪽에 무게를 더해야 한다고 느낀다. 그래서 더 많이 주고, 더 많이 감당하고, 더 많은 것을 한다.

순응하는 사람들에게 주고받는 관계는 낯설다. 우리는 늘 손에 점수표를 쥔 채, 우리의 득점이 상대보다 앞서 있는지를 강박적으로 확인한다. 인간이라면 누구에게나 보호와 도움, 다정함이 절실히 필요한 시기가 있는데 우리는 바로 그 시기에 그것을 충분히 받지 못했기 때문이다. 다시는 그 압도적인 결핍을 느끼고 싶지 않기에, 지금의 관계 속에서 끊임없이 계산하고 저울질하는 쪽을 택한다.

나는 메시지를 받으면 즉시 답장해야 마음이 놓이는 사람이었다. 누군가 '자기 자리'라고 생각할 법한 공간에 주차해야 할 때면 겁이 났고, 함께 식당에 간 친구가 점원에게 테이블을 바꿔달라고 요청했을 때는 그 자리에서 당장 사라지고 싶을 만큼 불편했다. 우리는 괜한 주목을 받고 싶지 않고, 불편한 상황에 놓이는 것을 무엇보다 피하고 싶어 한다.

순응 반응을 보이는 사람들은 불안 때문에 과도하게 기능하고 지나치게 헌신한다. 아무도 맡고 싶어 하지 않는 일을 자청하고, 추가 업무를 떠안으며, 다른 사람의 부담을 대신 짊어진다. 누구도 나서지 않는 그 어색한 순간을 견디지 못하기 때문이다. 그러나 예상대로, 그것은 더 큰 불안으로 이어진다. 우리는 모든 것을 다 해낼 수 없다. 남을 돕는 일이 선하다는 사실과는 별개로, 우리는 적정선을 알지 못한 채 자기 경계를 무너뜨리며 스스로를 희생한다.

우리는 자신이 무엇을 믿는지, 무엇을 느끼는지 분명히 알지 못하므로 그 대신 불안을 느낀다. 순응 반응이란 타인의 기대에 동화되는 동시에 자기 자신과의 연결을 끊는 일이라는 사실을 떠올려 보자. 이렇게 더 깊은 곳의 진정성은 덮어씌워 놓고, 머릿속에서는 끝없는 토론이 벌어진다. 우리는 상황을 이해하려 애쓰며 무엇을 해야 할지 고민하지만, 어느 한쪽을 지지하는 근거만큼 반대편의 근거 또한 충분해 결론은 나지 않는다. 순응하는 사람들은 사실 자기 밖에서 자신을 찾고 있는 셈이다. 그 결과 혼란스럽고 어지러우며 극도의 불안을 느낀다. 세상에는 사람 수만큼이나 다양한 의견이 존재하기 때문이다.

그렇다면 잘 알려진 방법을 따라서, 경계를 세우거나 자신을 위해 목소리를 높이면 어떻게 될까. 그 순간 우리 몸은 오히려 이전보다 훨씬 더 큰 불안을 느낀다. 순응 반응이 제공하던 안전감이 사라지면 무언가 나쁜 일이 벌어질 것만 같고, 그로부터 자신을 지킬 수 없을 것 같기 때문이다. 그렇게 우리는 다시 순응 반응으로 돌아간다.

때로 순응 반응은 우리가 아예 자신을 드러내지 못하게 만들기도 한다. 마비된 것처럼, 권력자의 승인 없이는 아무것도 할 수 없는 상태가 된다. 정해진 선 너머로 한 발 내딛는 일은 너무도 위험하기 때문에 결국 회피를 통해 안전을 지킨다.

어떤 경우, 순응 반응은 완벽주의의 형태로 나타나기도 한다. 완벽주의는 근면 성실을 가장한 불안이다. 이 맥락에서 완벽주의자의 목표는 '완벽해짐으로써' 관계 안에서 자신의 안전을 확보하는 것이다. 우리는 타인을 기쁘게 하기 위해 성취한다. 타인에게 인정받고, 나를 알아봐 주기를 갈망한다. 그리고 가장 안전한 방법은 성공과 성취 같은, 내가 가치 있는 존재임을 증명해 줄 가시적인 지표를 얻는 것이라고 믿는다.

그러나 완벽주의는 우리의 두려움을 가리는 또 하나의 가면일 뿐이다. 아무리 많은 것을 이루어도 불안의 근원은 사라지지 않는다. 그래서 완벽주의자는 늘 이런 생각에 다다른다.

'다음번엔 정말로….'

우리가 불안을 어떻게 관리하든, 사람들은 여전히 실망하고 화를 낸다. 우리가 그들에게 맞춰준다고 해서 그들 역시 우리에게 맞춰주는 것은 아니다. 그 결과 우리 몸은 또다시 부조화의 감각을 느낀다. 불쾌한데도 웃고, 불편함을 느끼면서도 남의 일을 대신 떠맡고, 온전한 자신이 아닌 어떤 '버전'으로 살아간다. 이런 내적 갈등은 종종 의식 아래에서 흐르며 이유를 알 수 없는 지속적인 불안을 만들어 낸다.

이어지는 장에서 더 자세히 다루겠지만, 치유를 위해서는 '느껴야' 한다. 표면 아래에 깔려 있는 불안과 그동안 외면해 왔던 모든 감정들을 말이다. 처음에는 엄청난 고통이 따를 수 있다. 그럼에도 우리 몸의 감각과 우리가 실제로 경험하는 것들을 느껴야 한다. 그것만이 진정한 자기 신뢰를 회복하고, 단단한 기반을 다시 세우며, 불안을 강화하는 순환 구조에서 벗어나는 길이다. 그럴 때 우리는 결국 자신을 있는 그대로 사랑할 수 있는 더 넓은 안전지대로 나아갈 수 있다.

수치심의 악순환: 나는 뭔가 잘못된 사람인가 봐

나를 그루밍Grooming(길들이기를 통한 심리 지배-옮긴이)하던 나르시시스트 새아빠와 함께 살던 시절에, 나는 순응 반응이라는 개념을 몰랐고 내가 왜 그런 방식으로 반응하는지도 알지 못했다. 하지만 한 가지는 분명히 기억한다. 바로 내가 스스로를 팔아넘기고 있다는 느낌이었다. 나는 내 진정성을 내주고, 그 대가로 새아빠의 호의를 얻으려 했다.

새아빠는 손바닥 뒤집듯 기분이 바뀌는 스위치를 가진 사람 같았다. 조금 전까지는 침묵으로 일관하며 냉랭하게 나를 무시하다가도 갑자기 온갖 선물을 안겨주곤 했다. 그러면 나 역시 즉각 스위치를 바꿔야 했다. 분노에 찼던 상태에서 순응하는 태도로. 그때부터는 새아빠가 듣고 싶어 할 말을 골라 했고 '너그러움'에 감사를 표했으며, 그 와중에도 치솟는 분노를 눌러 삼켰다.

나는 마치 두 사람이 된 기분이었다. 하나는 진짜 나였고, 다른 하나는 그 상황을 견디기 위해 되어야만 하는 나였다. 재미있고, 호기심 많고, 새아빠가 원하는 노래를 불러주는, 재주 부리는 원숭이 같은 나. 그런 모습이 드러날 때마다 나는 자신을 혐오했다.

이 '자기혐오'가 내가 치러야 했던 대가였다. 안전하지 않은 환경에서 안전을 확보하려 애쓴 대가. 그것은 수치심의 악순환을 키우며, 나의 자기 인식을 서서히 잠식해 갔다.

우리가 가장 먼저 수치심을 느끼는 대상은, 우리가 견뎌낸 트라우마적 사건 그 자체다. 새아빠의 행동만 따로 떼어놓고 보더라도, 나는 일부 모습에 대해서만 '사랑받았다'. 사랑은 겉으로 드러나지 않았고 조금씩, 간헐적으로 흘러왔다. 이처럼 애정을 유보하거나 조건적으로 허용하는 방식은 깊은 수치심을 만들어 냈다.

왜 나는 다른 아이들처럼 조건 없이 사랑받지 못하는 걸까?

왜 우리 가족은 TV 속 화목한 가족과 이다지도 다를까?

인정받지 못하고, 학대받고, 방임되고, 버려진 경험은 '내가 뭔가 잘못된 사람인가 봐.' 하는 굴욕적인 감정을 낳는다.

수치심의 그다음 대상은, 트라우마적 사건에 대해 사람들이 보이는 반응이다. 내가 입을 열었을 때 상황은 오히려 더 나빠졌다. 나는 보호받지 못했고 아무도 믿어주지 않았다. 수많은 트라우마 피해자들처럼, 나는 '별일 아니다'라는 말을 직·간접적으로 들어야 했다. 두려움과 무력감 속에 홀로 남겨졌으며 필요한 연결감과 위로, 지지는 주어지지 않았다. 그 결핍은 결국 '문제는 나한테 있었던 거야'라는 해석으로 이어졌고, 한층 더 깊은 수치심 속으로 빠져들었다.

이 모든 해로운 여건에 대응하며 우리는 순응 반응을 형성한다. 순응 반응에는 흔히 숨기기, 상황에 맞춰 다른 모습으로 변신하기, 거짓말이 뒤따른다. 이 행동들은 마치 '내가 결함 있는 사람'이라는 믿음을 증명하는 증거처럼 느껴진다. 사실은 생존을 위해 불가피하게 생겨난 반응임에도, 우리는 그것을 개인의 잘못으로 돌리며 '나는 엉망이야'라고 결론 내린다. 그렇게 우리는 수치심과 축소된 자아감을 안고 살아간다.

새아빠가 나를 몰래 라스베이거스에 데려갔을 때, 미성년자는 카지노에 들어갈 수 없으니 자기 손을 잡아야 한다고 말했다. 그리고 이렇게 덧붙였다.

"좀 더 나이 들어 보이게 해야겠네. 옷 사러 가자."

열여섯 살이었던 나는 '쇼핑하자'는 말이 반가웠다. 새아빠는 거리낌 없이 돈을 썼고, 새로 산 스웨이드 부츠에 실크 블레이저를 입자 그 어느 때보다 어른스럽고 그럴싸한 기분이 들었다. 솔직히 말하면, 그 느낌이 싫지 않았다.

새아빠가 돈으로 내 마음을 샀고, 그로 인해 내 인식이 흐려지고 있다는 사실을 어렴풋이 알았다. 다만 그게 무엇을 의미하는지는 알지 못했다. 그저 '문제가 생기면 어떡하지?'라고만 생각했다. 새아빠는 나를 자기 여자 친구처럼 과시하며 돌아다니는 이유를 라스베이거스의 규칙 탓으로 돌리며 본질을 흐렸다. 그럼에도 나는 이것이 일종의 쇼라는 사실을 알았다. 그리고 나는 그 쇼에 참여했다. 새아빠는 내가 섹시해 보이길 바랐고, 나는 내 손으로 그 망할 부츠를 신었다.

결국 내가 확실히 알았던 것은 '나의' 행동뿐이었다. 나는 "새아빠 덕분이에요, 감사해요"라고 말했다. 순응 반응이었다. 새아빠의 잘못이나, 내가 그 잘못의 본질을 정확히 이해하지 못했다는 사실은 중요하지 않았다. 그가 무엇을 했든 내가 한 행동이 사라지는 것은 아니었기 때문이나. 수치심은 내가 치른 비용이었다.

나를 찾는 내담자들도 삶 전반에 걸쳐 지속되는 수치심에 대해 털어놓곤 한다. 과거의 상황에서 자신이 자처했던 역할에 대해 굴욕감을 느끼고, 지금 감내하고 있는 진실 앞에서 당혹감에 빠진다. 누가 따로 지적하지 않아도 우리는 자발적으로 수치심을 만들어 낸다.

하지만 심리치료를 받으러 갈 때 수치심을 다루는 것이 목적인 경우는 거의 없다. 우리는 대개 관계를 개선하기 위해 상담실 문을 두드린다. "아이들에게 더 좋은 엄마가 되고 싶어요", "더 나은 배우자가 되고 싶어요"처럼, 시간과 에너지를 쏟을 가치가 있어 보이는 문제를 들고 온다. 그러니까 '문제가 생겼어요'가 아니라 '내가 문제예요'라는 것이다.

"제가 너무 예민한 것 같아요."

"제가 너무 많은 걸 바라는 걸까요?"

이런 생각은 그렇지 않아도 무거운 수치심을 더 깊이 짓누른다.

수치심의 악순환 속에서 사람들은 자기 안에 있는 좋은 부분들과의 연결을 잃는다. 그래서 순응 반응이 생겨난 이유를 이해하는 일은 그토록 중요하다. 우리는 단지 주어진 현실에 적응하며 살아남았을 뿐인데, 결함 있는 존재로 취급받아 왔다. 이 책은 그 오명을 벗겨내고, 우리가 오래도록 품었던 수치심을 덜어내는 이야기다. 내가 단어 하나, 표현 하나에까지 신중한 이유도 여기에 있다.

수치심은 오랫동안 치유를 가로막는 거대한 장벽이었다. 누군가를 계속 순응 반응 속에 가둬두고 싶은가? 그렇다면 그 사람에게 가서 "네가 잘못했다"고 말하면 된다. 그 말을 들은 사람은 멈춰 서서 진위를 따지기보다, 관계 속 위협을 감지하고 즉각 반응한다. 다시 자신을 바꾸고, 수치심을 안겨준 그 사람을 위해 '더 나은 사람'이 되려고 애쓴다. 그런 방식으로는 진정한 치유가 일어날 수 없다.

우리에게 필요한 것은 비난이 아니라, 공간이다. 삶에서 실제로 무슨 일이 일어났는지, 그것이 어떤 흔적을 남겼는지, 그리고 지금 어떤 모습으로 나타나고 있는지를 탐색할 수 있는 공간. 치유를 위해 우리는 호기심과 연민, 취약함이 필요하다. 이 모든 것은 수치심 위에서는 자라지 못한다. 우리 신경계가 마치 납치당한 것처럼 반응하게 된 것에 대해 비난하는 일은 잔인할 뿐 아니라 아무런 도움이 되지 않는다. 수치심은 순응 반응이 계속 유지되도록 단단히 붙잡아 두는 역할을 할 뿐이다. 수치심을 덜어내고 난 다음에야, 비로소 우리는 만성적인 순응 반응과 그로 인해 치른 대가를 하나씩 내려놓을 수 있다.

탈바꿈: 내가 맘에 안 들어? 그럼 다른 모자를 쓸게

우리가 처음 만났을 때 그레이스는 40대였다. 그녀는 '좋은 엄마가 되고 싶어서' 치료를 받으러 왔다고 말했다. 문제가 많았던 자기 어린 시절의 패턴을 아이들에게는 되풀이하고 싶지 않다고 했다.

그레이스는 아담한 체구에 피부가 유달리 희었고, 짙은 갈색 머리칼은 늘 곧게 손질되어 있었다. 어두운 뿔테 안경을 썼고 메이크업은 거의 하지 않았다. 우리는 종종 서로의 옷차림에 관해 이야기를 나누었다. 우리의 세션은 "그 스웨터 어디서 샀어요?" 같은 말로 시작되곤 했다. 그레이스를 처음 만난 후로 16년 동안, 그녀의 겉모습은 거의 변하지 않은 듯 보였다. 하지만 그녀의 내면은, 처음 만났을 때와는 전혀 다른 사람이 되었다.

초기 상담에서 그레이스는 자신이 상황에 따라 '다른 모자'를 쓴다고 말했다. 집에 있을 때, 직장에서 일할 때, 오래된 친구들과 함께 있을 때가 모두 달랐다. 만약 남편이 '직장 버전'의 자신을 먼저 알았더라면 눈길조차 주지 않았을 것이라고 얘기했다. 맥락에 따라 성격이 너무도 극명하게 달라졌기 때문에, 그레이스는 《시빌^{Sybil}》(16 개가 넘는 인격을 가진 다중인격장애 환자, 시빌 도싯의 치료 과정을 담은 책-옮긴이)을 읽고 자신이 혹시 다중인격장애가 있는 것은 아닌지 심각하게 고민하기도 했다.

상황에 따라 매번 다른 사람이 되기 위해서는 복잡한 내적 조율

과정을 거쳐야 했다. 그녀의 이야기를 듣고 난 후, 나는 그것이 얼마나 소모적인지를 설명했다.

"꼭 외줄타기 곡예를 하는 것 같네요."

지금보다 더 자유로워지고 싶지는 않은지 묻자 그레이스는 고개를 끄덕이며 대답했다.

"외줄타기가 확실히 맞긴 한데… 전 그게 좋아요."

예상 밖의 대답이었다. 다음 발을 어디에 디딜지 알아야만 안심이 된다는 소리였다.

"더 많은 공간이 생기거나, 양쪽으로 몇 밀리미터라도 넓어지는 건 상상만 해도 무서워요. 꼭 지뢰를 밟을 것 같거든요."

그레이스는 제약 속에서 위안을 느꼈다. 누군가가 자신에게 무엇을 해야 하고 어떤 사람이 되어야 하는지를 정해주는 것이 편했다. 그러다 보니 그녀 주변에는 자기주장이 강한 사람들이 많았고, 그들은 실제로 그런 역할을 해주었다.

그녀가 수많은 가면 때문에 치른 대가를 자각하기까지는 몇 달이 더 필요했다. 그 대가는 바로 진정한 자아와의 연결을 잃는 것이었다. 당시 그레이스는 자신이 융통성이 뛰어나다고 생각했으며, 타고나길 그런 성격이라고 믿었다.

순응하는 사람들이 바라는 것이 승인과 안전, 연결감이라는 점을 잊지 말자. 상황에 따라 이리저리 모습을 바꾸는 것은 단순히 인기를 얻기 위해서만은 아니다(물론 대부분은 인기를 원한다). 때로 이런 탈바꿈은 집단에 속하기 위해 약물을 사용하는 모습으로 나타나기도 하고, 친구의 기분을 맞추기 위해 남의 험담에 동조하는 형태로 드러나기도 한다. 탈바꿈은 우리가 관계의 틈을 메우기 위해 배운 방식이다. 자신의 필요를 표현하거나 충족할 수 없을 때, 상대가 제 몫을 해주리라 믿을 수 없을 때 우리는 그 빈틈을 메우기 위해 자신을 바꾼다. 그 상황에 필요한 것이 무엇이든 거기에 자기를 맞추는 것이다.

그레이스는 대화 도중에 어린 시절의 한 장면을 떠올렸다. 그녀의 아버지는 쉽게 분노했고 수시로 벌을 주면서 "이게 다 네가 자초한 거다"라고 말했다. 그레이스가 멍청하고, 부모 말을 듣지 않고, 노력하지 않는다고, 모든 것이 그녀의 잘못이라고 반복해서 주입했다.

고등학생이던 어느 아침, 등교 전에 아버지가 말했다.

"오늘 저녁엔 피자 시켜 먹자."

그리고 피자에 양파를 넣을지 물었다. 그레이스는 시리얼 그릇을 치우며 "아니요"라고 답하고는 책가방을 챙기려 돌아섰다. 그 순간 아버지가 폭발했다.

"너 양파 좋아하잖아! 근데 내가 물어보니까 싫다고 해?"

아버지는 불같이 화를 냈고, 그레이스는 겁에 질렸다. 더 이상의 충돌을 피하려 뒷문으로 나가려는 순간, 아버지가 뒤에서 머리채를 잡아챘다.

"나가려면 앞문으로 나가!"

그레이스는 머리채를 잡힌 채 집 앞까지 끌려 나왔고 결국 발로 차여 쫓겨났다.

그레이스는 이전에도 불안정한 가정 환경을 이야기한 적이 있었지만, 이 장면은 말로 꺼내는 것 자체가 고통스럽게 보였다. 그녀는 아버지의 행동을 분석하기 시작했다.

"아빠는 자상한 부모처럼 보이고 싶었던 것 같아요. 저녁 메뉴를 미리 알려주고, 나한테 원하는 게 있는지 물어보는 식으로요. 하지만 사실 제 생각은 중요하지 않았던 것 같아요. 아빠는 양파가 들어간 피자를 원했고, 제 역할은 아빠가 원하는 것을 원하는 사람이 되는 거였죠. 아빠가 뭘 원하는지 정확히 알아야 했어요. 그걸 못 하면 벌을 받았던 거고요."

이 말을 하며 그레이스는 체념한 듯 보였다.

그레이스는 지금도 사람들과 음식을 나눠 먹는 일이 두렵다. 각자 음식을 가져오는 포틀럭 파티는 특히 싫다. 자신이 '잘못된' 음식을 가져갈까 봐 불안하기 때문이다. 뭔가를 선택하거나 어떤 의견을 내는 일은 언제든 상대를 거스르거나 불쾌하게 만들 위험이 있다. 그래서 그레이스는 그때그때 상황이 요구하는 대로 평생 자신을 바꾸며 살아왔다. 그레이스에게 있어 모든 행동의 목적은 갈등의 여지를 없애는 것이다. 그러니 '양파를 좋아하는 사람' 정도는 얼마든 될 수 있다.

자신을 뒤틀어서라도 상황을 진정시키는 법을 익히게 되면 순응 반응에서 벗어나는 일은 매우 어려워진다. 건강한 갈등은 일정 수준의 불편을 감내하는 것을 포함하지만, 순응하는 사람들 대부분은 건강한 갈등이 어떤 느낌인지 알지 못한다. 지금의 관계가 그런 갈등을 감당할 수 있는 관계인지 알 수 없고, 위험을 감수하고 싶지도 않다. 몸은 늘 위협의 기미를 감지하려 긴장한 채 주변을 살피기 때문에 잠재적인 불편조차 버겁기만 하다. 상대가 조금이라도 실망한 기색을 보이면, 그것은 곧 '다시 그 일이 벌어질 신호'로 해석된다. 그래서 우리는 반사적으로 양파를 좋아한다고 답하고 만다. 다시는 거칠게 발에 차여 집 밖으로 내쳐지는 경험을 하고 싶지 않기 때문이다.

새로운 힘을 기른다는 것은, 우리가 본능적으로 피해왔던 두려움과 압도감에 정당한 이유를 가지고서 정면으로 마주하는 일이다. 그레이스가 오랫동안 자신을 통제한 온갖 방식들을 이해하게 된 후, 나는 이렇게 말했다.

"진짜 당신이 드러난 적은 한 번도 없었던 것 같아요. 타인에게도, 자기 자신에게도요."

두 눈에 눈물이 맺힌 채 그레이스는 고개를 끄덕였다.

이것이 탈바꿈의 대가다. 우리는 우리 자신에게 다가갈 수 없게 된다. 트라우마와 중독, 아동 발날 분야의 전문가이자 《정상이라는 환상The Myth of Normal》의 저자, 가보 마테Gabor Maté는 그 긴장감을 이렇게 설명한다.

"많은 사람들이 반복해서 겪는 어려움 중 하나는, 진정한 자신이 될 것인가 아니면 타인에게 사랑받고 수용될 것인가 사이의 갈등입니다. 둘 다 우리가 원하는 것이죠. 하지만 만약 두 가지 모두를 가질 수는 없다면, 특히 어린아이가 그렇게 믿게 된다면 어떻게 될까요? 아이는 애정을 선택합니다. 그러면서 자신을 억누릅니다. 이 아이에게 자기 표현과 진정성은 위험한 것이 됩니다. 그렇게 평생을 자기 자신이 되기를 두려워하며 살게 됩니다. 진정성을 포기하는 것은 실수가 아닙니다. 약함도, 도덕적 결함도 아닙니다. 그것은 생존 메커니즘입니다.[16]"

그레이스는 외줄타기가 주는 안전감을 사랑하지만, 자신을 드러낼 수 없는 상태를 더 이상 견딜 수 없었다. 자신이 어떤 사람인지, 무엇을 좋아하는지를 타인을 통해서만 알게 되는 삶을 원하지 않았다. 상황마다 다른 모자를 쓰는 방식에 지쳤고, 피할 수 없는 내적 갈등은 깊은 우울감으로 이어졌다.

'너 자신이 되어라'라는 조언은, 탈바꿈이 왜 필요했는가 하는 맥락을 쉽게 지워버린다. 우리가 다른 정체성을 받아들이고 다른 의견에 동화했던 것은 두려움을 진정시키기 위해서였다. 순응 반응에서 벗어난다는 것은 우리 내면의 본질적인 부분을 되찾고, 앞으로는 그것을 존중하며 살아가는 법을 배우는 일이다. 그러나 그 길로 나아가기 전에 먼저 필요한 일이 있다. 우리가 그것을 잃을 수밖에 없었던 이유에 대해 연민을 갖는 것이다.

갈등 회피: 아무 일 없어요

갈등의 기류가 느껴질 때 내 몸이 어떻게 반응하는지를 말로 정확히 설명하기는 쉽지 않다. 즉시 두려움이 밀려오면서 '망치가 언

---

16 가보 마테, '당신은 당신의 진정성을 희생하고 있습니까Are You Sacrificing Your Authenticity', OneCommune 인스타그램 비디오, 2024년 9월 15일 열람, https://www.instagram.com/reel/C_8o4KQySnM/?igsh=NTc4MTIwNjQ2YYQ%3D%3D

제라도 떨어질 것 같은' 느낌에 휩싸인다.

어렸을 때 나는 맞서 싸우려 했고, 엄마부터 학교 상담 선생님에
이르기까지 도움을 청했던 적이 있었다. 하지만 엄마는 내 말에는
아무 반응도 보이지 않은 채, 그저 새아빠를 불러 이야기를 들어보
겠다고만 했다. 그 결과 나는 오히려 더 위험한 상황에 놓였다. 우리
중 많은 사람은 어떤 식으로든 맞서려 했던 시도가 오히려 상황을
악화시켰던 경험이 있다. 그런 일을 겪고 나면 우리의 '투쟁' 반응은
사그러진다. 불만을 제기하는 것보다는 내려놓고 잊어버리는 편이
더 안전하다고 느끼기 때문이다.

세이디가 어린 시절 숨 참는 습관이 있었던 것을 떠올려 보자.
세이디가 자신을 지키려 나설 때마다 그 시도는 번번이 좌절되었다.
어머니의 학대로부터 자신을 보호하려 했을 때는 더 많이 맞았고,
학교에서 자신을 놀리던 남자아이들에게 맞섰을 때는 무시당했다.
선생님의 도움을 구했을 때조차 세이디는 교실에서 쫓겨났다.

세이디가 열 살이 되었을 때 부모가 이혼하면서, 그녀와 쌍둥이
남동생에게는 소송 후견인이 지정되었다. 두 아이에게 가장 나은
조건을 판단하는 것이 이 사람의 역할이었다. 어느 날 이 후견인은
세이디가 잔뜩 그려놓은 그림들을 발견했다. 모든 그림 속에서 세
이디는 팔이 없는 모습으로 표현되어 있었다. 세이디는 내게 이렇
게 말했다.

"저한테 '저항'이라는 것이 어떤 의민지 그대로 보이죠."

순응이 트라우마 경험의 기본값이 되면, 사라지는 것은 우리의
투쟁 대응만이 아니다. 갈등을 알아차리거나 느끼는 능력 자체가 점

점 희미해진다. 우리는 눈가리개를 쓰는 법을 익히고 어떤 일이 있어도 벗지 않는다. 해로운 일조차 보지 못하고, 가능하다면 그것을 우리가 감내할 수 있는 다른 무언가로 바꿔버린다. 우리가 탄 보트를 뒤흔들지 않을 만한 이야기로.

커가면서 나는 엄마가 눈가리개를 쓰고 산다는 사실을 알게 되었다. 엄마는 새아빠의 학대를 보지 못하는 것 같았다. 잔인하게 굴고 사람을 함부로 처벌하는 측면은 엄마의 시야에 들어오지 않았다. 엄마는 어떤 일이든 새아빠의 입장을 채택했고, 그로써 모든 불협화음을 없애버렸다. 엄마가 보는 새아빠는 더 똑똑하고, 더 유능하고, 더 준비된 사람이었다. 엄마는 자신을 스스로 버리고 있다는 사실을 몰랐다. 그저 그것이 원래 자기 모습이라고 믿었다.

앤서니의 이야기도 비슷했다. 그는 끊임없이 평가절하 당하며 자랐다는 사실을 제대로 인정하는 대신 '행복한 가족'이라는 서사에 매달렸다. 내 전남편이 이탈리아 여행 자금을 혼자 써버렸을 때, 나 역시도 마찬가지였다. 나는 그 행동을 자기 일에 충실한 태도로, 자신을 책임지려 애쓰는 모습으로 해석했다. 내 눈에 그것은 도둑질이 아니었다.

소속되고 싶은 욕구가 너무도 강하기 때문에, 순응하는 사람들은 놀라운 이야기꾼이 된다. 상대가 실제로는 지니지 않은 재능과 의도를 덧씌우고, 현실과는 다른 결말을 상상하며, 명백히 역기능적인 상황 속에서도 구원의 러브 스토리를 만들어 낸다. 그러면서 그 환상을 유지하기 위해 엄청난 에너지와 인생 자체를 쏟아붓고 있다는 사실은 알아차리지 못한다.

내가 지금의 남편 얀시에게, 어머니와 통화하고 울었던 최근의 일을 들려주자 그는 이렇게 말했다.

"잉그리드, 당신 이야기에서 유일하게 충격적인 부분은, 당신이 그 상황에 충격을 받았다는 거야."

남편이 보기에 그 일은 놀랄 거리가 아니었다. 하지만 여전히 순응 상태에 있던 나는 상황이 언제든 나아질 수 있으리라는 기대를 버리지 못했고, 그래서 마음이 무너졌던 것이다. 갈등을 보지 못한다는 것은 이렇게 맹목적인 순진함으로 이어진다. 우리는 계속 믿고, 희망을 놓지 않으며, 세상을 마치 동화처럼 바라본다. 다시 충격을 받고 다시 깨질 때까지.

우리는 건강한 갈등을 목격한 경험이 없기 때문에, 어쩌면 당연하게도 갈등을 회피하는 성향을 띤다. 나는 부모가 서로를 존중하며 각자의 취약함을 나누고, 그 과정을 통해 더 가까워지는 모습을 본 적이 없다. 내가 본 것은 내 영혼을 산산조각 냈던 힘의 역학뿐이었다. 친부모는 둘 다 순응형 사람들이었고, 이혼 후 각자 지배적인 성향의 파트너와 재혼했다. 그들은 배우자의 그림자 속에서 살아갔다. 이것이 내가 보고 자란 역할 모델이었다. 타인 위에 군림하거나, 혹은 힘을 빼앗긴 채 가려져 사는 것. 나는 새아빠나 새엄마 같은 사람이 되고 싶지 않다고 다짐했다.

건강한 체계 안에는 상호성과 존중이 있다. 불편을 감수하는 것은 어느 한쪽이 아니라 쌍방이다. 그러나 순응형 사람들 가운데 그런 환경에서 성장한 사람은 많지 않다. 신경계의 관점에서 보면, 우리의 신경계는 그런 체계가 존재한다는 사실조차 알지 못한다.

갈등을 피하는 것은 곧 친밀함을 피하는 일이다. 어떤 면에서는 가장 안전한 선택일 수도 있다. 그러나 최소한의 안전만 허용된 환경에서, 순응 반응은 우리가 진짜 안전에 도달하지 못하도록 차단한다. 건강한 갈등을 감당할 능력을 키우지 못하게 하며, 현실을 온전히 살아가는 것을 가로막고, 치유되는 것을 방해한다. 우리는 그 눈가리개를 쓰고 수십 년을 살아갈 수도 있다. 그리고 그 눈가리개는 갈등뿐 아니라 훨씬 더 많은 것들을 덮어버린다. 그렇게 우리는 처리되지 않은 트라우마를 가려두고, 이미 초연해졌다고 스스로를 속인 채 살아간다.

묵은 분노: 속에서만 부글부글

우리가 갈등을 피한다고 해서 화가 나지 않는 것은 아니다. 다만 화났다고 말하지 못할 뿐이다. 때로는 스스로 분노를 느낄 자격이 없다고 여기거나, 아예 내면에 분노가 존재한다는 사실을 인식하지 못하는 경우도 있다. 그럼에도 순응하는 사람들 대부분은 언젠가 자기 안의 분노를 자각하는 순간을 맞이한다. 그 순간은 관계에서 모든 책임을 혼자 떠안는 상황일 수도 있고, 직장에서 모든 일을 도맡는 때일 수도 있으며, 가족이나 친구 관계에 필요한 돌봄을 혼자서 전부 제공하는 때일 수도 있다.

순응 반응을 보이는 사람들 대부분은 속으로 분노가 부글부글 끓으며, 언제 터져도 이상하지 않은 상태다. 언젠가 나는 심리치료사에게 이렇게 말한 적이 있다.

"겉으로는 괜찮아 보이죠. 그런데 속에는 몸무게 100킬로그램

짜리 미식축구 선수가 돌진하는 것 같은 분노가 있어요."

나는 내가 화가 나 있다는 사실은 알았지만, 그 감정을 어떻게 다뤄야 할지는 전혀 몰랐다. 나를 화나게 만든 사람들이 내 말을 들을 가능성은 없어 보였기에, 그저 참았다. 언젠가 분노가 저절로 사라지기를 바라면서. 여기서 한 가지 뉴스를 전하자면, 분노가 저절로 사라지는 일은 좀처럼 없다.

순응 반응을 가진 사람들은 종종 상대에게 직접 표출할 수 없는 분개를 험담으로 풀어내기도 한다. 만약 자신에게 그런 경향이 있음을 알아차렸다면, 이렇게 질문해 볼 수 있다.

'내 진짜 감정은 뭐지? 험담 말고, 이 감정을 좀 더 직접적으로 다룰 방법은 없을까? 내가 피하고 있는 대상은 무엇일까?'

또한 우리는 분노를 자기 자신에게로 돌리기도 한다. 내면은 혼란스럽지만, 애착 욕구를 포기할 수 없기 때문에 우리는 어떻게든 그 상황을 견디려 한다. 그 결과 음주나 약물, 이상 섭식, 자해 같은 방식에 의존하게 되기도 한다. 상대에게 직접 행동할 수 없기에 우리의 행동은 겉돌거나 안으로 향한다.

세이디는 거식와 폭식, 구토를 반복하면서 감당할 수 없는 어떤 감정들이 몸 안에서 치솟는 것을 느꼈다. 폭식은 그 소란을 잠재우는 방법이었고, 구토는 모든 것을 밖으로 내던지는 방식이었다. 세이디는 이렇게 말했다.

"내 섭식장애나 중독은 꼭 문제 있는 부모 같았어요. 이렇게 말하는 거죠. '넌 그런 감정 느끼면 안 돼! 우리가 다 가져갈게.'"

오랫동안 세이디로서는 자신을 지킬 방법은 오로지 그런 행동들뿐이었다. 만성적인 순응 반응과 마찬가지로 중독 역시 트라우마에서 비롯되는 경우가 흔하다. 위안을 얻기 위해 몸이 찾아낸 방편이며, 한 번 효과를 본 방식은 쉽게 굳어진다.

순응하는 사람들은 자기 안에 쌓인 분노를 인식하되 그 감정을 온전히 느끼기보다는 해결책을 찾는 데 집중한다. 늘 자신보다 타인에게 초점을 맞추기 때문에 이런 생각을 반복한다.

'그 사람은 왜 자기 몫을 하지 않을까?'
'그 사람은 왜 치료를 받지 않을까?'
'그 사람은 왜 사과하지 않을까?'
'그 사람은 왜 계속 나에게 모든 걸 의지할까?'

'배우자 대신 모든 걸 떠맡는 이 상황이 불편해. 그 사람을 아이처럼 처음부터 끝까지 돌봐 주고 싶지 않아. 좀 더 분명한 경계가 필요한 것 같아.'

우리는 이런 생각을 하지 않는다. 순응하는 사람들에게는 애초에 경계라는 개념이 없기 때문에, 경계를 세워야 한다는 발상 자체가 떠오르지 않는다. 너무 오랫동안 타인에게 맞춰 살아온 탓에 자신을 구할 힘이 자기 안에 있다는 사실을 알지 못하는 것이다.

이럴 때 순응하는 사람들은 다시 '통제적'이라는 낙인을 쓰게 된다. 우리는 의견을 직접적으로 표현하지 못하기 때문에 우회적인 방식들을 사용한다. 힌트를 흘리고, 편지를 쓰고, 같은 질문을 반복하고, 상대의 치료사에게 전화를 하거나 관련 기사 링크를 보내기도

한다. 심지어 더 큰 영향력을 행사할 수 있는 제삼자에게 상대방 이
야기를 전하기도 한다.

하지만 이 모든 방법은 갈등을 간접적으로 해결하려는 우회로
일 뿐이다. 갈등을 직접 마주한다는 것은 우리가 처한 상황의 진실
을 마주하는 일이다. 그렇게 되면 경계 설정 이상의 결단이 필요할
수도 있다. 그 관계나 상황을 떠나는 것이다. 이런 결과는 순응하는
사람이 필사적으로 지키려는 '관계의 안전감'을 위협한다. 그래서
우리는 자신의 분노를 관리하거나, 축소해야 한다고 느낀다.

이 반복되는 패턴 속에서 타인의 욕구는 너무도 중요해지고 우
리의 욕구와 감정은 제대로 다루지 못한 채 남겨진다. 우리는 신속
하게 욕구의 위계를 따진다(보통은 요구 사항 많고 까다로운 사람들에
둘러싸인 채로). 그리고 자신의 문제는 뒤로 미루거나, 이 정도는 알
아서 처리할 만큼 자신이 '더 유능한 사람'이라고 믿어버린다.

순응 반응은 안전하지 않은 환경에서 우리를 지켜준다. 하지만
장기적으로 보면, 서서히 끓어오르는 물속의 개구리 같은 처지가 될
수 있다. 부당한 대우에 점점 둔감해지는 것이다. 그 잔인한 수프에
서 빠져나오기 위해서는, 점점 오르는 열기를 어느 시점에는 느낄
수 있어야 한다.

희생적 돌봄: 어떻게 도와드릴까요?

"도움이 되거나 쓸모 있는 사람이 되는 건 사랑받기 위한 입장료
였어요."

세이디는 그렇게 말했다. 스스로를 팔이 없어 저항할 수 없는 사

람으로 묘사하던, 학대자 앞에서 웃는 법을 배웠던 어린 소녀가 터득한 생존 전략이었다.

어렸을 때 세이디와 남동생이 TV를 보고 있으면 어머니는 종종 격앙된 얼굴로 들이닥쳤다.

"둘 중에 어느 못돼먹은 게 먹고 그릇을 안 치운 거야? 몇 번을 말해야 알아들어? 나는 좋은 엄마야. 그런데도 너희가 이따위로 행동하는 건, 이 엄마를 눈곱만큼도 신경 쓰지 않는다는 거겠지."

세이디는 그 상황이 언제 폭력으로 이어질지 종잡을 수 없었다. 어머니가 방을 나가면, 세이디는 허겁지겁 쪽지를 썼다.

"엄마, 제가 정말 잘못했어요. 사랑해요. 엄마가 최고의 엄마라는 걸 알아요. 늘 감사합니다."

그리고 그 쪽지를 어머니 방문 아래로 밀어 넣었다.

관계성 트라우마의 피해자들은 종종 '애늙은이'라는 소리를 듣는다. 아이가 성장하면서 자연스럽게 어른스러워지고 능숙해진 것이 아니라, 마치 전생에서부터 삶의 기술을 터득한 것처럼 보이기 때문이다. 세이디 역시 '나이에 비해 현명하다'는 칭찬을 자주 들었다. 그녀는 돌보는 역할을 맡을 때 인정받았지만, 자신의 필요를 드러낼 때는 벌을 받았다.

"내 존재의 목적은 엄마를 위로하는 것 같았어요. 내 안에서 올라오는 것들은 느낄 틈도 없었죠. 세이디가 누구죠? 나라는 사람은 사라지고 없었어요."

세이디가 이 패턴을 알아차리기까지는 몇 년이 걸렸다. 하지만 한 번 인식하고 나자, 그것이 삶의 모든 영역에 퍼져 있다는 것을 알 수 있었다.

"엄마가 내 부모라고 느낀 적은 없어요. 내가 아플 때 엄마가 돌보는 '척'은 했을지도 모르겠네요. 하지만 다른 때는 늘 내가 엄마를 돌봤어요. 내가 엄마의 부모였어요."

강박적으로 갈등을 회피하는 사람들은 이럴 때 돌봄과 도움을 제공해야 한다는 충동을 느낀다. 그래서 청소부라도 된 양 모든 것을 쓸어 담는다. 우리는 모든 문제를 '해결'한다. 누군가에게 도움이 되는 것만이 우리의 문제를 다룰 유일한 방법인 것만 같다.

얼마전 세이디와 나는, 힘든 사람을 보면 자동으로 켜지는 몸의 반응에 대해 얘기하며 서로를 위로했다.

"세상에나. 전화를 받으면 내가 뭘 하고 있었든 그냥 내팽개치는 거예요. 나는 바로 그 사람에게 필요한 존재가 돼요."

그 말에 웃으며 나도 고개를 끄덕였다.

"나도 그래요! 그 사람의 위기가 마치 불이라도 난 것처럼 느껴지잖아요. 할 수 있다면 내가 가서 꺼줘야죠. 내가 여력이 되는지, 시간이 되는지 따지는 것조차 이기석인 것 같고요. 지금 불이 났다니까요!"

이런 방식의 희생적 돌봄은 우리에게 '좋은 친구'라는 타이틀을 안겨준다. 우리는 나서준 것, 도와준 것, 일을 맡아준 것에 대해 보상을 받고, 순응 반응을 보인 대가로 칭찬을 받는다.

또 다른 내담자 릴리 역시 그 구조를 누구보다 잘 알고 있다. 숱많은 앞머리에 짙은 갈색 머리칼의 그녀는 밝고 활기찬 인상을 준다. 릴리는 늘 상황을 바로잡으려 애쓰고, 불가능한 기준으로 자신을 몰아붙이다 울음을 터뜨리는 일이 잦다.

그녀는 지인들의 아이를 봐주고, 파티를 열고, 위로와 응원을 해주고, 고민을 들어주는 역할을 자청한다. 최근에는 반려동물 돌보는 일까지 추가되었다. 문제는 릴리는 반려동물을 키우지 않는다는 것이다. 게다가 그 이유는, 남들에게 반려동물 좀 봐달라는 아쉬운 부탁을 하고 싶지 않아서다.

릴리의 친구 하나가 아주 예민한 개를 키우고 있었다. 그 개는 주인만 따랐고, 컵으로만 물을 마시는데 그 컵도 사람이 들어줘야 했다. 어느 날 그 친구가 릴리에게 개를 맡아달라고 부탁했고… 릴리는 승낙했다.

릴리는 친구의 옷을 입고 친구 집에 들어갔다. 주인의 체취를 느끼면 개가 조금이나마 안정될지 모른다고 생각해서였다. 특별한 고블릿 잔에 물을 담아 내밀었지만 개는 마시지 않았다. 다른 컵도 시도해 보고, 물을 내려놓고 기다려 보기도 하고, 미지근한 물, 얼음물도 대령했지만 소용없었다. 아무리 애원하고 달래도 개는 물을 한 방울도 마시지 않았다.

그 일을 떠올리며 릴리는 개가 탈수 상태가 될까 걱정되기도 했지만, 동시에 자신의 모든 가치와 친구와의 우정 자체가 위기에 놓인 것 같은 기분이 들었다고 얘기했다.

"그 친구를 영영 잃을 수도 있잖아요. 그 애가 앞으로 어떻게 나를 믿고 의지하겠어요?"

"릴리… 개를 좋아하긴 해요? 그 친구가 또 그런 말도 안 되는 부탁을 하면, 그때도 받아줄 건가요? 그런 상황에 놓인 자신에 대해 느끼는 감정은 없어요?"

내가 묻자 릴리는 잠시 웃으며 말했다.

"솔직히 말하면, 저는 개보다는 고양이를 좋아해요."

농담처럼 말했지만, 릴리는 그때 자신을 전혀 고려하지 않았다는 사실을 인정했다.

순응 반응을 가진 사람들은 가족이나 관계 속에서, 고통을 감내하고 책임질 수 있는 사람은 자기뿐이라고 배웠다. '이건 나한테 너무 벅차'라는 생각은, 우리가 평생 누려보지 못한 사치다. 우리는 애착을 지키기 위해 자신을 희생했고, 배가 가라앉지 않도록 떠받쳐야 했다. 우리에게 주어진 선택지는 하나였다. 상황을 낫게 만드는 것, 살아남는 것, 자신은 어떤 대가를 치르더라도 모두를 불길 속에서 구해내는 것. 그렇지 않으면, 모든 것이 불타 버리는 모습을 지켜보는 수밖에 없기 때문이다.

인정 욕구 · 애정 욕구: 제발 나를 봐줘요!

순응 반응을 관통하는 핵심 주제는 하나다. 선택받고 싶은 욕구, 타인에게 인정받고 싶은 욕구, 눈에 띄어 구원받기를 바라는 욕구. 이것은 자기 포기라는 동전의 뒷면이기도 하다. 내가 작아질수록 너의 필요성은 더 커진다. 그래서 학대와 부당한 대우를 견디며 그에 대한 자신의 감정을 불안하게 눌러둔다. 우리는 다른 사람이 원하는 사람이 되고, 다른 사람에게 필요한 일을 한다. 더 중요한 것을 위험에 빠뜨리고 싶지 않기 때문이다. '승인'이라는 딱지만이 줄 수 있는 보호 말이다.

이 장의 앞부분에서 이야기했던, 전남편 마크가 공동 적금을 개인적으로 써버렸던 일은 내가 모른 척 지나친 수많은 경고 신호 중 하나였을 뿐이다. 사실 우리 관계에는 처음부터 그런 신호들이 넘쳐났다. 하지만 마크는 내가 만났던 남자들 가운데 처음으로, 나와 결혼을 원한 사람이었다.

나는 열일곱 살에 집을 나와 혼자 힘으로 제법 잘 살아왔고, 솔직히 말하면 그 이전부터도 그랬다. 하지만 서른이 넘도록, 나는 한번도 연인에게 먼저 헤어지자고 말한 적이 없었다. 나는 늘 남는 쪽이었다. 희망을 품었고, 도와주었고, 버텼다. 아무리 공부하고 치료를 받아도 내 안에는 떨쳐낼 수 없는 깊은 동기가 있었다. 결국 나는 선택받고 싶었다. 마치 내 인생 전체가 달린 것처럼 간절했다.

사귄 지 2년쯤 되었을 때, 마크는 주머니에서 작은 은반지를 꺼내며 프러포즈했다. 나는 환호하며 "좋아!"라고 답했고, 그 순간이 우리 찬란한 러브 스토리의 결실이라도 되는 것처럼 키스했다. 그런데 은반지를 낀 손가락이 한 시간도 지나지 않아 녹색으로 물들었다. 마크는 마지못해 그 반지는 그냥 임시로 준비한 것이라고 둘러댔고, 우리는 함께 진짜 반지를 사러 갔다.

마음에 드는 반지를 찾기란 어렵지 않았다. 나는 연애 리얼리티 쇼 '버첼러The Bachelor'의 한 장면을 흉내 내며 활짝 웃는 얼굴로 말했다.

"바로 이 사람입니까?"

가게 직원을 앞에 두고 마크는 내 쪽으로 몸을 돌리더니 이렇게 얘기했다.

"일단 자기 카드로 결제할 수 있지? 내가 매달 갚을게."

예상하지 못한 전개였지만, 그 무엇도 우리의 기념비적인 순간을 망치게 둘 순 없었다. 나는 신용카드를 건넸고 우리는 축하를 이어갔다. 그는 반지값을 갚겠다고 이후로도 여러 번 약속했지만 실제로 할부금을 낸 적은 없었다. 우리는 다시는 그 일을 꺼내지 않았다.

사실, 그가 반지값을 대신 내라고 했을 때 나는 충격을 받았다. 분명히 화가 났지만, 화가 났다고 말할 수 없었다. 너무 창피했기 때문이다. 가게 직원이 우리를 바라보는 시선이 느껴졌다. '저 사람이 나를 어떻게 생각할까.' 나는 점점 쪼그라드는 기분이 들었다.

만약 내가 그때 "싫어"라고 말한다면 약혼반지는 없던 일이 될 거라는 걸 알고 있었다. 연인들에게 부담을 주는 이런저런 상술을 좋아하는 편은 아니지만, 그래도 반지는 중요했다. '선택받았음'을 보여주는 상징이기 때문이다. 반지가 거의 전부라고 해도 과언이 아니었다. 나는 그 반지에 훨씬 더 큰 의미가 담겨 있기를 바랐지만, 한편으로는 '어차피 내가 가질 수 있는 건 상징이 전부'라는 생각도 들었다.

또한 나는 "싫어"라는 말이 약혼 자체를 위협할 수 있다는 것도 알고 있었다. 그가 떠날까 봐 두려웠던 게 아니다. 계속 밀고 나가지 않았을 때 내 상황이 얼마나 처참한지 보게 될까 두려웠다. 그 순간 눈가리개를 벗는다는 것은 상황을 가리고 있던 모든 막을 걷어내는 일이었다. 나는 준비가 되어 있지 않았다.

마크가 거짓말쟁이라는 사실은 이미 알고 있었다. 내게는 술과 마리화나를 끊었다고 말했지만 실제로는 점점 더 의존하고 있다는 것도 알았다. 나는 그 모든 경고를 온전히 감당할 수가 없었다. 그래서 보고 싶은 것만 보았다.

'곧 나아질 거야.'

나는 계속 밀고 나갔다.

순응 반응이었다. 의식적인 선택이 아니었다. 외부에서 받는 인정은 내게 공기와 같았다. 우리에게는 타인의 보호에서 오는 안전감이 필요하고 관계, 팀, 직무에서 선택받을 때의 안도감이 필요하다. 이것이 우리가 과도하게 봉사하고 완벽주의에 갇히는 이유다. 우리는 선택받고 싶다. 안전하다고 느끼고 싶고 사랑받고 싶다. 나와 결혼하길 원하는 사람이 있다는 사실은, 내가 궁극적인 선택을 받았다는 의미였다. 그리고 그것은 '영원'을 뜻했다.

나는 내가 트라우마를 겪었다는 사실을 인식하지 못했다. 과거의 트라우마를 되풀이하며 순응의 굴레를 쓴 채로 살고 있다는 것도 알아차리지 못했다. 감옥에서 벗어나고 싶었지만, 열쇠는 늘 다른 누군가의 손에 있는 줄만 알았다.

그 열쇠란, 타인의 승인 도장이었다.

새아빠가 끝내 자신의 행동을 인정하지 않고 엄마 역시 그 일을 외면할지라도, 어딘가에는 나를 선택하고 내 말을 믿어줄 사람이 있지 않을까? 그리고 이제 드디어 그 사람을 찾았다고 믿었다. 나는 마크와 결혼했다. 그러나 그 결혼은 내가 꿈꿨던 것처럼 나를 자유롭게 해주지 못했다.

우리가 더 많이 맞춰주고, 더 많이 참고, 더 많이 도와주면 언젠가는 스스로 가치 있다고 느끼게 될 거라고 우리는 믿는다. 새로운 관계에서 얻는 안전감이 과거의 결핍을 메워줄 거라고 기대한다. 그것은 결혼일 수도 있고, 소속감일 수도 있으며, 일자리일 수도 있다. 어쩌면 우리는 처음 우리를 학대했던 그 사람에게 여전히 우리의 가치를 증명하려 애쓰고 있는지도 모른다. 하지만 그 모든 이야기의 중심에는, 더 이상 내 가치를 증명해 보일 필요가 없게 되기를 바라는 마음이 있다. 슬픈 현실은, 그 전략들이 늘 같은 결과를 반복하여 낳는다는 것이다.

'진짜' 내가 될 수 있는 유일한 길은 자기를 버리는 일을 멈추는 것이다. 대신해 줄 사람은 없다. 이것은 비단 하나의 관계에 국한된 이야기가 아니다. 내가 나로 존재하지 못하는 수많은 상황 속에서 '나'로 향하는 문을 여는 일이기도 하다.

부부 치료에서 자주 쓰이는 말이 있다.
"물은 결국 제 길을 찾는다."
사람은 대체로 자신과 비슷한 수준의 기능을 보이는 사람을 만나 짝이 된다는 뜻이다. 여기에는 감정적, 정서적 태도와 대응 방식도 포함된다. 순응 반응을 보이는 사람들은 흔히 자신을 제외한 모두가 감정적으로 불능 상태인 것처럼 느낀다. 그러면서 정작 자신도 그들과 다르지 않다는 사실은 알아차리지 못한다. 순응 반응은 우리가 자신의 감정에 다가서는 것을 가로막는다. 우리에게 빠진 고리는, 자기 감정을 느끼고 표현하고 처리하며, 애초에 그 감정들을 가질 수 있는 능력이다.

투쟁, 도피, 경직과 마찬가지로 순응 반응은 우리를 건강한 관계로 이끌어 주지 못한다. 그럼에도 순응 반응이 다르게 느껴지는 이유는, 순응이 가져오는 일시적인 완화가 '연결되어 있다', '얽혀 있다', '상대에게 몰두하고 있다'는 감각을 주기 때문이다.

하지만 실제로 구원이 필요한 사람은 상대가 아니다. 설령 그렇다 해도, 그 역할을 할 사람은 우리가 아니다. 우리가 진정으로 구할 수 있는 사람은 우리 자신뿐이다. 나는 이 진부한 말을 오랫동안 수도 없이 들으면서도 그것이 내 삶에 어떻게 적용되는지 알지 못했다. 그러나 순응 반응을 이해하면서 비로소 초점을 상대가 아니라 나에게 돌려야 한다는 사실을 인식했고, 그전에는 왜 그럴 수 없었는지도 더불어 알게 되었다.

나는 그저 내가 고장 난 사람이라고 믿었다. 어떤 해법도 나에게는 통하지 않는 것처럼 느껴졌다. 하지만 사실은 몸에 밴 순응 반응이 운전대를 잡고 있었을 뿐이다. 나는 해법을 오로지 외부에서만 찾고 있었다. 나의 조절 문제를 다른 사람을 '조절함으로써' 해결하려 했다. 그리고 해결책을 가진 사람처럼 보임으로써, 문제를 해결하려 했다.

나의 내면을 들여다볼 수 있게 되기 전까지 늘 같은 패턴을 반복했다. 모든 관계가 비슷한 방식으로 끝날 때마다 매번 새롭게 충격을 받았다. 지금의 남편을 만나기 전까지 내가 만났던 연인들은 모두 저마다의 이유로 삶을 제대로 운영하지 못했다. 알코올 중독, 정서적 미성숙, 해결되지 않은 트라우마, 나르시시즘. 모두 내가 어려서부터 익히 보았던 모습들이었다.

오랜 시간에 걸쳐, 나는 여기저기에서 조금씩 나를 잃어가고 있었다. 그것은 의식할 수 있는 종류의 상실이 아니었다. 내가 의식할 수 있었던 것은 오로지 나의 남은 부분뿐이었기에, 그 모습이 나라고 믿었다. 관계를 지키려 애쓰는 나, 건강한 사람이 되려고 애쓰는 나, 모든 사람이 누려 마땅한 것을 조금이라도 얻어보려고 애쓰는 나.

인간은 태어날 때부터 타인과의 관계 안에서 성장하도록 설계되어 있다. 우리는 지금 그 근본적인 애착 욕구를 충족하려는 것이다. 하지만 우리는 종종 그 욕구를 채워줄 수 없는 사람과 관계를 맺음으로써 그것을 충족하려 한다. 나는 치유가 관계 안에서 일어날 수 있다고 진심으로 믿는다. 그러나 치유는 서로가 그것을 원하고, 의식적으로 그 길을 선택할 때만 가능하다. 단순히 관계를 유지한다고 해서 이루어지는 것이 아니다. 나의 첫 번째 결혼은 그 사실을 뼈저리게 증명해 보였다.

'그 사람도 언젠가는 내 진가를 알아볼 거야.'

'결국에는 자기 몫을 하게 될 거야.'

어긋난 관계에서 이런 희망과 바람은 대부분 환상으로 끝난다. 하지만 지금 여기에서 분명히 말할 수 있는 좋은 소식이 하나 있다. 우리는 적어도 우리를 선택할 수 있다. 내가 얼마나 멋진 존재인지 마음만 먹는다면 오늘부터 당장 보게 될 수 있다. 우리는 누군가를 돌보는 데 탁월한 능력을 지닌 사람들이다. 우리는 막대한 자원을 가졌다. 창의적이고, 연민이 깊고, 기꺼이 애쓰는 의지가 있다. 그 모든 자원을 이제는 우리 자신을 향해 돌릴 때다. 우리가 그동안 잃고 살았던 부분을 되찾는 데 그 힘을 쏟아부을 때, 우리는 결국 자유로워질 것이다.

거짓말에서 놓여나 진짜 내가 되기까지

순응 반응에는 본질적으로 어느 정도 부정직함의 요소가 있다. 필요에 따라 원래의 모습을 바꾸어, 그 상황에 들어맞는 사람이 되기 때문이다. 하지만 그렇다고 해서 우리를 거짓말쟁이나 통제광이라고 부르는 것은 그 동기와 필요성을 잘못 해석하는 것이다. 우리가 거짓을 말했던 이유는 정직함이 곧 파멸로 이어졌기 때문이며, 자신이 아닌 모습을 연기했던 이유는 무엇보다 중요한 관계의 존망이 걸려 있었기 때문이다.

안전하게 숨기기 위한 거짓말

순응 반응의 맥락에서 '거짓말'은 우리가 흔히 떠올리는 의미와는 다르다. 그것은 참과 거짓, 정직과 부정직이라는 단순한 이분법의 문제가 아니다. 여기서 거짓말이란, 자기 자신과 자기 경험을 조각내어 감추는 일에 가깝다. 때로는 언제든 다시 꺼내볼 수 있도록 가까운 곳에 숨기기도 한다. 상하지 않도록 안전하게 보관하는 것이다. 그러나 어떤 경우에는 너무 깊숙이 감추어 버려, 다시는 찾을 수 없게 되기도 한다.

우리가 거짓말로 숨기려는 것은 대개 너무도 소중한 무언가, 이 세상에서는 안전하지 않은 무언가다. 우리에게 거짓말은 보호막이다. 내게 그것은 구명 장비처럼 느껴진다. 위험에 빠졌을 때 구명구를 던져주는 사람이 없었기 때문에 우여곡절 끝에 혼자서 그것을 만들어 냈다. 어찌 보면 우리가 스스로 구명구가 되어버린 셈이다.

순응하는 사람들이 이야기를 만들어 내는 모습을 볼 때면, 초능력에 가깝다는 생각마저 든다. 필요한 순간에 정확히 작동하는, 놀라울 만큼 정교한 적응 능력이기 때문이다.

같은 맥락에서 '정직'이라는 말 역시 '나는 온전한 진실만을 말하고 있다'는 뜻보다는 '한때 삭제해야 했던 부분을 되살려도 될 만큼 지금은 충분히 안전한가?'라는 질문에 가깝다. 순응 반응 속에서 자신이나 타인에게 거짓말을 하는 것은 도덕적 일탈이 아니다. 대부분의 경우 미리 계획된 행동도 아니다.

내가 만났던 내담자들은 자신을 지키기 위해 만들어 냈던 이야기를 털어놓으며, 마치 고해성사를 하는 듯한 심정이라고 말하곤 했다. 벌 받을 것 같은 두려움, 내가 그들을 나쁘게 볼지도 모른다는 불안과 수치심, 혹은 그보다 더 심각한 결과에 대한 공포까지 느꼈다. 내담자와 충분히 신뢰가 쌓였을 때, 나는 가끔 이런 질문을 던진다.

"혹시 우리가 아직 이야기하지 않은 것이 있을까요?"

그동안 지켜왔던 비밀과 이야기들을 내려놓는 일은, 자아의 회복으로 가는 길을 막고 있던 벽을 허무는 일이다. 하지만 그것은 오직, 그들이 이제 충분히 안전하다고 느낄 때, 그리고 그 부분을 스스로에게도 드러낼 준비가 되었을 때 가능하다.

이런 의미에서, 우리가 해온 거짓말은 우리 대신 위험을 감수하는 스턴트맨과 같았다. 보호가 필요했던 우리의 일부를 지켜주는 동시에 사람들의 눈을 속여주었다. 말하자면 위장막 같은 것이었다.

우리는 있는 그대로의 모습으로 드러나서는 안 된다는 것을 너무 일찍 배웠고, 그래서 '되어야 하는 사람'이 되었다. '어떻게 상대방을 속일까?'를 고민한 것이 아니라 '어떻게 나도 저들처럼 보통 사람이 될 수 있을까?'를 고민했다. 순응형 사람들에게는 보통 사람처럼 보이고 싶다는 무의식적인 열망이 있다. 그것은 가치 있는 존재가 되고 싶다는 바람과 닿아 있다. 마치 온전한 사람으로서, 사랑받을 만한 존재로서 '합격' 도장을 받으려는 것 같다.

트라우마를 겪은 이들은 내게 종종 비슷한 말을 한다.

"유령이 된 기분이에요."

"내가 보이지 않는 것 같아요."

"덫에 갇힌 느낌이에요."

"내가 아무 가치도 없는 것 같아요."

순응하는 사람들은 마치 인스타그램 필터를 쓰고 살 수 있다면 좋겠다고 생각하는 듯하다. 수치심은 지우고, 안전함은 덧붙이고, 배경은 흐리게, 보이기 싫은 부분은 잘라낸다. 만약 스스로에게 되풀이해 온 거짓말들이 모두 사라진다면, 무엇을 마주하게 될까?

순응 반응 안에서 우리의 현실은 왜곡된다. 진짜 감정을 느끼지 못하기 때문에 경고 신호를 알아채지 못하고, 다시 상처받지 않기 위해 어떤 조각들은 의식의 빛 아래 드러나지 않도록 숨긴다. 타인과 나눌 수 있는 것은 오직 '유용한 나', '선한 나' 같은 안전한 부분뿐이다. 여리고 상처받기 쉬운 부분은 꼭 끌어안은 채 깊이 숨겨두어야 한다.

타당해 보이기 위한 거짓말

때로 우리는 이야기를 윤색하거나 아예 지어내기도 한다. 학대 사실이 숨겨지고, 부정되고, 아무도 보지 못한 채 지나가 버릴 때는 그것을 어떻게든 눈에 띄는 모습으로 만들어야 하기 때문이다. 동시에 그 이야기는 타당해 보여야 한다. 그렇게 내 마음이 어떤지 보여주기 위해 우리는 사람들이 이해할 수 있는 이야기를 택한다. 그런 의미에서 거짓말은 통역사처럼 기능한다. 우리의 감정을, 우리와 타인 모두가 이해할 수 있는 명료한 언어로 번역하는 것이다.

내 남동생은 초등학교 때 선생님에게, 부모님이 얼어붙을 듯 추운 밤에 자기를 마당에서 재웠다고 이야기한 적이 있다. 물 빠진 풀장 안에 의지할 것이라고는 담요 한 장뿐이었다고 상황을 설명했다.

그것은 실제로 있었던 일이 아니다. 그럼에도 나는 그 이야기를 들었을 때, 어린 마음에 '진짜 기막힌 표현이다'라며 감탄했던 기억이 난다. 왜냐하면 그 외로움과 공포와 방임된 느낌만큼은… 진짜였기 때문이다.

릴리(항상 남의 반려동물을 돌봐주는 내담자)는 열두 살부터 치어리딩을 시작했다. 공중으로 던져 올려지는 동작은 좋아했지만 바닥에서 구르거나 텀블링하는 동작은 너무 싫었다고 한다. 그래서 릴리는 바닥 동작 훈련 시간이 되면 발목을 접질린 척하거나 화장실에 오래 머물곤 했다.

하루는 코치가 릴리를 불렀다.

"자, 한번 해볼까? 라운드오프(옆돌아 두 발 모으기), 백핸드스프링(손 짚고 뒤로 회전), 턱(뒤로 공중돌기)!"

이미 완전한 순응 반응 속에 있던 릴리는 코치에게 겁이 난다고 사실대로 말할 수 없었다. 그래서 곧 기절할 것처럼 주저앉아 숨을 헐떡이기 시작했다. 코치가 무슨 일이냐고 묻자, 릴리는 공중 동작을 할 때 몸이 무거워질까 봐 점심을 굶었다며, 코치가 믿을 법한 거짓말을 지어냈다.

사춘기 시절의 그 장면을 다시 떠올리며, 릴리는 그 일이 자기 삶에 있었던 수많은 다른 순간들을 대변한다는 사실을 깨달았다. 지금껏 세상으로부터 어떻게든 이해받기 위해 숱한 거짓말을 꾸며내야 했다. 우리의 진짜 감정이 반복해서 무시당할 때, 그 감정이 타인에게는 중요하지 않다는 사실을 알게 될 때, 우리는 중요해 보일 만한 다른 무언가를 찾아 나선다.

삶을 그럴듯하게 연출하려는 거짓말

우리의 거짓말은 '좋은 부분만을 강조하는 방식'으로 나타나기도 한다. 순응하는 사람들은 자신의 삶을 끊임없이 큐레이션하며 살아가는 경우가 많다. 삶의 긍정적인 일부가 나머지를 모두 지워주는 것처럼, 그것들을 한껏 부풀린다. 자신의 삶에서도, 타인에게 보여주는 모습에서도 마찬가지다.

오랜 시간 순응 반응에 갇혀 살아온 나는 내 과거와 현재가 실제보다 낫다고 믿기 위해 많은 시간과 에너지를 쏟았다. 순간들과 사건들을 선별해 맥락을 부여했고, 수백 장의 사진으로 포착해 그 안에 다정함과 유대가 있었음을 증명하려 했다. 그럴듯하게 포장할 수 있다면 굳이 직면할 필요가 없었다.

나는 늘 트라우마의 영향을 축소했고 현재의 순간을 낭만적으로 포장함으로써 그것을 초월하려 했다. 아주 사소한 선의조차 확대

해석하며 '이 정도면 충분하다'고 느끼려 애썼다. 그러면 다른 감각은 잠재울 수 있을 것 같았다. 그리고 그것은 실제로 효과가 있었다.

모든 과정을 의식했던 것은 아니다. 나는 그저 좋은 딸, 좋은 누나, 좋은 연인 되고자 했을 뿐이라고 생각했다. 하지만 이제는 안다. 그것들은 모두 보기 좋게 연출된 장면이었다는 것을. 그리고 그 과정이 얼마나 지치는 일이었는지도 잘 안다.

진실을 떼어놓고는 자신을 돌보는 것이 불가능하다. 나 자신을 아는 일 역시 불가능하다. 순응하는 사람들은 원래 자신과 연결되어 있다가 나중에 끊어낸 것이 아니다. 애초부터 질문은 이것이었다. 이 관계에서 안전하려면 나는 어떻게 해야 하지? 어떤 사람이 되어야 하지?

나는 거짓말을 했다. 나에 대한 누군가의 인식을 유지하기 위해서. 우리가 타인의 인식을 정확히 알 길은 없기에, 그것은 언제나 눈치 게임에 가까웠다.

초등학교 시절, 나는 학교 합창단 공연에서 솔로를 두 파트 맡았다고 사람들에게 말하고 다녔다. 실제로는 한 파트뿐이었지만 그렇게 말하면 멋져 보일 것 같았기 때문이다. 어느 날은 점심으로 스파게티와 미트볼을 먹었으면서도 샐러드를 먹었다고 이야기했다. 사람들이 내가 건강에 신경 쓰는 사람이라고 생각했으면 싶었다.

대화 중에 누군가 어떤 책이나 이야기를 언급하면, 사실은 전혀 알지 못하면서도 나는 그 책을 이미 읽은 척, 이해한 척 고개를 끄덕였다. 사람들 눈에 멍청해 보이고 싶지 않았다. 내게는 호기심을 갖고, 배우고, 나만의 취향을 드러내는 일조차 안전하지 않았다. 그래서 걷어내야 할 것들도 그만큼 많았다.

금주한 지 얼마 되지 않았을 때, 새로 사귄 프랭키라는 친구와 한 가지 약속을 했다. 어떤 일이 있어도 서로에게는 진실만 말하자는 약속이었다. 초반에는 통화를 마치고 나면 거의 매번 둘 중 하나가 다시 전화를 걸어 이렇게 말했다.

"나 아까 거짓말했어."

그 거짓말의 이유는 늘 비슷했다.

"네가 화날까 봐 그랬어."

"너무 창피했어. 제발 나를 나쁘게 생각하지 말아줘."

20대 들어 겉으로는 거짓말을 그만두었지만, 돌이켜보면 30대에 심리치료사라는 직업을 선택한 것도 순응 반응의 영향이었다. 누군가에게 도움이 될 수 있을 때만 나를 드러내는 방식에 익숙했기에 그야말로 안성맞춤인 직업이었는지도 모른다. 하지만 여러 해 동안 심리치료사 일을 하며 점점 고갈되는 기분이 들었고 좌절감마저 찾아왔다.

자신을 검열하지 않는다는 것이 어떤 기분인지 알고 싶었다. '사람들에게 도움이 되는 사람'이라는 가면을 벗고 싶었다. 다른 사람에게 어떻게 보일지, 어떤 영향을 미칠지를 따지지 않고 내 삶이라는 도화지 전체를 칠해본다면 어떨까 궁금했다. 그렇게 거침없이 펼친 나의 창의성이 누군가에게 도움이 된다면 좋겠지만, 설령 그렇지 않더라도 그 자체로 충분히 의미 있는 삶이기를 바랐다.

진짜 '나'를 되찾는 순간

늘 타인의 수요에 맞춰 꾸민 삶에는 중요한 조각이 빠져 있었다. '나'라는 조각이었다. 내게 이 길은 평생 살아온 방식의 자연스러운 연장이었다. 그래서 직업으로까지 이어진 것이다. 하지만 정작 내가 순응 반응에서 벗어나는 전환점이 된 계기는, 회고록을 쓰고 소셜미디어에 진짜 모습을 드러낸 일이었다. 누구의 허락도 구하지 않고 자비로 책을 출판하면서 나는 전에 느껴본 적 없는 표현의 자유를 경험했다. 또 소셜미디어에서 '전문가'라는 가면을 내려놓고, 여전히 배우는 중인 사람이자 생존자, 때로는 엉뚱하고 불손한 유머를 발산하는 사람으로서 내 모습을 드러내는 일은 두려웠지만 동시에 해방감이 느껴졌다.

순응 반응을 인식하게 될 때 얻는 가장 큰 선물 중 하나는, 진짜 자기를 되찾을 기회다. 자기만의 의견을 발견하고 표현할 기회, 자기 감정을 확인하고 그 감정을 존중하는 법을 배울 기회다. 셀 수 없이 많은 가면을 벗고, 우리가 그토록 찾아 헤맸던 자기 수용과 진정한 유대의 감각을 마침내 체현하게 된다.

우리가 정말로 원하는 것은 진짜 삶이다. 진짜 경험, 진짜 관계이다. 진실을 마주하면 더불어 따라오는 다른 것들도 있다. 실제로는 우리에게 한 번도 주어진 적 없었던 것들에 대한 슬픔도 함께 밀려온다. 우리가 그 주변을 맴돌며 억지로 만들어 손에 쥐려 했던 것들, 애써 진짜처럼 꾸몄지만 실제로는 존재하지 않았던 것들에 대한 슬픔이다.

진짜 나를 되찾는다는 것은, 더 이상 삶을 편집하지 않는다는 뜻이다. 타인을 이상화하면서 자신을 축소하는 일도 멈춘다. 이제 우리는 실제로 있었던 일을 이야기하고, 그렇게 말해도 안전한 환경을 만들어 나간다. 그리고 그 이야기를 나눌 수 있는 안전한 사람을 찾게 된다.

특히 자기기만의 뿌리가 어린 시절의 경험에 있을 때, 거짓말을 멈추는 일은 나를 구하는 구조 작전에 필수적인 단계다. 우리는 시간 속에 갇혀 있는 자신의 한 부분으로 돌아가 이렇게 말해주어야 한다.

"내가 여기에 있어. 이제 함께 있으니 안전해."

더 이상 이야기를 지어낼 필요는 없다.

세이디 이야기

나는 2014년에 세이디를 처음 만났다. 당시 스무 살이었던 세이디는 열두 살에 시작된 헤로인 중독에서 회복 중이었다. 똑똑하고 사신감이 넘쳤으며, 약간은 산만한 인상이었다. 내가 어릴 적 좋아했던 1980년대 영화 〈꼴찌 야구단The Bad News Bears〉에서 막 튀어나온 인물 같았다. 세이디는 남들이 자신을 어떻게 생각하는지는 "눈곱만큼도 신경 안 쓴다"고 여러 차례 강조했다.

겉으로 보기에는 성격이 상당히 강해 보였다. 내가 약간의 걱정이나 조언이라도 할라치면 "그건 나도 알아요"라고 되받아쳤다. 문득 이런 생각이 들었다. '모든 것을 미리 알고 있어야 한다는 부담이 없다면 어땠을까?' 세이디는 아마 그 느낌이 어떤 건지 전혀 모르겠지.

초기 세션에서 우리는 주로 세이디와 여자 친구 마거릿의 관계를 다루었다. 마거릿이 달아나려는 세이디의 셔츠를 찢는 바람에 둘 다 웃음이 터졌던 에피소드처럼, 두 사람 사이에는 물리적 충돌뿐 아니라 교묘한 정서적 학대도 빈번했다. 마거릿은 상대방이 자기가 싫어하는 행동을 하면, 원하는 방식으로 달래줄 때까지 애정 표현을 거부하는 식으로 벌을 주었다. 세이디는 이 악순환이 너무 싫었고 반드시 고치겠다고 마음먹었다.

내게 이 이야기를 하면서 세이디는 자신의 취약함을 드러내는 대화는 모두 건너뛴 채, 무엇이 필요한지는 이미 알고 있다는 태도로 나왔다.

"저한테 필요한 건 경계를 더 잘 설정하는 거예요."

자기 생각을 분명히 표현할 수만 있다면, 마거릿도 더 이상 그렇게 모욕적으로 자신을 대하지 않을 거라고 확신했다.

세이디가 '경계를 더 잘 설정하겠다'는 목표를 말했을 때 얼핏 맞는 말처럼 들리는 것이 사실이었다. 세이디는 자신을 더 잘 돌보고 싶어 했다. 동시에 그렇게 하지 못하는 자신에 대해 극심한 수치심을 느끼고 있었다. 문제는 마거릿이 본인의 가학적 행동을 바꾸기 위한 치료는 하지 않고 오히려 '고쳐야 할 사람은 세이디'라고 설득했다는 사실이다. 그렇게 해서 세이디는 나를 찾아오게 되었다. 관계를 지키는 책임을 혼자서 전부 떠안은 채로.

세이디는 자신을 팔이 없는 모습으로 그렸던 소녀였다. 그런 그녀가 경계 설정과 자기 보호에 어려움을 겪는 것은 어쩌면 당연한 일이었다. 그녀는 모든 문제를 홀로 책임지는 방식으로 관계를 유지하려 했다. 팔을 다시 그려 넣듯 경계를 다시 세우면, 결국 학대는 멈출 것이라고 믿었다.

많은 관계성 트라우마 피해자들이 초기에 '경계 설정'이라는 개념을 이렇게 이해한다. 올바른 경계를 찾고, 그것을 올바르게 세우기만 하면 타인은 결국 우리를 바르게 대할 것이라는 믿음이다. 그러나 그런 경계의 개념은 상대의 책임을 가려주는 역할을 하기도 한다. 세이디에게 이런 패턴이 생긴 것은 어린 시절의 경험 때문이었다.

세이디는 플로리다 출신으로, 부모는 그녀가 열 살 때 이혼했다. 나와 처음 만났을 당시 세이디는 신경외과 의사인 아버지와 수년째 연락이 끊긴 상태였다. 사람들은 종종 그녀의 아버지를 '나르시시스트'라고 불렀다. 세이디는 어린 시절 아버지에게 성추행 당했다는 사실을 이야기하면서, 그 전까지 받았던 치료에서는 이 문제를 제대로 다뤄본 적이 없다고 말했다. 이 주제가 나올 때마다 매번 도망쳤다는 것이다. 아버지와 있던 일을 꺼내야 하는 순간이 오면, 세이디는 해리 상태에 들어가곤 했다.

나는 지금까지도 그녀가 겪었던 성적 학대의 구체적인 내용은 알지 못한다. 그러나 '소마틱 익스피리언싱'이라는 몸 중심의 트라우마 치료법을 적용하면(6장에서 자세히 다룰 것이다), 과거 경험을 반드시 말로 다시 설명할 필요가 없다. 이 방법을 통해, 세이디는 트라우마를 재경험하지 않고도 몸의 감각을 통해 그때의 상황을 이해할 수 있었다.

세이디가 들려준 이야기에 따르면, 어린 시절 어머니는 늘 아팠고 침대에 자주 누워 있었다고 했다. 세이디는 그런 어머니 곁에서 머리를 쓰다듬어 주곤 했다. 어머니는 어떤 날에는 그런 세이디를 반겼고 어떤 날에는 밀어냈다. 반기는 날의 어머니는 세이디를 똑똑하고 세심한 아이라고 칭찬했고, 그때만큼은 세이디가 어머니 곁에 머물 수 있었다. 어머니가 자신을 꼭 안아주고 모든 게 괜찮다고 안심시켜 주길 세이디는 간절히 바랐다.

열두 살 때, 세이디는 어머니에게 아버지의 성적 학대 사실을 처음으로 이야기했다. 그때를 떠올리며 세이디는 말했다.

"엄마는 내 말을 듣자마자 그냥 굳어버렸어요. 그래서 엄마의 치료사라는 사람(면허도 없이 영적 치유를 하던 사람)에게 전화를 걸었어요. 그 사람이 집에 와서 욕실 바닥에 쓰러져 있던 엄마를 끌어냈죠. 몇 달 동안 엄마는 사실상 말을 하지 않았어요. 그 일에 대해서는 두 번 다시 얘기를 꺼내지 않았고요.

열네 살 때 내가 아버지에게 직접 말했을 때는… 아버지가 '무슨 소리냐, 난 모르겠다'고 했어요. 나는 거짓말쟁이라거나 말을 꾸며낸다는 소리를 자주 들었죠. 친구 집에서 주말을 보내고 돌아오면 아버지는 이렇게 물었어요. '이번엔 또 아빠에 대해 어떤 거짓말을 퍼뜨렸냐?'"

세이디의 경험은 인정받지 못했고, 결국 모든 소란의 원인은 세이디가 되었다. 그녀는 거짓말쟁이, 사고뭉치, 말썽꾸러기였다.

세이디의 섭식장애는 갈 곳 없는 감정들을 스스로 감당하기 위한 방법이었다. 그녀는 술을 마셨고 약물을 사용하기도 했다. 세이디는 결국 12단계 치유 프로그램을 찾았다.

연인 관계에서는 늘 잘못된 사람처럼 느꼈는데 '회복 중인 중독자'라는 정체성을 가지게 되자 뭔가 '괜찮은 사람' 같다는 느낌이 들었다. 최소한 온전한 인간으로 인정받는 느낌이었다. 중독 치료와 12단계 그룹은 세이디를 지지해 주었고, 자신의 감정을 표현할 수 있는 공간을 마련해 주었다. 그곳에서 그녀는 눈에 띄게 잘해 냈으며, 감동적인 변화의 경험을 사람들 앞에서 나누기도 했다. 중독 치료를 통해 세이디는 오랜 고통을 표출하는 동시에 공감하는 이들이 보내주는 연민을 얻었다.

한 가지 문제만 빼면 모든 것이 좋았다. 바로, 세이디는 사실 헤로인 중독자가 아니었다는 것이다. 사실 헤로인을 한 번도 해 본 적이 없었다.

그 사실을 내 앞에서 털어놓던 날이 아직도 기억난다. 세이디는 내 사무실의 청록색 빈티지 소파에 앉아, 다리 사이로 두 손을 바짝 끼워 넣은 채 말했다.

"드릴 말씀이 있어요."

그 어색한 미소는 이렇게 말하는 것 같았다. '너무 떨려요. 제발 화내지 말아주세요.'

"그래요."

나도 그녀를 격려하듯, 나름의 어색한 미소를 지었다. '한번 가 봅시다.'

"사실… 저 헤로인 중독 아니에요. 거짓말하고 있었어요."

내가 그 말을 완전히 소화하는 데에는 약간의 시간이 필요했다. 전혀 예상하지 못한 고백이었다. 하지만 그 배경은 짐작할 수 있었다. 그녀에게 그 거짓말이 어떤 의미였는지도 알 것 같았다.

나 역시 상당히 어린 나이에 술과 약물을 끊었기 때문에 나보다 나이 많은 사람들이 어쭙잖다는 듯 "네가 그동안 마신 술보다 내가 흘린 술이 더 많겠다." 같은 말을 하는 게 어떤 기분인지 알고 있었다. 사람들은 내가 어리다는 이유로, 나 역시 그들과 같은 수준의 피폐함을 겪었을 리 없다고 쉽게 넘겨짚곤 했다. 내 삶을 구원할 유일한 공간에서조차 받아들여지지 못하는 기분이란 '정말 사람 미치게 만드는구나.' 싶은 것이었다.

나는 헤로인을 했다고 거짓말한 적은 없지만 그 밖의 수많은 거짓말을 지어냈다. 세이디와 같은 이유에서였다. 사람들이 나를 보고, 내 말을 듣고, 내 가치를 인정하고, 나를 신경 써주기를 바랐기 때문이다. 남의 이야기를 꾸며낸 적은 없었다. 오로지 나의 이야기를, 그들에게 속하고 싶다는 이유로 지어냈다.

세이디가 마리화나 사용으로 몸이 약해져 중독 치료 시설을 찾았을 때 그곳의 동료들은 대부분 심각한 헤로인 중독자였다. 그랬으니, 상담사와 동료들은 세이디의 문제를 진지하게 여기지 않았다. 그래서 세이디는 결국 도움을 받아 마땅한 모습으로 탈바꿈했다. 헤로인 중독자가 '되기로' 한 것이다.

헤로인 중독이라는 것은 미리 계획한 거짓말이 아니었다. 자각하지도 못한 채, 반사적으로 튀어나온 말이었다. 그녀의 고통 정도로는 '충분히 아프지 않다'는 사람들의 반응에 대한 반발이었다. 일단 그 거짓말이 몸에 어떤 안도감을 가져오자, 몸은 그 상태를 놓치지 않으려 했다. 세이디는 자신의 감정이 모두 진짜라는 것을 알고 있었다. 고통도 실제였다. 다만 그것을 온전히 느끼기 위해서는, 타인의 판단과 기준이 끼어들지 않도록 치워놓을 필요가 있었다.

어찌 된 일인지 세이디가 아버지에게 성적 학대를 당한 일이나 어머니에게 폭력을 당했던 일, 열일곱 살까지 여러 차례 자살을 시도했던 일은 누구도 심각하게 받아들이질 않았다. 그래서 세이디는 심각하게 받아들여질 수 있는 무언가를 만들어 냈다.

그날, 내 앞에 앉아 있는 세이디를 바라보며 나는 한 가지 사실에 감사했다. 그녀는 이제 거짓말의 무게를 내려놓을 만큼 스스로 안전하다고 느끼게 되었다(먼저 내 앞에서, 그다음에는 치유 모임에 나가서). 이것은 순응 반응에서 벗어나기 시작할 때 흔히 나타나는 모습이다. 우리는 결코 입 밖에 내지 못할 거라 여겼던, 가장 극단적인 진실을 꺼내놓게 된다. 내직·외적 안전이 어느 정도 확보된 이후에야 가능한 일이다. 이것은 또한 우리의 존재 전체를 위협할 것만 같은 거대한 도약이다. 많은 내담자들은 이 순간을 '절벽에서 뛰어내리는 느낌'이라고 표현한다. 그리고 세이디는 그 일을 해냈다.

뛰어내리는 순간 우리는 그동안 보지 못했던 장면들을 목격하게 된다. 세이디는 자기 내면을 향해 뛰어들었다. 필수적이라고 믿어왔던 안전망, 즉 타인의 존재는 점점 작아지고 있었다. 이전에 머물던 자리에서는 '사람들이 나를 붙잡아 주지 않으면 나는 죽을 거야. 그러니 그들이 나를 붙잡고 싶도록 만들어야 해'라고 느꼈다. 그런데 이제는 남들이 인정하든 하지 않든, 자신의 실제 경험을 직면하고 껴안을 수 있는 안전한 공간에 다다르고 있었다. 여전히 두려웠지만, 자신의 본모습에 도달하는 그 감각은 깊고도 강렬했다.

이 인식은 세이디에게 중요한 전환을 가져왔다. 어쩌면 마거릿이 이전과 같은 방식으로 자신을 '붙잡아 줄' 필요는 없을지도 모른다는 생각이 들기 시작한 것이다. 수개월 동안 만나고 헤어지기를 반복하며 여전히 그 관계에서 벗어나지 못하고 있었지만, 아주 작은 틈이 생겼다.

'누군가가 나를 구해줘야만 해'에서 '어쩌면 내가 나를 구할 수 있을지도 몰라'로 향하는 사고의 전환은 트라우마 생존자에게는 상상조차 어려운 변화다. 우리는 너무 오랫동안 누군가가 필요했기 때문이다. 우리는 부모가 필요했다. 세이디는 이미 독립한 성인이지만, 참혹했던 어린 시절의 경험 속에서 형성된 '공포와 회유'의 관계 패턴을 그대로 반복하고 있었다. 그리고 그것을 멈추기를 간절히 바랐다.

치료 중 한 번은, 너무도 고통스럽고 파괴적인 관계의 패턴을 보면서 내가 중립을 유지하지 못한 적이 있었다. 세이디는 갖은 애를 썼는데도 꼼짝없이 갇혀 있었다. 그 순간, 내 눈에서 눈물이 흘렀다. 치료자로서가 아니라 인간으로서의 연민이었다. 나는 이렇게 말했다.

"세이디, 넌 지금 안전하지 않아. 이 관계는 정말 끝내야 할 것 같다."

그 자리에서 세이디는 별다른 반응을 보이지 않았다. 하지만 다음번에 마거릿과의 상황이 다시 악화되었을 때, 세이디는 빠져 나왔다. 차를 몰고 떠나 다시는 돌아가지 않았다.

나중에 세이디는 치료를 시작한 이후 줄곧 나를 엄마처럼 느 꼈다고 말했다. 하지만 그 감정은 복잡한 것이었다. 어머니와의 관계가 워낙 어려웠던 터라, 나에게도 거리를 두어야 한다고 느끼 거나 '착한 내담자'가 되어야 한다는 부담을 느끼는 순간이 많았다 는 것이다. 세이디는 그날 내가 우는 모습을 처음으로 보고서 상 황이 얼마나 심각한지 비로소 실감했다고 했다. 이미 알고는 있었 지만, 아는 것과 느끼는 것은 다르기 마련이다.

그날 내가 세이디 앞에서 드러낸 취약성은, 어린 시절 세이디 의 어머니가 그랬던 것처럼 나를 돌보게 만들기 위한 의도가 아니 었다. 그저 진심 어린 걱정의 표현일 뿐이었다. 자신을 걱정하는 타인의 마음을 느끼며, 세이디는 자신도 돌봄을 받을 가치가 있는 존재라는 사실을 알게 되었다. 치유와 경계 설정의 핵심에는, 안 전한 누군가에게 발견되고 보살핌을 받는 경험이 있다. 세이디는 이전에 그런 경험을 해본 적이 없었지만 몸은 그 차이를 알아차렸 다. 우리는 누군가가 나를 존중하도록 만들기 위해 경계를 설정할 수도 있고, 실제로 자신을 보호하기 위해 경계를 설정할 수도 있 다. 그 두 가지가 서로 다르다는 것을 세이디는 또한 알게 되었다.

물론 우리는 스스로 치유할 수 있는 놀라운 힘을 지니고 있다. 그러나 트라우마 치료에는 이런 말이 있다.

"상처는 관계 안에서 생기고, 치유 또한 관계 안에서 일어난 다."

얼마 전 세이디는 켈리 맥대니얼^{Kelly McDaniel}의 책《모성 결핍 Mother Hunger》의 한 구절을 내게 보내왔다.

"부서진 모성 관계는 곧 트라우마가 된다. 그 치료제는 신뢰할 수 있는 다른 성인과의 안전한 관계다.[17]"

'심각한 헤로인 중독자'라는 보호막을 벗고, 마거릿과의 관계에서도 벗어난 뒤 몇 년이 흐르는 동안, 나는 세이디의 단단했던 겉모습이 점차 부드러워지는 것을 지켜보았다. 세이디는 길고 여성스러운 웨이브 헤어스타일을 시도했다. 이야기를 듣지도 않고 반사적으로 받아치던 태도도 사라졌다. 한때는 소파에 엉덩이를 붙이고 앉아 있는 것조차 힘들어 보였던 그녀가, 이제는 내 곁에 편안히 앉아 있곤 한다.

지난 10년 동안 다시 만날 때마다 세이디가 점점 자기 자신이 되어가는 모습은 놀라울 정도다. 세이디는 자기가 늘 알코올 중독이라고 생각했는데 어느 날 문득 그렇지 않다는 것을 깨달았다. 그다음에는 남자와 데이트를 시작했다.

어떤 의미에서, 자신이 레즈비언이라고 말하는 것은 헤로인 중독자라고 말하는 것과 비슷한 면이 있었다. 세이디가 처음 여성

---

17 켈리 맥대니얼,《모성 결핍: 성인이 된 딸이 잃어버린 돌봄, 보호, 조언을 이해하고 회복하는 방법Mother Hunger: How Adult Daughters Can Understand and Heal from Lost Nurturance, Protection, and Guidance》

에게 매력을 느꼈을 때 그 관계는 성적 학대의 기억을 자극하지 않았기 때문에, 이런 결론을 내렸다. '그래, 이거야. 나는 동성애자였던 거야.' 그렇게 세이디는 곧장 그 세계로 뛰어들었다. 가죽 재킷을 입고 머리를 밀었다.

거짓된 정체성을 내려놓자, 그녀가 오랫동안 갈망하던 자기 수용이 찾아왔다. 우리가 함께한 치료 과정 속에서, 내가 세이디에게 느꼈던 애정이 그녀가 자신을 향해 느끼는 애정으로 이어지는 것을 보았다.

10년이 지난 지금, 세이디는 부모와 연락을 끊고 남자 친구와 함께 살고 있다. 지금의 관계는 세이디가 늘 바랐지만 결코 가질 수 없을 거라 믿었던, 애정과 상호성과 건강함이 깃든 관계다. 섭식장애는 여전히 회복과 악화를 반복하지만, 이제 세이디는 자기 몸에 귀 기울일 수 있다. 더 이상 자기 몸을 혐오하지 않는다.

성적 지향이나 중독자라는 정체성에 옳고 그름이 있는 것은 아니다. 중요한 것은, 세이디가 마침내 자기 자신이 되었다는 사실이다. 거짓도, 과잉 보상도, 수치심도 없이 하나로 통합된 자기의 삶을 살고 있다.

4장

우리의 관계를 움직이는
순응의 회전목마

F A W N I N G

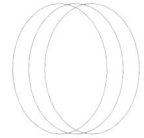

순응 반응을 보이는 사람들 대부분이 그렇듯, 나 또한 역기능적인 가정에서 자랐다. 그 사실을 어느 정도는 항상 의식하고 있었지만 그런 환경이 내게 어떤 흔적을 남겼는지, 결국 내가 어떻게 기능하도록 만들었는지는 정확히 알지 못했다.

어린 시절의 트라우마를 가장 잘 표현한 사람 중 하나로, 나는 동료이자 친구인 패트릭 티한Patrick Teahan을 꼽는다. 그 역시 어린 시절 트라우마를 겪었으며 지금은 이 분야의 전문가가 되었다. 패트릭은 "어린 시절 트라우마의 결정적인 증상 중 하나는, 가능성 없는 사람이 우리에게 잘해 주기를 기대하며 애쓰는 것[18]"이라고 말했다.

태어난 가족 안에서 자라는 동안, 생존 본능은 내 행동을 만들었

---

18 패트릭 티한,《라마니 박사와 함께하는 사실 확인Reality Check with Dr. Ramani》

고 그 행동은 내 성격이 되었으며, 그 성격은 관계를 맺어나가는 내 모습에 영향을 주었다. 어린 시절, 마치 비밀번호를 알아맞히듯 딱 맞는 행동을 해내면 내게 필요한 애정을 얻을 수 있었다. 나는 이후에 맺는 거의 모든 관계에서 그 대응 메커니즘을 반복하게 되었다.

순응 반응을 보일 때 우리는 마치 빠져나갈 수 없는 회전교차로를 빙글빙글 도는 것 같다. '타인의 승인을 구한다'는 출구 전략이 실은 우리를 더 깊이 소용돌이 속에 묶어둔다는 사실을 깨닫지 못한다.

우리는 사실 원하지도 않는 일을 하고 있다는 것, 그리고 자신이 더 나은 대우를 받을 자격이 있다는 것을 알아차리지 못한다. 충족되어야 할 욕구에만 초점이 맞춰져 있기에, 그것을 얻기 위해 무엇을 희생하고 있는지 보지 못한다.

타인과의 관계에서 아무리 상호성과 친밀감을 갈망해도, 우리가 베푼 아량이 결국 돌아올 거라고 아무리 기대해도, 부메랑은 돌아오지 않는다. 자기를 지우는 방식으로는 결코 부메랑을 돌아오게 할 수 없다는 사실을 우리는 이해하지 못한다. 그래서 평화를 지키기 위해 원치 않는 성관계를 허락하고, 호의를 얻기 위해 형편에 맞지 않는 비용을 치르며, 수없이 많은 방식으로 과도한 부담을 짊어지고 과도하게 기능한다. 이 모든 것이 '괜찮다'는 느낌을 얻기 위해서다.

순응 반응은 우리가 처음 순응을 익혔던 패턴을 다시 반복하게 만든다. 단기적인 방어책으로 나타나는 순응 반응을 무작정 나쁘다고만 보기는 어렵다. 그러나 만성화된 순응 반응에 고착되면, 우리는 삶의 운전대를 우리 안의 가장 원시적인 부분에 넘겨주는 셈이 된다. 생존 모드를 지속할수록 장기적으로 심각한 결과가 따른다.

트라우마 치료에서 흔히 하는 말이 있다.

"경고 신호가 '돌아갈 집'처럼 느껴지면, 그것은 더 이상 경고가 아니다."

이 장에서는 관계의 역학 속에서 순응 반응이 어떻게 나타나는지, 우리가 어떻게 역기능적인 패턴을 반복하게 되는지, 그리고 순응 반응이 우리가 성性을 대하는 방식까지 어떻게 왜곡시키는지를 살펴볼 것이다.

순응 반응과 관련된 관계 패턴

트라우마 재현: 이번에는 정말 다를 거야

트라우마 재현Trauma Reenactment은 과거의 트라우마와 관련된 행동이나 관계 패턴이 이후의 관계나 환경 속에서 반복되는 것을 가리킨다. 과거의 트라우마적 사건이 현재 다시 벌어지는 것처럼 느끼는 트라우마 촉발Trauma Trigger과 달리, 트라우마 재현은 과거의 트라우마 요소들을 우리가 스스로 다시 만들어 내는 것에 가깝다. 그 과정은 대개 무의식적으로 일어난다.

어떤 시각에서는 이렇게 과거의 사건을 재현하는 것을, 그 사건을 극복하려는 시도의 하나로 보기도 한다. 마치 우리 몸이 '재도전'을 원하는 것처럼, 과거 사건의 핵심적인 요소들에 다시 이끌린다는 것이다. 그렇게 과거에 느꼈던 공포와 무력감을 현재에 다시 마주하고 해결하려 한다고 해석한다. 중요한 사실은 그러한 재현이 처음에는 '이번에는 다를 거야'라는 희망처럼 느껴질 수 있지만, 실제로는 과거와 같은 혼란과 고통을 반복할 뿐 근본적인 해결로 이어지는 경우가 드물다는 것이다.

우리 뇌는 익숙한 것을 좋아한다. 저널리스트 마이클 폴란Michael Pollan은 저서 《마음을 바꾸는 방법How to Change Your Mind》에서 이렇게 말한다.

"우리가 경험에 접근하는 방식은 AI 프로그램과 비슷하다. 우리의 뇌는 현재의 정보를 끊임없이 과거의 언어로 번역하면서 과거의 경험을 더듬어 관련 사례를 찾고, 그것을 바탕으로 미래를 예측하며 최선의 해결책을 추정한다. [19]"

이러한 작동 방식은 트라우마를 겪은 사람에게만 해당하는 것은 아니다. 하지만 나의 경우, 과거의 트라우마를 재현하고 있다는 사실을 인식하고 나서야 비로소 역기능적이었던 나의 관계 패턴을 이해할 수 있었다. 나의 몸은 혼란을 마치 '집'처럼 익숙하게 느끼고 있었고, 순응 반응이 그 집을 가득 채우며 나를 그 안에 머물게 하고 있었다.

---

19 마이클 폴란,《마음을 바꾸는 방법: 금지된 약물이 우울증, 중독을 치료할 수 있을까 How to Change Your Mind: What the New Science of Psychedelics Teaches Us About Consciousness, Dying, Addiction, Depression, and Transcendence》

때로 우리의 관계 패턴은 우리가 겪었던 특정한 트라우마 서사를 따라 전개된다. 이때 지난 애착 관계의 상처를 자극하는 특정한 유형의 관계에 반복적으로 끌릴 수 있다. 만약 과거에 방임을 겪었다면, 이루어질 수 없는 상대에게 무의식적으로 끌리는 것이다. 나의 가치를 증명하려 애쓰며 애정을 갈구하다 보면 결국 상대방을 더 멀어지게 만들고, 이 사이클은 다시 처음으로 되돌아간다.

또, 만약 당신이 불확실하고 변덕스러운 환경에서 자랐다면, 냉탕과 온탕을 오가는 것처럼 일관성 없거나 심지어 중독적인 성향이 있는 상대에게 매력을 느낄 수 있다. 다시 강조하지만, 그 패턴이 당신에게 익숙하기 때문에 안전하게 느껴질 뿐 그런 관계가 실제로 안전한 것은 결코 아니다.

트라우마 재현은 때로 역설적인 방식으로 나타나기도 한다. 과거의 압도적인 경험을 피하려는 노력 끝에, 본능적으로 오히려 역효과를 낳는 선택을 하게 되는 것이다. 예를 들어, 주 양육자로부터 거절당한 경험이 있는 사람은 그 과거를 뒤집고자 자신보다 '못한' 상대를 대함으로써, 정말로 원하는 사람을 택할 때 따를 수 있는 거절의 가능성을 차단해 버리기도 한다. 하지만 그렇게 해도 단절감은 사라지지 않고, 불만족스러운 관계와 끝 모를 외로움이 이어진다.

이 과정에서 대응 기제(우리의 경우 순응 반응)는 계속 작동하며 과거의 패턴을 재현한다. 트라우마 반응은 마치 경호원처럼 우리를 헌신적으로 지킨다. 그것이 우리의 안전을 지키려는 시도 자체는 합리적이다. 하지만 현실의 경호원이 다음 위협이 언제 닥칠지 정확히 예측할 수 없듯, 순응 반응 역시 위협을 정확히 가려내지 못한 채

'만일을 대비한다'는 이유로 제자리를 지키며 굳어간다.

이렇게 순응은 하나의 반응을 넘어, 우리의 정체성이 되어버린다. 추가적인 손상으로부터 우리를 지키기 위해서다. 순응 반응이 우리의 자아, 감정, 그리고 현실과의 단절을 포함한다는 점을 기억하자. 이러한 무감각은 우리에게 부당함과 학대를 견뎌낼 힘을 주지만, 동시에 나쁜 대우를 습관적으로 축소하고 무시하게 만들어 다시 재현하게 만든다. 시작은 분명 적응을 위한 것이었지만, 이제는 합당한 행동과 선택을 가로막는 장벽이 된다. 우리의 과거는 현재 속에 또다시 반복된다.

트라우마 유대: 아파도 좋아

프랜시스와 콜린의 학대적 관계에서 보았듯, 트라우마 유대는 간헐적 강화를 통해 형성되며, 우리에게 해를 입히는 상대를 향해 강력한 애착을 만들어 낸다. 프랜시스에게 순응 반응은 해로움을 완화하려는 시도였을 뿐 아니라, 남자 친구와의 관계를 지키려는 노력이기도 했다.

베셀 반 데어 콜크 박사는 이 현상을 이렇게 설명한다.

"성인 역시 아동과 마찬가지로, 자신을 간헐적으로 괴롭히거나 때리거나 위협하는 인물과 강한 정서적 유대를 형성할 수 있다. 이러한 애착이 지속되면 고통과 사랑을 구분하지 못하게 된다.[20]"

다시 말해, 학대의 생존자들은 사랑과 고통이 늘 함께하는 것이라는 믿음을 학습할 수 있다. 실제로 세이디와 프랜시스의 이야기에서 우리는 두 사람 모두 학대적 관계에 갇혀 있으면서도, 스스로 그것을 인식하지 못하는 모습을 보았다. 그들에게 학대, 폄하, 고통은 모두 '사랑'의 동의어였다.

정서적 학대는 트라우마 유대를 유지하고 강화하는 중요한 요소다. 대표적인 정서적 학대 전략들은 다음과 같다.

- **가스라이팅**: 상대가 자신의 현실에 의문을 품도록 의도적으로 조작하는 행위.
- **헛된 약속**: 더 나은 미래를 약속하지만, 이를 실행할 능력이나 의사가 없음.
- **애정 공세**: 선물, 찬사, 과도한 관심을 퍼부으며 '천생연분', '운명적 만남'과 같은 말로 상대나 관계를 이상화함. 연인 관계 외의 맥락에서도 발생할 수 있음.
- **후버링**[Hoovering]: 상대를 해로운 관계로 다시 '빨아들이기' 위한 계획적인 행동 양식. 애정 공세나 가스라이팅을 포함할 수 있으며, 자신의 가족이나 친구를 이용해 관계를 회복하려 하거나, 위기를 꾸며내거나, 위협하거나, 반성하는 척 가짜 사과를 하는 행위 등이 있음. 모두 상대를 다시 관계 속으로 끌어들이

---

20 베셀 반 데어 콜크, 〈트라우마를 반복하고자 하는 충동The Compulsion to Repeat the Trauma〉, 《북미 정신의학 임상Psychiatric Clinics of North America》제12권 제2호(1989)

려는 의도를 지님.

이러한 전략들을 마주하면 가슴이 두근거리며, 그것을 결국 '사랑'으로 해석하게 되기 쉽다. 하지만 이러한 동요는 사랑의 증거라기보다는 신경계가 불안정해졌다는 신호에 가깝다. 우리는 자신이 학대의 패턴 안에 갇혀 있다는 사실을 보지 못한다.

트라우마 유대의 대표적인 징후들은 다음과 같다.

- 만났다 헤어지기를 반복하거나, 기복이 극심한 관계.
- 좋은 순간을 근거로 나쁜 순간을 합리화함('좋을 땐 정말 좋거든').
- 자신에게 해를 입히는 사람에게 위로, 지지, 승인을 구함.
- 상황이 나쁘다는 것을 알면서도 상대가 나아질 것이라 기대하고 기다림.
- 자신을 지지하는 가족이나 친구로부터 점점 고립됨.
- 관계 속의 고통스러운 진실을 주변 사람들에게 숨김.
- 상대가 없으면 죽을 것처럼 느끼거나, 살기 위해서는 상대가 필요하다고 느낌.
- 상대의 학대를 자기 탓으로 돌림('내가 이기적으로 굴어서 그 사람을 화나게 했어').
- 자신에게 해를 입히는 사람을 도우려 함.

이 중 일부는 순응 반응의 징후이기도 하다는 점을 눈치챘을지 모르겠다. 순응 반응이 트라우마 유대에 반드시 따라오는 것은 아니지만, 두 반응이 동시에 나타나는 경우는 매우 흔하다. 우리의 행동과 자아 개념은 간헐적 강화에 반응해 극단적으로 흔들린다.

이 맥락에서 순응 반응은, 우리에게 사람 마음을 움직이는 힘이 있다는 착각을 일으키기도 한다. 나를 미워하던 사람이 나를 사랑하게끔 만드는 것이다. 마치 우리가 마법사라도 된 듯, 자신과 상대를 전혀 다른 현실로 (비록 잠시일지라도) 옮겨놓을 수 있을 것 같은 감각이다. 삶의 다른 모든 영역에서 깊은 무력감을 느낄 때, 이런 효능감은 트라우마 유대를 더욱 중독적으로 만든다.

사실, 새아빠가 나를 무시하고 벌을 줄 때 그를 미워하는 일은 쉬웠다. 그럴 때는 내가 분명한 희생자라는 사실을 인식할 수 있었다. 하지만 새아빠가 다시 나를 받아들이고 너그럽게 대할 때, 그때 느껴지는 내 감정은 이해하기가 훨씬 어려웠다. 어느새 나는 그의 호의를 잠깐이라도 얻는 것에 대한 보상으로 학대를 용서하고 있었다. 그 호의가 대가를 요구한다는 사실을 나 역시 알고 있었지만, 어떤 대가든 무시당하고 모욕당하는 것보다는 훨씬 나았다.

순응 반응은 나쁜 순간을 견디게 해주었을 뿐 아니라, 좋은 순간을 좀 더 길게 끌 수 있을 것 같은 기대감을 주었다. 그리고 바로 그 감각 때문에, 트라우마 재현과 트라우마 유대의 패턴은 오랫동안 지속되었다.

트라우마 유대와 순응이 결합할 때

30대 후반, 실패로 끝난 결혼에서 벗어난 뒤 나는 또다시 익숙한 (혹은 더 나쁜) 시나리오 속에 들어와 있음을 깨달았다. 나는 소시오패스 성향이 있는 변호사와 만나는 중이었고 그를 내 남자 친구로 만들기 위해 필사적이었다.

그는 고양이 장난감처럼 잡힐 듯 말 듯한 애정을 흘리며, 가끔씩만 승리감을 맛보도록 나를 쥐락펴락했다. 그가 나를 상대로 게임을 하고 있다는 사실을 알고 있었고, 그런 점이 싫기도 했다. 하지만 마음 한편에서는 내 힘을 증명하고 싶다는 충동이 일었고 결국 그가 만든 게임에 번번이 응했다.

서로 알게 된 지 몇 주 되지 않았을 무렵, 한밤중에 그가 갑자기 우리 집 문 앞에 나타났다. 아이 같은 천진함이 묻어나는 얼굴로 그는 말했다.

"차를 몰다 보니 그냥… 본능적으로 여기까지 오게 됐어요. 비둘기가 자기 집을 찾아오는 것처럼요."

집 앞 도로에는 반짝이는 신형 컨버터블이 세워져 있었고, 내 앞에 선 그는 한 손에 든 짐가방을 겸연쩍은 듯 내려다보고 있었다.

그 사람의 '집'이 된다는 생각이 싫지는 않았다. 그렇다고 그 등장이 당황스럽지 않은 것은 아니었다. 나는 문간에서 잠시 머뭇거렸고, 그 순간 그의 맑고 푸른 눈동자가 굳어지는 것이 느껴졌다.

"밤새 여기 세워둘 건 아니죠?"

이렇게 말하는 그의 목소리에는 미묘한 경멸이 섞여 있었다. 그가 이 늦은 밤에 내 집까지 찾아온 상황을 여전히 이해할 수 없었지만, 그 한마디는 내가 뭔가 잘못한 것 같은 마음이 들기에 충분했다.

'그래, 그건 예의가 아니지.'

"들어와요."

쭈뼛거리며 내 입에서 나온 말이었다. 그의 태도는 문턱을 넘자마자 눈에 띄게 부드러워졌다.

"깨우려던 건 아니었어요. 다시 침대에 데려다줄게요."

나긋한 목소리를 듣는 순간 몸 전체에 안도감이 퍼졌다. 그의 애정이 돌아왔음을 느끼며 속으로 중얼거렸다.

'휴, 살았다.'

나는 다시 이불 속으로 들어갔고, 그는 침대 옆에 걸터앉았다. 그 다정한 눈길에 마음이 녹아내렸다. 그의 목소리는 고백이라도 하듯 점점 진지해졌다.

"다른 여자들은 내 복잡한 성격을 감당하지 못했어요. 당신처럼 똑똑한 데다 인성과 미모까지 갖춘 사람은 정말 보기 드물어요."

마치 영화 속 거부할 수 없는 매력을 가진 여주인공이 된 기분이었다. 짜릿했다. '집으로 돌아온 비둘기' 씨는 자신이 그동안 숱한 여자들을 만났지만 늘 실망했다고 했다. 그리고 자신을 진정으로 이해해 주는 사람을 이제야 만난 것 같다고 말했다. 그 순간을 음미하고 있는데, 그가 고개를 숙이며 조용히 덧붙였다.

"나는 당신을 조각조각 자를 수도 있어요. 아무렇지 않게."

농담이 아니었다. 그의 보디빌더 같은 체격을 보았을 때, 그건 의심할 여지가 없는 사실이었다. 나는 내 사지가 인형처럼 분리되어

욕조에 쌓인 장면을 떠올렸다. 그런데도 겁이 나지 않았다. 오히려 그런 끔찍한 말을 내 앞에서 털어놓았다는 사실에 마음이 움직였다. 이것이 바로 그 사람 나름의 취약함을 드러내는 방식이라는 생각이 들었다. 내 몸은 그의 말을 이렇게 번역했다.

'나는 달라지고 싶어요. 그리고 그걸 도와줄 수 있는 사람은 당신뿐이에요.'

충격적인 이야기였지만 동시에 강렬한 흥분이 밀려왔다. 그의 신뢰를 얻은 나는 현대판 '미녀와 야수'의 미녀가 되었다. 거칠게 날뛰는 야수를 조건 없는 사랑으로 길들이고 말리라.

이 모든 화학작용의 토대가 내 해결되지 않은 트라우마라는 사실을 나는 전혀 인식하지 못했다. 다름 아닌 트라우마 유대와 순응 반응이, 나는 지금 이 남자를 돕고 싶고 함께하고 싶은 거라고 믿게끔 만들었다.

나는 그가 달라질 것이라고 진심으로 믿었다. 아니, 그렇게 되기를 바랐다. 그러면 나는 마침내 영원히 안전해질 수 있을 것 같았다. 그에게 필요한 것은 유능한 심리치료사뿐이었다. 물론 그 역할을 내가 맡을 수는 없었다. 나는 어떤 주문에라도 걸린 것처럼, 그를 내 남자 친구로 만들 생각에 사로잡혀 있었으니까. 수십 년간의 자기 성찰로 이뤄낸 박사 학위나 공인 심리학자라는 타이틀조차 그 순간에는 아무런 소용이 없었다. 한편에서는 나의 정상적인 판단력과 윤리의식이 그의 '토막 내기' 취미는 여기서 다룰 만한 문제가 아니라고 말하고 있었지만, 그 목소리는 점점 희미해졌다.

게다가 또 한 가지 문제가 있었다. 성관계에 관한 것이었다. 그

때의 나는 투쟁·도피 반응에서 분비되는 아드레날린이 성적 흥분과 얼마나 닮았는지 알지 못했다. 심박수와 혈압의 상승은 공포와 끌림의 경계를 흐릿하게 만들었다. 스트레스 호르몬이 혈관을 타고 흐르며 내 신경 말단을 하나하나 깨웠다.

그의 관심을 받을 때면 나는 의기양양해져 한동안 공중에 붕 떠 있는 기분이 들었다. 그러다 어느 순간 그는 애정을 거둬들이며 주도권은 오직 자신에게만 있음을 상기시켰다. 그러면 나는 수치심의 소용돌이 속으로 곤두박질하여 열등감 속에 허우적거렸다. 다시 한 번 높이 떠오를 시간을 갈망하면서.

순응하는 사람이 반드시 소시오패스를 만나게 되는 것은 아니다. 하지만 나의 경험을 보면 알 수 있다. 트라우마 반응 속에서 '자기 포기'가 얼마나 자연스럽게 일어나는지를 말이다. 그 당시 나는 힘을 지니고 있다고 느꼈지만, 실제로는 극도로 위험한 상황에 놓여 있었다. 나에게 해를 가하는 사람을 돕고 싶다는 욕구는, 오랜 세월 나의 유일한 방어 기제였다.

순응하는 사람들이 흔히 그렇듯, 나는 분명한 경고 신호들을 보고도 적절한 행동에 나서지 못했다. 왜냐하면 그 신호들은 '도움 되는 사람'으로 향해 가는 진입로를 가리키는 듯했기 때문이다. 그것은 곧 나라는 사람이 가진 가치의 근거였으며 트라우마의 관점과 언어로 말하자면, 그것이 바로 나의 '안전'이었다.

내 몸은 늘 결승선을 향해 전력 질주하고 있는 듯했다. 그 끝에는 내가 꿈꾸는 건강한 관계가 기다리고 있을 것만 같았다. 하지만 순응이란, 대부분 다시 출발선으로 돌아오는 것을 의미한다. 그가 변호사이고 한 회사의 부사장이며, 똑똑하고 성공한 사람이라는 사실은 내가 미래의 배우자에게 기대하던 중요한 조건에 모두 들어맞았다. 하지만 그런 외피가 그 안의 모든 것을 덮어줄 수는 없었다.

'집으로 돌아온 비둘기'가 거짓말을 하거나 감정적인 덫을 놓을 때마다 나는 그것을 알아차릴 수 있었다. 그럼에도 우리의 복잡미묘한 조합은 너무도 강하게 나를 끌어당겼다. 나는 나를 집어삼키도록 설계된 게임에서 이기고 싶다는 집착에 사로잡혔다. 위험을 인지하고 있다는 사실 자체가 면역 효과를 발휘해 나를 보호해 줄 것이라고 착각하고 있었다.

그는 누가 봐도 다른 여자에게 쓴 것이 분명한 메시지를 내게 보낸 적도 있다. 거기에 대해 얘기하려고 하면 나를 미친 사람으로 몰아갔다. 어느 날 아침, 그는 이렇게 말했다.

"내 집이 곧 자기 집이야. 숨길 것 하나 없어. 펜이든 뭐든 필요하면 아무 서랍이나 열어서 찾아 써."

몇 시간 뒤, 펜을 찾으려 서랍을 열었을 때 링 귀걸이 한 쌍과 '마리아'라는 여자의 메모를 발견했다. 얼마 전 함께 보낸 시간이 즐거웠다는 내용이었다.

모욕감이 치밀어 오른 나는 즉시 친구들에게 메시지를 보냈다.

"어떻게 이럴 수가 있어?"

그러나 나는 곧 그 감정을 다시 밀어 넣고 말았다. 그가 다른 사람을 만나지 않겠다고 약속한 적은 없지 않은가?

'엄밀히 말하면, 그가 잘못한 건 없어.'

무엇보다도 이 상황을 내 개인적인 결함으로 비꼬아 조롱할 그를 마주할 자신이 없었다. 나와 마리아를 비교하며 둘 다를 비웃는 장면이 선하게 그려졌다. 집비둘기 씨는 여성 혐오를 숨기지 않았지만, 나만큼은 예외이기를 바랐다.

이런 유형의 사이코패스에게 '선택받는 것'은, 적어도 어떤 순간에는 특별히 사랑받는 것 같은 느낌을 줄 수 있다.

순응의 회전목마에 다시 올라타다

남자에게서 심각하게 불쾌한 이야기를 들은 경험은 집비둘기가 처음이 아니었다. 열여섯 살 때였다. 그날 새아빠는 안방 물침대에 걸터앉아 있었다. 라스베이거스에서 돌아온 직후였고, 그가 내 베개에 쪽지를 남기기 전, 내가 상담 교사를 찾아가기도 전이었다. 집에는 그와 나뿐이었다. 새아빠는 내 세 옆으로 와 앉으라고 했다. 그리고 갑자기 사랑 고백을 하기 시작했다. 술 한 방울 입에 대지 않은 맨정신이었다.

믿을 수 없었다. 아버지와 딸로서 우리가 완전히 어그러진 비정상적 관계라는 것을 새아빠는 전혀 모르리라 생각했다. 이전까지는 모든 것이 모호했고, 그는 자기 행동을 늘 가볍게 얼버무리곤 했다. 하지만 이번에는 달랐다. 내 시선은 갈 곳을 잃고 눈앞을 가린 갈색 앞머리에 고정됐다. 새아빠는 말했다.

"우린 마음이 통해. 너한테 온 세상을 주고 싶다. 이런 감정이 잘못이라는 건 안다. 딸에게 품어선 안 될 감정이지."

각진 나무 침대 프레임이 다리 뒤쪽을 짓눌러 발끝이 저려오기 시작했다. 그 무뎌지는 감각이 심장까지 번지기를 바라며 그의 말을 듣고 있었다. 새아빠는 나를 향한 애정과 갈망 때문에 죄책감과 절망을 느낀다고 했다.

맑은 정신으로 이런 말을 한다는 사실은 충격적이었지만, 그가 내게 구하는 것이 용서가 아니라 허락이라는 점만큼은 분명했다. 그가 원하는 대답은 이것이었다.

"제 마음도 당신과 같아요."

나는 생기를 잃고 움직이지 않는 다리를 내려다보았다. 내 몸은 모든 희망을 내려놓은 채 점점 둔해지며 과소각성 상태로 빠져들고 있었다.

그 순간, 내 본능이 속삭였다. '완전히 굳어버려선 안 돼.' 일단은 새아빠의 욕구를 우선해야 했다. 나는 머리카락을 귀 뒤로 넘겨 정리한 후 고개를 들었다. 그리고 말했다.

"이렇게 감정을 표현해 주셔서 감사합니다. 그런데 그 이야기를 들을 사람이… 저는 아닌 것 같아요."

지금 생각하면, 그때 내가 어떻게 그렇게 차분하게 말할 수 있었는지 모르겠다. 속에서는 "제발 정신과에나 좀 가라, 이 미친놈아! 별 개소리를 다 듣겠네!"라는 비명이 터져나오고 있었으니 말이다.

이것이 바로 순응 반응의 부조화다.

겉으로는 상대를 이해하고 배려하는 것처럼 보이지만 실상 그것은 내면의 공포를 덮는 가면이다. 우리의 진심은 가둬지거나, 아주 미세하게만 허용된다. 포식자와의 관계에서 약간의 안전감이라도 확보하는 것이 최우선 과제가 되며, 그 밖에 자존감이나 자기 돌봄,

독립된 존재로서의 존엄은 언제나 뒤로 밀린다. 그래서 경계 설정은 단순히 어려운 일이 아니라, 죽고 사는 문제가 된다. 이미 위험 수위가 한껏 높아진 상태에서 경계를 세우는 일은 위험을 더 키울 수 있기 때문이다. 살아남기 위해 우리는 어떻게든 수위를 낮춰야 한다.

여기서 짚고 넘어가야 할 점이 있다. 우리는 단지 이해하는 척하는 것이 아니라, 실제로도 이해하는 경우가 많다는 것이다. 우리는 세심하고 사려 깊으며 공감 능력과 인내심도 뛰어나다. 다만 그 자질을 자기 자신을 위해서는 발휘하지 못할 뿐이다.

나는 새아빠에게 감사를 표하며 시선을 다른 방향으로 돌리려 했지만 그는 마음이 상한 듯 보였다. 그의 감정의 추는 곧장 분노 쪽으로 기울었고, 증오로 가득 찬 눈으로 나를 노려보다가 자리에서 일어났다.

그 순간, 또 하나의 예상치 못한 반응이 내 안에서 솟아올랐다. '새아빠가 가지 않았으면 좋겠다.' 그가 다가오는 것은 혐오스러웠지만, 그 이후 몇 달 동안 이어질 그의 분노 어린 침묵, 그리고 엄마에게 이간질해서 나를 적으로 몰아세우는 상황은 더 끔찍했다.

나는 결국, 스스로 진심 어린 다정함을 누릴 자격이 없는 사람이라고 믿는 어른으로 자라났다. 그것은 너무 비싼 대가를 요구하기 때문이다. 그래서 늘 불친절하고 불가능한 사람들만 선택했다. 그들이 떠나지 않도록, 나를 사랑하도록 만들 수 있기를 바랐다. 내가 '충분한 자격'을 갖추면 그들도 더는 나를 나쁘게 대하지 않을 것이라 믿었다. 새아빠와의 회전목마는 끝났지만, 나는 내 발로 다시 새로운 회전목마에 올라탔다. 앞을 똑바로 보지 못한 채 빙빙 맴돌며 20

년 넘는 시간을 헤맸다.

소시오패스 성향의 남자와 만나면서도 그 관계에서 벗어날 수 없었던 나는 '집으로 돌아오는 비둘기'가 사실은 나 자신이 아닐까 두려웠다. 나는 본능에 이끌려 수백 마일, 수십 년의 삶을 날아다니며 내게 익숙한 '집'의 감각을 향했다. 그렇게 찾은 집은 언제나 공포의 장소였다. 누군가를 구해야만 사랑받을 수 있다고 믿게 되는 곳.

내가 '집으로 돌아오는 비둘기'의 저주에서 벗어날 수 있었던 것은 친구 빌의 조언 덕분이었다. 사실 나는 그가 이렇게 말해주길 은근히 바라고 있었다.

"너무 과대 해석하는 거 아니야? 그렇게 자신감 넘치는 사람이랑 연애하면 원래 불안정해. 그러면서 너도 성장하는 거지."

하지만 빌은 단호했다.

"도망쳐."

그 사람 때문에 내가 다칠 거라며, 최대한 빨리 도망치라고 빌은 말했다. 내 가치를 의심하는 사람이라면 애초에 그것을 볼 능력이 없는 사람이라고도 얘기했다. 내 마음 깊은 곳에서는 그 말이 옳다는 것을 알고 있었다. 하지만 나는 그 관계를 끝낼 힘이 없었고, 준비도 되어 있지 않았다. 말 그대로 저주에 걸린 것 같았다. 그러자 빌은 이렇게 제안했다.

"그 관계를 놓을 마음이 생기게 해달라고, 기도해 볼 수는 있겠어?"

사람들로 붐비는 카페 한가운데서 나는 눈을 감았다. 숨을 고르고, 조용히 기도했다. 그 사람과 헤어질 마음을 달라고. 기도를 마치고 잠시 기다렸지만 역시나 내 마음은 아무 변화도 없었다.

"분명 그렇게 되는 과정일 거야. 나는 믿어."

빌의 말에 나는 자조 섞인 농담을 던졌다.

"좋았어. 그럼, 내일 바비큐 파티에 그 사람 데려가도 되지?"

'집'이라 부르는 그곳

사흘 뒤, 새벽 2시. 잠에서 깬 나는 머릿속으로 작별 이메일의 내용을 떠올리고 있었다. 아주 작은 창이 열린 순간이었다. 자존감이 고개를 들어, 스스로 바라는 내가 되도록 이끄는 창이었다. 그 용기가 사라져 버리기 전에 나는 벌떡 일어나 메일을 쓰기 시작했다. 한 문장, 한 문장 신중히 고르며 상대의 반발을 조금이라도 줄이기 위해 고민했다(순응 반응이 여전히 작동하고 있었다). 그리고 마음이 바뀌기 전에 서둘러 전송 버튼을 눌렀다.

집비둘기 씨는 이성을 잃었다. 오밤중에 이별 통보 메일을 받았으니 그럴 만도 했다. 얼굴을 직접 보고 말할 자신은 없었다. 그와 마주하면 순식간에 안개가 끼듯 모든 것이 흐려지고 다시 나를 잃을 것이 분명했다.

그의 답장은 조롱과 설득 사이를 오갔다. 친구들은 내 안전을 걱정했지만, 그 사람이 나를 해치는 방식으로 자기 약점을 드러내지는 않을 것이라 믿었다. 그 믿음은, 응급실에서 찍은 그의 검푸르게 부어오른 손과 엑스레이 사진을 보고 산산이 깨졌다.

"연장통을 부숴버렸어."

그의 메시지였다.

연민을 자극하는 그 모습에 내 안의 돌봄 본능이 다시 꿈틀대기 시작했다. 그 본능은, 그를 구해야 나도 구할 수 있다고 속삭였다. 내 안의 아이는 나를 아프게 하는 사람을 도와야 한다고 굳게 믿고 있었다. '내가 살아남으려면 그들의 인정이 필요해.' 그래서 모두를 대신해 책임과 죄책감을 떠안고, 내 양육자들을 '키우려' 애썼다. 그것이 나를 키우는 방법이라고 생각했기 때문이다.

하지만 바로 그 순간, 순응 반응으로 기울어 가는 내 충동과 아주 조금의 거리를 둘 수 있었다. 그 틈에서 나는 처음으로 이런 가능성을 느꼈다. 혹시 남을 돌보는 중간 단계를 건너뛰고, 그냥 나를 돌보면 되는 건 아닐까? 내 가치를 군이 증명하려 애쓰지 않고 그저 내 안에 한 발짝 발을 들여놓으면 되는 거 아닐까?

그다음에 만난 사람이 지금의 남편 얀시다. 2013년 처음 그를 만났을 때는 예의 그 불꽃이 튀는 느낌이 없었기 때문에 우리가 그냥 친구로 남을 줄 알았다. 하지만 지금 돌이켜 보면, 한때 내가 사랑의 기준이라고 믿었던 그 '특별한 불꽃'은 사실 건강한 끌림이 아니라 위험을 예고하는 신호였다.

나는 얀시와 함께 있는 것이 좋았다. 만남을 막 시작하던 무렵, 우리는 독립기념일 주말을 맞아 빅베어 호수로 여행을 떠났다. 주말 내내 호숫가에서 쉬고, 불꽃놀이를 보고, 집으로 돌아오는 길에 서로를 바라보며 이렇게 말했다.

"오늘 저녁엔 뭐 할까?"

사흘 내내 붙어 있었는데도 여전히 함께 있고 싶었다. 얀시와 나 사이에는 어떤 게임도 없었다. 나는 가끔 그런 얀시를 연애 기술이라고는 전혀 없다며 놀리기도 한다. 그동안 내가 겪은 '불가능한 사람들'과의 관계에서는 불신과 무례함이 기본값이었지만, 얀시와는 달랐다. 그는 친절하고 꾸밈없었다. 무엇보다 나는 그와 함께 있을 때 더 이상 긴장하지 않았다. 편안히 내려놓을 수 있었다. 처음으로 관계에서 안전감과 상호성을 온전히 경험했다.

이제 나는 안다. 그 모든 광기 없이도 깊은 사랑과 우정이 가능하다는 것을. 강박적으로 누군가를 돌보지 않아도 내가 어떤 사람인지 알 수 있다는 것을. 파괴적인 패턴에서 벗어나는 일이 가능하며, 우리 내면에 '집'이라 부를 수 있는 새로운 장소를 발견하는 일 또한 가능하다는 것을 안다. 내가 트라우마 유대에서 벗어나기까지는 여러 해가 걸렸다. 하지만 이제 나는 과거의 짐 대부분을 원래 있어야 할 과거의 자리에 내려놓을 수 있게 되었다.

성^性적인 순응

내가 박사 과정에 있었을 당시만 해도 트라우마 반응은 투쟁, 도피, 경직이라는 세 가지 용어, 즉 '3F'로만 설명되었다. 순응 반응이라는 개념이 널리 논의되기 훨씬 전이었다. 어느 날 아침, 강의실에서 수업을 기다리고 있는데 다른 학생들이 나누는 대화가 들렸다.

"너 트라우마 반응에 네 번째 F가 있다는 얘기 들어봤어?"

잠깐의 침묵 뒤, 누군가 농담조로 대답했다.

"투쟁, 도피, 경직… 그리고 그거^{fuck}."

앞에서 서류를 정리하던 교수님이 무심히 고개를 끄덕였다.

"일리 있네."

학생들 사이로 어색한 웃음이 흘렀고, 대화는 거기서 끝났다.

"수업 시작하죠."

그날 수업의 내용은 직전의 대화와는 무관했고, 대학원 생활 내내 그런 이야기를 다시 들은 적은 없었다. 하지만 대부분의 농담이 그렇듯, 그 말은 어떤 진실을 건드렸기에 웃음을 자아냈다. 강의실에 있던 학생들은 모두 그 말의 함의를 이해하고 있었다. 공포에 직면한 상황에서 성적 친밀함을 선택하는 것, 자신이 실감할 수 있는 유일한 힘으로서 성적 매력에 기대는 것, 스스로 원했는지와는 관계없이 (더 나쁜 일을 피하기 위해서든 필요한 무언가를 얻기 위해서든) 성적인 맥락에 놓이는 경험은 결코 드문 일이 아니다. 특히 성적 매력이 자신에게 허락된 유일한 힘이라고 배우며 성장한 여성들의 경우는 더욱 그렇다. 벼랑 끝으로 몰렸다가 어느 순간 '난잡하다'는 낙인이 찍히며 피해자에서 비난의 대상으로 전락하는 이 여성들은, 그 과정에서 한 번도 온전한 인간으로, 스스로를 보호하려는 정당한 본능을 지닌 존재로 존중받지 못한다.

특히 순응 반응을 보이는 사람들은 성을 하나의 수단으로 사용하게 되는 경우가 많다. 이때 성은 상대의 기분을 맞추고, 달래고, 욕망의 궁극적인 형태로 자신을 변형시키는 도구가 된다. 그 과정에서 우리의 신체, 자존감, 가치관은 희생된다. 일부 순응형 사람들에게 '성생활이 문란하다'거나 '성 중독'이라는 꼬리표가 붙기도 하지만, 그들 대부분은 성행위 자체를 갈망한다기보다는 그렇게 해서라도 살아남기를 간절히 원한다. 마치 자기를 옭아맨 줄에서 풀려나 '진짜' 사람이 되기를 기다리는 피노키오처럼 말이다. 이런 경우 성관계에서 '동의'라는 개념은 복잡해진다. 우리가 "응"이라고 말할 때, 그것은 특정한 행위에 대한 동의일까, 아니면 자유와 안전을 얻을 가능성에 대한 동의일까?

프랜시스는 권위 있는 사람이라면 누구에게나 순응 반응을 보였지만, 특히 남성들 앞에서 그 반응이 두드러졌다고 했다. 가부장적 맥락에서 남성은 분명한 권위를 지닌 존재였다. 외모가 뛰어나고 도발적인 매력을 지닌 프랜시스는 그들이 기대하는 모습으로 자신을 빚어갔다. 프랜시스의 자아감은 성적 매력을 드러내는 수많은 표본들을 짜깁기한 결과였다. 뮤직비디오 속 여성들이 머리칼을 넘기는 방식, 영화 속 남성들이 '섹시하다'고 감탄하는 장면들을 세심히 관찰하고 모방했다. 그렇게 프랜시스는 사람을 끌어당기는 매력이라는 작품을 만들어 냈다.

그러나 프랜시스는 자신이 무엇을 원하는지에 대해서는 무지했다. 자신이 정말로 그렇게 행동하고 싶은지, 무엇을 좋아하는지는 중요하지 않았다. 중요한 것은 누군가가 원하는 대상이 되는 것이었다. 사춘기 소녀 시절, 프랜시스는 또래 남자아이들과 선을 넘는 성적 행동을 시도하곤 했다. 하지만 상대 아이에 대한 호기심이나 진짜 관심에서 비롯된 행동은 아니었다. 그저 상대로부터 얻을 수 있는 안전감이나 지위가 필요할 뿐이었다. 그런 것들 없이는 존재하지 못할 것만 같았다.

남자아이들은 주중에는 연락을 끊었다가 주말이 되면 프랜시스를 찾아오곤 했다. 함께 있는 시간 동안 내내 매너 없이 굴었지만 그래도 그들을 따라다녔다. 프랜시스는 육체적 친밀감이 어떤 감각인지, 무엇을 원한다고 말해야 하는지 혹은 요구 자체가 가능한지조차 알지 못했다. 그녀가 알고 있었던 것은 오직 '어떻게 연기하는가'였다.

사춘기에 양부의 성적 대상이 되었던 나에게, 성은 근본적으로 나의 가치와 얽힌 것이 되었다. 성은 내가 기댈 수 있는 유일한 힘이자, 인정받을 수 있는 유일한 수단처럼 느껴질 때가 많았다. 나는 어떤 끌림이나 관심도 없는 사람들을 대상으로 성적 환상을 자극하며 은근한 호감을 표시하곤 했다. 속으로는 거리를 두고 싶어 하면서도 말이다. 그 결과 나보다 훨씬 나이가 많거나, 유부남이거나, 명백히 부적절한 남자들이 선을 넘어오는 일이 반복되었다. 그들이 결국 선을 넘을 때마다 놀라고 불쾌했지만, 그들이 왜 나를 그런 식으로 보게 되었는지, 내가 어떻게 과거의 트라우마를 재현하고 있는지를 이해하지는 못했다.

나는 '딱 필요한 만큼만' 순응하고 싶었다. 상대의 인정을 얻되 노골적인 접근은 피할 수 있는 정확한 지점을 찾을 수 있을 것 같았다. 그러나 그 균형을 결코 잡지 못했고, 설령 잠시 찾았다 하더라도 유지하기는 불가능했다.

프랜시스와 성적 순응 반응에 대해 얘기하던 중, 그녀는 이십 대 초반에 만났던 한 남자 이야기를 들려주었다. 프랜시스는 그 관계에서 '최고의 섹스'를 경험했지만 그 남자는 프랜시스를 존중하지도 아끼지도 않았다. 말로는 사랑한다고 했으나, 그 말이 나올 때는 바람을 피우고 온 다음뿐이었다.

두 사람의 관계를 이어주는 유일한 끈은 성적 순응이었다. 프랜시스는 반복되는 요로감염에 시달렸다. 면도날로 자궁 경부를 도려내는 듯한 통증을 겪으면서도 남자 친구를 잃을 것이 두려워 성관계를 계속했다. 결국 방광 내부에 궤양이 생길 정도로 상태가 심해졌고, 여러 약물 치료와 함께 매주 고통스러운 주입 치료를 받아야 했다. 그럼에도 불구하고 성관계는 프랜시스에게 '안전한 장소'였다. 숨 쉬는 공기처럼 없어서는 안 될 것이었다.

프랜시스는 자신이 원하지 않았던 순간을 포함해 수많은 성관계를 가졌고, 그 대부분은 적절한 피임 도구 없이 이루어졌다. 그 순간을 망치지 않기 위해서, 혹은 상대를 실망시키지 않기 위해서였다. 상대가 동의조차 구하지 않을 때도 프랜시스는 화를 낼 수 없었다. '그냥 실수야. 유난 떨 거 없어'라고 넘길 뿐이었다.

프랜시스는 장차 배우자가 될지도 모르는 이들에게 HPV(인유두종바이러스) 감염 사실을 알리지 못했다. 상대를 보호하지 못한 이유는, 사신을 먼저 보호하지 못했기 때문이다. 성을 통해 안전감을 확보하려 할 때, 불편하고 부담스러운 대화는 욕구의 최하단으로 밀려난다.

순응 반응을 보이는 사람들이 경계 설정에 어려움을 겪는 데는 이유가 있다. 경계를 세우려 할 때마다 망신을 당하거나, 구석으로 몰리거나, 심지어 위협을 받았던 경험이 누적되었기 때문이다. 어떤 사람들은 한순간에 분위기를 뒤집어 "내가 작업 걸었다고? 난 그럴 맘이 조금도 없었는데?"라고 몰아붙이기도 한다. 게다가 순응하는 사람들은 자신의 필요나 욕구를 주장하는 것이 타인의 감정을 상하게 할지 몰라 늘 두려워한다. 관계의 평화를 잃는 일은 너무도 끔찍하기에, 이미 더 이상 원하지 않는 관계일지라도 그 자리를 지킨다. 우리는 그렇게 관계를 유지하기 위해 우리의 몸과 필수적인 욕구를 희생한다.

가장 가까운 순간에 가장 멀어지는

내가 내담자들에게 성적 순응 반응에 대해 이야기하면 "그게 무슨 말인지 알아요"라는 반응이 거의 반사적으로 돌아온다. 많은 경우 성관계에서 절정감을 느껴본 적이 없거나, 절정감을 연기하곤 한다. '잠자리 실력이 좋다'는 평가를 정체성의 일부로 삼는 경우도 적지 않다. 문제는 성적 매력이나 잠자리 실력이 아니다. 순응하는 사람들이 성을 통해 찾는 것이 쾌락이 아니라 안전감이라는 사실에 문제가 있다. 관계를 유지하고 관심을 받기 위해 성을 수단으로 사용하는 것이다.

외줄타기 같은 자기 삶의 방식에 만족한다고 했던 그레이스와 이 주제로 이야기를 나눌 때였다. 우리는 만난 지 16년이 다 되도록 성에 관한 대화를 한 적이 없다는 사실에 놀랐다. 초기 치료에서 내가 성생활에 관해 물었을 때, 그레이스는 "저는 그쪽으로는 문제없어요"라고 답했다. '성관계가 싫지 않고, 꾸준히 하고 있으니까… 달리 할 말이 없는데?'라는 생각이었다고 한다. 그러나 순응 반응의 맥락에서 성 이야기를 꺼내자, 그레이스는 이제야 생각났다는 듯 말했다. "아… 맞아요."

그레이스는 성생활조차 너무 오랫동안 통제해 왔기 때문에, 그 영역에서도 자신이 순응 반응을 한다는 사실을 인식하지 못하고 있었다. 프랜시스가 절정감을 느끼는 척 연기했다면, 그레이스는 느끼지 않는 척 연기했다. 둘 다 이유는 같았다. 성관계의 중심이 상대이기를 바랐기 때문이다.

그레이스는 자신의 욕구를 갖는 것 자체를 불편해했다. 젊었을 때는 상대가 느낌을 물으면 "난 신경 쓰지 마, 난 괜찮아"라고 답하거나 "난 원래 그런 거 잘 못 느껴. 그냥 자기 느낌에 집중하자"라고 둘러대곤 했다. 하지만 실제로 절정감은 이미 지나간 경우가 많았다. 상대가 자신을 너무 빠르다거나, 혹은 너무 느리다고 평가할 것을 피하기 위해서 제대로 답하지 않았던 것이다. 그레이스는 개인적인 선호를 갖지 않도록 학습한 아이였다. 어떤 대가를 치르더라도 상황을 진정시키고, 그 상황이 요구하는 모습으로 탈바꿈하도록 학습해 왔다. 그 성향은 성생활에서도 그대로 드러났다. 그녀는 자기 욕구를 가지길 원하지 않았다. 상대가 원하는 모습이 되길 바랄 뿐이었다.

이전에 그레이스와 나는 섹스를 주제로 얘기한 적은 없었지만, 그레이스의 신체이형장애Body Dysmorphia에 대해서는 대화한 적이 있다. 그녀는 자신의 몸이 보기 흉하며 심지어 비정상적이라고 생각했다. 십 대 시절, 아버지가 그녀와 남자 친구 뒤를 따라 걸어오면서 "네 다리가 쟤보다 더 굵은 것 같은데, 마음에 들어?"라고 비꼬았던 적이 있었다. 의식적으로는 '뭐 저런 아빠가 다 있어?'라고 생각했지만, 마음 한편에서는 '그 말이 맞다'고 느꼈다.

그레이스는 성관계 전 반드시 조명을 끈다고 했다. 또, 상대에게 구강성교 해주는 것은 꺼리지 않지만 그 반대는 절대 원하지 않는다는 얘기도 덧붙였다. 잠시 생각하던 그녀가 웃으며 말했다. "있잖아요, 순응형 사람들이 그거 하나는 정말 잘할 것 같지 않아요?" 우리는 동시에 웃음을 터뜨렸다. 자신이 아니라 상대에게 온전히 집중하는 것은, 순응하는 사람들에게 가장 익숙하고 편안한 상태이기 때문이다.

이런 수용적인 태도 때문에 순응하는 사람들은 다가가기 쉬워 보이지만 사실 우리는 진정으로 친밀했던 적이 없다. 우리의 진짜 모습을 좀처럼 드러내지 않기 때문이다. 그레이스는 관계 시에 자기 몸의 형태가 어떤지, 상대에게 어떻게 보일지를 더 많이 생각했다. 순응하는 사람들은 종종 자기 몸, 그리고 자기가 하고 있는 섹스로부터 분리된 상태에 머문다. 우리가 쾌락을 느끼지 못하는 이유는 그 순간 그 자리에 온전히 존재하지 않기 때문이다.

어떤 의미에서 섹스는 '연기'의 성격을 띠는 것이 사실이지만, 순응형 사람들은 상대를 만족시키기 위해 말 그대로 몸과 마음을 다해 역할을 수행한다. 성적 쾌감이 전혀 없을 때도, 심지어 고통을 느끼는 순간에도 말이다.

재정적 순응

트라우마 유대와 재현은 힘의 차이가 존재하는 모든 곳, 다시 말해 우리가 관계를 맺는 모든 순간에 일어날 수 있다. 안전이 우리 몸 바깥에 존재하는 한 우리는 자신을 지키기 어렵다. 자신의 시간도, 재정도, 그리고 가치 또한 지키기 힘들어진다.

이를 골디락스 이야기에 비유할 수 있을 것이다. 아빠 곰의 의자는 너무 크고 아기 곰의 의자는 너무 작다. 우리에게 '적당한' 의자란 이런 것이다. 아무도 탐내지 않고, 나보다 더 잘 어울리는 사람도 없으며, 내가 앉아도 누구도 비난하지 않을 것이 확실한 의자. 모두가 이렇게 동의해야 한다.

"그래, 너 앉아. 저 의자 그냥 네가 가져."

우리는 스스로 의자를 차지할 자격이 없다고 생각한다. 관심이나 신뢰, 돌봄을 받을 자격이 없는 존재라고 여기는 것이다. 그래서 자신의 가치를 증명하고, 다시 증명하고, 또다시 증명하려 한다. 가치는 우리이 상처이고, 그것이 곧 트라우마다. 우리는 마치 부러진 팔에 깁스도 하지 못한 채 견뎌야 하는 사람 같다. 만약 누군가가 스스로 가치 있는 존재라고 느끼길 바란다면, 그 사람에게 아픔을 설명해 보이리고 요구하기를 멈춰야 한다. 극복하라고 재촉해서는 안 된다.

"그게 그렇게 힘들었어? 그냥 털고 일어나면 안 돼?"

"넌 왜 자꾸 스스로 발목을 잡아?"

"넌 왜 네가 멋진 사람이라는 걸 모르지?"

"다른 사람이 널 어떻게 생각하든 왜 그렇게 신경 써?"

이런 말들은 걱정해 주는 것처럼 들릴 수 있지만, 잊으라고 계속 요구하는 것은 또 다른 트라우마를 안겨준다. 우리는 스스로 트라우마를 재현하고 있다는 사실을 인정한다. 하지만 있는 그대로 말하자면, 우리를 둘러싼 환경 전체가 그렇게 하고 있다.

자기 가치를 증명해야 한다고 느끼는 것은 개인 차원의 문제에 머무르지 않는다. 그것은 우리 문화 속에서, 가족 안에서, 그리고 이를 악물고 버텨온 여러 세대의 가족사 속에서 비롯된 문제다. 불과 한 세대 전만 해도 학교에서 체벌은 일상이었고 아이들은 그것을 당연한 것으로 받아들였다. 우리 부모들의 전쟁 같던 어린 시절 이야기를 떠올려 보자.

"우리 때는 비가 억수같이 퍼부어도 십 리 길을 걸어서 학교에 다녔어. 넌 버스 정류장에서 그깟 5분을 못 기다려?"

아니, 빗속에 십리 길이라니, 그건 정말 힘들지 않았을까? 많이 지치고 겁도 나지 않았을까? 중간에 한 번이라도 쉬어 갈 틈은 있었을까?

그러나 그들은 자신의 트라우마를 인정하고 싶지 않기에, 우리에게도 우리의 고통을 느낄 기회를 허락하지 않는다. 그렇게 악순환은 계속된다.

내 내담자들 상당수는 아침 식탁에서부터 잠자리에 들 때까지, 수없이 많은 방식으로 '너는 가치가 없다'라는 메시지를 들으며 자랐다. 아이러니하게도, 성인이 된 후에는 '세상에 도움 되는 사람'이 되라는 요구와 마주한다. 그러나 그들은 건강한 어린 시절의 한 가지 핵심 요소를 경험하지 못한 채 어른이 되었다. 바로 안정적인 애착이다. 누군가가 있는 그대로의 나를 사랑하고, 내가 본질적으로 안전한 존재라는 확신을 주는 경험 말이다.

순응은 상대가 원하는 어떤 사람이든 될 수 있게 해주었고, 그럼으로써 애착과 안전을 얻고자 했다. 하지만 아무리 열심히 달려도 결승선은 계속해서 이리저리 이동했다. 그들의 가치는 저 바깥에 매달려 있었기에 내면에서는 결코 그것을 온전히 느낄 수 없었다. 아무리 고군분투해도 충분하지 않다고 느끼는 상태가 지속되었다.

내가 박사학위를 포함해 여러 학위를 따며 쉼 없이 달렸던 이유도, 내가 괜찮은 사람이라는 것을 세상에 증명하기 위해서였다. 그러나 그것으로 내 깊은 욕구는 채워지지 않았다. 내가 만난 내담자들 중에는 탁월한 재능을 지녔음에도 목표에 도달하지 못하는 사람들이 많다. 그들은 왜 늘 벽에 가로막히는지 이해하지 못한다.

스펙트럼의 양쪽 끝에는 같은 벽이 놓여 있다. '나는 가치 없는 존재'라는 제목의 벽이다. 한쪽 끝에서는 '가치가 없으니 성취하기를 멈춰서는 안 된다'고 말한다. 다른 쪽 끝에서는 '가치가 없으니 결코 성공에 이를 수 없다'고 말한다.

이제 나는, 가치를 향한 우리의 투쟁이 동전의 양면과 같다는 것을 안다. 순응하는 사람들은 인정받기 위해 애쓰거나, 소멸을 피해 달아나거나 둘 중 하나의 상태에 놓여 있다. 그리고 동전은 끊임없이 뒤집힌다. 마침내 인정을 얻어내면 '미션 성공'이다! 그러나 곧 그 상태가 끝날 것 같은 두려움이 밀려온다. 그래서 다시 순응하고, 자신을 일그러뜨린다. 틀림없이 따라올 듯한 비난과 역풍을 피하기 위해서다. 이렇게 동전은 획획 뒤집힌다. 그 이유는 모두 우리의 가치가 우리 바깥에 있기 때문이다. 교묘하고 붙잡기 어려운 그것은 타인의 허락으로만 주어질 뿐, 결코 우리 손으로 붙들 수 없다.

좋은 의자에 마음 편히 앉아도 돼

이 같은 몸부림은 업무나 금전적인 영역에서 자주 드러난다. 우리는 작은 존재로 머무를 때 안전을 느끼기 때문에, 성공이 가까워질수록 지나치게 커지는 것 같은 불안을 경험한다. 그래서 보상도 없이 과도하게 일한다. 팀에 속해 있다는 사실만으로도 감지덕지하며, 누군가 우리의 공을 가로채도 문제 삼지 않는다. 상사나 동료와의 관계를 위태롭게 만들 수 없다는 이유로 그들의 방식에 무난히 맞춰간다. 우리는 임금 인상을 포함해 자신의 가치에 합당한 금액을 청구하지 못한다. 혹시 한 번이라도 무언가를 요구하고 나면 지나친 욕심을 부린 것 같아 금세 몸을 낮춘다. 남들이 화를 내거나, 우리가 그만한 가치가 없다고 여기지는 않을지 두려워서다.

이러한 눈가리개는 해로운 근무 환경을 보지 못하게 하고 '월급 값을 해야 한다'는 명목 아래 내가 그 일과 얼마나 잘 맞는지를 살피지 못하게 만든다. '모든 사람이 꿈의 직업을 가질 수는 없잖아'라고 안위하지만, 실상 시도조차 해본 적이 없다. 설령 시도했다 해도 온전히 균형 잡힌 상태로 그 자리에 나아가 자신을 드러낸 적은 없었다.

순응 반응을 보이는 사람들은 돈 문제가 복잡한 경우가 많다. 계좌에 잔고나 빚이 얼마나 있는지 정확히 알지 못하고, 때로는 은행 비밀번호조차 기억하지 못한다. 대인관계에서 그러하듯, 재정 상태 역시 '언젠가는 좋아질 것'이라는 막연한 환상에 기대고 산다. 빚은 언젠가 사라질 것이고, 누군가 돈 관리를 대신해 줄 것 같다. 다른 영역에서와 마찬가지로 경제적 영역에서도 우리는 주체적인 권위를 발휘하지 못한다. 우리가 유독 이 부분에서만 자기 몫을 지키고 활용하는 법을 알 리가 없지 않은가.

돈은 가치와 힘을 상징하는 신호다. 우리는 '큰돈'을 지배력과 동일시하는 경향이 있고, 그 힘은 착취나 조종, 학대의 이미지와 쉽게 뒤섞인다. 우리가 그 영역에 발을 들이고 싶지 않은 것은 어쩌면 당연하다.

그래서 순응형 사람들은 돈을 관리하거나 부를 쌓기보다, 마치 뱀이 허물을 벗듯 돈을 흘려보낸다. 우리는 관계 욕구를 충족하려면 과하게 베풀어야 한다고 느낀다. 돈은 타인을 돌보고 마음을 표현하며, 관계 속에서 자신의 가치를 증명하기 쉬운 수단이기 때문이다.

《먹고 기도하고 사랑하라Eat, Pray, Love》의 저자 리즈 길버트Liz Gilbert는 최근 한 팟캐스트에 출연해 자신을 이렇게 설명했다.

"저는 정말로 극난석인 '챔피언'급 공동의존자였어요. 돈이 들어오면 곧바로 미친 듯이 퍼주기 시작했죠.[21]"

그녀는 자기 울타리 안에 들어온 사람들에게 가진 대부분을 퍼부어 주면서 그것을 사랑이라 불렀다. 시간이 흐른 뒤 리즈는 재정 상황을 차분하게 돌아보고자 재정상담사에게 의뢰를 했다. 상담사는 리즈의 2년 치 지출 명세 내역을 검토한 뒤, 이렇게 물었다.

"사람들에게 나눠준 돈이 전체 수입의 몇 퍼센트쯤 될 것 같아

---

21 '삶에서 잃어버린 느낌이나 불행한 느낌을 느끼는 모든 사람에게, 리즈 길버트와 함께 의미를 찾다To Anyone Feeling Lost or Unhappy in Life, Find Meaning with Liz Gilbert', 마리 폴레오Marie Forleo 팟캐스트, 에피소드 411, 2024년 10월 1일 열람, https://www.marieforleo.com/ blog/elizabeth- gilbert- find- meaning

요?"

리즈는 대략 25퍼센트쯤일 것이라 답했지만, 실제 수치는 82퍼센트였다.

누군가 가진 돈 전부를 타인을 위해 쓰겠다고 해도 비난할 일은 결코 아니다. 그러나 이 책에서 반복해서 강조하듯, 중요한 것은 무엇을 선택하는가가 아니라 그 선택이 주체성, 자기 존중, 그리고 온전한 자기 인식을 바탕으로 이루어졌는가이다. 자신을 희생하는 것은 너그러움이 아니다. 성적인 순응 반응에서 이루어지는 성관계에 '나'가 부재하듯, 재정적 순응 반응에서 행하는 지출에도 '나'는 존재하지 않는다.

우리는 돈과 성공을 '뜨거운 감자'처럼 회피하기보다, 그것을 우리 몫으로 받아들이고 지키며 감당하는 법을 배워야 한다. 자기 목소리를 되찾고 건강한 갈등에 참여하는 법을 배워야 하듯, 재정 영역에서도 자신을 드러내고 풍요를 감당할 수 있는 역량을 길러야 한다. 이 과정이 위험하거나 정서적 안정을 해친다고 느끼지 않도록 익혀나가야 한다.

말처럼 쉬운 일은 아니다. 순응 반응에서 벗어나는 일에는 끝이 없다. 그것은 도달해야 할 목표라기보다, 여러 층과 단계를 거치며 점점 '자기 자신'이 되어가는 진화의 과정이고, 자기 내면을 점점 더 신뢰하게 되는 일생의 과업이다.

돈과 명예로 사람의 가치를 재는 자본주의 사회에서 자기 가치를 느끼는 일은 복합 트라우마를 겪지 않은 사람에게조차 쉽지 않다. 순응 반응에서 벗어나는 과정은 외부의 박수갈채에 덜 휘둘리고, 내면의 질서에 더 귀 기울이게 되는 여정이다.

우리가 이미 가치 있는 존재라는 사실을 신뢰할 때 진정으로 그 가치를 느낄 수 있다. 우리는 원래부터, 우리의 가장 깊은 곳에서부터 늘 그랬다. 아름답고 영리하며 적응력 있는 존재, 있는 그대로 사랑받을 자격이 충분한 존재였다.

'문제 있음'이라는 꼬리표를 떼어버리자

오랫동안 여러 심리치료사를 찾아 상담실 쇼파에 앉으면서도 나는 트라우마 전문가를 찾아가야 한다는 생각을 하지 못했다. 청소년 시절에는 심리치료사 자격을 갖춘 사람이라면 당연히 모든 답을 알고 있을 거라고 믿었다. 그러나 트라우마에 대한 이해가 없는 치료사들은 내 삶을 설명할 정확한 언어도, 그것을 헤쳐나갈 실질적인 도구도 제공하지 못했다. 외려 그들이 나를 바라보는 시선에는 '선별력 결여' 같은 진단이 장착되어 있었다.

나는 내담자들에게서도 같은 문제를 숱하게 들었다. 그들은 무수한 치료법을 시도한 사람들이었다. 자신의 애착 유형을 알고 있었고, 경고 신호의 양상도 파악하고 있었다. 감정을 기록하는 일기를 쓰고 반복되는 패턴을 분석했다. 자기 가치와 힘을 강조하는 글에는 밑줄을 긋고, 그것을 읽으며 힘을 얻기도 했다. …모든 것이 무너지는 순간이 찾아오기 전까지는 그랬다.

그 방법들이 나빴던 것은 아니다. 하지만 무엇을 시도하든 결국 똑같은 악순환으로 되돌아왔다. 이럴 때 '사람 보는 안목이 없다'거나 '선별력이 망가졌다'는 판단은 문제를 개인에게 돌리며, 그 사람을 애초부터 결함 있는 존재로 만든다. 마치 속이 썩은 사과처럼 말이다. 이런 관점은 트라우마 재현을 영원히 지속시킨다. '망가졌다'는 평가를 받으면서도 여전히 '착한 사람'이 되려 애쓰는 것은, 우리가 헤쳐나가려 애쓰는 힘의 역학 속으로 다시 들어가는 일이다. 이 권력 관계는 상당히 미묘하며, 때로는 노골적이다.

"너는 망가졌어. 하지만 조금만 더 노력하면 내가 고쳐줄 수 있어."

"너는 건강하지 않아. 나는 온전하니까 너를 도와줄 수 있어."

이런 메시지는 결국, 다른 누군가가 모든 답을 알고 있고 그들이 당신을 당신 자신에게서 구해줘야 한다는 전제를 강화한다. 순응하는 사람들은 지극히 현실적인 어려움에 직면해 있다. 그런 이들에게 '비정상'이라는 꼬리표를 붙이는 것은, 도움을 구하는 사람에게 도리어 상처를 주는 일이다. 물론 지금 우리에게는 분명 증상이 있고, 그 증상을 해결하는 과정이 필요하다. 때로는 타인의 도움이 필요할지 모른다. 그러나 그 문제의 뿌리는 결국 관계 트라우마로 거슬러 올라간다. 여기서 핵심은 '관계'다.

우리는 너무 오랫동안 '내가 문제'라고 믿으며 살아왔다. 그러는 사이 엉뚱한 사람을 바꾸려 애쓰는 데 많은 시간을 허비했다. 우리가 트라우마의 소용돌이에 갇힌 것은 우리 잘못이 아니었다. 하지만 그것을 바꿀 힘은 우리에게 있으며, 자유를 누릴 권리 또한 우리에게 있다.

이제 다음 장으로 들어가며, 우리를 몰아붙였던 이전의 접근법들은 여기에 내려놓으려 한다. '내가 문제다'라는 생각도 함께 두고 갈 것이다. 대신 우리가 지닌 힘 안으로 걸어 들어갈 것이다. 우리는 우리 몸에 더 가까워지고, 우리 몸에 대한 권한을 되찾을 것이다. 무엇을 원하는지, 무엇을 원하지 않는지를 스스로 결정할 것이다. "고맙지만 사양할게"라고 말하면서 실제로도 그렇게 행동할 수 있을 만큼 내면의 안전감을 찾을 것이다. 더 이상 성적 매력이나 헌신, 적응 능력을 앞세우지 않아도, 혹은 (오로지) 그것들로 칭찬받지 않아도 안심할 수 있을 것이다.

순응 반응에서 벗어나는 법을 다루는 장에 가까워질수록 우리를 끌어당기던 구심력에서 벗어나 타인의 궤도를 떠날 것이다. 타고난 자아의 중심을 다시 단단히 다질 것이다. 자신과의 다정한 관계를 회복하고, 그 토대 위에서 타인과의 다정한 관계를 선택할 것이다. 이제 우리는 자아의 중심에서 안전을 찾기 시작했기 때문이다.

미아 이야기

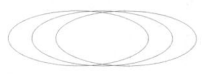

미아는 금발 머리에, 말 그대로 빛나는 푸른 눈을 가졌다. 직접 만나보면 결코 만만히 볼 사람이 아니라는 것을 대번에 알 수 있다. 파타고니아 스웨터를 즐겨 입는 그녀는 당차고 거침없으면서도 동시에 순수하고 어린 영혼을 지닌 사람이다.

미아는 프리 솔로(로프나 보호장비 없이 단독으로 등반하는 등반가-옮긴이)로 여러 산의 정상에 오른 몇 안 되는 여성 중 하나로, 그야말로 여걸이다. 그런 목표를 이루기 위해서는 자기 확신을 가지고서 강하게 밀고 나가야 했을 텐데, 이상하게도 일상에서의 모습은 그와는 상당히 거리가 멀었다. 그녀와 함께 이 모순에 대해 차근차근 살펴보던 중, 미아는 문득 이런 사실을 깨달았다.

"혼자 등반할 때를 떠올려 보면, 그렇게 강한 힘을 발휘할 수 있었던 건 아마도 그때가 인생에서 유일하게 순응 반응을 보이지 않아도 되는 순간이라서 그런 것 같아요. 그 순간엔 내가 맞춰야 할 상대가 없거든요. 그때 비로소 진짜 나 자신이 되는 게 뭔지 느껴져요."

미아는 강하고 창의적이며 대담하다. 자신의 그런 면을 스스로도 알지만 '삶의 다른 영역에서는 그 힘을 전혀 쓰지 못한다'고 말한다. 우리의 치료 과정은 바로 그 분열을 치유하는 데 초점을 맞추고 있었다.

미아의 가족은 부유했지만 역기능적이었다. 아버지는 자녀들이 스물한 살이 되면 상당한 재산을 나누어 주었다. 이후 미아는 이혼을 하며 적지 않은 위자료도 받았다. 평생 쓰고도 남을 만한 금액이었다. 그러나 미아가 쉰 살이 되었을 무렵, 그 돈은 거의 바닥나 있었다. 나와의 치료는 바로 그 시점에 시작되었다.

미아는 자신이 받았던 엄청난 돈을 '모두 날려버렸다'는 사실을 이야기하면서 자신에게 뭔가 심각한 문제가 있는 것 같다고 말했다. 미아가 자괴감을 느끼는 이유는 또 있었다. 미아의 가족은 어떤 면에서든 남들보다 당연히 뛰어나야 한다고 여겼다. 미아 역시 가족의 기대에 부응하고 싶었고, 그러지 못할 이유도 없어 보였다. 그러나 그간의 씀씀이와 불안정한 수입으로 볼 때, 자신은 그런 사람이 못 된다는 생각이 굳어졌다.

미아는 이전에도 심리치료와 코칭을 비롯해 다양한 방법으로 답을 찾으려 했지만 소용이 없었다. 그러다 내가 인터넷에 올린 글을 보고서 마음이 끌렸다고 한다. 그 온라인 페이지는 심리치료사로서 내 경험을 올리는 곳이었다. '이제 다 나았습니다'라는 깔끔한 결과를 보고하진 못했지만, 그 대신 아직도 해결되지 않은 트라우마와 트라우마 반응을 안고 살아가는 현실 이야기를 나누고 싶었다. 그렇게 결함을 숨기지 않고 자유롭게 드러내는 모습에 미아는 마음이 움직였고, 자신도 그렇게 살고 싶다고 느꼈다.

"지금껏 난 진짜로 치유되고 싶었던 게 아니었어요. 사람들에게 나아진 모습을 보여주고, 내가 정상이라고 믿게끔 만들고 싶었던 거예요."

치료 과정의 많은 부분에서 우리는 미아의 중심을 다시 미아 자신에게, 미아의 몸과 감각, 감정으로 되돌리는 데 집중하고 있다. '평범해지는 것'을 목표로 삼는 대신 말이다. 나는 미아에게 자주 이렇게 묻는다.

"지금, 어떤 느낌인지 말해보세요."

초기에는 미아의 대답이 늘 같았다.

"못하겠어요."

미아는 자신의 몸에 의식적으로 주의를 기울이지 못했고 그 감각을 언어로 표현하기도 힘들어했다. 그녀의 관심은 언제나 외부를 향해 있었다. 다른 사람들이 무엇을 생각하는지, 어떤 감정을 느끼는지, 그리고 자신에게 무엇을 '고치길' 바라는지는 지나치게 잘 알고 있었다.

미아는 '무엇이 느껴지느냐'는 질문이 중요하다는 사실을 머리로는 이해했다. 그래서 자신에게 집중하려 애썼지만, 그녀의 몸은 아직 안전하다고 느끼지 못하는 상태였다. 귀에 들리는 것이라곤 "감정 놀음에 빠질 때가 아니야. 사람들한테 뭔가 보여줘야지." 하는 자기 비난의 목소리뿐이었다. 사실 미아는 감정이 밀려오거나 과거의 기억이 떠오르려 할 때마다 그것을 즉시 뿌리 뽑아야 한다고 느꼈다.

'젠장, 또 고칠 게 생겼잖아!'

미아는 평범해지고 싶어 했지만, 그녀의 어린 시절은 결코 평범하지 않았다. 다섯 남매 중 맏이로 태어났는데, 아버지에게는 전처와의 사이에서 낳은 자녀 셋이 더 있었다. 미아는 유독 부모의 기대를 한 몸에 받는 모범적인 아이였다. 아버지의 심기가 불편할 때마다 달래는 역할도 미아 몫이었다. 아버지는 종종 이렇게 말하곤 했다.

"아빠는 네가 그냥 옆에 있기만 해도 좋다. 우리 딸 때문에 기분이 나아져."

미아의 아버지는 변덕스러운 성격이었고 알코올 중독이었다. 아이들에게 신체적 폭력을 휘두를 때도 있었다. 어느 날 미아와 동생들이 뒷마당 나무에 등산용 로프를 묶어두고 누가 먼저 올라갈지를 두고 다투고 있었다. 그러다 한 동생이 다른 동생을 로프 끝으로 때리기 시작했다. 악쓰는 소리를 듣고 나온 아버지는 그 로프를 낚아챘고, 미아 바로 아래 동생을 집 안으로 끌고 들어가 문을 잠갔다. 아버지가 로프를 채찍 삼아 아이를 후려치는 동안 미아는 필사적으로 문을 두드리며 아버지를 말리려 했다. 그때 미아 혼자만 나서서 도와주려 했던 것을 동생은 아직도 기억하고 있다. 어머니는 그 시간 내내 다른 방에 숨어 있었다.

어머니에 관해 묻자 미아는 이렇게 말했다.

"순응 반응의 전형이죠."

어머니는 '척하기' 선수였다. 남편을 자극하거나 문제를 일으킬 수 있는 일은 무조건 피했다. 강박적으로 사람들에게 맞추며 지내다가 그 의무감에서 벗어나고 싶어질 때면 방 안에 틀어박혔다.

미아는 자신의 어린 시절이 남들과 다르다는 것을 어렴풋이 알고 있었지만, 무엇이 어떻게 다른지는 스무 살이 되어서야 깨닫게 되었다. 어느 날 미아는 오프라 윈프리 쇼를 보고 있었다. 그날 방송에서 오프라는 어린 시절 겪은 성적 학대에 대해 이야기하며, 그 경험으로 인해 얼마나 오랜 시간 괜찮은 척하며 과도하게 성취하고 모든 기대에 부응하려 애썼는지를 들려주었다. 오프라의 이야기를 들으며 미아는 생각했다.

"저건… 내 이야기잖아."

그때까지 미아는 자신이 아동기 성적 학대의 피해자라는 사실을 인식하지 못하고 있었다. 그러나 그 순간, 한 장면이 떠올랐다. 아버지가 전처와의 결혼에서 얻은 이복오빠가 어린 시절 미아를 성적으로 학대했던 기억이었다. 오빠는 미아보다 열 살이 많았다. 처음에는 단 한 번의 사건이라고 생각했지만, 시간이 지나며 더 많은 기억이 떠올랐다. 학대는 미아가 다섯 살 때 시작되어 약 8년에 걸쳐 지속되었다.

아동기 성적 학대를 경험한 사람들이 학대 경험을 명확히 기억하지 못하거나, 수년이 지나서야 떠올리게 되는 경우가 드물지 않다. 많은 이들이 사건 자체보다는 당시의 상황을 연상시키는 기억이나 감각, 느낌을 안고 살아간다. 미아의 경우 그것은 '나는 괜찮지 않다'는 감각이었다.

미아는 그 기억을 떠올린 뒤 1년이 지나서야 가족에게 사실을 털어놓았다. 어머니의 뒤를 따라 좁은 산길을 걷던 중이었다. 어렸을 때 이복오빠에게 성추행을 당했다는 이야기에 어머니의 대답은 이랬다.

"뭐, 놀랄 일은 아니구나. 그런데 말이야, 사실 너한테는 오빠가 한 명 더 있단다."

지금 막 어렵게 꺼낸 끔찍한 경험은 대수롭지 않다는 듯 넘기고, 어머니는 곧바로 가족의 또 다른 비밀을 쏟아내기 시작했다. 미아가 태어나기 3년 전, 열일곱 살이었던 어머니는 아들을 낳았다고 했다. 미혼모 보호시설에 들어가게 된 후, 자신의 의사와 상관없이 아이를 입양 보내야 했고, 아무 일도 없었던 것처럼 집으로 돌아왔다는 이야기였다.

갑작스러운 화제 전환은 미아에게 무언의 명령과도 같았다. 미아 역시 아무 일 없었던 것처럼 계속 나아가라는. 오른발, 왼발, 번갈아 딛는 걸음에 시선을 던지며 미아는 더 말하기를 포기했다. 하지만 그 첫마디만은 잊을 수 없었다.

'놀랄 일이 아니라고?'

집에 돌아온 뒤 어머니는 '연극 모드'에 들어갔다. 미아에게 들은 비밀을 들불처럼 집안 전체에 퍼뜨리기 시작했다. 아버지는 "그 자식, 내가 죽여버린다!"라고 고함을 질렀다. 그러나 그 누구도 미아가 괜찮은지는 묻지 않았다. 미아가 기억하는 것은, 자신이 모두에게 극심한 스트레스를 준 것 같다는 느낌뿐이었다.

유일하게 미아의 안부를 진심으로 물은 사람은 학대의 가해자였던 오빠였다. 그는 자신의 행동을 인정했고 후회하는 듯 보였다.

"뭐든 할게. 치료를 받든, 아니면 나를 죽도록 때려도 좋아. 네가 원하는 대로 뭐든 할게."

미아의 부모는 처음엔 격하게 반응했지만, 이후 달라진 것은 아무것도 없었다. 가족들은 한 번 이야기 나눈 것으로 모든 고통이 끝난 듯 빠르게 그 일을 덮었다. 미아는 이복오빠와 가족이 함께 모이는 자리에 빠짐없이 참석해야 했고 결국 오빠와 다시 관계를 이어가게 되었다. 둘 다 열정적인 산악인이었기에 관심사를 공유하기도 했다. 미아는 모두가 원하는 대로 과거를 묻어두고 지내려 애썼다.

그런데 언젠가부터 아버지의 태도가 점점 어색해지기 시작했다. 어느 날 통화 도중 미아는 결국 물었다.

"요즘 대체 왜 그러시는 거예요?"

아버지의 대답은 이랬다.

"혹시 네가… 오빠한테 마음이 있는 게 아닌가 싶다."

평소 차분한 편이던 미아는 그날 완전히 이성을 잃었다.

"어떻게 그런 말을 해요? 그게 얼마나 끔찍한 소린지 알기나 해요?! 꺼져요, 그냥!"

미아는 전화기를 벽에서 뜯어내 바닥에 내리꽂아 버렸다. 그 말이 내포한 의미는 너무도 분명했다. 과거의 일이 어쩌면 그녀가 원했던 것일지 모른다는 추측, 책임이 그녀에게도 있다는 암시였다. 아버지는 오빠에게도 그런 질문을 했을까? 그것은 아버지에게 겪은 가장 큰 배신이었다. 그 후 몇 주 동안 미아는 아버지와 말을 섞지 않았다. 다시 대화를 시작했을 때, 평생 누구에게 사과하는 법이 없던 아버지는 미아에게 사과를 했다.

미아와 치료를 시작했을 당시 그녀의 머릿속에는 그 모든 말들이 겹겹이 쌓여 있었다. 가족과 친구들에게서 들은 말들이 끊임없이 변주되어 되풀이되었다.

"너무 과장하는 거 아니야?"

"그걸 아직도 기억하고 있어?"

결국 가장 큰 트라우마가 되는 것은 우리에게 일어났던 사건 그 자체가 아니라, 돌아갈 안전한 장소가 없었다는 사실일 때가 많다. 그런 순간에는 상처를 안고 혼자 남겨진 기분이다. 사람들은 그 상처를 외면하거나, 나를 공격하는 데 사용하며, 마치 다른 사람들 이야기인 것처럼 나만 빼놓기도 한다. 미아가 오랜 시간 혼란스러웠던 것도 그런 이유 때문이었다. 나아진 것처럼, 극복한 것처럼 보이기 위해 미아는 자신을 버렸다. 어떤 보호도 필요 없다는 듯 꿋꿋한 척했지만, 사실 내면 깊은 곳에서는 작은 여자아이가 여전히 두려움에 떨고 있었다.

이것은 미아가 돈 문제로 어려움을 겪게 된 이유이기도 했다. 부유하다는 것은 사람들의 이목을 끄는 일이었고, 이목을 끌면 공격 대상이 되기 쉬웠다. 그러니 차라리 돈을 빨리 없애는 편이 나았다. 미아는 사람들에게 수천 달러씩 아무렇지 않게 돈을 썼다. 모임에서는 늘 밥값을 냈고, 친구의 학자금 대출을 대신 갚아주기도 했다. 누군가에게 필요한 뭔가가 있고, 자신이 그걸 해줄 여력이 있다면, 당연히 해줘야 한다고 믿었다. 심지어 자기 집의 별채도 공짜로 내주었다. 자선단체에 기부한 횟수는 셀 수 없을 만큼 많았다.

'돈 많은 싸가지 없는 여자', '버릇없는 금수저'가 아니라는 것을 증명하려다가 그녀는 길을 잃고 말았다. 때로는 자신의 재산 때문에 숨이 막힌다고 느끼는 순간도 있었다. 미아는 보통 사람 이상이 되고 싶지 않았다. 그래야 미움을 받지 않을 테니 말이다. 그저 남들과 같은 사람이 되길 원했다. 재산을 버리는 일은 남들과 같은 출발선으로 돌아간다는 의미였다. 남들과 비슷해진다면 그들 중 하나가 될 수 있을지도 모른다고 생각했다.

마침내 우리가 미아의 돈 문제를 과거의 트라우마와 연결 짓게 되었을 때 그녀는 눈에 띄게 안도했다. 그동안 미아는 재산을 날리고 모든 일을 망쳐버린 것이 전부 자기 잘못이라고 자책했기 때문이다. 하지만 실제로는, 관계 트라우마를 겪고 안전감을 상실한 것이 원인이었다.

'저렇게 돈이 많은데 뭐가 힘들어?'

미아가 힘들다고 하면 사람들이 그렇게 생각할 것 같았다. 부유하다는 사실은, 자신이 고통스럽다는 사실을 스스로도 부끄럽게 여기게끔 만들었다. 즉, 과도한 소비는 해결되지 않은 트라우마가 겉으로 드러난 증상이었다. 치료 과정에서 많은 사람이 어려움을 겪는 지점이 여기다. 사람들은 자신의 증상을 발견하고 멈칫해 그것을 고치는 데만 매달린다. 그러나 더 중요한 것은, 그 증상이 어떤 기능을 하고 있는가에 대한 궁금증이다. 무엇을 보호하려

하는지, 무엇을 두려워하는지, 그 아래에는 무엇이 있는지를 들여다보는 일이다.

미아가 모든 사람의 필요를 책임질 필요는 없다는 사실을 몸으로 느끼도록, 우리는 함께 노력했다. 미아는 타인에 대한 연민이 깊은 너그러운 사람이다. 그러나 늘 '엄마 역할'을 하는 그녀 주변에는 단물을 빨아먹으려는 사람들이 모여들었다. 미아는 그들을 '영혼을 갉아먹는 사람'이라고 표현했다. 어떤 이들은 만난 지 얼마 되지도 않았는데 미아에게 집착하며 미아를 대신하고 싶어 했다. 그런 사람들이 풍기는 특유의 분위기가 있었다. 어떤 관계가 시작될지 직감적으로 느끼면서도 미아는 애써 무시하곤 했다. 그들이 자신을 함부로 대하기 시작해도 끝까지 배려했다. 해로운 사람들과 관계를 끊어 자신을 지키기보다는, 스스로를 더 채워서 그들이 전부를 빼앗아 가지 못하게 해야 한다고 믿었다.

지금도 이어지고 있는 미아의 치료에서 중요한 것은 "이제 다 나았다"고 선언하는 일이 아니다. 그녀가 더 이상 '정상처럼 보이기 위해' 치료를 받지 않는다는 사실이다. 미아는 자신을 알아가고 있다. 치료실 안에서 자신의 감정을 느끼고, 치료실 밖의 관계 속에서도 그것을 표현할 수 있게 되었다. 이제 그녀에게는 '고쳐야 할 목록'이 없다.

미아는 진정한 여걸이 되어가고 있다. 인간의 한계를 초월해서가 아니라, 그 한계를 있는 있는 그대로 드러내면서 말이다. 이제 미아는 자기 자신, 자기 목표, 자신의 자원과 진심을 저버리지 않는다. 그 모든 것을 바탕으로 삶에서 건강한 힘을 발휘하고 있다.

Fawning

Fawning

Fawning

Fawning

2부

포닝에서 벗어나기

5장

나를 부르는 신호에
응답하라

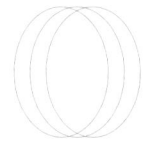

순응 반응에서 벗어나는 일은 나 자신과 새로운 관계를 맺는 과정이다. 스스로에 대한 신뢰를 다시 세우고 자기 자신과 연결되는 일이다. 이는 우리의 나침반이 향하는 방향을 외부에서 내부로 돌려, 우리 자신을 권위자로 삼도록 재설정하는 과정이기도 하다. 내면을 들여다보는 법을 배우는 그 과정은 꽤 불편하게 느껴질 수 있다. 오랫동안 길든 방식에서 벗어나려면 적지 않은 재학습이 필요하기 때문이다. 세상에 완전히 새로운 방식으로 존재하는 법을 찾아가는 그 모든 과정에서, 우리가 자신에게 조금 더 다정해지기를 바란다.

그동안의 오랜 신념과 행동 방식을 단번에 깨부술 수는 없다. 치유는 망치질이 아니다. 우리의 순응 반응이 오랜 시간 우리를 지켜왔다는 사실을 잊지 말아야 한다. 많은 내담자들은 순응 반응을 단순한 성격이 아니라, 자기 존재를 지탱하는 유일한 버팀목처럼 느낀다고 말한다. 그렇기에 순응 반응에서 벗어나는 일은 무언가를 없애는 데서 시작되기보다는 자기 연민에서 출발하는 경우가 많다.

사실 그 여정을 어떻게 시작할 수 있을지 아는 사람은 당신 자신 뿐이다. 앞으로 이어질 장들에서 여러 실천법을 소개하겠지만, 만성이 된 순응 반응에서 벗어나는 일이나, 전반적인 트라우마를 회복는 과정에서 누구에게나 적용되는 하나의 해결책은 없다. 하지만 바로 그렇기 때문에 그 여정은 더욱 경이롭다. 개인마다 고유한 그 과정은 때로 예상치 못한 모습으로 펼쳐지기 때문이다.

시작을 위해 필요한 것은 단 하나, 내면을 향한 새로운 시선이다. 순응 반응에서 벗어나는 일은 자신의 직관과 다시 연결되는 일이자, 자신을 부르는 신호에 응답하는 일이다. 비록 그 신호가 아주 작고 미묘한 것이라 하더라도 말이다. 이 과정은 또한 우리가 타인을 위해 쏟아왔던 섬세함과 공감 능력, 인내심, 모든 선의와 지혜를 다시 우리 자신에게로 향할 때 시작된다.

내가 과거의 복합 트라우마를 인식하기 시작한 것은, 새아빠의 죽음을 계기 삼아 내 삶을 글로 쓰면서부터였다. 글쓰기를 시작한 순간부터 그것이 내게 얼마나 중요한 일인지 느낄 수 있었다. 나는 친구들과 남편 얀시에게 몇 번이고 이렇게 말했다.

"나한테 이렇게 도움이 되고 치유가 되는 경험은 지금껏 처음이야."

지면 위에 흑백으로 쓰인 나의 경험과 그때마다 내가 보였던 반응을 마주하면서, 내 삶 전체가 트라우마 반응에 깊이 잠겨 있었음을 깨달았다. 이전에는 보지 못했던 것이었다. 그때까지 나 자신을 위해 트라우마 치료를 받은 적은 한 번도 없었다. 다양한 트라우마 치료법을 배우기는 했지만, 어디까지나 나를 찾아오는 내담자들을 더 잘 돕기 위해서였다(내가 순응형 인간이라는 사실, 이미 말했던가?).

나는 스스로를 트라우마 피해자라고 생각해 본 적이 없었다. 그 말이 불러오는 수치심이 너무 컸기 때문이다.

'무슨 트라우마까지야.'

내가 겪은 일들은 나를 유난스럽고 이기적인 사람처럼 만들었다. '극복하려는 노력을 충분히 기울이지 않았다'고 스스로 느끼기도 했다. 그런 인식은 내가 치유를 시도하는 방식에도 큰 영향을 미쳤다. 나는 평생 '더 나아지기' 위해 애썼다. 상담을 하고, 각종 교육을 듣고, 자기계발에도 매달렸다. 분명 도움이 되지 않은 것은 아니었다. 하지만 삶을 근본적으로 바꾸는 변화는 일어나지 않았다. 어떤 방법도 내가 관계 트라우마를 겪었다는 사실을 알아차리게 해주지 못했고, 그 상처에서 회복할 수 있는 도구도 건네주지 못했다.

그러나 글쓰기는 달랐다. 회고록을 몇 년에 걸쳐 써 내려가면서 그동안 나를 지탱해 온 공간과 사람들로부터 조금씩 거리를 두게 되었다. 치료를 받지도 않았고, 바깥에서 해답이나 처방, 도착해야 할 목표점을 찾으려 하지도 않았다. 의식적인 결정은 아니었다. 그저 그렇게 해야 할 것 같았다.

돌이켜보면 그 과정에서 가장 큰 도움이 되었던 것은 아이러니하게도 내가 무슨 일이 일어나고 있는지 전혀 자각하지 못했다는 사실이었다. 그래서 내 방어기제들조차 앞서 나가 상황을 통제하거나, 무엇이 일어나야 하고 무엇은 일어나지 말아야 하는지를 단속할 수 없었다.

그 대신 글을 쓰는 동안 나 자신, 그리고 내 안의 지혜와 연결되었다. '일어나기를 바라는 일'이 아니라 '그렇게 되어야 할 일'에 귀를 기울였다. 나는 외부의 인정을 구하지 않았다(물론 출간 계약을 은근히 기대하지 않았다고 하면 거짓말이겠지만). 그러나 그 과정이 결국 내게 안겨준 것은 그 바람보다 훨씬 깊고 풍요로운 것이었다.

오직 나만이 말할 수 있는 내 삶의 새로운 관점, 오직 나만이 걸어갈 수 있는 치유의 길이었다.

더 이상 다른 누군가에게서 답을 찾지 않게 되었을 때, 내 삶은 비로소 순응을 벗어나는 여정을 온전히 담아낼 수 있게 되었다. 우리를 치유하는 방법을 아는 유일한 사람은 결국 우리다.

이 책에서 내가 특정 이론에 집중하기보다 나 자신의 경험과 내가 만난 내담자들의 이야기를 중심에 두는 이유도 여기에 있다. 또한 순응 반응에서 벗어나기 위한 '단계별 매뉴얼'을 제시하지 않는 이유이기도 하다. 다음에 무엇이 올지, 당신의 나침반이 어디를 가리키는지 아는 사람은 당신뿐이다.

다만, 그 여정을 시작하기 좋은 지점은 존재한다. 자신과 연결되는 법을 배우는 것. 그것이 시작이다.

자기 신뢰의 순간들

현재의 시간과 장소에 깨어나라

트라우마를 다루는 심리치료사들은 "어떻게 생각하세요?"라는 질문을 되도록 피한다. 대신 이렇게 묻는다.

"무엇이 느껴지나요?"

"무엇을 경험하고 있나요?"

"지금 알아차린 것은 무엇인가요?"

내가 수련받을 때도 대부분의 트라우마 치료법에는 이런 표현이 반복해서 등장했다. 트라우마 치유에서 중요한 한 가지는 바로 자신과의 관계를 바꾸는 일이다. 뇌를 중심으로 한 엄격한 인지적 관계(우리가 아는 것, 또는 안다고 생각하는 것들에 의존하는 방식)로부터 벗어나 몸을 통해 감각하고, 느끼고, 상상하고, 직관하는 관계로 옮겨 가는 것이다. 바로 그 순간에 순응 반응을 벗어날 길이 열린다.

피터 레빈Peter Levine 박사가 고안한 신체 기반 트라우마 치료법, 소마틱 익스피리언싱SE, Somatic Experiencing은 한 가지 관찰에서 출발했다. 야생의 동물들은 끊임없는 위협 속에서 살아가지만 그 신경계는 인간과 달리 트라우마를 오래 지속하지 않는다는 사실이다. 레빈 박사는 그 이유를 파고들었다.

그는 동물들의 감각이 늘 환경을 향해 열려 있다는 점을 발견했다. 시각, 청각, 후각, 미각, 촉각, 즉 신경계의 언어인 '감각'을 통해 끊임없이 자신과 주변을 연결한다. 그 결과 자신이 어디에 있는지, 주변에 무엇이 있는지, 지금 얼마나 안전한지를 지속적으로 인식할 수 있다.

반면 인간은 거대해진 인지 능력과 바쁜 일상을 영위한 결과, 자신을 둘러싼 세계와 단절되는 수많은 방식을 만들어냈다. 맨발로 흙을 밟는 일은 드물다. 우리는 늘 스마트폰을 보거나, 교통 상황을 확인하거나, 할 일 목록을 점검하며 주의가 분산된 상태로 살아간다. 몸이 전하는 신호는 무시한 채 '자동 조종 모드'로, 때로는 부분적으로 해리된 상태로 하루를 보낸다. 해결되지 않은 트라우마는 이런 분리를 더욱 심화시킨다. 과거의 경험은 현재를 침범하는 불청객이 되고, 우리는 지금 이 순간의 삶에서 점점 멀어진다.

레빈 박사가 제안한 여러 도구 가운데, 자신과 세계를 다시 연결해 주는 간단하고도 강력한 방법이 있다. 바로 오리엔팅Orienting, 즉 '방향찾기'다. 나는 거의 모든 내담자와 함께 이 연습을 한다. 그리고 당신도 지금 바로 해볼 수 있다.

지금 있는 자리에서 주변을 천천히 둘러보며 무엇이 보이는지 의식해 보라. 고개를 오른쪽으로, 왼쪽으로, 위로, 아래로 천천히 움직이며 시야에 들어오는 공간을 그대로 받아들인다. 약 1분 정도 그렇게 둘러본 뒤, 자연스럽게 시선이 머무는 지점을 찾아본다. 어떤 물건일 수도 있고, 창밖으로 들이치는 빛일 수도 있으며, 벽에 드리운 그림자일 수도 있다. 그 대상을 보는 것이 편안하게 느껴질 수도 있고, 별다른 감정이 들지 않을 수도 있다. 내 경우에는 종종 자연물이나 풍경에 시선이 머문다. 하지만 어디에 시선이 가는지는 전적으로 각자의 몸에 달렸다. 무엇이 되었든 그 대상을 편안히 바라보며 그 경험을 있는 그대로 의식한다.

내담자들과 이 연습을 할 때마다 나는 변화를 목격한다. 굳어 있던 어깨가 내려오고 앙다물었던 입매가 부드러워진다. 자연스러운 한숨이 흘러나오기도 한다. 신체가 더 잘 조절되고, 더 안전하다고 느끼기 시작했다는 신호다.

여기에는 생리적 이유가 있다. 우리가 생존 모드에 있을 때는 속도를 늦추거나 시야를 넓힐 여유가 없으며, 추가적인 감각 정보를 받아들일 틈도 없다. 하지만 의식적으로 방향찾기를 실천하면, 우리는 몸에 '지금은 안전하다'는 신호를 보낸다. 이는 "나는 안전하다"라고 되뇌며 억지로 마음을 설득하는 것과는 다르다. 그저 주변을 둘러보고 감각을 사용하는 것만으로, 현재의 시간과 장소로 신경계를 데려올 수 있으며 이를 통해 더 큰 안전감을 경험하게 된다.

이 연습을 몇 분만 해도 중심을 되찾는 데 도움이 된다. 현재에 집중하려고 애쓰는 것이 아니다. 그냥 그렇게 된다. 바로 여기에 차이가 있다.

이제 시각적으로 방향찾기를 하면서 당신의 몸에 어떤 변화가 일어니는지 의식해 보라. 이어서 들려오는 소리들도 알아차릴 수 있을 것이다. 에어컨의 낮은 웅웅거림, 창밖의 교통 소음, 거의 들리지 않을 듯한 작은 소리들, 혹은 분명하게 들리는 소리들. 그 소리를 들으며 몸에 어떤 변화가 일어나는지 알아차린다.

감각을 하나씩 따로 활용하는 것도 좋다. 어떤 사람에게는 촉각이 가장 도움이 될 수 있다. 두 손을 천천히 비비는 느낌, 좋아하는 스웨터의 부드러운 감촉. 어떤 이에게는 특정한 향이나 맛이 몸과의 연결을 더 쉽게 만들어 준다.

방향찾기는 일상적으로 실천할 수 있는 유용한 훈련이다. 나 역시 불안이 올라오거나 자극을 받았을 때 이 방법이 큰 도움이 된다고 느낀다. 이 글을 쓰는 동안에도 나는 자연스럽게 방향찾기를 시도했다. 어떤 장면을 써 내려가기 위해, 나는 감각을 불러와 그 순간을 떠올렸다. 그때 나는 무엇을 보고 있었나? 몸은 어떤 느낌이었는가?

시간 속에 갇혀 단절되었던 내 안의 어린 부분들도, 그렇게 감각을 되찾기 시작했다. 시간이 훌쩍 흘렀지만, 나는 과거의 스케치북 속 그림에 새롭게 색을 채워 넣었다. 그 시절에 살아남기 위해 끊어내야 했던 감각들을 다시 느낄 수 있는 능력을 되찾은 것이다.

지금 당신에게 필요한 자원은 무엇인가?

무엇이 당신을 지금 이 순간에 더 머물게 하는가? 무엇이 연결된 감각을 되찾게 하는가? 무엇이 안전한 느낌을 주는가? 목록을 만들기 전에 한 가지를 염두에 두었으면 한다. 이 질문은 머리에 묻는 질문이 아니다. '생각'으로 답하려 하지 말자. 당신의 몸이 "이게 진짜야"라고 말하는 그 목소리에 귀를 기울여 보자.

자원화하기Resourcing란, 우리를 자신과 다시 연결해 주는 자원을 찾아가는 과정이다. 이미 정해진 답을 찾아내는 일이 아니라 몸을 통해 하나씩 알아가는 여정이다. 자원을 확보할수록 우리는 감정을 느끼고, 스트레스를 조절하며, 회복력을 키우고, 현재에 머무는 능력을 확장하게 된다. 몸과 자아감에 연결되도록 돕는 자원을 찾는 일은 치유 과정의 핵심이다.

흥미롭게도, 어떤 사람에게는 탁월한 방법이 다른 사람에게는 전혀 도움이 되지 않는다. 누군가는 묵직한 담요를 좋아한다(나의 경우 소파에서는 무거운 담요를 덮는 걸 좋아하지만, 침대에서는 그렇지 않다). 누군가는 물을 사랑한다. 수영, 목욕, 샤워, 스파, 모두 가리지 않는다. 어떤 이는 따뜻함에 안도감을 느끼고, 어떤 이는 시원한 공기에 안정을 찾는다. 무엇보다 지금 이 순간에 도움이 되는 것이, 다른 날에는 아무 의미가 없을 수도 있다. 그래서 질문은 이렇게 바뀌어야 한다.

"나에게 무엇이 필요한가?"가 아니라, "지금 나에게 무엇이 필요한가?"로 말이다.

단순해 보이지만, 생각해 보면 스스로에게 그런 질문을 한 적은 그리 많지 않을 것이다. 타인에게 맞추며 자라온 사람일수록 답을 바깥에서 찾으려 한다. 그 과정에서 자신이 무엇을 원하는지, 무엇이 필요한지와는 단절된 채 살아가는 경우가 많다. 그렇기에 방향찾기나 자원화하기처럼 단순한 연습이 중요하다. 속도를 늦추고 내면으로 들어가 보는 연습을 통해 '현재에 머물고 있다'는 감각이 당신을 감싸도록 허용해 보라. 그리고 가만히 물어보라. 지금 무엇을 의식하고 있는지, 무엇이 필요하다고 느끼는지.

당신에게 필요한 것이 명상 같은 수행일 수도 있고 어쩌면 단순히 배가 고픈 것일 수도 있다. 순응 반응에서 벗어나는 마법은 이런 내면의 조율 속에서 일어난다. 스스로에게 묻고, 그 목소리를 듣고,

행동으로 옮기는 순간들 속에서 말이다.

단서를 따라가라. 머리로 완전히 이해할 필요는 없다. 하나의 단서는 또 다른 단서로 이어질 것이다. 순응하는 사람들은 자신이 좋아하는 음식이 무엇인지, 어떤 취미를 시도하고 싶은지도 모른 채 살아가는 경우가 많다. 삶의 기준이 늘 바깥에 있었기 때문이다. '무엇이 괜찮은가'는 매번 그 기준에 따라 결정되었다. 언젠가 나는 앤서니에게 이렇게 물은 적이 있다.

"쉴 때 즐겨 하는 활동이 있나요?"

그의 대답은 "무슨 활동이요?"였다. 그에게 허용된 것은 일뿐이었고, 많아야 운동 정도였다. 그 외의 활동은 경박하거나 위험해 보였고 사람들의 비웃음과 비난을 받을 것 같았다. 하지만 예술에 눈을 뜨고, 마음에 드는 작품을 구입하고, 자신의 취향이 반영된 물건들로 주변을 채우기 시작하면서 연쇄 반응이 일어났다. 그 변화는 지금까지 그의 삶에 이어지고 있다.

내 몸의 목소리에 귀를 기울일 때는 어릴 적 좋아하고 끌렸던 대상이 도움이 되기도 한다. '웃는 것은 이상한 것'이라 배웠던 데이비스를 기억하는가. 자신을 향하도록 방향을 조정하고 내면의 안전감을 세우는 과정에서 그는 자신의 오래된 만화책을 꺼냈다. 유튜브에서 1980년대 광고를 찾아보기도 했다. 오래된 종이 냄새와 어린 시절의 광고 음악은 그를 자신의 본질적인 조각들과 다시 연결해 주었다. 이후 데이비스는 그 연결을 더 깊게 하기 위해 명상도 시작했다. 가끔은 오직 자신과 온전한 시간을 보내기 위해 휴가를 내고 오후 반나절씩 침묵 속에 머무르기도 한다.

감각을 회복하고, 몸이 '예'라고 하는지 '아니요'라고 하는지 알아차리기까지는 시간이 걸릴 수 있다. 'Trust your gut(장, 즉 직감을 믿으라는 뜻-옮긴이)'이라는 표현이 괜히 있는 게 아니다. 흔히 제2의 뇌라 불리는 장^{gut}은 깊은 지혜를 담고 있으며, 우리가 장에서 느끼는 감각은 내면의 나침반으로 작동한다. 직감은 논리를 따지지 않는다. 이유를 설명하지도 않는다. 하지만 지성으로 이해하기 힘든 것들을 이미 알고 있을 때가 많다.

내가 가장 사랑하는 자원은 걷기와 자연이다. 로스앤젤레스의 도심에 살고 있지만, 나는 동네를 걸으며 하늘의 구름을 보고, 스쳐 지나가는 생명들에 시선을 둔다. 야외로 나갔다가 후회한 적은 없다. 특히 나무가 있는 길이라면 더더욱 그렇다. 맑은 공기와 새소리, 숲과의 접촉이 스트레스 호르몬인 코르티솔을 낮춘다는 사실은 이미 잘 알려져 있다. 아마 그래서 남편도 내가 긴 산책을 나설 때 기꺼이 아이를 돌봐주는 것일지도 모른다. 산책을 마치고 돌아오면 나는 완전히 달라져 있다. 때로는 노래를 흥얼거리며 현관을 들어서기도 한다.

예술적 표현 역시 강력한 자원이다. 당신이 사랑하는 음악은 무엇인가? 마지막으로 좋아하는 노래를 듣거나 불러본 게 언제인가? 나는 얼마 전 프린스 음악을 틀어놓고 혼자 댄스파티를 열었다. 조금 우스꽝스러웠을지도 모른다. 하지만 어린 시절 프린스 음악에 맞춰 열심히 만들었던 율동이 새록새록 떠올랐고 어느 순간 그 시절의 나와 함께 시간을 보내는 느낌이 들었다. 잊지 못할 강렬한 경험이었다.

자, 물감이든 점토든 크레용이든 꺼내보자. 어떤 색이 끌리는가? 잘해야 한다는 생각 없이, 그저 손이 가는 대로 움직여 보라. 완벽한 결과물을 만들어야 한다는 압박을 내려놓기 위해 가격 부담이 적은 재료를 고르는 것도 좋다. 중요한 것은 결과가 아니라 만드는 과정이다. 오랫동안 숨기기 바빴던 내면의 본질에 닿는 일이다.

주의할 점은, 이런 것들을 또 하나의 할 일 목록에 추가하지 말자는 것이다. 요가 가기, 체크! 향초 사기, 체크! 그러나 때로는 우리에게 필요한 일이 요가 수업에 가지 '않는' 것일 수도 있다. 혹은 새로운 치유 도구에 돈을 쓰지 '않는' 것일지도 모른다. 그래서 몸의 목소리에 귀를 기울이는 일이 중요하다. 일정표는 잠시 내려놓자. 지금, 당신에게 필요한 것은 무엇인가?

여기에서 목표는 새로운 관점을 얻는 것이다. 특정 방식으로 행동해야 한다는 강박에서 벗어나 자신을 알아가는 것. 무의식적으로 따르고 있던 규칙들에서 자유로워지는 것. 몸과 다시 연결되고 몸이 보내는 신호에 귀 기울이는 법을 배우는 것. 무엇보다 자신과의 관계를 견고히 세워가는 것이다.

프랜시스는 얼마 전 혼자 숲속 오두막으로 떠났다. 몇 달 전부터 친구의 빈 오두막에 가보고 싶다는 강한 끌림이 있었다. 언제든 와도 좋다는 허락도 이미 받아둔 상태였다. 하지만 30대 후반이 될 때까지 혼자 여행을 해본 적이 없었다. 연인에게 얘기도 꺼내보고 몇몇 친구들에게 동행을 제안해 보기도 했지만 일정이 계속 어긋난 채 시간이 흘렀다. 결국 프랜시스는 두려움을 감수하고 혼자 떠나기로 했다.

오두막에 머무는 동안 우리는 온라인으로 만났다. 화면에 나타난 프랜시스는 이전과는 전혀 달라 보였다. 그녀는 온전히 자기 안에 있었다. 원하는 음식을 먹고 싶을 때 만들어 먹고, 방 온도를 마음대로 조절하고, 불을 지피고, 전에 해본 적 없는 일들을 시도했다. 그리고 자신이 그 모든 일을 해낼 수 있는 사람이라는 사실을 알게 되었다.

프랜시스는 자신의 공간과 몸을 온전히 살아내는 중이었다. 우리 둘 다 그 변화를 느낄 수 있었다. 프랜시스는 원래도 혼자 살았지만, 일상에서는 타인과 연결된 보이지 않는 밧줄이 몸에 묶여 있는 느낌이라고 말하곤 했다. 그 밧줄이 있는 한, 온전히 자신이 되거나 자신에게 집중하기 어려웠다. 그런데 오두막에 있는 동안 그 밧줄을 잠시나마 끊어낼 수 있었고, 자유를 경험했다. 그 경험을 통해 자신 안에 이미 존재하던 자원과 선함, 온전함을 더 깊이 느끼게 되었고 다음에 다가올 내면의 신호를 믿을 여유를 얻었다.

순응 반응에서 벗어나는 과정에서 자신의 직관을 신뢰하는 법을 배우는 일은 아주 중요한 토대가 된다. 내면의 신호가 몸에서 어떻게 느껴지는지 한 번 알아차리면 그 감각을 점점 더 날카롭게 인식하게 된다. 어떤 아이디어를 떠올릴 때 뱃속이 흥분으로 일렁이거나, 가슴이 따뜻해지거나, 안도감이 스며드는 것을 느낄 수 있다.

우리를 살찌우는 것들에 시간을 내는 것은 사치가 아니다. 다음 단계, 더 넓은 자유의 차원으로 나아갈 힘과 공간을 확보하는 일이다.

자신에게 권한을 허락하다

나는 순응 반응을 보이는 사람들에게 '자기 시간을 가지라'고 자주 말한다. 거창할 필요는 없다. 집에 바로 들어가지 않고 차 안에서 10분쯤 더 머물러도 좋고, 평일 오후 몇 시간을 통째로 비워두는 것도 좋은 방법이다. 당신과, 당신을 자극하는 사람들 사이에 약간의 간격을 두는 정도면 충분하다. 이 간격은 신경계를 전반적으로 안정시키는 데 도움이 될 뿐 아니라, 순응 반응에서 벗어나는 데 특히 효과적이다.

전남편에게 이혼을 요구하게 되기까지 나는 말 그대로 엄청난 순응 반응을 헤쳐나가야 했다. 그것은 남편의 기대로부터 거리를 두는 일이었고(저 사람이 나를 어떻게 볼까?), 주변 사람들의 시선에서 한 발 물러나는 일이었으며(사람들이 나를 어떻게 평가할까?), 마침내 나 자신에게 되묻는 일이었다(나는 나를 어떻게 생각하는가?). 특히 내담자들이 나를 어떻게 볼지 두려웠다. 당시만 해도 '이혼한 심리치료사'라는 꼬리표는 정말 치명적으로 느껴졌다.

유난히 지쳐 있던 어느 날, 나는 문득 깨달았다. 내게 필요한 건 해결책이 아니라 약간의 '틈'이라는 사실을. 사람들로부터, 일로부터, 그리고 모든 기대들로부터 잠시 떨어져 있어야 했다.

마침 친구 하나가 팜스프링스의 별장으로 초대를 했다. 그때 나는 이혼은 엄두도 내지 못하는 상황이었고, 다만 마크에게서 잠시 떨어지고 싶은 생각뿐이었다. 주말 동안 혼자 다녀오겠다고 하자 그는 화를 냈다. "남편이랑 같이 가는 게 왜 싫은데?"라며 따라오겠다는 마크를 뿌리치는 게 쉽지 않았다. 하지만 마음을 굳혔다. 그 여행은 어떤 결정을 내리기 위한 것이 아니었다. 나는 그저 나만의 시간을 보내고 싶었다. 그럴 필요가 있다는 것을 몸으로 알고 있었다.

풀장 옆에서 책을 읽다가, 오랜 친구들에게 전화를 걸었다. 몸이 다른 공간에 놓이자 내면에도 다른 공간이 열렸다. 무언가를 애써 해결하거나 이해하려 하지 않았지만, 집으로 돌아가는 차를 탈 때쯤에는… 자연스럽게 알 수 있었다. 끝이라는 것을. 적어도 마크가 내 집에서 나가기를 바랐다. 그것은 머리로 내린 결론이 아니라, 몸이 먼저 아는 진실이었다.

순응 반응을 보이는 사람들은 대개 타인의 허락 없이 '자기 몫'의 공간을 차지하기 어려워한다. 이십 대 초반, 금주를 선언한 지 얼마 되지 않았을 때의 일이다. 그날은 '나와의 데이트'를 하기로 마음먹고 혼자 카페에 가서 글을 써보기로 했다. 커피를 아주 천천히 마셨다. 다 마시면 나가야 할 것 같아 내내 불안했다. 친구와 함께였다면 괜찮았을 것이다. '우리'는 원하는 만큼 머물러도 될 것 같았으니까. 혹시라도 누군가 불편한 기색을 보이면 친구가 대신 받아칠 터였다. 하지만 나 혼자 공공장소에 앉아 있으니 유독 취약하게 느껴졌다. 언제라도 아무나 다가와서 "지금 뭐 하는 거예요?"라고 말할 것만 같았다.

순응하는 사람들에게는 단지 존재하는 것조차 주장처럼 느껴진다. 그래서 우리는 스스로 결정을 내리는 연습이 필요하다. 반사적인 반응은 대개 "난 괜찮아, 네가 결정해"이겠지만, '내가 가고 싶은 곳이 어디인지'를 알고 싶어 해야 한다. 물론 이 연습은 불안을 불러올 수 있다. '다른 사람들이 내 선택을 어떻게 볼까?' 너 지금 실수한 거라고, 대가를 치르게 될 거라고 마음이 아무리 속삭여도, 그것은 오래된 트라우마에서 비롯된 패턴일 뿐이다. 자기 몫을 차지하려면 불편함을 견디는 법도 배워야 한다.

그러다 보면 곧 알게 된다. 모든 상황이 순응을 요구하는 것은 아니라는 사실을. 모든 사람이 우리를 지적하고 비난할 기회를 노리는 것도 아니다. 오히려 다른 영역에서 자기 몫을 차지하는 연습을 하다 보면, 우리가 해로운 관계 안에서 얼마나 자신을 작게 만들고 있었는지 선명하게 보이기 시작한다. 만약 갑갑함이 느껴진다면 그것은 우리가 몸담은 상황보다 더 커졌다는 의미다.

작은 신호를 알아차리기

트라우마 치유란 어떤 문제를 해결하는 일이라기보다(물론 우리는 당장이라도 무언가를 고치고 싶어 하지만) 새로운 관점과 해석, 그리고 자원에 마음을 여는 과정에 가깝다. 이미 정해진 처방을 따르는 것이 아니라 가능성을 탐색하는 일이다.

당신은 무엇에 끌리는가? 무엇이 당신의 호기심을 건드리는가? 당신의 꿈은 무엇인가? 잠든 사이 꾸는 꿈이든, 깨어 있는 동안 문득 떠오르는 상상이든, 그것들을 의식해 보라. 때로는 누군가의 삶을 보며 '나도 저렇게 된다면…' 하고 느끼는 질투가 힌트가 되기도 한다. 이들 모두는 당신이 간절히 원하고 있는 무언가를 가리키는 단서다.

처음에는 마치 규칙을 어기는 듯한 기분이 들 수도 있다. 뭔가 큰일 날 것 같은 불안이 따라붙을지도 모른다. 순응 반응에서 벗어나는 일은 평생 지켜온 규칙을 거스르는 탈선처럼 느껴지기 때문이다. 우리가 속한 사회의 위계 구조는 '나를 믿어선 안 된다'고 끊임없이 속삭인다. 우리는 형편없고, 결함투성이며, 이기적이기 때문에 누군가의 통제를 받아야 한다고. 그래서 만성적인 순응 반응에서 벗어난다는 것은 자신과의 신성한 관계를 회복하는 일이기도 하다. 지금껏 알지 못했지만, 우리 몸에는 치유를 향해 나아가려는 고유한 지혜가 이미 내재해 있다.

나는 우리가 '마법'을 찾기 시작하는 순간, 그 마법이 현실이 된다고 믿는다. 삶에서 무엇이 문제인지, 해결책은 무엇인지에만 매달리던 시선을 거두고 더 큰 그림을 보기 시작할 때 말이다.

나는 한때 고장 난 관계를 지켜야만 내가 온전해질 수 있다고 믿었다.
미아는 자신의 트라우마를 완전히 극복해야 한다고 생각했다.
프랜시스는 상대를 구해야 자신도 구원받을 수 있다고 믿었다.
앤서니는 완벽한 성공을 이뤄야 가족의 사랑을 받을 수 있다고 여겼다.
세이디는 자신이 제대로 경계를 세워야만 연인이 학대를 멈출 것이라 생각했다.

그러나 순응하지 않기로 선택하는 순간, 우리를 자극하는 트리거Trigger에 고정된 시선에서 비로소 벗어나게 된다. 대신 우리를 부르는 반짝임과 불꽃에 주의를 기울이기 시작한다. 나는 이것을 '필터 없는 진짜 나'라고 부른다. 그 과정에서 과거의 어떤 순간이나 기억을 떠올리게 될 수 있다. 우리가 자신과 깊이 연결되었던 장면들이다. 이제 그 감각을 현재로 다시 불러오려 한다.

그것은 '내가 나였던' 순간들이다. 침실에서 혼자 음악을 틀어놓고 마음껏 춤추던 밤, 일기를 쓰며 나만의 세계에 잠겼던 시간, 숨바꼭질을 하다가 완벽한 은신처를 찾아내고 스스로 천재라고 느꼈던 찰나. 어떤 의도도 계산도 없이, 걸러지지 않은 순수한 나와 교감했던 순간들이다. 이는 자동 조종 모드의 반대편에 있는 상태라 할 수 있다. 때로는 그 연결이 너무 선명해서 "그래, 이게 바로 나야!" 하는 번쩍이는 깨달음이 찾아오기도 한다. 자기 내면을 향해 조율된 순간이며 진정성과 자기 수용, 기쁨이 스며 있는 시간이다.

잠시 숨을 고르고, 그때의 시간 속으로 마음이 천천히 흘러가도록 놓아주라. 지금 떠오르는 기억은 무엇인가?

이쯤에서 잠시 멈추고, 이번에는 당신 안에 늘 존재해 왔던 그 '비밀'을 음미해 보는 것도 좋겠다. 당신이라는 시스템이 당신을 지키기 위해 선택했던 적응의 방식들, 살아남기 위해 분투했던 시간들을 말이다. 때로는 부끄럽거나 떳떳하지 못하게 느껴졌던 행동들조차 놀라울 만큼 영리한 의도가 숨어 있었다. 그 정교한 생존 전략은 승인을 기다릴 틈도 없이 당신을 지키기 위해 작동했다.

잠시 가슴 위에 손을 얹고 자신에게 연민과 감사를 보내보자. 당신은 어떤 일들을 지나 여기까지 왔는가? 어떤 방식으로 그 일들을 헤쳐나왔는가? 그것을 바라보는 당신의 시선은 예전과 조금은 달라져 있지 않은가?

앞서 소개했던 내담자 미아는 소셜미디어에서 처음 내 글을 보고 연락하고 싶다는 마음이 들었을 때 '답장은 아마 오지 않을 거야'라고 생각했다. 하지만 내면의 목소리는 또렷했다. 결국 그녀는 그 목소리를 따랐다. 그때 내 일정에는 단 한 자리만 남아 있었다. 지금은 글쓰기에 집중하느라 시간적 여유가 없기 때문에, 미아는 내가 새로 받은 마지막 내담자가 되었다. 마찬가지로 당신에게도 인스타그램에서 우연히 본 강좌나 강사, 한 권의 책이 다음 신호가 되어줄지 모른다.

지금까지 당신이 알아차린 신호들이 있다면 무엇인가? 아무리 뜬금없고, 난감하고, 우스꽝스러워 보여도 일단 모두 적어보기를 권한다. 꼭 가보고 싶었던 식당, 비용이 부담스러워 미뤄두었던 힐링 프로그램, 나에게 손짓하는 것 같은 여행지, 언젠가 보려고 했던 영화, 도서관에서 찾아봐야겠다고 마음에 둔 책, 무엇이든 좋다. 신호의 크기나 강도는 중요하지 않다. 중요한 것은 그 신호가 이미 거기에 있었다는 사실이다. 그것은 하나의 징후다. 그 신호들과 당신 몸에 싯는 지혜는, 앞으로 다가올 내면과 외면의 작업을 위한 단단한 발판이 되어줄 것이다.

당신이 스스로와 연결되도록 돕는 자원은 무엇인가? 해보고 싶은 일은 무엇인가? 우리가 압도되거나 연결을 잃었을 때는 그런 방법들이 잘 떠오르지 않는다. 하지만 미리 목록을 만들어두면 그 안에서 하나를 골라 시도할 수 있다. 이 작업은 지금까지 '어떤 사람이 되어야 하는가'를 지시하던 외부의 기준에서 벗어나, 지금 이 순간 나와 함께 존재하도록 초점을 옮기는 일이다. 반사적으로 반응하는 삶에서, 실재하는 삶으로 건너가는 전환이다.

트리거로 둘러싸인 세상

'트리거'란 과거의 트라우마 사건을 떠올리게 하는 감각 자극을 말한다. 요즘 사람들이 트리거라는 말을 너무 쉽게 사용하는 건 사실이다. 어느 순간부터는 단순히 '기분이 상했다'는 뜻으로 쓰기도 한다. 그렇다고 해서, 어떤 자극이 누군가에게 정말로 트리거가 되는지 아닌지를 우리가 판정할 수 있을까.

트라우마 기억은 이야기 형태로 또렷이 저장되기보다, 암호처럼 감각 차원에 각인되는 경우가 많다. 당시 우리의 뇌는 생존에만 집중하느라 폭발적인 신경화학적 반응을 일으켰고, 경험은 소리, 냄새, 촉감, 분위기 같은 감각으로 부호화되어 저장되었다. 그중 어떤 것이 자신에게 방아쇠를 당기는지 우리는 명확히 인지하지 못하지만, 몸은 알고 있다. 그 감각을 감지하는 순간 자동으로 반응한다.

트리거는 외부 자극일 수 있다. 갑작스러운 큰 소리, 특정 날짜, 영화의 한 장면 등이 그렇다. 동시에 내부에서 올라오는 자극일 수도 있다. 여기에는 무력감, 외로움, 이유 없는 신체적 긴장감 같은 것들이 포함된다. 같은 자극이라도 어떤 날은 알아차리고, 어떤 날은 전혀 의식하지 못하기도 한다. 강도 역시 다양하다. 어딘가 불편한 듯한 정도에서부터 완전히 압도되는 경험까지 폭넓다. 공통점이 있다면 과거에 겪었던 위협이 '지금' 다시 벌어지고 있는 것처럼 느낀다는 점이다.

트리거는 분명 기분 좋은 경험이 아니다. 나 역시 가능하다면 트리거를 피하고 싶다. 그러나 조금 더 넓은 맥락에서 보면, 트리거는 우리 몸이 의식의 주의를 끌기 위해 사용하는 하나의 방법이라고 할 수 있다. 만약 내면의 상처를 나타내는 지도가 있다고 한다면, 트리거는 그 지도 위에 찍힌 좌표와도 같다. '여기 좀 보세요. 더 많은 치유가 필요한 지점이에요'라고 가리키는 신호인 셈이다.

이는 기존의 정신건강 패러다임에서 한 걸음 벗어나는 시각이기도 하다. 과거에는 몸에 나타나는 증상을 '정상'이 되기 위해 반드시 제거해야 할 문제로 여겼다. 그러나 트리거는 비정상이 아니다. 이때 나타나는 증상은 우리가 무엇을 겪어왔는지, 그리고 그것에 어떻게 적응하며 살아남았는지를 전해주는 지혜로운 의사소통 방식이다. '나아진다'는 것은 그 체화된 흔적을 깨끗이 지워버리는 일이 아니라, 그 상처에 한 번도 주어지지 않았던 관심과 연민, 안전을 제공하는 일에 가깝다.

트리거는 우리의 관심을 구한다는 점에서, 앞서 이야기한 '우리를 부르는 작은 신호들'과도 비슷하다. 어떤 때는 호기심이나 영감의 형태로 다가오고, 어떤 때는 다급하게 울리는 초인종처럼 나타난다.

"여기요!"

트리거는 예고 없이 찾아오지만, 무엇이 우리에게 트리거가 되는지를 좀 더 의식적으로 살펴볼 수 있다. 그것은 곧 지금의 내 필요를 돌보는 일이다. 집 안을 둘러보며 스스로에게 물어보자. 혹시 트리거로 작용하는 물건이 있지 않은가? 그 물건을 볼 때 자신에 대해 부정적인 감정이 피어오르는가? 과거의 힘들었던 기억이 떠오르지는 않는가?

나는 폭력적이었던 전 남자 친구의 커피메이커를 버리지 못하고 사용했다. 튼튼하고 잘 작동했기 때문이다. 그러나 매일 아침 커피메이커 유리 표면의 짙은 푸른빛을 보는 순간마다 그가 나를 어떻게 대했는지가 떠올랐다. 자기 연인으로 삼기에 내가 충분히 똑똑하지 않다던 말, 바람과 거짓말, 그리고 그로 인해 한없이 작아졌던 시간들. 나는 몇 년 동안이나 매일 아침 그 기억을 커피와 함께 마셨다.

결국 그 기계가 고장 난 날, 나는 인생을 바꿔줄 새로운 커피메이커를 샀다. 그날 이후 매일의 커피 한잔은 막 추출한 자존감처럼 느껴졌다. 물건이 사라지고 나서야 그 물건이 매일 나를 얼마나 괴롭혔는지 깨달았다. 당신에게 두려운 기억을 일깨우는 물건이 있다면 망가질 때까지 기다릴 필요 없다. 무료 나눔을 하든, 중고로 처분하든, 가능하다면 새로운 주인에게로 보내라. 끌어안고 있으면서 번뇌와 후회를 반복할 이유는 없다.

하지만 우리가 절대 떨쳐버릴 수 없는 것도 있다. 우리가 살아가는 동안 트리거를 마주하게 된다는 사실이다. 우리 삶의 목표는 트리거를 피하는 것이 아니다. 물론 극도로 불쾌한 몇 가지는 제거할 수 있겠지만, 어떤 것들은 삶의 일부이기도 하다. 그것은 단지 추가 정보일 뿐이며, 우리가 자신을 직접 마주하고 내면의 상처를 치유할 또 한 번의 기회이다.

먼지바람을 일으키는 '정서적 플래시백'

관계 트라우마를 지닌 사람에게 트리거는 피트 워커가 말하는 '정서적 플래시백Emotional Flashback'을 촉발할 수 있다. 이는 갑작스럽게 시작되어 한동안 지속되는 퇴행 상태, 어린 시절의 두려움이나 버려졌다는 상실감으로 되돌아가는 경험이다. '편도체 하이재킹 Amygdala Hijack'이라 부르기도 한다.[22]

한때 나는 플래시백을 경험한 적이 없다고 생각했다. 영화처럼 과거 장면이 눈앞에 재생되는 것이 플래시백이라 여겼기 때문이다. 그러나 플래시백은 비단 시각적 재현만이 아니라, 과거의 사건이 지금 이 순간 다시 일어나는 것처럼 느껴지는 모든 경험을 포괄한다. 반드시 특정한 기억이 떠오르지 않을 수도 있다. 명확히 구분되는 과거의 정확한 순간만이 아니라, 지난날의 정서적 환경 전체를 다시 경험하는 경우가 많기 때문이다.

갈등 상황에서 상대가 무심코 던진 말투 하나가 어린 시절의 기억을 건드릴 때, 몸은 시간여행을 하듯 순식간에 과거로 이동해 그때의 감정들로 채워진다. 생존 모드가 재가동되고, 전전두엽 피질의 이성적 기능은 물러난다. 이제 당신은 이성적인 대화를 나눌 수 없으며 생각을 명확하게 표현하기조차 힘들어진다. 상대는 말이 안 통해 답답함을 느끼겠지만, 실상 당신은 특정 부분의 전원이 완전히

---

22 피트 워커, 〈외상후스트레스장애의 치료에서 정서적 플래시백의 관리Emotional Flashback Management in the Treatment of PTSD〉, Psychotherapy.net, https://www.psychotherapy.net/article/complex-ptsd

꺼진 것이다.

나는 때로 정서적 플래시백을 유발한 트리거를 정확히 짚어내기도 하지만, 대부분은 그렇지 않다. 대신에 시간이 흐르면서 플래시백이 일어날 때의 특유한 감각을 알아차리게 되었다. 이름 그대로, 그것은 매우 정서적이다. 나는 갑자기 작아지고, 두려워지고, 혼날 것 같은 기분이 든다. '나쁜 아이'가 된 듯한 감각, 가차 없이 비난받을 준비를 해야 할 것 같은 긴장감. 한없이 움츠러들고 궁지에 몰린다. 이 모든 감정이 한꺼번에 밀려온다.

이런 플래시백은 언제든 찾아올 수 있고 한번 몰아치기 시작하면 현재를 완전히 흐리게 만든다. 과거의 감정이 세상을 바라보는 렌즈가 되어, 눈앞의 현실보다 내 안의 감정이 더 '현실'처럼 느껴진다. 마치 현재의 무언가가 과거의 상처에 다시 불을 붙이고 있는 것만 같다.

물론 고통은 달갑지 않다. 그러나 그 고통을 대하는 관점은 바꿀 수 있다. "또 나를 자극하는 게 생겼어. 정말 싫어." 대신에 "이 느낌은 내 안의 무엇을 깨우고 있을까?"라고.

부모 되기, 가장 강력한 트리거

부모가 되면서 나는 트리거로 가득한 세계에 들어섰다. 순응 반응이 강한 사람에게 갈등은 세계의 종말처럼 느껴진다. 특히 큰 소리와 고함은 공포와 직결된다. 그런데 부모가 된다는 것은 내 아이가 울고, 떼쓰고, 깨물고, 발로 차는 상황을 일상으로 맞이한다는 뜻이었다. 아이의 발달 과정에서는 자연스러운 행동이지만 나는 참을 수 없이 고통스러웠다. 이성적으로는 이해했다. 그러나 은퇴한 군인이 불꽃놀이 소리에 한순간 전장으로 돌아가는 것처럼, 아이의 떼쓰기는 내게 공포였다.

어린아이는 감정을 조절하지 못한다. 때로는 그야말로 난리법석을 피우기도 한다. 나는 그런 상황을 감당하지 못할 때가 더러 있었다. 나는 어린 시절 떼쓰는 것이 허용되지 않았고, 청소년기에는 누구도 내 감정을 받아줄 여유가 없다고 느꼈다. 그래서 그런 감정을 마음껏 드러낸다는 것이 어떤 느낌인지 상상조차 할 수 없었다. 하지만 내 아들이 감정을 그대로 표출하는 것을 보며, 억울한 감정이 고개를 들었다.

나는 걷잡을 수 없는 상태가 되었다. 아이의 감정과 내 감정이 한꺼번에 넘쳐흘렀다. 통제력을 잃는다는 감각은 나에게 가장 두려운 일이었다. 무슨 일이 벌어지고 있는지도, 어떻게 벗어나야 할지도 알 수 없었다. 육아서의 전략들은 내 진짜 문제, 즉 감정이 조절되지 않는 문제를 해결해 주지 못했다. 늘 통제하며 살아온 사람에게 무력감은 공포 그 자체였다.

해결되지 않은 트라우마를 안고 사는 사람에게 아이를 키우는 일이 얼마나 강력한 트리거가 될 수 있는지를 지금은 잘 안다. 그뿐이 아니다. 순응 반응이 과도하게 활성화된 경우, 무의식적으로 아이 역시 순응하기를 바라기 쉽다. 순응이 곧 우리의 생존 방식이었기 때문이다. 아이가 '존중'이라는 이름 아래 타인의 기분을 맞추고 말없이 따르는 법을 배우지 않으면 세상에 나가서 위험해질 것만 같다. 아이가 부모의 기대에 맞춰 자신을 이리저리 바꾸는 모습을 보이지 않을 때 우리는 어떻게 도와야 할지 모른다. 우리 자신을 조절하는 법조차 배우지 못했기 때문이다.

그래서 부모가 자신의 순응 반응을 들여다보는 일은 무엇보다 중요하다. 그렇게 함으로써 우리는 감정 조절의 책임을 타인에게 전가하지 않고 생존 모드의 스위치를 끌 수 있다. 이는 아이들에게 전혀 다른 길을 보여주는 일이자, 어쩌면 이전 세대를 치유하는 일이기도 하다.

트리거에 대처하는 데 가장 중요한 것은, 그것이 전하는 메시지를 존중하고 가능한 자원을 동원해 연민으로 응답하는 것이다. 나는 자신을 '나쁜 엄마'라고 몰아세울 필요가 없었다(물론 그렇게 했다). 아이에게 문제가 있다고 단정할 필요도 없었다(역시 그렇게 했다). 필요했던 것은 단 하나, 내 안에 진짜 도움이 필요한 부분이 있다는 사실을 깨닫는 일이었다. 그리고, 당시에는 이해하기 힘들었지만 내 고통에는 이유가 있음을 존중하는 일이었다. 나를 자극했던 트리거는 치유되지 않은 트라우마를 드러내는 단서였다.

때로는 "트리거를 건드렸어"라든가 "이건 정서적 플래시백이야"라고 이름 붙이는 것만으로도, 이성적인 뇌가 상황을 더 명확히 인식하도록 도울 수 있다. 거울 속 어른이 된 얼굴을 바라보거나, 커다란 자신의 손을 바라보는 것 역시 우리는 이제 안전하다는 사실을 몸에 상기시키는 동작이다. 앞서 소개했던 방향찾기 연습을 떠올려보자. 자신을 지금 이곳에 단단히 위치시키는 모든 시도는, 트리거가 불러낸 과거를 넘어 앞으로 나아가도록 돕는다.

트리거를 느낄 때마다 우리가 과거의 트라우마로부터 얼마나 멀리 와 있는지, 그리고 얼마나 많은 치유의 가능성에 닿기 시작했는지를 함께 떠올리자. 이어지는 장들에서는 상처 입은 부분을 어떻게 치유할 수 있는지, 그리고 현재의 삶 속으로 우리가 더 온전히 돌아올 수 있는 방법은 무엇인지 살펴보려 한다.

데이비스 이야기

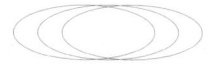

데이비스는 다른 상담사의 소개로 나와 연이 닿았다. 부부 상담을 먼저 받던 중, 부부 문제보다도 어린 시절의 트라우마를 먼저 다룰 필요가 있다고 판단했기 때문이다. 첫 만남에서 그는 이렇게 말했다.

"제 안에는 상자가 잔뜩 있어요. 그 안에 뭐가 들었는지도 모르겠어요. 열어보기가 너무 무섭습니다."

데이비스는 내 사무실 한쪽을 가리키며, 보이지 않는 상자 무더기를 허공에 그렸다. 어디를 가든 따라다니는 상자들이라고 했다. 그 안에 무엇이 들어 있는지 모른다고 했지만, 얼마 지나지 않아 나는 그가 자기 세계를 얼마나 정교하게 개념화하고 정리해 왔는지 알게 되었다.

데이비스의 사고는 비범했다. 상담 중에 우리는 언어를 열정적으로 파고들곤 했고, 하나의 개념을 이해하면 그 가장 미세한 측면까지 훑어 내려갔다. 그래픽 노블 작가인 그는 언어 감각이 탁월했다. 데이비스가 작업한 책은 그의 상자와도 닮아서 그 안에는 의미와 유머, 사회적 논평이 작고 빛나는 묶음으로 겹겹이 포개져 있었다. 이를 사랑하는 소수의 열렬한 독자들도 있었다.

구획화Compartmentalization와 파편화Fragmentation는 복합 트라우마에서 흔히 보이는 특징이다. 어떤 상황에 압도당하지 않기 위해 우리는 자신을 사건으로부터 분리하고, 그 과정에서 상처 입은 내면의 부분들과도 단절된다. 데이비스가 말한 '상자'는 바로 그것이었다. 그의 일부는 처리되지 않은 과거에 갇혀 있었다. 그 과정에서 너무 많은 부분이 떨어져 나가는 바람에 외부 세계에 드러난 모습은 거의 남지 않게 되었다. 남은 것은 순응하는 자아, 거짓 자아뿐이었다. 그것만이 삶을 안전하게 헤쳐나가는 방법인 듯했다.

사람들은 위협을 느끼는 상황이나 특정 관계 안에서, 혹은 트리거가 작동할 때 순응 반응을 보인다. 그러나 데이비스의 경우 트라우마는 너무 이른 시기에 시작되었다. 그는 '가끔' 자기를 포기하는 것이 아니라, 항상 순응 반응을 보이고 있었다. 그에게 자기를 포기하는 일은 타인과 어울려 살아가기 위한 전제조건이었다.

트라우마의 치유는 선형적으로 진행되지 않는다. 우리는 그때그때 가능한 것을 다룰 뿐이다. 여러 해에 걸쳐 우리는 데이비스의 상자들을 하나씩, 천천히 열었다. 지금 이렇게 그의 이야기를 시기별로 정리해 전하고 있지만 실제 과정은 결코 깔끔하게 이어지지 않았다. 그의 이야기는 한 조각씩, 오랜 시간에 걸쳐 모습을 드러냈으며 진짜 자아를 알아가는 과정 또한 마찬가지였다.

데이비스는 볼티모어 서부 지역에서 자랐다. 5학년 때 영재 학생들을 위한 특성화 초등학교Magnet Elementary School 입학 시험에 합격하면서 그의 세계는 급격히 바뀌었다. 친근한 흑인 이웃들 속에서 살던 그는 하루아침에 백인 기득권층의 동네로 뚝 떨어졌다. 도시 반대편의 학교까지 가려면 아침 일찍 일어나 한참 동안 버스를 타야 했다.

성적은 상위 1퍼센트였다. 그러나 사회적으로는 분투해야 했다. 그는 당시를 이렇게 회상한다.

"제가 곱슬이 심했거든요. 그래서 머리를 곧게 펴면 어떤 모습일까 자주 상상했어요. 용돈을 열심히 모아서 괜찮은 브랜드 셔츠도 한 장 샀죠. 그 동네가 문제라는 생각은 한 번도 하지 않았어요."

잠시 멈춘 뒤 덧붙였다.

"그냥 제가 문제라고 생각했죠."

수업 시간마다 아는 문제가 나오면 손을 들었다. 대부분이 아는 문제였기 자주 손을 들었지만, 왜 이전 학교와 달리 이름이 자주 불리지 않는지 알 수 없었다. 데이비스가 겪은 어려움을 하나씩 알아가는 과정에서 우리는 그가 요즘 기준으로 치면 '2E 아동'이었을 가능성이 높다는 사실을 알게 되었다. 2ETwice Exceptional 란, 뛰어난 영재성과 함께 ADHD나 자폐 스펙트럼 같은 발달상의 불균형을 동시에 지닌 경우를 말한다. 데이비스의 삶에서 중요한 주제는 늘 외부인처럼 느끼는 감각이었다. 사회적 관계에서 조금이라도 편안해지기 위해서는 사람들 사이의 미묘한 역학을 이해하려는 노력이 필요했다.

데이비스는 다섯 살부터 이모와 함께 공공주택단지에서 살았다. 그 시기는 비교적 안전하게 보살핌을 받았던 것으로 기억한다. 이전 몇 년에 비하면 달콤한 휴식 같은 시절이었다. 그보다 앞선 서너 살 무렵에는 어머니와 함께 어떤 종교 집단이 소유한 사택에서 지냈다. 많은 사람이 수시로 드나들던 그 집에서 데이비스는 항상 촉각이 곤두서 있었다. 지금 와서는 그곳에서 범죄가 벌어졌다는 것을 알지만 당시에는 그저 아무런 구조도, 경계도 없는 환경이라는 것만 느낄 뿐이었다. 모든 아이에게 꼭 필요한 안정과 질서가 부재한 공간이었다.

한번은 어머니와 플로리다로 향하던 길에 경찰이 차를 멈춰 세웠다(훗날 그 여행이 FBI의 추적을 피하기 위한 도피였음을 알게 되었다). 그는 어머니가 불법 약물 판매 혐의로 체포되는 장면을 지켜보았다. 다음에 어머니를 만난 곳은 볼티모어 교도소였다.

이모가 양육을 맡았지만, 여름이면 텍사스로 가 아버지와 새어머니, 다섯 살 위 이복누나와 지냈다. 그는 자신의 가장 깊은 트라우마가 어머니와 분리된 것이 아니라, 아홉 살부터 시작된 그 여름 방학 동안의 사건들이라고 말했다.

처음에는 순수한 가족처럼 보였다. 누나는 다정했고, 부모가 일하러 간 동안 은밀한 관용을 베풀었다. 어린 데이비스는 대낮의 실험에 호기심을 느꼈다. 유치원 때부터 스스로 여자아이들에게 관심이 많다고 생각했기에 처음엔 큰 거리낌이 없었다. 두 사람의 관계와 그 사이에서 벌어진 일들은 마치 독립된 시간과 공간에 존재하는 듯했다. 목가적인 가족 분위기, 매일 저녁의 화목한 대화와는 동떨어진 것이었다.

어느 순간 그 관계의 빈도와 성격이 달라지면서 데이비스의 호기심은 빠르게 사라졌다. 그는 '싫다'고 말했고, 더 이상 계속하고 싶지 않다고 밝혔다. 하지만 상황은 멈추지 않았고, 어떤 아이도 겪어서는 안 될 성적 경험이 반복되었다.

지금 데이비스는 그 사건을 '그루밍Grooming'과 '성적 학대'라는 단어로 표현하는 것에 깊이 공감하지만, 처음 그 일을 내게 말했을 때만 해도 '애초에 내가 원했다'는 식으로 설명했다. 우리는 치유 과정의 많은 시간을, 단절되어 있던 데이비스 내면의 부분들과 다시 연결되는 과정에 할애했다. 그때의 소년은 슬프고 두려웠을 것이다. 버려지고 혼자가 되었다고 느꼈을 것이다. 무엇보다 그 공포를 멈출 힘이 자신에게 없음을 너무 잘 알았을 것이다. 그 소년과의 접점을 계속해서 찾아나갔다.

어린 나이에 감당하기 힘들었을 학대를 견디기 위해 데이비스는 그 끔찍한 일을 겪은 자신의 부분에 접근하지 않는 법을 익혔다. 새 학기가 시작되어 텍사스를 떠날 때도 이모에게 털어놓을 생각을 전혀 하지 못했다. 그저 '반에서 1등 하는 똑똑한 아이'라는 페르소나에 충실하게 살아갈 뿐이었다. 아무 일도 없는 척해야 살수 있었다. 그리고 다시 여름이 오면, 또 같은 공포와 마주해야 했다. 그렇게 5년이 흘렀다.

데이비스는 그 트라우마를 누구에게도 열어 보인 적이 없었다. 말할 수 없는 기억과 그 기억을 품은 부분들을 상자 안에 가두고 살았다. 구획화하려는 욕구는 결국 그의 현재 삶까지 여러 갈래로 갈라놓았다. 데이비스는 자신이 저질렀던 수많은 외도에 대해 이야기했다. 이성에게 부적절한 추파를 던졌고 마사지 업소에 집착하듯 드나들었다. 그렇게 함으로써 어린 시절 느꼈던 익숙한 아픔을 다시 찾고 있음을 그는 깨달았다. 수치심의 회로와 쾌락의 회로가 뒤엉킨 탓에, 금지된 상황에서만 자신의 성적 존재감을 확인할 수 있었다.

그런 행동이 자랑스러운 것은 아니었다. 하지만 그 행동들이 어떤 식으로든 자신에게 의미가 있다는 사실은 알고 있었다. 데이비스가 훗날 '포켓 디멘션'이라고 부르게 된 그 분리된 상자들은 진짜 자신과 만날 수 있는 유일한 공간이었다. 특히 실제 삶과 아무 관련이 없는 여성들을 만나 비밀스러운 시간을 보낼 때 비로소 살아 있음을 느꼈다. 그 밖의 삶은 늘 순응 반응뿐이었다. 결혼 생활도 다르지 않았다.

이것이 바로 데이비스의 부부 심리치료사가 내게 의뢰한 이유였다. 모두가 그 단절을 느끼고 있었다. 데이비스는 아내와 성관계를 갖지 않았고, 두 사람은 정서적으로도 완전히 분리되어 있었다. 그는 이혼을 원하지는 않았지만, 그렇다고 그 결혼 안에서 온전하고 전체적인 자신의 모습으로 존재할 수 있을지 확신하지도 못했다.

우리가 처음 순응 반응을 보이는 이유는 위험에서 벗어나기 위해서다. 그러나 그 대가로 진짜 자아의 일부를 어딘가에 버려두게 된다. 순응이 계속되는 동안 단절은 반복되고, 몸은 통제력을 회복하기 위해 과거를 재현한다. 그래서 우리는 때때로 위험하거나 역기능적인 상황으로 되돌아간다. 잃어버린 자신의 일부를 되찾으려는 것이다. 데이비스가 그런 경우였다.

데이비스는 과거로 돌아가려 했다. 이번에는 다른 선택을 하기 위해서였다. 경계를 세우고, 자기 안의 '싫다'는 목소리를 믿어주기 위해서였다. 최소한 아직도 그 익숙한 공포에 붙들려 있는 자신의 부분들과 다시 연결되길 원했다.

그는 현실에서 진정한 관계를 맺어본 적이 없었다. 대신에 글 속에서는 조각난 자신을 암호처럼 드러냈다. 재치 있는 문장 하나, 복잡한 주제 하나에 세상을 향한 마음을 담았다. 그러나 그는 여전히 숨겨져 있었고, 여전히 상자 안이었다. 작품으로 독자들과 교감하는 것만으로는 충분하지 않았다. 데이비스는 현실에서 '자기 자신으로 존재하는 법'을 배워야 했다. 상자에 갇힌 것들을 한 조각씩 꺼내는 법, 연약하고 겁먹은 부분들을 더 이상 숨기지 않고 끌어안는 법을 배워야 했다. 그래야 세상 밖에서 온전한 존재로 살아갈 수 있었다.

역기능적으로 보이는 행동이 실제로 어떤 기능을 하는지 이해하기란 쉽지 않다. 심지어 심리치료사들도 그렇다. 그러나 우리는 반드시 그 기능을 알아야 한다. 잘못된 행동을 고치려 달려들기 전에 먼저 그 행동이 맡아왔던 역할을 존중해야 하며, 그 역할이 무엇이었는지 궁금해해야 한다. 우리는 데이비스의 비밀과 상자들을 무작정 밀어 없앨 수 없었다. 데이비스가 그 안에 있었기 때문이다. 우리가 할 일은, 충분히 안전한 환경을 만들어 그가 밖으로 나올 수 있도록 돕는 것이었다.

더불어 데이비스에게 파편화가 일어났다는 사실과, 그 파편화가 그를 어디까지 데려갔는지를 있는 그대로 존중해야 했다. 그 후에야 현재의 자신과 다시 연결되기 시작할 수 있을 터였다. 물론 그 과정이 불러오는 공포는 결코 가볍지 않았다. 수치심과 불안이 표면으로 치솟았다.

나는 데이비스가 어린 시절의 작은 소년으로 되돌아가는 순간들을 지켜보았다. 자신이 한 일을 들킬까 봐 겁에 질린 아이였다. 그는 이렇게 말하곤 했다.

"지금 이야기를 하면서도 혹시 제 전화기가 켜져 있는 건 아닐지 계속 불안해요. 누가 이걸 듣기라도 하면 어떻게 해야 할지….."

그는 완전히 솔직해지거나 경계를 세우게 되면 누군가를 다치게 할 것 같다는 두려움을 늘 품고 살았다. 다가가기조차 두려운, 불처럼 뜨거운 감정이었다.

최근 데이비스는 자신에게 극단적으로 갈등을 피하려는 성향이 있다고 얘기했다. 지금껏 그는 자기 감정을 느끼고 들여다볼 여유가 없었다. 다른 사람이 자기를 어떻게 생각할지, 남들이 물어보면 어떻게 대답해야 할지 계산하느라 자신에게 시선을 돌릴 여유가 없었다는 것이다.

따라서 데이비스의 트라우마를 치유하는 과정에서 자기 감정을 아는 것은 아주 중요했다. 그것을 알아도 안전하다고 몸으로 느껴야 했다. 그 감정을 남들에게 말할지 말지는 문제가 아니었다. 그저 자기 감정을 온전히 느낄 수 있는가의 문제였다. 우리는 그의 감정을 관리 가능한 작은 단위로 나누어 접근하기로 했다. 이 방법은 데이비스에게 큰 도움이 되었으며 실제로 효과가 있었다.

우리의 전략은 데이비스에게 익숙한 구획화를 거꾸로 활용하는 것이었다. 각 부분을 따로 떼어, 그것이 어떤 기능을 맡아왔는지, 어떤 필요를 지녔는지, 무엇으로부터 데이비스를 지켜왔는지를 이해해 나갔다. 이 치유의 과정에서 데이비스의 삶은 완전히 달라지기 시작했다. 이제 그는 상자를 가리키며 '그 안에 뭐가 있는지' 상자에게 묻는다. 이런 방식으로 그는 내면의 단절 상태를 우회할 수 있게 되었다. 물론 아직은 많은 연습이 필요한 과정이다.

치료를 시작한 지 몇 년쯤 지나 데이비스는 결혼 생활을 정리했다. 부부 사이에 애정은 남아 있었지만 반복되는 순응의 패턴에서 벗어나야 했다. 당시 데이비스 가족의 저녁 식사는 텍사스의 여름방학과도 닮아 있었다. 겉으로는 평온했고 "우린 행복해. 난 행복해"라고 되뇌었지만 진짜 데이비스는 그 자리에 없었다.

치유의 과정에서는 기쁨과 슬픔이 동시에 일어나곤 한다. 나 자신과 점점 가까워지고, 나를 사랑하고 존중하는 법을 배워가는 과정은 기쁘다. 하지만 동시에 처음 자신을 잃게 되었던 시간의 진실을 마주할 때의 고통, 오래전에 잃어버렸던 것들을 향한 슬픔, 그때부터 지금까지 이어진 상실의 공허함 또한 겪어야 한다.

내가 수없이 말해왔고 진심으로 믿는 한 문장이 있다. '온전한 자아를 되찾는 일은, 한 사람이 할 수 있는 가장 용감하고도 가장 어려운 일이다.' 데이비스의 일부는 여전히 상자 안에 남아 있지만 그것들이 왜 거기에 있는지 더 이상 혼란스러워하지 않는다. 숨겨져 있던 모든 것과 관계 맺기 위해, 그동안 느낄 수 없었던 모든 것을 느끼기 위해 데이비스는 전념하고 있다.

내 사무실이라는 또 하나의 상자 안에서 데이비스는 이미 그 작업의 많은 부분을 해냈다. 자신을 모두 열어 보였고, 함께 그 안을 들여다보았다. 나는 그 안으로 더 많은 빛이 쏟아지는 것을 보았다.

6장

순응을 벗어버리기 위한
내면 작업

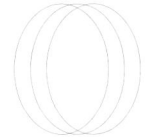

순응 반응에서 벗어나는 일은 일종의 사고의 전환이다. 더 이상 절대 순응하지 않겠다는 선언이 아니다. 그보다는 삶을 흑백으로 가르는 이분법적 사고에서 벗어나는 일이다. 이제 중요한 것은 안전한가 위험한가, 나인가 당신인가, 치유되었는가 그렇지 않은가를 가르는 단순한 구분이 아니다.

또한 순응 반응에서 벗어나는 일은 확장의 과정이다. 이 과정에서 우리는 시야를 넓혀 더 많은 선택지를 보고, 더 큰 유연성을 갖게 된다. 우리의 영역이 넓어질수록, 한때 우리 삶을 정의하던 오래된 서사와 패턴으로부터 조금씩 자유로워질 수 있다. 우리의 특성이나 현실을 지워버리는 이야기를 더 이상 되풀이할 필요가 없다. 이제부터는 내가 누구인지를 온전히 담아내는 새로운 이야기를 써 내려가는 법을 배울 것이다. 다른 모든 이들의 진실까지 함께 담아낼 수 있는 이야기를.

순응 반응에서 벗어나기 시작하면 오랜 시간 위태롭게 올라서 있던 외줄에서 내려와 마침내 자유롭게 움직일 수 있음을 깨닫는다. 순응 반응에서 벗어난다는 것은 더 넓은 공간을 차지하고, 더 깊이 숨을 들이쉬는 일이다. 이제 우리의 목소리와 견해, 취향과 욕구를 되찾게 될 것이다.

만약 당신이 오랫동안 누군가가 정해놓은 각본을 따라 살아왔다면, 이제 비로소 자신의 목소리가 들리기 시작할 것이다. 늘 주변의 해결사로 살아왔다면, 그 에너지가 마침내 자신을 향하게 될 것이다. 다른 모든 이의 안위를 위해 자신의 자리를 축소하고 숨기며 살아왔다면, 이제 그것을 되돌릴 시간이다.

순응 반응에서 벗어나는 일은 균형을 배우는 과정이기도 하다. 지금까지 삶에서 일어난 일들을 되짚고, 앞으로 만들고 싶은 변화를 존중할 것이다. 그러는 동시에 우리를 지켜온 순응 반응이 완전히 사라지지는 않으리라는 것을 이해할 것이다. 앞으로도 순응이 필요한 맥락은 분명 존재할 것이다. 어떤 상황에서는 투쟁 반응이 필요하지만, 그렇다고 투쟁만이 언제나 옳은 선택은 아닌 것과도 같은 이치다.

자신의 순응 반응을 인식하게 되면 그것은 더 이상 자동적인 반응에 머물지 않는다. 우리는 상황에 따라 상대를 치켜세울 수도 있고, 때로는 달래듯 맞춰줄 수도 있다. 그 자체가 잘못된 것은 아니다. 중요한 것은 그것이 무의식적 생존 전략이 아니라, 스스로 인지한 선택이 되는 것이다.

이 과정에 정해진 길은 없다. 각자의 신경계는 다르고 변화의 기회는 사람마다, 또 시기마다 다르게 찾아온다. 분명한 사실은, 이러한 내면의 작업을 거치면서 당신은 자신의 신경계를 조율하는 법을 배우게 된다는 것이다. 트라우마를 다시 처리하고 스스로를 다시 돌보는 법을 익히게 될 것이다.

이제 당신은 온갖 다채로운 감정을 느낄 수 있을 것이다. 힘들고 버거운 감정 외에도 누구나 누려 마땅한 풍요로움, 성장의 기쁨, 긍정적이고 가벼운 감정들을 온전히 받아들이는 법을 알게 되리라.

흔들리는 신경계를 조율하라

순응 반응은 안전하다는 감각이 충분하지 않을 때 활성화된다는 사실을 기억하자. 우리는 위험을 줄이기 위해, 타인의 요구를 지각하는 순간 본능적으로 거기에 맞추려 한다. 그것은 화가 난 배우자를 달래는 일일 수도 있고, 내 보고서가 마음에 들지 않는 상사가 화가 나서 내뱉는 말을 묵묵히 참아내는 일일 수도 있다. 우리는 상대의 기세에 맞추어 반응하고 어떻게든 상황을 누그러뜨리려 애쓴다. 그들에게 맞서거나 자신의 입장을 내세우는 것이 더 큰 피해를 불러올 수 있다고 느끼기 때문이다.

그러나 우리는 이렇게 과도하게 활성화된 채 끊임없이 불안정한 상태로 살아가도록 설계된 존재가 아니다. 만성적인 트라우마 반응에 빠져 있다는 것은 신경계 조절이 흔들리고 있다는 신호다. 따라서 순응 반응에서 벗어나기 위해 가장 중요한 단계 가운데 하나는 상시적인 각성 상태를 가라앉히는 방법을 배우고, 신경계를 조율해 내면의 안전감을 회복하는 것이다. 그럴 때 우리는 순간적인 반응에 휩쓸리는 대신 적절한 대응을 선택할 수 있다.

나와 세상 사이의 여유 공간

신경계 조율은 '항상 차분한 상태'를 유지한다는 뜻이 아니다. 그것은 현실적으로 불가능한 일이다. 잘 조율된 신경계란 유연한 신경계를 의미한다. 교감신경계(투쟁·도피 반응)와 부교감신경계(휴식·회복 기능)가 상황에 맞게 조화를 이루며 작동하는 상태다.

신경계가 조율된 상태에서 우리는 스트레스 요인에 더 효과적으로 대응하고, 타인과의 관계에 쉽게 압도되지 않으며, 정서적 안정감을 유지한다. 또한 내면의 나침반과 연결되어 그 신호에 따라 움직일 수 있다. 감정이 몸에서 어떻게 느껴지는지 알아차릴수록 우리는 분명하고 섬세한 한 사람으로서 존재하게 된다.

신경계가 잘 조율될 때 자신 안에도, 관계 안에도 더 많은 '공간'이 생긴다. 잠시 멈추고 "글쎄요." 혹은 "생각해 볼게요"라고 말할 여유가 생긴다. 순응하려는 자동 반응과, 실제로 내가 어떻게 느끼는지를 자각하는 사이에는 바로 그 공간이 필요하다.

앞서 살펴본 것처럼, 신경계 조절의 어려움은 다양한 형태로 나타난다. 과잉각성은 자극이 과도한 상태로, 대표적인 증상은 다음과 같다.

- 짜증, 분노, 불안이 쉽게 올라온다.

- 몸이 떨리거나 안절부절못하고 쉽게 놀란다.
- 특정 생각을 수없이 반복하며, 집중하거나 잠들기 어렵다.
- 심장이 빠르게 뛰며 열이 오르는 느낌이 든다.
- 감정이 너무 격렬하고 강해서 여기에 압도된다.

반대로 과소각성은 자극 수준이 지나치게 낮은 상태다. 감정과의 연결이 약해지고 신체적 반응도 둔해진다. 흔히 다음과 같은 증상이 나타난다.

- 멍하거나 현실과 분리된 느낌이 든다.
- 몸에 힘이 없고 약하게 느껴진다.
- 무감각, 우울감, 공허함, 혹은 전원이 꺼진 듯한Shut Down 느낌이 든다.
- 고립을 택하고, 무엇이든 지루하게 느끼며, 외부 자극에도 큰 반응을 보이지 않는다.

순응 반응은 이 두 상태가 결합된 양상을 띠는 경우가 많다. 위협을 감지해 과잉각성 상태에 놓이면서도, 겉으로는 관계를 유지하기 위해 자신을 억누르며 과소각성 쪽으로 이동한다. 그래서 거짓을 목격하면서도 지적하지 않는다. 위협 앞에서 분노 대신 공감과 이해를 꺼내 든다. 어떤 폭풍 속에서도 춤추고 노래하며 연기를 한다. 팽팽한 밀고 당김이 공존하는, 매우 불편한 상태다. 따라서 순응 반응에서 벗어나는 작업은 우리의 중심을 회복하도록 돕는 연습을 통해 신경계를 조율하는 것에서 출발한다. 어떤 활동은 속도를 늦추는 데 도움을 주고, 또 어떤 활동은 쌓인 에너지를 흘려보내는 데 도움이 된다. 나는 보통 여러 방법을 시도해 보기를 권한다. 자신의 몸에 귀 기울이며, 그 순간 가장 필요한 것이 무엇인지 발견하기 위해서다.

여기서 한 가지 분명히 해야 할 점이 있다. 만약 당신이 지금 실제로 위협적이거나 학대적인 상황에 놓여 있다면, 신경계를 조율한다고 해서 외부의 위험이 사라지는 것은 아니라는 사실이다. 신경계 조율은 환경을 통제하는 기술이 아니다. 그러나 현재 상황을 있는 그대로 인식하는 동시에 자신과 더 깊이 연결되도록 도와줄 수는 있다. 더 명료하게 사고하고, 크고 작은 선택을 더 의식적으로 할 수 있게 한다. 바깥세상이 당장 달라지지 않더라도 우리는 자신과의 진정한 관계를 회복하는 길 위에 설 수 있다.

이 장에서 소개할 활동은 대부분 일상에서 반복할 수 있는 습관들이다. 압도적인 상황이 닥칠 때까지 기다릴 필요는 없다. 더 잘 조율된 신경계를 만들기 위해 지금부터 미리 연습해 보자. 체력을 기를 때와 마찬가지로 신경계 조율 역시 차근차근 축적해 나가는 과정이다. 한 번의 시도로는 충분하지 않다. 이것은 단기 처방이 아니라 삶의 방식이며, 필요할 때마다 꺼내 쓸 수 있는 자원이 된다.

몸으로 돌아가자

순응 반응에서 벗어나는 여정을 따라가다 보면, 그 모든 과정을 관통하는 한 가지 공통점을 발견하게 된다. 결국 이 일은 모두 우리 몸 안에서 일어난다는 사실이다. 그렇다. 순응을 멈추는 일은 바깥이 아니라 안으로 들어가는 일이다. 하지만 지나치게 분주한 우리 '생각' 속으로 파고드는 것이 아니다. 마음은 상황에 따라 어느 편에든 설 수 있고, 끝없이 의심을 만들어 내며, 정작 우리에게 진짜 필요한 것과는 무관한 판단을 끼워 넣기도 한다. 우리가 같은 자리에서 맴도는 이유도 바로 그 때문이다.

트라우마는 몸에 남는다. 표현되지 못한 감정들 역시 몸에 묶여 있다. 그렇기에 우리는 다시 몸으로 돌아와야 한다. 책상과 스마트폰에서 잠시 물러나 자동 조종 모드를 끄고 몸이 보내는 신호에 귀 기울여 보자. 순응 반응에서 벗어나려면 우리 몸을 느끼고 움직여야 한다. 미세한 감각과 스쳐 지나가는 반응을 알아차려야 한다. 지금 몸 안에서 일어나는 일들과, 내가 감당할 수 있는 만큼 함께 머무는 연습을 해야 한다. 그리고 자신과의 관계를 삶의 가장 중요한 자리에 놓아야 한다. 우리는 거기서부터, 천천히 다시 쌓아 올릴 것이다.

내 안의 나침반을 360도 활용하려면

다음은 내담자들이 신경계 조율을 배우는 과정에서 실제로 활용하고 있는 방법들이다.

- 앤서니는 거의 매일 지압 매트 위에 눕는다. 촘촘한 돌기가 몸을 자극하면 물리적인 감각이 또렷해지고 그와 함께 정신도 맑아진다. 앤서니는 집에서 이 방법을 혼자 실천하지만, 많은 사람들이 기 치료나 마사지, 침술, 요가 같은 신체 활동을 통해 몸과 다시 연결되는 경험을 하며 몸을 더 잘 돌보게 된다고 말

한다.

• 프랜시스는 작은 호루라기 모양의 '호흡 목걸이'를 착용한다. 이 도구를 사용하면, 내쉬는 숨을 천천히 길게 유지하도록 도와서 불안을 낮춰준다. 신경계가 흐트러지면 깊은 숨을 쉬는 것이 힘들어진다. 그래서 많은 이들이 호흡 연습을 현재로, 그리고 자신에게로 돌아오는 가장 강력한 방법으로 꼽는다.

• 세이디는 반려견과 산에 즐겨 오른다. 반려동물과 교감할 때 우리는 아주 효과적인 공동 조율Co-Regulation을 경험하게 된다. 반려동물로부터 전해지는 애정과 에너지를 통해 감정을 가라앉히고 누군가로부터 지지받는 감각을 일깨울 수 있다. 게다가 자연 속을 걷다 보면 어느 순간 주변 환경에 감각을 열게 된다. 시야는 확장지고, 호흡은 깊어지며, 몸은 서서히 긴장을 푼다. 실제로 산림욕은 심박수와 혈압, 코르티솔 수치를 낮춘다는 연구 결과도 있다. 그저 밖으로 나가 자연에 둘러싸이는 것만으로 이런 효과를 얻을 수 있다.

• 미아는 아트 저널을 작성한다. 그림을 그리고, 낙서를 하고, 작은 콜라주를 만들기도 하며, 자기 생각을 글로 풀어낸다. 때로는 작은 종이 위에, 때로는 큰 캔버스 위에 자유롭게 작업하는데, 그때그때 몸이 원하는 방식을 따른다. 많은 사람들이 뜨개질이나 수공예처럼 손을 쓰는 활동을 통해 명상 효과와 카타르시스를 경험한다. 중요한 것은 머리에서 빠져나와 몸으로 들어오는 것이다. 이렇게 우리의 창의성에 다가서는 작업은 '할 일 목록'으로는 결코 불가능한 방식으로 우리 내면을 조율하고

살찌운다.

- 데이비스는 오래된 만화책을 펼쳐보고 애니메이션을 시청한다. 스케치도 하고, 명상도 오랜 시간 해왔다. 자신에게는 무엇보다 긴장을 풀고 온전히 자신과 머무를 수 있는 '혼자만의 시간'이 필요하다는 사실을 잘 알고 있다.

- 그레이스는 긴 산책을 즐긴다. 친구와 함께 걸으며 '실제로' 자신에게 일어나고 있는 일을 말로 꺼내는 연습을 한다. 자기만의 스트레칭 루틴도 있다. 유기적으로 몸을 움직이다 보면 자기 몸의 신호에 귀를 더 기울이게 되고 이를 존중하는 데도 도움이 된다. 혼자 백화점을 천천히 둘러보며 쇼핑하는 것도 꽤 좋아하는데, 자기 속도와 기준으로 움직이는 시간이기 때문이다.

- 릴리는 글쓰기와 춤추기, 창작 활동을 꾸준히 하고 있다. 릴리에게는 대녀Goddaughter가 있는데, 그 아이와 어울리는 시간을 종종 가진다. 워낙 장난기 많은 성격인지라 아이와 엉뚱한 농담을 주고받거나 변장 놀이를 할 때, 자신의 몸 깊은 곳으로 들어서는 느낌이 들곤 한다. 놀이와 웃음, 즐거운 감정은 순응에서 벗어나는 데 중요한 요소다. 평생 인정받기 위해 애써 온 사람일수록 치유 과정마저 성취해야 할 과제로 만들어 버리기 쉽다. 하지만 누구에게나 가벼운 감정과 경험은 필요하다. 너무 진지해지면 우리가 가려는 방향에서 오히려 멀어질 수 있다. 그러니 부디 조금은 느슨해지기를.

- 내 친구 엘리자베스는 콧노래를 부르기 좋아한다. 목욕 중에

부르는 콧노래가 최고지만, 언제 어디서든 상관없다. 물에 몸을 담그는 감각적 경험과 콧노래가 미주신경을 자극하는 방식은 모두 부교감신경계를 활성화한다. 이 두 가지를 동시에 경험할 때면 몸의 긴장이 즉시 풀리는 것을 느낀다.

• 나에게는 뜨거운 목욕과 무거운 담요, 향초, 음악이 있다. '순응에서 벗어나기 플레이리스트'를 만들면 어떨까 싶다. 흥얼거리며 어깨를 흔들 수 있는 노래도, 감정을 건드리는 조금은 슬픈 곡도 담아서.

이 외에도 방법은 무궁무진하다. 온몸을 탈탈 털듯 흔들어도 좋고, 빨대로 음료를 소리 나게 마셔도 좋다. 벽에 공을 던졌다 받는 단순한 놀이, 줄넘기나 트램펄린, 차가운 물로 세수하기, 다리를 벽에 올리는 요가 자세, 이미지 연상하기, 운동이나 영양가 있는 음식을 챙기는 일도 모두 신경계 조율 활동에 해당한다.

창의적으로 접근해 보자. 지난 경험들을 떠올리며 스스로에게 이렇게 물어보자.

"내가 흐트러졌을 때, 나를 제자리로 돌아오도록 돕는 것은 무엇인가?"

'완벽한 상태'를 만들기 위해 연구실의 화학자처럼 매 순간 저울질하라는 뜻이 아니다. 우리는 계속 흔들릴 것이다. 트리거에 자극받을 것이고, 우울하거나 불안하거나, 혹은 그 둘을 동시에 느끼는 날도 있을 것이다. 우리는 인간의 조건을 초월하려는 것이 아니다. 오히려 그 조건 안에 더 깊이 머무르려는 것이다. 그래서 나는 늘 자기 연민을 회복하라고 말한다. 우리는 자신을 고치려는 것이 아니라, 있는 그대로의 자신 곁에 서려는 것이다.

그것이 핵심이다.

순응 반응에 익숙한 사람들은 타인을 조율하는 일에 능하다. 상대를 안정시켜야 나도 안전해진다고 배웠기 때문이다. 타인의 허락과 만족이 있어야 비로소 안도한다. 그러나 그 중간 단계를 거치지 않고도 자신의 중심과 안전을 찾는, 인식의 전환이 필요하다. 이는 가장 중요하면서도 동시에 가장 두려운 이야기다.

타인의 불편을 우선하지 않으면 오래된 경고음이 울린다.

"중지, 중지! 방향 오류!"

그러면 우리는 반사적으로 익숙한 방식으로 돌아간다. 도와주고, 맞춰주고, 책임을 떠안는다. 이미 잘 알고 있는 공식이다.

그래서 신경계를 조율하는 힘을 기른다는 것은, 새로운 방식으로 행동할 때 따라오는 불편함을 견디는 능력을 키운다는 뜻이기도 하다.

미아는 남자친구에게 불편한 감정을 꺼내는 것이 늘 어려웠다. 용기 내어 말을 시작하면 그는 금세 멀어지는 듯 보였다. 마치 눈에 보이지 않는 먼 곳으로 스르륵 빠져나가는 것만 같았다. 그러면 미아는 즉시 확신했다.

'역시 이 사람한테 이런 얘긴 하면 안 됐어. 이런 일이 벌어지잖아.'

상대가 충격받은 듯 보이면, 순응 반응을 가진 우리는 '모든 게 끝났다'고 느낀다. 말을 거두고, 필요를 축소하며, 자신이 전부 망쳤다는 생각에 어떻게든 상황을 수습하려 든다. 물론 내 불편한 감정이나 상대의 반응을 고려해야 하는 것은 맞지만, 그렇다고 어떤 말도 입 밖으로 꺼내선 안 된다는 의미는 아니다.

우리에게 필요한 것은 속도를 늦추는 방법이다. 불편한 감각이 올라오면 천천히 열까지 세어보거나, 주변의 사물을 바라보며 현재에 방향을 맞춰보자. 가슴에 손을 얹고 이렇게 말해보자.

"나는 나한테 필요할 것을 말할 자격이 있다."

그리고 천천히 숨을 고르며 마음속 통증을 견뎌보자.

자신을 축소하거나 숨기지 않고 정당한 공간을 차지하려는 시도가 때로는 공포를 불러올 수 있다는 사실을, 원치 않아도 곧 알게 될 것이다. 그럼에도 불구하고 그 방향으로 나아가라고 몸에게 가리켜야 한다. 나침반이 더 큰 주체성과 진정성을 향해 바늘을 움직일수록 우리의 아픈 곳을 정확히 겨냥한다. 이때 중요한 질문은 이것이다.

"지금 나는 위험한가, 아니면 단지 불편한가?"

몸은 과거의 기억을 호출하며 위험을 경고할 것이다. 그러나 생존 반응에서 벗어난다는 것은, 그때 거기에 머물지 않고 지금 이 시간과 장소로 발을 옮기는 일이다. 트리거는 회피의 이유가 아니라, 내면으로 들어가 감정과 함께 머물 기회가 된다. 우리는 불편을 피하려는 것이 아니다. 불편을 견디는 근육을 기르는 중이다.

미아의 어린 시절, 아버지를 화나게 하는 것은 실제로 위험한 일이었다. 하지만 지금 미아의 파트너에게 학대 성향은 없다. 대화 능력이 부족한 사람일지는 몰라도 그 사람 앞에서 감정을 꺼내는 것이 위험하진 않다. 상대방에게 실망할 수도 있고, 관계를 위해 노력이 필요할 수도 있다. 그러나 그 때문에 미아의 존재가 무너지는 일은 일어나지 않을 것이다.

처음에는 우리가 어느 쪽으로 가려 하든 나침반의 바늘은 결국 순응을 가리킨다는 사실을 깨닫게 될 것이다. 지금 우리의 나침반은 다른 방향이 있다는 것조차 인식하지 못하는 상태이기 때문이다. 처음부터 나침반을 360도 활용할 수는 없다. 우리는 조금씩 각을 넓혀가는 중이다.

우리가 갈등의 조짐 앞에서 무너지지 않았을 때, 각이 성큼 넓어진다.
타인의 고통을 보고도 즉시 구조자를 자처하지 않았을 때, 또 한 번 각이 넓어진다.
내가 무엇을 원하고 무엇이 필요한지를 묻고 성실히 답할 때, 바늘은 부지런히 움직인다.

그러다 보면 어느 순간 우리는 나침반의 범위 전체를 자유롭게 영위하게 된다. 우리가 그토록 바라던 지점이다. 이것은 한순간에 끝나지 않고 계속해서 이어지는 과정이다. 순응 반응이 한발씩 물러설 수 있도록, 내면의 지지를 쌓아가는 여정이다.

트라우마의 재처리

모든 충격적인 사건이 반드시 트라우마로 남는 것은 아니다. 때로는 우리 몸이 충분한 내적·외적 자원을 동원해 그 상황을 비교적 무사히 통과하기도 한다. 그러나 어떤 경험은 다르다. 마치 롤러코스터 꼭대기에 멈춰 서서 내려오지 못하는 것처럼, 몸이 그 순간에 붙들린 채 굳어버린다. 이것이 '처리되지 않은 트라우마'다. 어린 시절의 일일 수도 있고 몇 해 전, 혹은 불과 며칠 전의 일일 수도 있다. 사건은 이미 끝났는데도 그 경험은 몸 안에 갇혀 반복적으로 지속적인 트라우마 반응을 일으킨다. 눈앞의 위협은 사라졌지만 우리는 여전히 방어해야 한다고 믿는다.

순응 반응에서 벗어나려면, 바로 그 멈춰 선 자리에서 내려와야 한다. 1장에서 들었던 비유를 떠올려 보자. 위협적인 상황에서 투쟁 또는 도피 반응을 겪은 동물은 상황이 끝나면 본능적으로 몸을 털어 그 경험을 떨어낸다. 그렇다. 우리 역시 동물이다. 우리에게도 몸에 남은 일을 몸 밖으로 흘려보내는 과정이 필요하다.

대부분의 트라우마 치료는 이 '재처리'를 돕는 데 초점을 둔다. 과거의 사건을 다시 떠올리되 이번에는 안전한 환경 안에서 다루는 것이다. 그럼으로써 감정을 충분히 느끼고, 사건을 통합하며, 그 일이 더 이상 현재를 지배하지 못하도록 할 수 있다.

많은 이들이 트라우마 반응 속에서 깊은 감정을 피한다. 특히 어린 시절의 트라우마라면, 당시의 우리는 발달 과정상 그 압도적인 감정을 감당할 역량이 없었다. 그래서 그 감정들은 깊이 묻힌 채 남겨졌다. 그러나 지금의 우리는 다르다. 우리에게는 그것을 다룰 힘이 있다. 이제 방법을 알기만 하면 된다.

트라우마를 재처리하는 방법은 트라우마가 생겨나는 방식만큼이나 다양하다. 이 자리에서 모든 치료법을 다루는 것은 불가능하다. 다만 나는 내담자이자 심리치료사로서, 경험을 통해 효과를 확인한 방법들을 소개하려 한다. 대부분 오랜 시간 검증된 접근이기에, 전문적인 훈련을 받은 치료사를 찾는 것도 어렵지 않을 것이다. 물론 책을 통해 그 과정을 이해하는 것만으로도 상당한 효과를 경험할 수 있다. 집단치료에서 타인의 치유 과정을 지켜보며 자신이 갈 방향이 또렷해지듯, 이 책의 사례들 또한 당신의 경험을 비추는 거울이 되었으면 한다. 누군가가 오래된 패턴을 깨는 장면을 목격할 때, 당신 안의 패턴을 흔드는 계기가 될 수 있다.

많은 트라우마 치료의 뿌리는 오래전으로 거슬러 올라간다. 어떤 이름과 체계로 분류되든, 트라우마 치유는 결국 비슷한 주제와 실천으로 수렴된다. 여기에서 중요한 것이 직관이다. 트라우마 생존자에게 현재에 머물고 자신의 감각을 신뢰하라고 권하듯, 유능한 치료자 역시 순간의 필요와 자신의 직관에 귀 기울인다.

만약 당신이 트라우마 치료를 받고자 고민 중이라면, 몇 가지 참고할 만한 기준을 제안하고 싶다.

• 지나치게 인지 중심적인 접근은 한계가 있을 수 있다. 이른바 '하향식Top-Down' 치료는 생각하는 뇌에 주로 의존한다. 그러나 트라우마는 몸에 각인되어 있다. 체화된 경험, 감각, 무의식의 층위를 다루는 작업이 필요할 때가 많으며, 인지 중심으로 접근하면 자칫 머릿속에 갇힐 수 있다. 그래서 트라우마에 대한 이해와 전문 훈련을 갖춘 심리치료사를 찾는 것이 중요하다.

이는 치료 과정에서 '상향식Bottom-Up' 기법이 효과적일 수 있다는 의미이기도 하다.

• 전통적 정신분석처럼 치료자가 중립적 '백지' 상태를 유지하며, 질문에 질문으로 답하는 방식(프로이트식 접근을 떠올리면 된다)은 관계 트라우마 피해자에게 위협적으로 느껴질 수 있다. 나 역시 스무 살 무렵 그런 경험을 했다. 혼란 속에서 무엇이 진실인지 알고 싶어 간절히 물었지만 상담사는 자신의 생각을 거의 말해주지 않았다. 돌아온 답은 늘 "당신은 어떻게 느끼나요?"뿐이었다. 내게 필요했던 것은 중립이 아니라 함께 있어 줄 사람, 흔들림 없이 버티고 서서 내가 진실을 바라보도록 지지해 줄 사람이었다. 복합 트라우마를 겪은 이들에게는 치료자가 더 적극적으로 자신을 드러내고 진심 어린 애착을 형성하는 '관계 중심 접근'이 도움이 되는 경우가 많다.

• 순응 반응을 가진 사람들은 치료실에서도 순응한다는 사실을 잊지 말자. "선생님께 잘 보이고 싶었다"라고 고백하는 내담자들을 나는 여러 번 만났다. 치료가 실제보다 더 효과가 있는 것처럼 말하거나, 자신의 이야기를 꾸며내는 경우도 흔하다. 어떤 내담자는 말하기를, 과거 치료에서 사실을 말하지 못한 채 시간을 허비했다고 얘기하기도 했다. 이런 역학관계는 심리치료사가 어디에 이론적 근거를 두고 치료를 진행하는지와 무관하게 일어날 수 있다. 치료자는 내담자의 이러한 '순응'을 호전

의 신호로 오해할 위험이 있다. 다시 말하지만, 순응 반응은 문제 해결자인 척 등장할 뿐, 사실은 문제의 일부다.

마지막 부분은 특히 중요하다. 치료실 안에서 최고의 전문가는 당신이다. 무언가 맞지 않는다면, 그 사실을 말하는 연습이 필요하다. 심리치료사의 마음을 상하게 할 위험을 감수하라. 심리치료사는 솔직한 피드백 없이는 무엇이 도움이 되는지 알 길이 없다. 사람마다 신경계는 다르다. 어떤 사람에게 탁월하게 작용한 방법이 다른 사람에게는 무력할 수도 있다. 그것은 치료사나 당신, 그 누구의 잘못이 아니다. 어쩌면 속도를 늦추거나 한 단계 물러나는 것이 필요할 수도 있다. 억지로 밀어붙일 이유는 없다.

예전에 한 심리치료사는 내게 "더 연습해 보라"고 말했다. 나는 강한 거부감을 느꼈지만, 솔직히 말하지 못한 채 속으로만 생각했다. '얼마나 더 해야 이 사람이 내가 충분히 노력했다는 걸 알까?' 지금의 나는 안다. 그때 필요한 말은 이것이었다. "저는 그 방법이 힘듭니다. 이런 이유 때문이에요." 훌륭한 심리치료사라면 당신의 고백을 토대로 함께 조율해 나갈 것이고, 최소한 당신의 경험을 있는 그대로 존중할 것이다. 만약 치료사가 계속해서 '의지가 부족하다'거나 '또 회피한다'라고 말한다면, 분명히 전해야 한다. "이 방식은 제게 맞지 않습니다."

이미 솔직하게 말했고 필요한 것을 요청했는데도 여전히 도움이 되지 않는다고 느낀다면(도움이 되는지 아닌지 스스로 알 수 있을 것이다), 다른 심리치료사를 찾는 것도 방법이다. 물론 그것이 쉽지 않다는 것은 나도 잘 안다. 그럼에도 잊지 말자. 우리가 이 작업을 시작한 이유는 쳇바퀴에서 벗어나기 위해서였다. 그런데 치료 안에서도 같은 자리만 맴돈다면, 새로운 방법을 찾아야 한다.

내면가족체계: 내 마음속 서로 다른 목소리

나는 회고록을 쓰며 내 트라우마의 많은 부분을 정리할 수 있었다. 하지만 아직도 도움이 더 필요하다는 생각에 트라우마 심리치료사를 찾았다. 내 심리치료사 홀리는 여러 접근법을 활용하는데, 그중 나와 진행한 세션에서 가장 오랜 시간을 들인 치료 모델은 내면가족체계IFS, Internal Family Systems였다.

내면가족체계, 즉 IFS는 는 최근 몇 년 사이 큰 주목을 받고 있다. '내면 부분 작업'이라고도 불리는 이 접근은 심리치료사 리처드 C. 슈워츠Richard C. Schwartz 박사와 밀접한 관련이 있다. 내면가족체계는 우리의 마음이 하나의 단일한 존재가 아니라, 여러 '부분parts'으로 이루어져 있다고 본다. 그 각각의 부분은 어린 시절, 우리가 살아남기 위해 형성한 적응의 산물이다. 대부분의 사람들에게 마음을 '부분'으로 나누는 이 개념이 낯설지는 않을 것이다.

"마음 한편에서는 이런 생각이 들어."

일상에서 이런 표현을 종종 쓰기 때문이다. 슈워츠 박사의 책 제목을 빌려 말하자면, 우리 안에 '나쁜 부분은 없다No Bad Parts'. 모든 부분에는 저마다 역할이 있다. '착한 아이'나 '모범생'처럼 칭찬과 보상을 많이 받아서 자주 전면에 나서는 부분이 있는가 하면, 그와 충돌하는 '반항아', '게으름뱅이' 같은 부분이 공존할 수도 있다.

내면가족체계는 서로 다른 그 부분들에 귀를 기울이는 작업이다. 한 걸음 떨어져 거리를 두되, 각 부분의 필요를 이해하고 충족시킴으로써 궁극적으로는 당신 자신의 필요를 온전히 충족하도록 하는 것이다.

이 모든 부분들의 중심에는 '자기self'가 있다. 이것이 우리 내면의 테이블 상석에 앉아 지휘권을 가져야 한다. 하지만 실제로는 여러 부분이 뒤엉켜 자리를 차지하는 경우가 많다. 우리는 착한 아이가 곧 나라고, 모범생이 곧 나라고 착각한다. 이렇게 되면 '자기'가 아니라 '부분'이 운전대를 잡게 된다. 우리는 의식적으로 선택한다고 느끼지만, 사실은 우리 안의 아주 어린, 때로는 원초적인 부분들이 우리의 성격과 행동을 좌우하는 셈이다. 이 부분들은 어린 시절에 형성되었기 때문에 여전히 그 시절의 사고방식을 유지하고 있다. 우리가 이미 어른이 되었고, 더 이상 그 방식으로 절박하게 버틸 필요가 없다는 사실을 모르는 채로 말이다.

그중 많은 부분이 '보호자' 역할을 맡는다. 이들은 감당하기 어려운 감정과 경험으로부터 우리를 지키기 위해 치열하게 싸워왔다. 내면가족체계는 여기서 힘을 발휘한다. 오랫동안 우리를 위해 헌신해 온 그 부분들에게 감사하는 것이다. 노고를 인정받은 부분들은 비로소 한발 물러나 잠시 쉬면서, 다른 부분들이 중심에 설 수 있도록 자리를 내어준다.

순응 반응 역시 보호자다. 나의 경우, 그 부분은 상황에 따라 다른 얼굴로 나타났지만 본질은 늘 같았다. 바로 나를 지키겠다는 의지였다. 그 사실을 깨닫는 순간, 오래 붙들고 있던 수치심이 옅어지는 것을 느꼈다. 순응 반응이 왜 그렇게 격렬하게 나서서 나를 돕겠다며 애를 썼는지 이해하게 되었다.

내 친구 세이디는 순응 반응을 '작은 순응이들Little Fawners'이라고 부른다. 서로 다른 시기에 형성된 여러 부분이 무리 지어서 함께 작동한다는 의미다. 순응 반응이 올라올 때 그것을 '나 전체'가 아니라 하나의 '부분'으로 인식할 수 있다면, 그 반응과 우리 사이에 작은 틈을 만들 수 있다. 그 틈에서부터 우리는 순응 반응과 일종의 관계를 맺기 시작한다.

우리는 묻기 시작한다.

"이 부분은 무엇을 두려워하는 걸까?"

"순응하지 않으면 어떤 일이 벌어질 거라고 믿고 있는 걸까?"

이제 그 부분이 얼마나 오래, 얼마나 열심히 우리를 위해 싸워왔는지를 돌아보고 그 선의와 노고에 감사할 수 있게 된다. 동시에 그 부분이 우리의 실제 나이와 새로운 능력을 알고 있는지 궁금해진다. 우리가 이제는 다른 방식으로 스스로를 돌볼 수 있다는 사실을 알고 있는지 말이다. 그래서 이렇게 묻고 싶어진다.

"지금 나에게 바라는 게 뭐니?"

내가 처음 내면가족체계를 접한 것은 대학원 시절이었다. 하지만 내 부분들이 내 앞에 모습을 드러낸 것은 회고록을 쓰기 시작하면서였다. 글을 써야 한다는 강렬한 충동은, 마치 내 안의 여러 부분이 자기 이야기를 들어달라고 요구하는 것처럼 느껴졌다.

나는 왜 열세 살 적 이야기를 쓰다가 갑자기 첫 결혼 이야기로 건너뛰는지 스스로도 이해할 수 없었다. 앞뒤가 맞지 않았다. 내 안에서 쏟아져 나온 경험과 이야기들은 내 삶의 면면을 온전히 담고 있었지만 동시에 완전히 개별적이었다. 지금은 안다. 서로 다른 부분들이 동시에 수면 위로 떠올라, 각자의 이야기를 들려주고, 알아주길 바랐다는 것을.

열세 살의 기억, 새아빠와 온수 풀에 남겨졌던 장면은 가장 먼저 떠오른 이야기 중 하나였다. 글로 옮기는 동안, 그 경험은 어제 일처럼 생생했다. 오갔던 말 한마디 한마디, 보글거리던 물 안에서 느꼈던 모든 감각이 날카로우리만큼 또렷했다. 내 열세 살 '부분'은 여전히 그 순간을 붙들고 있었다.

그 사건을 글로 쓰는 것은 아이를 지지하는 첫걸음이었다. 무슨 일이 있었는지 명명하고 목소리를 대신하는 일. 그러나 진짜로 그 아이에게 다가간 것은 한참 후, 내면가족체계 작업을 통해서였다. 어쩌면 아이가 나를 다시 찾아왔다고 말하는 편이 더 정확할지도 모른다.

어느 날, 나는 심리치료사 홀리에게 반복되는 두통 증상을 설명하고 있었다. 평소처럼 원인을 분석하려 하는데, 홀리가 멈추라고 했다. 그러고는 생각 대신 몸과 내면 체계로 주의를 옮겨보라고 했다. 지금 내 관심을 끌고 있는 '부분'이 있는지 살펴보자는 것이었다.

놀랍게도 눈을 감자마자 나는 온수 풀 장면으로 돌아갔다. 이전에도 그 기억과 연결된 적은 있었다. 아이의 경험을 받아 적듯 글로 옮기기도 했으니 말이다. 하지만 이번에는 달랐다. 나는 그 아이가 나에게 다가오는 것을 허락한 적이 없었다는 걸 깨달았다.

아이는 여전히 그 테라스에 혼자 서 있었다. 미닫이 유리문 밖에 서 젖은 채 떨고 있었다. 그 부분은 아직도 그 순간에 갇혀 있었다.

나는 아이를 불러 나를 보게 했다. 지금의 나, 성인이 된 몸과 그동안 쌓아 올린 내적 안전을 보여주었다. 우리는 이제 더 이상 무력하지 않다는 것을, 그 남자뿐 아니라 누구 앞에서도 힘을 가질 수 있다는 것을 아이가 느끼도록 했다. 그렇게 주도권을 쥔 자리에서 아이에게 물었다.

"지금 내가 무엇을 해주면 좋겠니?"

아이는 안으로 들어가고 싶다고 했다. 나는 아이가 유리문을 열고 집 안으로 들어서는 모습을 지켜보았다. 아이는 나를 어린 시절의 방으로 데려갔다. 늘 가지고 다니던 작은 장난감, 벽에 붙어 있던 포스터들. 그때 안전한 감각을 주었던 것들에 아이의 시선이 차례차례 머물렀다. 그러면서 압도되었던 아이의 몸은 서서히 진정되었다.

두려움이 잦아들자 나는 아이에게 내가 느껴지느냐고 물었다. 아이는 고개를 끄덕였다. 우리는 함께 안도했다. 아이가 애타게 기다려 온 존재가 바로 나라는 것을 우리는 알 수 있었다. 그제야 아이는 안전을 느꼈다.

나는 아이에게 그 방에 남아, 위안을 주는 물건들과 함께 머물고 싶은지 물었다. 하지만 아이가 그곳을 떠나고 싶어 한다는 걸 분명히 알 수 있었다. 그 순간, 아이는 콜로라도 로키산 국립공원으로 가고 싶어 했다. 내가 어릴 적 안전하다고 느꼈던 장소였다. 아이는 위풍당당한 엘크와 함께 달리고 싶어 했다. 나는 아이를 그곳으로 보내, 가을빛으로 물든 내 기억 속 가장 소중한 장소를 달리게 했다.

아이는 봉우리를 향해 달렸고, 가장 높은 능선을 넘어섰다. 마침내 나의 열세 살 '부분'은 자유로워졌다.

내면가족체계의 재처리 과정은 이런 식으로 이루어진다. 나는 시각적 이미지가 선명하게 떠오르는 편이지만, 사람마다 방식은 다르다. 어떤 감각일 수도, 목소리일 수도, 또렷한 깨달음일 수도 있다. 핵심은 과거에 갇혀 있던 부분을 발견하고, 그들을 그 시점에서 풀어내는 것이다. 슈워츠 박사는 저서《나쁜 마음은 없다》에서 이러한 재처리 과정을 상세히 설명하는데, 다소 비현실적으로 들릴 수도 있다. '정말 그 안으로 들어가서 눈으로 본다고?' 싶을지 모른다.

그렇다. 우리는 들어가서 본다. 그리고 과거의 결말을 다시 쓴다. 그때 일어나지 않았던 보호와 지지를 이제는 제공할 수도 있다. 신경과학 연구에 따르면, 우리가 어떤 행동을 실제로 할 때와 그 행동을 상상할 때, 동일한 뇌 영역이 활성화된다. 스포츠 의학에서는 이 원리를 선수 훈련에 활용하기도 한다. 예를 들어 선수들이 코너를 도는 장면, 완벽한 레이스를 펼치는 장면을 구체적으로 시각화하는 훈련을 하면, 그 효과가 실제 경기력으로 이어진다.

트라우마 재처리도 같은 원리를 따른다. 몸은 상상 속에서 일어나는 일을 현실의 경험처럼 처리한다. 이 경험을 통해 트라우마 반응은 서서히 물러나게 된다. 우리가 더 이상 과거에 갇혀 있지 않기 때문에, 트라우마 반응이 쉬지 않고 우리를 지킬 필요도 없어지는 것이다.

소마틱 익스피리언싱: 지나는 방법은 통과하는 것뿐

5장에서 피터 레빈 박사가 고안한 트라우마 치료법 '소마틱 익스피리언싱', 즉 SE에 대해 살펴보았다. 여기서 사용하는 도구 '방향찾기'를 통해서 우리는 몸의 감각과 현재의 순간으로 다시 돌아오는 연습을 할 수 있다. 소마틱 익스피리언싱의 목표는 분명하다. 트라우마 상황에서 중단되었던 몸의 자연스러운 반응을 '완료'하도록 돕는 것. 다시 말해, 멈춰 서 있던 롤러코스터에서 마침내 내려오게 하는 일이다.

소마틱 익스피리언싱은 몸의 기억과 물리적 감각에 집중해 외상후스트레스와 만성 스트레스를 다루는 '상향식' 접근 방식이다. 심리치료사가 진행할 경우 겉으로는 일반 상담처럼 보일 수 있지만, 묵직한 콩주머니나 담요 같은 감각 소품이 활용되기도 한다. 소마틱 익스피리언싱을 신체접촉 요법Body Worker 전문 치료사가 진행할 때는 마사지 테이블 위에서 직접적인 접촉을 통해 작업이 이루어지기도 한다.

방식이 어떻든, SE의 핵심은 몸의 감각에 집중하는 것이다. 몸의 감각을 따라가며 그때는 할 수 없었던 행동 중, 지금 우리의 몸이 원하거나 필요로 하는 것이 무엇인지 주의를 기울인다. 어떤 행동을 하면서도 그게 왜 필요하다고 느끼는지 즉각 이해하지는 못할 수도 있다. 때로는 한참 뒤에야 의미가 뚜렷해지기도 한다. 중요한 것은 중단되었던 반응 사이클을 마무리하고, 몸에 남아 있던 기억과 감각을 흘려보내 신경계를 다시 조율된 상태로 되돌리는 것이다.

소마틱 익스피리언싱을 마친 뒤 많은 이들이 '후련함'을 경험한다. 마치 오래 고여 있던 무언가가 다시 흐르기 시작하는 느낌이다. 신체 감각을 충분히 인식하고 풀어주는 과정에서 일종의 '배출'이 일어나고, 신경계는 본래의 리듬을 되찾는다.

소마틱 익스피리언싱 수련 과정에서, 수련생들 역시 직접 SE 치료사를 찾아가야 했다. 이때 참여했던 어느 강렬한 세션에서 나는 1990년대 초부터 내내 막혀 있던 감정을 비로소 통과했다.

그날의 세션은 심리치료사 크리스티에게 엄마와의 최근 전화 통화 이야기를 꺼내며 시작되었다. 새아빠가 세상을 떠난 뒤였고, 나는 상실에 잠긴 엄마가 자신의 삶을 다시 시작하도록 어떻게든 돕고 싶었다. 전화를 받자마자 엄마가 술을 마셨다는 것을 알 수 있었다. 엄마는 남동생 자랑을 늘어놓기 시작했다.

"솔직히 나는 그 애가 없었다면 어떻게 버텼을까 싶다. 걔가 그렇게 달라지다니, 얼마나 뿌듯한지 모르겠다."

당신이 남동생을 얼마나 사랑하는지, 술을 끊은 것이 얼마나 대견한지 엄마는 잔뜩 부풀려서 말하기를 반복했다. 동생의 변화가 대단한 것은 사실이었다. 오랜 시간 교도소와 노숙 생활을 전전하던 아이가, 새아빠가 병들고 얼마 지나지 않아 자진해서 구세군 재활센터에 들어갔다. 영원히 술을 끊지 못할 것 같았던 동생은 정말로 술을 끊어냈다. 그리고 새아빠가 죽던 해, 동생은 엄마 곁을 내내 지켰다. 나는 결코 할 수 없는 일이었다.

전화기 너머 엄마의 얼굴이 눈앞에 그려졌다. 자랑스러움으로 들뜬 환한 표정. 점점 신경이 거슬린다 싶더니, 내 속에서 무언가가 꿈틀거렸다. 나는 인생의 절반을 금주하며 살았다. 그러나 엄마가 지금 동생을 이야기하듯 나에 대해 이야기한 적은 한 번도 없었다. 그 극명한 대비가 나를 찔렀다. "나도 안다고. 엄마가 가장 사랑하는 자식이 바로 개잖아"라는 말이 튀어나오려는 걸 간신히 삼켰다.

잠시 침묵이 흐르자 엄마의 목소리가 바뀌었다.

"알지? 엄만 너도 사랑해."

어색한 그 목소리에 전화기를 집어던지며 고함이라도 지르고 싶었지만, 대신 이렇게 말했다.

"응, 나도 사랑해요. 이제 유치원에 아이 데리러 갈 시간이야."

그 장면을 심리치료사 크리스티에게 이야기하며 그때의 분노가 또다시 올라오는 것을 느꼈다.

"너무 화나요!"

이렇게 내뱉고 다시 하던 이야기로 돌아가려는데 크리스티가 나를 멈추었다.

"그 감정으로 잠깐 돌아가도 될까요?"

솔직히 말하면 싫었다. 그 기분을 다시 느끼고 싶지 않았다. 그냥 이 이야기는 얼른 끝내고 다음으로 넘어가고 싶었다. 하지만 어쩔 수 없이, 안에서부터 밀려드는 거북함(그리고 애초에 그 감정에서 달아나려 했던 것이 잘못이라는 생각)을 한쪽으로 애써 밀어냈다. 이어서 눈을 감고 내 몸에서 무슨 일이 일어나는지 살펴보기로 했다. 어깨에 열기가 올라오고, 뱃속은 불길이 이는 것 같았다.

"와, 짜증 나 미치겠어요!"

나는 사무실에서 낼 수 있는 최대한의 소리로 외쳤다. 눈을 뜨자, 처음 보는 컵 받침이 눈에 들어왔다. 컵 받침에 새겨진 빨간 실선은 뉴멕시코 주 깃발의 문양이었다. 새아빠는 뉴멕시코 앨버커키 출신이었고, 어린 시절 우리 집에도 똑같은 컵 받침이 있었다. 그 사소한 물건이 분노를 증폭시켰다. 평생 끓고 있던 분노였다. 웅크렸던 분노를 말로 뱉어냈다.

"부모님에게 인정받지 못하니까… 그때는 다른 데서라도 인정을 얻으려 했어요. 뭔가를 해내고, 또 해내면서요. 마라톤을 완주하고, 대학 졸업장을 세 개 따고, 클리닉을 열었어요. 그런데도 그토록 바라던 그 '인정'이라는 그릇은 한 방울도 채워지지 않았어요."

나는 잠시 말을 멈췄다.

"그 모든 게 시간 낭비였다는 말은 아니에요. 하지만 가치 있는 존재가 되려고 안간힘을 썼던 내 안의 그 부분은… 뭘 해도 통하지 않는다는 사실에 거의 미쳐 있어요."

그때 북받치던 감정은, 어렴풋하게나마 늘 인식했던 내 안의 분노가 비로소 모습을 드러낸 것이었다. 눈을 감고 그 감정을 일부라도 느끼려 하자, 허공을 향해 주먹을 휘두르는 내 모습이 떠올랐다. 크리스티는 그 장면을 천천히 따라가면서 다음에 무엇이 이어지는지 살펴보자고 했다. 한순간 금속 벽을 치는 내 주먹이 보였다. 벽은 산산이 부서졌다.

"금속 파편이 사방으로 튀어요."

"좋아요. 계속해요. 주먹의 힘을 느끼면서 벽이 조각나는 걸 바라보세요. 지금 어떤 기분인가요?"

크리스티는 계속해서 몸에 집중하라고 했지만, 나는 어느 순간

머리로 돌아가 내게 떠오른 그 이미지를 분석하기 시작했다. '내가 실제로 분노를 느끼면 이런 일이 벌어질 거라는 상징이겠지. 결국 그 분노가 나를 해치게 될 거야.' 날아오는 금속 파편들은 내가 분노를 드러냈을 때 따라올 결과를 의미하는 것 같았다.

하지만 내 몸의 감각으로 다시 돌아왔을 때 더는 두려움이 느껴지지 않았다. 몸은 내가 멈추기를 바라지 않았다. 계속하라고, 계속해서 주먹을 휘두르라고 말하고 있었다.

크리스티는 침착한 목소리로 물었다.

"그 파편들로부터 당신을 지켜줄 무언가가 있나요?"

다음 순간, 고대 갑옷을 입은 내 모습이 보였다. 충분히 안전한 느낌이 드는지 몸을 확인해 보았다. 얼굴을 덮는 사슬갑옷과 몸통을 단단히 고정해 주는 금속 흉갑 속으로 들어가자 비로소 안전해진 느낌이 들었다. 그때부터 파편은 점점 더 거세고 빨라졌다. 더 이상 주먹으로 벽을 치지 않는데도, 내가 자석이라도 된 것처럼 금속 파편이 나를 향해 날아들었다. 마치 구멍 뚫린 하늘에서 한여름 소나기가 퍼붓듯 했다. 금속끼리 부딪치는 요란한 소리가 머리를 울리고 진동이 온몸으로 퍼져나갔다. 그 떨림과 진동은, 내 가슴 위에서 원주민들의 춤이라도 한바탕 벌어지는 것처럼 본능적이고도 짜릿했다.

리듬이 이어지면서 더 깊고 거친 영역, 내가 수십 년 동안 닿아본 적 없던 부분에 가까워졌다. 그 두드림이 나를 다시 내 몸속으로 밀어 넣는 듯, 나는 되살아나고 있었다. 이루 말할 수 없이 좋은 기분이었다. 그 감촉, 그 충돌은 하나의 폭발 같았다. 나는 주문처럼 외치기 시작했다.

"나 여기 있어, 나 여기 있어, 나 여기 있어."

내가 스스로에게 주먹을 휘두르도록 허락했을 때, 어린 시절부터 쌓여 있던 모든 화와 분노가 밖으로 터져 나왔다. 그것이 오랫동안 멀리했던 내 안의 부분들을 돌아오고 연결되게 만들었다. 내 자아 전체가 깨어나고 있었다. 나는 내 존재에 다시 숨을 불어넣었다. 내 분노가 마음껏 피어나고 자라도록 놔주고 필요한 공간을 내어줌으로써, 나 자신도 필요한 만큼 공간을 차지할 수 있게 되었다.

그 에너지를 증폭하고 싶은 욕구가 일었다. 크리스티에게 들고 있던 작은 콩주머니를 던져도 되겠냐고 물었고, 크리스티는 고개를 끄덕였다. 나는 방 반대편 끝을 향해 콩주머니를 힘껏 던졌다. 그것은 엄마와 통화하던 순간 내 몸이 원했던 행동이었다. 그때는 삼켰던 욕구가 이제 해방되고 있었다.

나는 눈을 감고 흐느끼기 시작했다. 평생 쌓아온 화와 슬픔, 버림받고 선택받지 못한 느낌이 한꺼번에 쏟아져 내렸다. 오래 짊어지고 살았던 것들을 내려놓는 느낌이었다.

그날 세션을 마치고 집으로 돌아오면서, 이것이 깊고 강렬한 경험이었다고만 생각했다. 그러나 이 책을 쓰기 시작하며 그날 일어난 일을 더 분명하게 이해하게 되었다.

새아빠가 죽고 엄마와 그 통화를 한 것은 2018년이었다. 하지만 엄마가 동생을 칭찬했을 때, 그것은 훨씬 오래전의 어떤 기억을 건드렸다. 1991년, 우리가 의무적으로 참석했던 가족 치료 세션에서 있었던 일이었다. 새아빠는 나를 라스베이거스에 데려간 적이 없다고 잘라 말하면서, 전부 내가 만들어 낸 상상속 이야기라고 했다. 그리고 막내아들을 향해 말했다.

"내가 제일 아끼는 건 항상 너였어."

엄마도 반사적으로 이복동생에게로 몸을 돌리며 똑같이 말했다.

"우리가 제일 아끼는 건 너지."

그리고 마침내 나를 향했을 때, 엄마는 이렇게 말했다.

"잉그리드, 네가 그런 일이 있었다고 믿는다는 건 나도 믿지만… 실제라고 생각되진 않는구나."

나는 즉각 되받아치면서 목소리를 높였다.

"엄마! 내가 뭐 하러 그런 걸 꾸며내겠어? 얻을 게 하나도 없는데!"

나는 기억나는 대로 이야기를 늘어놓았다. 가수 웨인 뉴튼의 공연장에서 여자 관객들이 속옷을 던지던 장면, 슬롯머신 때문에 새아빠와 내 손가락이 검게 물들었던 이야기까지.

"라스베이거스에 가본 적이 없으면 내가 어떻게 이런 걸 알겠냐고!"

하지만 엄마는 내 말을 들은 척도 하지 않았다. 27년이 지난 후에도 나는 그때의 분노를 고스란히 안고 있었다. 동생처럼 인정받지 못해서만은 아니었다. 극도의 무력감 때문이었다. 그 누구도 나를 위해 나서주지 않았고, 나를 칭찬해 준 적도 없었다는 사실 때문이었다.

나는 엄마와의 통화 내용을 크리스티에게 이야기하며 오랫동안 내 안에서 잠자코 있던 분노의 아주 작은 조각을 느낄 수 있었다. 크리스티는 내가 그 화와 함께 머물 수 있게 도와주었다. 나는 트리거가 작동했다는 사실을 몰랐고, 그저 거슬린다고만 느꼈다. 사실 나는 수치스러웠다. 엄마가 동생을 사랑한다는 이유로 짜증 난다는 사실 자체가 부끄러웠다.

'나라는 사람은 도대체 뭐가 잘못된 거지?'

하지만 크리스티의 안내에 따라 집중하고, 속도를 늦추고, 몸의 경험에 머물기를 시도하면서 나는 30년 동안 묵혀두었던 분노를 온전히 느끼고 처리할 할 수 있었다. 치유는 바로 그곳, 표면 아래에서 나를 기다리고 있었던 것 같았다.

모든 트라우마 치료 기법을 관통하는 주제는 이것이다. 우리는 일어나는 일을 군이 분석할 필요가 없다. 심리치료사의 해석을 정답으로 받아들일 필요도 없다. 우리에게 필요한 것은 몸의 진실을 신뢰하는 것뿐이다. 그럴 때 우리는 그 진실을 조금씩 되찾기 시작한다. 감정이 다가오도록 허락하고, 우리가 그 감정을 느낄 수 있다는 사실을 알아야 한다. 그동안 멈춰 있던 자연스러운 과정이 마침내 스스로 마무리되도록, 그 길을 열어주라.

EMDR: 과거를 과거로 보낸다

최근 '근거 기반 치료법'으로 주목받으며 널리 알려진 트라우마 치료 기법이 있다. 안구운동 민감소실 및 재처리 기법Eye Movement Desensitization and Reprocessing, 줄여서 EMDR이다. 이름은 상당히 장황하지만, 트라우마의 정서적 부담을 완화하는 직관적이면서도 효과적인 방법이다.

이 기법은 심리학자이자 교육자인 프랜신 샤피로^{Francine Shapiro} 박사가 창안하고 발전시켰다. EMDR에서 널리 알려진 핵심 요소는 '양측성 자극'이다. 좌우로 반복되는 리듬감 있는 안구운동이 대표적이다. 본래 양측성 자극은 이 안구운동만을 의미했지만, 현재는 좌우를 번갈아 자극하는 리듬감 있는 움직임이라면 무엇이든 포함하는 개념으로 확장되었다. 예를 들어 두 팔을 가슴 앞으로 교차해 양쪽 어깨를 번갈아 두드리는 '나비 포옹^{Butterfly Hug}'도 여기에 해당한다.

EMDR이 왜 효과를 보이는지 그 원리는 아직 완전히 밝혀지지 않았다. 한 가지 가설은 양측성 자극이 렘^{REM} 수면 상태를 모방하여, 몸과 뇌가 기억과 감정을 처리하고 통합하도록 돕는다는 것이다. 또 다른 가설은 이러한 자극이 좌뇌와 우뇌 사이의 소통을 촉진해 정보의 통합을 돕는다는 설명이다.

해리 왕자는 어머니의 죽음과 관련된 트라우마를 다루기 위해 EMDR 치료를 받은 것으로 잘 알려져 있다. 그는 오프라 윈프리와 함께 출연한 다큐멘터리 〈당신이 보지 못하는 나^{The Me You Can't See}〉에서 자신의 EMDR 치료 장면을 공개하기도 했다.[23]

그 장면에서 해리 왕자는 자신을 자극하는 트리거를 다루고 싶어 한다. 이유를 명확히 설명할 수는 없었지만, 그는 런던행 비행기에 오를 때마다 극심한 긴장과 두려움을 느꼈다. 그래서 심리치료사

---

23 〈당신이 보지 못하는 나〉, 다큐멘터리 공동제작자 오프라 윈프리, 해리 왕자, Apple TV, 2021

와 함께, 비행기 안에서 착륙을 기다리던 순간의 기억을 탐색한다.

"무엇이 느껴지나요?"

치료사가 묻는다.

"텅 빈 구덩이 속 같아요. 불안해서… 온몸이 긴장돼 있어요."

"그 감정을 느낄 때, 자신에 대해 떠오르는 메시지는 무엇인가요?"

"나는 사냥감이에요. 무력해요. 도망칠 곳도 없어요."

"그 순간을 떠올릴 때, 지금은 어떤 생각을 하길 원하나요?"

"나는 무력하지 않다… 이건 그저 잠깐 지나가는 순간일 뿐이다."

이후 심리치료사는 지금 어떤 감정이 느껴지는지 다시 묻는다. 해리 왕자는 슬픔이라고 답한다. 그 감정이 몸 어디에서 느껴지는지 묻자, 자신의 배를 가리킨다.

이 시점에서 해리 왕자는 양측성 자극을 시작한다. 기억과 연상, 감정이 자연스럽게 떠오르도록 두면서 그 흐름을 따라간다. 그리고 자신이 느낀 긴장과 두려움이 어머니의 죽음 직후부터 시작되었다는 사실을 깨닫는다. 어머니가 세상을 떠난 뒤 얼마 지나지 않아 그는 2주간 아프리카 여행을 했고, 그곳에서 마음이 한결 가벼워졌다고 회상한다. 그러나 런던으로, 이제는 어머니가 없는 집으로 돌아온 순간부터 상황은 달라졌다. 언론은 그의 일거수일투족을 감시했고 그는 동정과 압박 속에 놓였다. 처음 집으로 돌아오는 비행기를 탔던 바로 그 순간부터 두려움이 비롯되었다는 사실을 그는 지금껏 전혀 자각하지 못하고 있었다.

양측성 자극을 이어가며 그는 이렇게 묘사한다.

"제 하드디스크를 정리하는 느낌이에요… 뭔가 하나 떠오르면, 슉… 그건 끝. 슉… 이것도 끝."

잠시 그 과정을 지켜보던 치료사는 그때의 비행기 안으로 돌아가 보자고 한다. 그리고 지금은 어떻게 느껴지는지 묻는다.

"평온해졌어요. 평온하고… 그래서 강해진 느낌이에요."

세션은 여기에서 마무리된다.

이 장면은 여덟 단계로 이루어진 전체 EMDR 과정 중 네 번째 단계였다. 전 과정을 모두 보지는 못했지만 중요한 변화를 확인할 수 있다. 해리 왕자의 과거 신념, 즉 '나는 사냥감이고 무력하다'는 훨씬 더 긍정적인 신념, 즉 '나는 평온하고 강하다'로 대체되었다는 점이다. 이제 비행기가 히스로 공항에 가까워질 때, 과거의 두려움에 휩쓸리기보다 현재의 관점에서 그 상황을 마주할 수 있을 것이다.

나는 EMDR 전문 심리치료사로서 실제 상담에서도 이 방법을 자주 활용한다. 세이디는 한 세션에서, 자신이 왜 섭식장애에서 좀처럼 벗어나지 못하는지 그 이유를 몸이 비밀처럼 감추고 있는 것 같다고 말했다.

"저는 이제 섭식장애에 관해서 모르는 게 하나도 없어요. 그런데 저 좀 보세요. 여전히 폭식하고 토하고, 그대로예요. 벗어날 준비는 진작에 끝났어요."

세이디가 머리로 알고 있는 것과 몸이 허락하는 것이 서로 충돌하고 있었다. 그래서 자신의 몸에게 이렇게 묻고 싶었다.

"우리는 왜 아직도 이걸 붙들고 있는 걸까?"

그녀는 눈을 감고 앉아, 마음이 시간을 거슬러 올라가 어떤 두드러진 기억을 찾아내도록 두었다. 그러나 세이디는 과거가 아니라 현재의 감정에 계속 머물러 있었다. 온갖 방법을 다 시도해 봤는데도 소용없다는 좌절감이었다. 그녀는 답을 찾아 헤매는 데 지쳐 있었다. EMDR을 어디부터 시작해야 할지 찾는 일도 마찬가지였다. 그래서 우리는 '모른다는 것'에서부터 출발하기로 했다. 이것은 세이디가 그동안 도저히 견딜 수 없었던 상태이기도 했다.

세이디는 어린 시절부터 스스로 문제를 해결해 온 사람이었다. 그녀에게 '모른다'는 것은 안전한 답이 아니었다. 그래서 우리는 무언가를 이해하지 못할 때 그녀가 느꼈던 압도감에 다가갔다. 나는 이렇게 안내했다.

"'모른다'는 것에서 떠오르는 감각이나 감정, 혹은 기억이 있는지 의식해 보세요."

세이디는 눈을 감은 채 내면을 더듬었다. 그리고 고개를 끄덕였다. 무언가가 있다는 신호였다. 그녀는 몸 깊은 곳에서 올라오는 비동하고 아픈 감각을 알아차렸다. "나는 힘이 없어. 망가졌어"라고 말하는 듯한 감각이었다. 세이디는 양측성 자극을 시작했다. 나비 포옹 자세로 한쪽 어깨를 두드리고, 천천히 반대쪽 어깨를 두드렸다.

EMDR의 의도는 무엇이 떠오르든 그대로 의식하는 것이다. 말로 표현하는 것이 아니라, 자기 자신의 마음과 몸을 바라보는 관객이 되는 것이다. 다가오는 것은 무엇이든 그대로 맞이한다. 더 이상 눈을 가리지도, 저항하지도 않는다.

그러나 어깨를 두드리는 동안에도 세이디는 자꾸 머리로 돌아와 생각하면서 답을 찾으려 했다. 그 때문에 더 이상 나아가지 못했다. 나는 그녀에게 눈을 떠보라고 제안했다. 우리가 함께 있는 이 방으로 주의를 가져오는 '방향찾기'를 할 수 있다면, 공간적인 안전감을 조금 더 줄 수 있을지 궁금했기 때문이다.

세이디는 내 책장 쪽을 바라보았다. 나는 양측성 자극을 다시 시작하기 전에, 지금의 시선 속에서 마지막으로 마음에 울림을 주는 무언가와 연결해 보라고 했다.

몇 분도 지나지 않아 세이디는 울음을 터뜨렸다. 눈물을 흘리며 고개를 끄덕였고, 계속 어깨를 두드리면서 자기 내면 깊숙이 들어가고 있었다. 그녀는 자신의 삶에서 일어났던 일들이 슬라이드처럼 눈앞에 펼쳐진다고 말했다. 원치 않는 방식으로 남자들이 자신의 몸을 만졌던 순간들, 힘을 내어 맞서고 싶었지만 순응해야 했던 경험들이 차례로 떠올랐다.

세이디는 깨달았다. 자신의 섭식장애가, 그녀가 어찌할 수 없었던 모든 상황을 대신 떠안고 있었다는 것을. 감당할 수 없는 일이 닥칠 때마다 그녀는 폭식과 구토로 돌아갔다. 폭식은 감정을 무디게 했고, 구토는 그녀를 탈진시켰다.

섭식장애는 세이디가 자신의 고통에서 거리를 두는 가장 익숙한 방식이었다. 동시에 모든 문제를 스스로 해결해야 한다는 부담, 삶에서 벌어진 끔찍한 일들을 오롯이 책임져야 한다는 압박을 덜어주었다. 그 모든 것을 섭식장애가 짊어지고 있었다. 그러니 세상의 어떤 지식으로도 세이디의 폭식과 구토를 멈출 수는 없었다. 그 행동들을 단번에 없애버리는 일은 어쩌면 그녀의 삶과 기억, 그리고 어린 시절 유일하게 '돌봄'이나 '보호'처럼 느껴졌던 어떤 것까지 함께 지워버리는 일이 될 수도 있었다.

자기 몸을 두드리며 그 거대한 진실을 마주하고, 충분히 느끼고 난 뒤에야 세이디는 비로소 그 행동들을 떠나보낼 수 있었다. 그녀에게는 기억을 꺼내 마음속 스크린에 재생하고, 그 기억이 지닌 감정을 온전히 느끼는 시간이 필요했다. 그래야 그것들이 몸을 지나 흘러갈 수 있을 터였다.

그렇게 막고 있던 댐이 무너졌다. 세이디는 넘쳐흐르는 마지막 한 방울까지 지켜보았다. 마지막으로 거대한 잔여물을 배출하듯, 그동안 섭식장애가 안고 있던 모든 것이 풀려났다. 그녀의 내면은 충분한 안전을 회복했고, 마침내 과거의 일을 감당하고 처리할 수 있는 상태가 되었다. 나는 세이디에게, 이전에 무력하고 망가진 느낌이 머물렀던 그 자리에 지금은 무엇이 느껴지는지 물었다.

"해방된 느낌이요. 이제 자유로운 것 같아요."

세이디는 늘 자기 몸이 자기 것이 아닌 것처럼 느꼈다. 그 안에는 자신 말고도 다른 무언가가 사는 것 같았다. 이전 EMDR 세션에서, 그녀의 몸에 닿았던 아버지의 손은 세이디 자신의 손보다 오히려 더 당연하게 느껴지기도 했다. 그러나 이번 세션을 통해 그녀는 분명히 알게 되었다. 자신의 몸은 자신의 것이라는 사실을. 살아오면서 이토록 또렷하게 자기 몸을 느껴본 적은 없었다. EMDR은, 그녀의 섭식장애가 늘 해소하고자 시도했지만 끝내 해내지 못했던 것을 몰아냈다. 그 이후로 세이디는 폭식도, 구토도 하지 않게 되었다. 그 충동 자체가 더 이상 올라오지 않았다.

EMDR 기법은 훈련받은 전문가의 안내를 따라 시행해야 한다. 그러나 양측성 자극은 신경계를 조율하는 방법으로서 일상에서 활용할 수 있다. 드럼 연주, 춤추기, 심지어 걷는 것까지 양측성 자극에 포함된다.

나는 컴퓨터로 회고록을 썼던 시간 역시 하나의 양측성 자극이었다고 생각한다. 과거의 순간들을 떠올리며 손가락을 키보드 위에서 왼쪽, 오른쪽으로 번갈아 두드리던 리듬, 화면의 문장들을 다시 읽기 위해 눈을 좌우로 움직이던 안구 운동. 이 동작을 통해 나는 과거의 경험들을 다시 처리하고 있었던 셈이다.

압도되는 순간이나 고통스러운 일을 겪을 때, 이러한 양측성 자극을 활용할 수 있다. 이때 '재처리'란 결국 우리가 진실을 보게 되고 느낄 수 있게 되는 것을 의미한다. 우리는 점차 근본적인 수용의 상태와 연결된다. '상황이 이렇게 흘러갔어야 하는데…', '좀 더 받아들이기 쉬운 결과였다면…' 하는 마음을 내려놓게 된다.

더 이상 회피하지 않게 될 때 우리는 깨닫는다. 답이 우리 의식의 표면에 보이지 않는다고 해서 존재하지 않는 것은 아니라는 사실을. 흔히들 '행복은 선택'이라고 하지만, 해결되지 않은 트라우마를 안고 살아가는 사람에게는 이 말이 전혀 와닿지 않는다. 무엇을 '선택한다'는 것은 동시에 다른 무언가를 억누른다는 뜻이기 때문이다. 그리고 그 억눌린 무언가야말로, 사실은 꽤 중요한 것인 경우가 많다.

순응 반응에서 벗어난다는 것은, 그 자리에 무엇이 존재하든 그것과 함께 머무르는 과정이다. 그 과정을 거치지 않고서는 자신의 목소리를 낼 수도, 중심을 찾을 수도 없다. 그렇게 지나온 뒤, 어쩌면 우리는 행복에 이를 수도 있을 것이다. 그러나 나와 많은 내담자들에게 행복은 더 이상 목표가 아니었다. 진짜로 존재하는 것, 진짜 삶 속에 머무는 것, 그리고 자유로워지는 것. 우리가 정말로 찾던 것들이다.

당신에겐 슬퍼할 능력이 있나요?

미처 끝내지 못한 일들이 으레 그렇듯, 트라우마 역시 우리 안에서 뭔가를 가로막는다. 바로 슬퍼할 능력이다. 순응 반응에 익숙한 사람들은 존재하지 않는 결말을 찾아 시간 속에 갇혀 있다. 그러는 동안 삶에 남겨진 상처를 돌아보거나 슬퍼하지 못하며, 그 상처를 피하느라 잃어버린 모든 시간 또한 애도하지 못한다.

신경계를 조율하고 지난 경험을 재처리하는 작업은 결국 상실을 느끼고 그것을 감당할 수 있도록 준비하는 과정이다. 우리는 실제로 일어났던 일뿐 아니라 일어나지 않았던 일도 함께 애도해야 한다. 우리는 다음과 같은 것들을 슬퍼할 수 있어야 한다.

- 가면 뒤에 숨어 지내며 잃어버린 세월
- 타인을 위해 애쓰느라 잃어버린 자기 자신
- 헛된 희망을 붙들고 허비한 시간
- 부적절하고 고통스러웠던 관계들
- 사랑하는 사람이 우리를 완전히 버렸다고 느꼈던 순간
- 타인을 살피며 작은 존재로 머무는 동안 닿지 못했던 성공과 자유, 기쁨

- 충분히 채워지지 못했던 수많은 욕구
- 고통의 근원을 알지 못한 채 끝없이 '더 나아지려' 애써야 했던 시간

슬픔은 우리 방식의 '종결'을 맞이하고 마침표를 찍도록 해준다. 우리 중 많은 이들이 조화롭고 깔끔한 결말을 기다려 왔다. 누구도 화내지 않고, 모두가 흔쾌히 받아들이며, 우리가 떠나도 좋다는 허락을 받는 그런 결말을. 그러나 모든 이야기가 그렇게 매끄럽게 마무리되는 것은 아니다. 우리는 그 사실 또한 슬퍼할 수 있어야 한다.

슬픔은 우리를 현실로 데려온다. 그 자리는 아플 수 있다. 그러나 우리가 '진짜 선택'을 할 수 있는 곳이기도 하다.

앤서니는 자신의 트라우마가 어디서 시작되었는지 알아갈수록, 부모님의 실체를 있는 그대로 받아들이는 법을 배워야 했다. 그는 사랑받는다고 느낀 적이 없었다. 매주 이어지던 안부 전화에서도 부모님이 진심으로 관심을 기울인다고 느껴본 적이 없었다. 그저 다정해 보이고 싶은 어머니로서의 욕구를 채워주는 시간이 반복될 뿐이었다.

그 상실을 충분히 느끼고 처리한 뒤, 앤서니는 부모와의 관계에서 경계를 세울 수 있게 되었다. 부재중 전화에 곧바로 응답하지 않았고, 가족에 대한 험담에 끼어들지 않았으며, 마음이 내키는 자리에만 참석했다. 그마저도 자신이 정한 조건에 따랐다.

순응 반응에 익숙한 사람들은 오랫동안 자신에게 존재감도, 자격도 없다고 느끼며 살았다. 그러나 슬픔은 우리의 목소리를 되찾아

준다. 슬픔은 우리가 화를 느끼고, 자신을 주장하며, 건강한 투쟁 반응을 회복하도록 돕는다. 또한 슬픔은 상호적인 관계의 씨앗을 품고 있다.

내담자들과의 세션을 통해 깨달은 한 가지는, 트라우마의 치유가 종종 '트라우마 유대'로 묶여 있던 관계를 떠나는 일과 이어진다는 것이다. 이런 종류의 슬픔은 특히 더 깊고 고통스럽게 다가온다. 단순히 상대방을 잃는 것이 아니라, 마치 자신이 무너져 내리는 듯한 느낌을 경험하기도 한다. 그래서 트라우마 치유 작업에서는 이런 말이 흔히 오간다.

"치유는 때로 본래의 상처보다 더 아플 수 있다."

내 경험에 비추어 볼 때, 이 말은 결코 과장이 아니다.

콜린을 떠나면서 프랜시스는 처음으로 죽을 것만 같은 고통을 느꼈다. '결국 나를 구하러 오는 사람은 없다'는 좌절감이었다. 순응하는 사람들은 바깥에서 답을 찾으며, 결핍된 애정을 구하느라 평생을 바치기도 한다. 그러나 그 방법이 더 이상 효과가 없다는 것을 깨닫는 순간, 우리를 구해줄 것이라 믿었던 사람이나 상황이 사라졌음을 알게 되는 순간, 혹은 그 믿음 자체가 헛된 것이었음을 마주하는 순간, 우리는 희망을 완전히 잃은 것 같은 느낌을 경험한다. 믿기 어려울 만큼 깊은 절망이다.

세이디는 마지막으로 마거릿을 떠났던 때를 기억한다. 도무지 그 고통을 견딜 자신이 없었다. 그 상황은 어린 시절, 아버지가 집을 떠나 새 가정을 꾸렸을 때 처리되지 못한 감정을 건드렸다. 학대를 일삼던 아버지였지만, 부모에게 버려졌다는 사실은 견디기 힘든 상처로 남아 있었다. 마거릿과 이별하며 세이디는 아버지가 또다시 자신을 버리고 떠나는 것 같은 기분에 빠졌다.

미아는 아버지의 실제 모습이 아니라, 자신이 바라던 아버지의 모습을 애도해야 했다. '최고의 딸'로 남고 싶어서 일부러 못본 척했던 아빠의 모습까지도.

데이비스 역시 알고 있다. 어린 소년이었던 자신이 겪었던 모든 일들 중에는 아직도 애도해야 할 것이 더 많이 남아 있다는 사실을 말이다.

우리는 과거에 일어났던 일들뿐 아니라, 그 상처가 앗아가 버린 우리 자신에 대해서도 슬퍼해야 한다. 우리를 가장 가까이에서 가장 사랑해 주어야 했던 사람들이 오히려 누구보다 깊은 상처를 남겼다는 사실 또한 애도해야 한다.

이런 슬픔을 느끼기 시작하면, 막혀 있던 둑이 무너진다. 트라우마로 맺어진 관계에서 벗어나고자 마음먹는 순간, 뒤에서 숨죽여 기다리고 있던 처리되지 못한 슬픔이 한꺼번에 쏟아진다. 그렇게 우리는 우리 안의 한 부분이 죽어가는 모습을·보게 된다. 남들을 지키기 위해, 그들을 위해 그리도 열심히 싸우느라 스스로를 저버렸던 바로 그 부분이다. 자신과 타인 모두를 배신한 것처럼 느껴지는 이 감정과 마주할 때, 우리는 전에 없이 솔직해진다. 그리고 바로 그 지점에서 다시 태어나기 시작한다.

재처리 과정도 그랬듯이, 이것은 우리가 우리 아픔을 실제로 '느끼고 있다'는 뜻이다. 그러나 모든 아픔이 같은 것은 아니다.《우리

할머니의 두 손》에서 레스마 메나켐은 이를 이렇게 구분한다.

"아픔에는 두 종류가 있다. '깨끗한 아픔'은 치유하는 아픔으로, 성장할 수 있는 능력을 키워준다. 스스로 어떤 말이나 행동을 해야 하는지 알고 있을 때 느끼는 아픔이다. 우리는 그 말이나 행동을 정말 하고 싶지 않지만, 어떻게든 해냄으로써 자기 안의 최선의 부분에 응답하게 된다. 반면에 '더러운 아픔'은 회피나 비난, 부정의 아픔이다. 자기 안의 가장 상처 입은 부분으로 답할 때 느끼는 아픔이다.[24]"

깨끗한 아픔은 종종 행동을 요구한다. 그 순간에는 분명 아프지만, 우리를 변화시키는 아픔이기도 하다. 메나켐은 이어서 이렇게 말한다.

"역설적이게도 우리는 우리의 아픔과 불편함 속으로 걸어 들어가, 그것을 온전히 경험하고 통과하고 소화해 내야 성장할 수 있다. 그것이 인간의 몸이 기능하는 방식이다.[25]"

순응 반응에서 벗어나는 과정은, 우리가 어린 시절 품었던 믿음들을 애도하고 마침내 놓아주는 일이다. 한때 나는, 나를 아프게 했

---

24 레스마 메나켐,《우리 할머니의 두 손》
25 레스마 메나켐,《우리 할머니의 두 손》

던 사람들이 어느 날 갑자기 정신을 차리고는 자신을 돌보고 나까지 돌보게 되리라 믿었다. 동시에, 역기능적인 나의 작은 세상 바깥에 거대한 좋은 세상이 존재한다고 믿었다. 건강한 관계로 가득 찬 제대로 기능하는 세상, 다정함이 넘치는 세상 말이다. 내 가족 안에서 무사히 살아남기만 하면 결국에는 모든 존재를 품어주는 더 크고 건강한 가족에 도달하게 될 것이라 믿었다. 내가 착하게 굴면, 즉 순응하면 삶의 결과는 정해질 거라고 생각했다. 달리 말해, 세상은 안정적이고 예측 가능하며, 변수는 오직 나 하나뿐이라고 여겼다.

그러나 결국 나는 세상이 무지개와 밝은 햇살로만 이루어져 있지 않다는 사실을 알게 되었다. 우리 중 많은 이들은 유독한 환경에서 견디고 살아남기 위해 마법 같은 세계관을 만들어 낸다. 스스로 자신의 부모 노릇을 해야 했던 어린아이의 시선으로 빚어낸 세계관이다. 그래서 누군가 잔인하거나 이기적으로 행동할 때, 우리는 그것을 어떻게 받아들여야 할지 알지 못한다. 마치 난데없이 뒤통수를 세게 맞은 것만 같다.

자기만의 의식을 치르는 것은, 전환의 순간을 표시하고 슬픔을 기리는 좋은 방법이 될 수 있다. 이 의식은 애도의 과정을 담아내며, 우리가 새로운 자아감을 만들어 가는 동안 그 과정을 가시화해 준다. 내려놓고 싶은 것들이 있다면 종이에 적어 불을 붙여보라. 그것이 천천히 타들어 가는 모습을 지켜보자. 바닷가를 걸으며 파도가 밀려왔다가 다시 빠져나가는 장면을 바라보아도 좋고, 새로운 희망과 밝음을 상징하는 초를 하나 켜보는 것도 좋다.

앤서니는 자신의 중요한 순간을 문신으로 새겼고, 미아는 창작 활동을 선택했다. 때로는 영적 수련이나 몸을 움직이는 수행이 우리가 느끼는 슬픔의 무게를 담아주는 그릇이 되기도 한다. 이 그릇에 기대어, 흘러가는 것과 당신 안에서 깨어나는 모든 것을 가시적인 방법으로 드러내 보라.

베일들이 걷히고 나면, 우리는 결코 마주하고 싶지 않았던 감정들과 마주 앉을 수 있게 된다. 세상은 우리가 상상했던 것보다 훨씬 더 위험하게 느껴질지도 모른다. 이제 크든 작든 무언가를 보기 좋게 포장하는 일을 멈추고, 저 구름 뒤에는 반드시 햇살이 있을 거라고 우기지 않는 법을 배우게 될 것이다. 왜냐하면 바로 그것, '현실 속에 살기'야말로 우리가 그토록 치열하게 싸워온 이유였다는 사실을 깨닫기 때문이다. 우리는 어린아이의 마법 같은 사고방식에 취하는 것이 아니라, 인간으로 존재한다는 의미를 온전히 감당하게 된다. 건너고, 소화하고, 창조하고, 번영하며, 진정으로 삶에 뛰어들 수 있는 능력을 키운다. 그렇게 현실과 새로운 관계를 맺은 우리는, 삶의 좋은 면들 또한 분명히 볼 수 있게 된다. 우리의 아픔을 받아들이는 만큼 우리의 가치와 재능도 받아들일 수 있게 되는 것이다. 이제 삶을 '연기하는' 것을 멈추고, 삶을 '살기' 시작한다.

나에게 다시 부모가 되어주기

P. D. 이스트맨P. D. Eastman의 《혹시 제 엄마예요?Are You My Mother?》는 1960년대에 출간된 유명한 동화책이다. 나는 이 책을 비교적 최

근에야 알게 되었는데, 읽는 내내 어린 시절 트라우마의 생존자가
순응 반응에 갇혀 있는 모습이 눈에 들어왔다.

알을 깨고 막 세상에 나온 아기 새는 자신이 혼자라는 사실을 깨
닫는다. 그래서 이곳저곳을 떠돌며 만나는 존재마다 묻는다. "혹시
엄마예요?" 따뜻한 돌봄과 조건 없는 사랑을 찾아 고양이에게 다가
가 묻고, 개와 암소에게도 묻고, 마침내는 거대한 굴삭기 꼭대기까
지 올라간다. 누구라도 자신을 안아 올려 선택해 주기를 바라는 아
기 새는, 자기가 점점 위험한 상황에 처하고 있다는 사실을 알아차
리지 못한다.

많은 사람들이 이 아기 새처럼 살아간다. 우리에게 필요하고 우
리가 마땅히 받아야 할 것을 찾아, 그것을 결코 줄 수 없는 사람들과
상황 사이를 끝없이 헤맨다. 직장 상사에게, 친구에게, 연인에게 기
대어 묻는다. "혹시 엄마예요?" 보호받고 싶어서, 소속감을 느끼고
싶어서, 사랑받고 싶어서다. 그러나 우리가 아무리 야옹거리고, 멍
멍 짖고, 상대에게 맞추고 달래려 애써도 우리가 찾는 진정한 유대
감은 좀처럼 경험하지 못한다.

이것이 순응의 경로다. 그렇기에 우리가 그토록 찾아 헤매던 부
모가 결국 우리 자신이 될 수 있음을 깨닫는 순간은, 치유의 결정적
인 전환점이 된다. 바로 재양육Reparenting이라 불리는 과정이다.

재양육의 핵심은 우리 스스로 자신의 양육자가 되는 것이다. 과
거의 우리에게 필요했던 부모가 되어주는 일이다. 그때 받지 못했던
관심과 돌봄을 스스로에게 제공할 때, 우리의 욕구는 비로소 채워지
기 시작한다. 자신의 존재를 인정하고, 우리의 아름다운 두 날개를 바

라볼 수 있게 된다. 그리고 과거는 조금씩 과거의 자리로 돌아간다.

갓 태어난 아기에게 꼭 필요한 것 중 하나는 공동 조율이다. 부모가 아기를 안아 흔들어 주는 이유는 아기가 스스로 진정할 수 없기 때문이다. 아기는 혼자 힘으로 몸을 일으킬 수도, 걸을 수도, 먹을 수도 없으며, 심지어 트림조차 하지 못한다. 꽤 오랜 시간 동안 아이는 양육자에게 기대어 살아갈 수밖에 없다.

그런데 성인이 되었음에도 자신의 감정을 조절하지 못하는 이들이 적지 않다. 이는 세대 간 트라우마Generational Trauma의 한 단면이기도 하다. 우리의 부모는 그들 부모의 대응 메커니즘을 반복했고, 우리는 세대를 거쳐 상처를 물려받았다. 이를 인식하고 스스로 치유의 과정을 거쳐 그 짐을 자녀에게 넘기지 않겠다고 다짐하는 부모들이 있는데, 이른바 '사이클 브레이커Cycle Breakers'다.

많은 이들이 직접 부모가 되기 전까지는 자신이 힘든 어린 시절을 보냈다는 사실조차 자각하지 못한다. 앤서니 역시 줄곧 '우리 가족은 행복하고 서로 사랑한다'는 가족의 공식 노선을 따랐다. 그러나 어느 순간 자신이 아들을 전혀 다른 방식으로 양육하고 있다는 사실을 깨달았다. 부모가 자신에게 다가왔던 방식과, 자신이 아들에게 다가가는 방식은 확실히 달랐다. 그 불일치 속에서 앤서니는 자신이 평생 결핍 속에 살아왔다는 사실을 비로소 알아차렸다.

그렇다면 우리는 어떻게 우리 자신을 재양육할 수 있을까?

가장 먼저 필요한 것은 눈가리개를 벗는 일이다. 부모가 채워주지 못했던 우리의 필요, 그리고 그들이 분명히 실패했던 지점들을 있는 그대로 인식해야 한다. 지어낸 이야기를 내려놓고, 우리의 어린 시절이 실제로 어땠는지 인정하도록 스스로에게 허락해야 한다. 이는 누군가를 탓하기 위함이 아니라, 현실을 왜곡 없이 바라보기 위해서다.

재양육 과정에 도움이 될 수 있는 질문들

자신을 재양육하는 데 무엇이 필요할까? 다음의 질문들이 힌트가 될 것이다.

• 내가 늘 다른 사람에게서 얻으려 하지만, 언제나 부족하거나 끝내 채워지지 않는다고 느끼는 것이 있는가? 그것이 무엇인가? 가치 있다는 느낌인가, 소속감인가, 인정인가?

• 자유로워지기 위해 내가 매달렸던 환상은 무엇인가? 무언가를 성취하는 일인가, 누군가가 뉘우치는 상황인가, 누군가로부터 선택받는 경험인가?

• '만일 _____이 현실이 되면 나는 괜찮아질 것이다.' 이 문장의 빈칸을 채워보자. 그것은 나에게 어떤 의미인가? 나는 왜 그것을 최종 목적지로 여기는가? 지금 그것을 가능하게 할 방법이 있는가?

• 내가 스스로에 대해 품고 있는 부정적인 믿음은 무엇인가? '나는 사랑받을 수 없고 가치 없는 존재다'라고 생각하는가? 그 믿음은 어디에서 시작되었는가? 사진 속 어린 나에게 그 말을

직접 건넨다고 상상할 수 있는가?

- 사람들이 마침내 나의 가치를 알아본다면, 무엇을 보게 될까? 지금 이 자리에서 내가 나의 가치를 인정한다고 생각해 보라. 어떤 느낌이 드는가?
- 휴식, 영양가 있는 음식, 유대감, 바깥 활동과 같은 나의 기본적 욕구는 충족되고 있는가? 그것을 위해 오늘 당장 작은 실천을 한다면 무엇을 할 것인가?
- 내 삶에 장난스러움, 창의성, 음악, 자연 등 생존 모드(두려움, 무력감, 고립감)와 정반대의 속성을 지닌 요소를 더할 여지가 있는가?

재양육 과정은 내면 아이Inner Child를 치유하는 작업과도 일맥상통한다. 그 핵심에는 모두 자신을 바라보고 위로하는 과정이 있기 때문이다. 내면 아이 작업은 자신을 인정하고, 내면의 안전을 형성하는 과정이다. 돌봄 받지 못했던 어린 당신을 바라보고, 그 시절 늘 부족했던 사랑과 휴식, 편안함을 지금의 당신이 건네는 일이다. 나는 내담자들에게 종종 트라우마의 맥락이 반영된 자녀 양육 서적이나 정보를 찾아보라고 권한다. 사람들이 아이를 어떻게 돌보는지에 대한 이야기는, 우리에게 주어지지 않았던 것들을 이해하는 데 도움이 된다. 그렇게 이해한 그것을 이제는 우리 자신에게 줄 수 있다.

스물한 살에 술을 끊기 시작한 후부터 나는 유치원 시절의 내 사진을 지갑에 늘 넣고 다닌다. 휴대전화가 보편화되기 전에는 부모들이 보통 아이 사진을 그렇게 가지고 다녔다. 지갑 속의 사진은, 지금의 나를 잘 돌보아야 하는 이유가 바로 그 아이라는 사실을 상기시켜 준다.

최근 프랜시스와 상담할 때 있었던 일이다. 프랜시스는 연인 콜린으로부터 정서적 학대를 받던, 과거 속 자신의 한 부분과 연결되었다. 자신의 그 부분은 콜린과 함께 살던 예전 집에 여전히 붙들려 있었다. 침울한 상태로 침대에 누워 울고 있었으며, 스스로 몸을 일으켜 그 집을 나설 힘이 없었다. 압도적인 현실로부터 그녀를 보호하기 위해 몸이 과소각성 상태에 들어섰고, 동시에 프랜시스를 거의 죽은 듯 생기 잃은 모습으로 만들어 버린 것이다.

그 기억을 다루는 과정에서 프랜시스는 그 시절의 침실로 돌아가 침대에 누워 있는 자신의 얼굴을 두 손으로 감싸는 장면을 보았다. 눈과 눈이 마주치고, 코와 코가 맞닿았다. 프랜시스는 자신에게 말했다.

"이제 됐어, 괜찮아, 괜찮아."

포기할 때가 아니었다. 아직 끝이 아니었다.

사실 어른에게도 양육은 필요하다. 열여덟 살이 되면 부모가 더이상 필요하지 않다는 것은 말도 안 되는 얘기다. 그러나 어른이 된 많은 사람들이 그런 무조건적인 지지 없이 살아간다. 콜린과 함께 살던 집에 갇혀 있던 프랜시스의 한 부분은, 수년 전 어머니의 집에 갇혀 있던 어린아이이기도 했다. 프랜시스는 늘 이렇게 말했다.

"갇힌 느낌이에요."

그녀에게는 그 갇힌 상태에서 빠져나오도록 도와줄 힘 있고 애정 어린 존재가 필요했다. 그리고 그 존재는 다름 아닌 그녀 자신이었다.

어린 그녀(어쩌면 모든 나이의 그녀)는 마침내 움직일 수 있게 되었다. 그녀는 침대에서 일어났다. 이어서 둘이 함께 차에 오르는 장면이 보였다. 어린 그녀는 조수석에 앉아 발을 위로 올렸고, 프랜시스는 운전석에 앉았다. 프랜시스는 둘 다를 위험에서 벗어나게 하고 있었다.

나에게 재양육이란 이런 의미였다.

'아무도 나를 선택하지 않았을지라도, 나는 나를 선택해야 한다.'

나는 조건 없이 나를 사랑해야 했다. 나의 가치를 인정해야 했다. 누군가가 나보다 먼저 나를 알아봐 주기를 기다리는 일을 멈춰야 했다. 트라우마 치유의 핵심은, 어린 시절의 우리에게 필요했던 바로 그 사람이 되는 것이다. 그 아이에게 다가가 관계를 맺고, 사랑을 건네며, 이제는 혼자가 아니라는 사실을 몸으로 느끼게 해주는 것. 그것이 재양육이다.

릴리 이야기

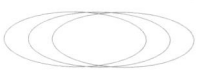

릴리는 연애를 할 때마다 겪는 어려움 때문에 나를 찾아왔다. 그녀는 자신의 딜레마를 이렇게 설명했다.

"저는 상대를 더 이상 좋아하지 않게 되어도 절대 헤어지지를 못해요. 그러다 그냥 결혼까지 하게 될지도 <u>모르죠.</u>"

농담처럼 웃으며 말했지만, 그 속에는 진심이 담겨 있었다. 릴리는 관계를 시작하는 것 자체를 두려워하고 있었다. 첫 만남을 허락하는 순간, 거절할 권리를 잃는다고 느꼈기 때문이다.

함께 세션을 시작했을 때 릴리는 삼십 대 후반이었고, 인생의 동반자가 될 사람을 만나기를 간절히 바라고 있었다. 과거의 관계들을 돌아보던 중, 한때 꽤 진지하게 만났던 남자의 이야기를 꺼냈다. 그는 불안정하고 반항적이었으며 늘 릴리를 위축되게 만들었다. 그래야 자신이 더 나은 사람이라고 느끼는 것 같았다. 릴리는 그와 함께 있을 때 불안해졌지만 그 이유를 분명히 설명할 수는 없었다.

당시 릴리는 다른 곳에서 심리치료를 받고 있었다. 상담 도중, 자신이 남자 친구의 집세를 대신 내주고 있으며, 남자가 키우던 개를 다시 만나기 위해 중서부 지역으로 장거리 여행을 계획 중이라는 사실을 이야기했다. 릴리는 자기 일을 쉬면서까지 '최고의 여자 친구' 노릇을 하려 애쓰고 있었다.

위험 신호를 감지한 심리치료사는 릴리에게 《공동의존 더 이상은 없다》를 읽어보라고 권했다. 그런데 책을 읽은 릴리는 엉뚱하게도 남자 친구가 공동의존자라고 결론지었다. 그의 아버지가 알코올 중독자였기 때문이다. 정작 자신은 남자 친구를 통제하려 들지도 않고, 스스로를 잘 돌보고 있으며, 제 발로 치료를 받으러 올 정도로 건강한 상태라고 생각했다. 공동의존 개념을 알게 되자, 그를 돕고 싶은 마음이 오히려 더 커졌다. 그가 힘든 일을 겪고 있다는 것이 확실해졌기 때문이다.

다만 이런 생각을 심리치료사에게는 말하지 않았다. 분명 자신을 이해하지 못할 터였고, 괜히 실망시키고 싶지도 않았다. 그 사이 릴리는 남자 친구에게 자기 집으로 들어와 함께 살자고 제안했다. 경제적 스트레스가 줄어들면 남자 친구가 자리 잡는 데 도움이 될 것이고 기분도 한결 좋아지리라 믿었다. 그러자 남자 친구는 살던 아파트에 즉시 방을 빼겠다고 통보했다. 릴리는 부랴부랴 그의 집을 대청소했고, 벽에 페인트칠하는 것까지 도와줬다. 그제야 퍼뜩 정신이 들었다.

'세상에, 이제 진짜 같이 사는 거잖아!'

그러나 릴리는 사실 그와 정말로 함께 살고 싶은 건지 확신이 없었다. 심지어 계속 관계를 이어나가는 게 맞는지조차 고민이었다. 그저 조금만 더 버티면 상황이 나아질 것이라 기대하면서 어느덧 너무 멀리까지 와버린 상태였다. 그렇게 조마조마한 시기에 남자 친구가 그녀를 또다시 깎아내리는 일이 벌어졌고, 릴리는 마침내 관계를 끝낼 용기를 냈다.

"결국에는 자신을 지킬 수 있었네요. 다행이에요."

릴리의 이야기를 들은 나는 말했다.

"이 선택의 뿌리를 어린 시절 기억에서 찾아보면 어떨까요? '거절하면 안 된다'거나 '자신을 돌보면 안 된다'고 믿게 된 순간은 언제였을까요?"

플로리다가 고향인 릴리는 자신이 얼마나 운이 좋은지에 대해 귀에 못이 박히도록 들으며 자랐다.

"베네수엘라에서는 아이들이 굶어 죽어."

그저 하는 말이 아니었다. 릴리의 부모는 실제로 베네수엘라에서 온 이민자였다.

릴리는 다섯 살 무렵의 장면을 또렷하게 기억한다. 바닥에 양반다리를 하고 앉아 애니메이션 〈케어 베어Care Bears〉를 보고 있었다. 그때 어머니가 다가와 그녀의 코에 빨래집게를 집었다.

"엄마, 아파!"

릴리가 소리치며 울었지만 엄마는 부드럽게 답했다.

"아프지, 아가? 그래도 이렇게 해야 코가 예뻐져. 크면 엄마한테 고마워할 거야."

선택지가 없어 보였다. 있는 그대로의 자신으로 존재하는 일이 엄마를 실망시키는 것처럼 느껴졌다. 그래서 이후로도 빨래집게로 코를 수시로 집었다. 웃을 때는 코를 가렸고, 사진 찍을 때는 코가 덜 퍼져 보이도록 비스듬히 섰다. 결국 스무 살이 되고는 코 성형수술을 했다.

"착한 아이는 외모도 착해야죠."

이것이 이유였다.

자라면서 들었던 말들은 거의 이런 내용이었다. '너무 까매지면 안 돼, 민족성을 너무 드러내면 안 돼, …하면 안 돼, …안 돼.'

너무 이른 나이에 '나는 잘못되었다', '나는 부족하다'는 믿음을 갖게 되면, 남들의 기분을 맞춰야 한다고 생각하게 된다, 더 나아지고, 뭔가를 '극복'해야 한다고 느끼게 된다. 자신의 고유한 가치나 주체성, 선택권과는 점점 멀어진다. 빨래집게로 코를 집는 건 물론 고통스러웠다. 하지만 릴리는 어머니의 괴로움이 더 크다고 생각했다. 다름 아닌 딸이 '누구인가' 하는 문제 때문에 말이다.

'아델란따르 라 라사^{adelantar la raza}('혈통을 개선한다'는 의미의 스페인어 표현으로, 백인에 가까운 외모를 지향하는 라틴아메리카 문화권의 인종차별적 사고방식을 드러낸다-옮긴이).'

릴리는 이 말을 지겹도록 들었다. 백인에 더 가까워 보이도록 자신을 가꿔야 하고, 피부색이 하얀 아이를 낳으려면 그만큼 피부색이 밝은 남자와 결혼해야 한다는 소리였다. 사랑하는 사람들에게서 이런 말을 듣는 것은 혼란스러웠다. 그러면서도 그 말을 내면화했다.

'나는 뭔가 잘못됐어. 백인에 더 가까워져야 가치 있는 사람이야.'

릴리의 어머니는 딸에게 수치심을 안겨주려는 의도가 전혀 없었다. 라틴계 이민자로 살아온 그녀는 그저 이것이 딸을 위한 옳은 방식이라고 믿었을 뿐이다. 릴리의 순응 반응은 노골적인 학대 환경에서 형성된 것은 아니었지만, 결과적으로 삶의 핵심 동력이 되었다.

릴리는 원하는 게 있어도 조금이라도 과하게 느껴지면 결코 요청하지 않았다. 대신 다른 사람들의 감정에 대해서는 지나치게 책임을 느꼈다.

언젠가 친구 하나가 그녀에게 이렇게 말한 적이 있었다.

"너는 정말 잘 맞춰주는구나."

그때 릴리는 이렇게 웃으며 대답했다.

"응, 고마워."

이는 릴리가 타고나길 다정한 사람이라는 뜻이기도 했다. 하지만 자신의 삶을 트라우마 반응의 맥락에서 바라보기 시작하자, 복잡한 감정이 떠오르기 시작했다. 자기도 모르는 사이 자신의 가치관, 경력이나 관계에서의 목표, 심지어 자신에 대한 존중감까지 모두 내려놓았다는 사실을 깨달았다.

"저는 그냥 좋은 사람이 되고 싶었어요."

순응 반응이 삶 전반에 얼마나 넓게 퍼져 있었는지 자각하기 시작한 세션에서 릴리는 이렇게 말했다.

"모두가 문제없었으면 했고, 모두가 저를 좋아했으면 싶었어요. 그러기 위해서 마땅히 해야 할 일을 하는 거라고 생각했어요… 그런데 이제 보니까, 제 안 어딘가에서 '나는 나쁜 사람일지도 모른다'고 생각했던 것 같아요. 그래서 제가 '좋은 사람'이라는 확인이 필요했나 봐요."

나는 이 믿음이 어디에서 비롯되었는지, 그 뿌리를 더 분명히 이해하고 싶었다.

"당신 안의 그 부분과 연결해 볼 수 있을까요? 자신이 나쁜 사람이라고 믿는 부분이요. 그 부분은 우리에게 또 무슨 이야기를 하고 싶은 걸까요?"

조심스럽게 묻자, 릴리는 잠시 머뭇거렸다. 그러고는 오래 묻어두었던 장면 하나를 꺼내기 시작했다.

"딱 한 번, 제가 저를 통제하지 못하고 방심했던 적이 있어요. 그때 필름이 끊겼고… 순결을 잃었어요."

메모리얼 데이였던 주말, 플로리다키스의 모래사장이었다. 릴리는 열아홉 살이었고, 누군가의 보트 위에서 친구들과 파티를 즐기고 있었다. 술에 취한 채 소파에서 잠이 들었고, 나중에 낯선 손길에 깨어났을 때는 친구들이 모두 사라진 뒤였다.

그녀를 깨운 남자는 외모가 훤칠했다. 둘은 잠시 춤을 췄고, 남자가 물었다.

"선실로 내려갈래요?"

릴리는 그에게 호감을 느꼈고, 상대방도 자기를 마음에 들어

했으면 하고 바랐다.

"좋아요."

계단을 내려간 남자는 비좁은 화장실 문을 열며 안으로 들어가라고 했다. 그 순간 릴리의 머릿속을 스친 생각은 이런 것이었다.

'내려가겠다고 한 건 너야. 저 사람에게 괜찮다는 신호를 준 것도 너고. 이제 와서 안 된다고 하면 저 사람은 화가 나겠지.'

그다음에 무슨 일이 있었는지는 또렷하지 않다. 다만, 남자가 소리를 지르던 순간 정신이 번쩍 들었던 것을 기억한다.

"야! 너 처녀였어?!"

겁에 질린 릴리는 상황에 맞는 답을 찾으려 애썼다. '처녀인 건 좋은 거겠지? 그게 맞겠지?' 그렇게 생각하며 그렇다고 답했다. 그러자 남자는 역겨워하는 표정으로 쏘아보며 몸에 묻은 피를 닦아냈다.

"아, 진짜!"

그가 소리쳤다. 릴리는 방금 한 말을 주워 담고 싶었다. '내가 잘못 말했나 봐. 내가 무슨 짓을 한 거지?' 그녀는 '저 사람이 무슨 짓을 한 거지?'가 아니라 '내가 무슨 짓을 한 거지?'라고 생각했다. 남자는 문을 쾅 닫고 떠나버렸다.

혼자 남은 릴리는 변기 위에 앉아 있었다. 몸에서는 계속 피가 흘러나왔다. 그녀 안의 한 부분은 그 좁은 화장실 안에 영원히 숨고 싶어 했다. 그러나 결국 한 친구가 그녀를 찾아냈고, 수건으로 감싸 해변에 있던 일행에게 데려갔다. 릴리는 그날 내내 좀비가 된 기분이었다. 그런데도 저녁에는 친구들과 다시 모이기 위해 각테일바로 향했다. 심지어 그 남자를 다시 마주칠 수도 있는 곳이었다. 충격에 멍해 있던 그녀에게 보다 못한 친구 하나가 물었다.

"너 왜 그래?"

릴리가 평소와 다르다는 걸 눈치챈 친구는 다른 아이들에게 그만 가자고 했다. 릴리도 고개를 끄덕였다. 릴리는 그 말이 칵테일바를 나가자는 뜻이라고 생각했지만, 친구는 '집에 갈래?'라는 의미였다. 그 친구는 한밤중에 두 시간을 운전해 릴리를 안전하게 집까지 데려다주었다.

나는 그 이야기를 들으며 경악했다. 그녀에게 일어난 사건도 사건이었지만, 그것을 설명하는 방식이 충격적이었다. 필름이 끊긴 상태에서, 어떤 합의도 없이 벌어진 일이었다. 명백한 성폭행이었다. 그러나 릴리는 그 단어를 입 밖에 내지 않았다.

나는 릴리의 이야기에 얼마나 마음이 아픈지를 전했다. 그리고 지금은 어떻게 느끼는지 물었다. 릴리의 눈에도, 내 눈에도 눈물이 고였다. 우리는 현재의 시간과 공간으로 다시 돌아왔다. 어떻게 말을 꺼내야 할지 조심스러웠지만, 단단히 잘못된 상황이라는 것은 분명했다.

"릴리, 그건 성폭행이에요."

텅 빈 눈빛을 한 릴리는 담담한 목소리로 대답했다.

"다음 날 친구가 저를 병원에 데려갔어요. 의사도 성폭행이라고 했어요. 저는 성관계를 할 마음이 전혀 없었거든요. 그래서 몸에 상처가 너무 많았대요. 그래도 저는 계속 이 생각뿐이었어요. '안 돼. 엄마 아빠가 나를 부끄러워할 거야. 나 때문에 화가 날 거야. 사람들은 나를 성폭행 피해자, 약한 사람으로만 보겠지.' 그렇지 않아도 내가 너무 부족하다는 생각 때문에 전전긍긍하던 시절이었어요. 그 일까지 더할 수는 없었어요."

우리는 한동안 말을 멈췄다. 어색할 만큼 긴 침묵이었다. 릴리에게는 감당하기 벅찬 시간이었을 것이다. 하지만 그 시간을 잠시 그대로 두고 싶었다. 내가 그 자리를 지키고 있다는 것을 릴리가 온전히 느낄 수 있도록.

릴리는 그것이 성폭행이었다는 사실에는 동의했다. 하지만 '내가 필름이 끊길 때까지 술을 마셨다'는 대목이 늘 먼저였다. 스스로에게 책임을 뒤집어씌우는 방식이었다. 처음 그 일을 친구에게 털어놓았을 때 돌아온 말은 이랬다고 한다.

"하긴 너, 엎드려 있었잖아. 그러면서 뭘 바란 거야?"

그날 나에게 이야기를 꺼내며 릴리는 내내 내 표정을 살폈다. 나 역시 그녀의 잘못이라고 생각하지는 않을지 두려웠을 것이다. 그 사건은 둘 중 하나여야 했다. 자기 잘못이거나, 아니면 자기가 원해서 일어난 일이라고 스스로 믿거나. 그도 아니라면 깨끗하게 잊어야 할 일이었다.

하지만 사건의 실체를 파고들수록 릴리는 스스로에게 허락했던 것보다 더 많은 기억을 지니고 있음을 알게 되었다. 잠시 의식을 잃었던 구간이 분명 있었지만, 그것은 성폭력이 일어나면서 시작된 해리 상태였다. 해리는 트라우마 생존자들이 드물지 않게 겪는 보호 기제다. 압도적인 상황에서 몸과 의식이 분리되는 것이다. 감당할 수 없는 일이 벌어질 때 신경계는 그렇게 우리를 지킨다.

릴리는 자신이 순응 반응 속에서 쏟아냈던 "나는 그 남자와 춤을 췄다", "그 남자가 귀엽다고 생각했다", "선실에 내려가겠다고 했다." 같은 말들이 호감의 표현이 아니라 생존 전략이었음을 이해하게 되었다. 그 남자가 자신에게 화내지 않기를, 자신을 해치지 않기를 바랐던 것이다. 실제로 그날 릴리는 여러 번 브레이크를 밟았다. 듣지 않은 쪽은 그 남자였다. 그는 멈추지 않았다. 그리고 릴리는 자기 몸을 떠났다.

그날의 진실을 손에 쥐면서 릴리의 두려움은 조금 수그러들었고, 수치심은 훨씬 더 줄어들었다. 흐릿하고 단절되어 있던 기억에 시작과 중간, 그리고 끝이 생겨났다. 이야기는 더 이상 혼란스러운 파편이 아니었다. 그만큼 이전보다 안정감이 느껴졌다.

나는 릴리에게 이제 그 일을 '성폭행'이라고 불러도 괜찮은지 물었다. 릴리는 고개를 끄덕였다.

"네, 괜찮아요. 그런데 정말 괴로운 건, 그 남자는 절대 인정하지 않을 거라는 거예요. 죽어도 자기가 누군가를 성폭행했다고는 생각 안 하겠죠. 그게 너무… 기이하다는 느낌이 들어요."

순응 반응을 보이는 사람들은 흔히 외부의 인정을 받으려는 욕구에 갇혀 있다. 우리는 가해자가 가해 사실을 인정하길 바란다. 그러나 현실에서 그들은 대부분 끝내 인정하지 않는다. 릴리역시 오랫동안 그 인정이라는 문 앞에 서 있었다. 자신의 머릿속, 그 비좁은 화장실 안에 갇힌 채로.

하지만 이제 그녀 안에는 다른 부분이 고개를 들고 있다. 자신의 힘을 느끼는 부분이다. 그 부분은 분명하게 말한다.

"이건 '내 이야기'야. 거기에 내 잘못은 없어. 그때 내가 잘못한 일은 없었어."

릴리는 자신을 연민의 눈으로 바라볼 수 있게 되었다. 또한 누군가와 데이트할 때마다 왜 그렇게 거절이 힘들었는지도 이해하게 되었다. 그녀의 '거절'은 이미 여러 해 전, 그 사건으로 인해 빼앗겼다. 그러나 처음으로 그 사건을 있는 그대로 바라보면서, 빼앗겼던 거절을 되찾을 수 있었다.

세션이 어느 정도 진행된 뒤, 릴리는 마침내 새로운 데이트를 해볼 마음이 생겼다. 상대방은 그리 적극적인 남자는 아니었다. 그런데 릴리가 다음 날 친구와 파이를 구울 계획이라고 말하자 눈을 반짝였다고 한다.

"저보다는 초코바나나 크림파이에 더 관심 있는 사람 같더라고요."

릴리가 웃으며 말했다.

"그러더니 한 조각 남겨줄 수 있냐고 묻는 거예요."

릴리는 한번 승낙한 뒤에 거절하는 것이 늘 어려웠는데, 그 반대도 어렵기는 마찬가지였다. 좋아하는 상대가 별다른 관심을 보이지 않으면, 릴리는 사랑을 얻기 위해 갖은 노력을 쏟아붓곤 했다. 거절을 승낙으로 바꾸고 싶었던 것이다.

"그래서 당연히 웃으면서 말했죠. 한 조각 꼭 가져다주겠다고요. 그런데 다음 날 우리는 파이를 안 만들었어요. 그때 생각했죠.

'앗, 큰일 났다!'"

　우리는 동시에 웃음을 터뜨렸다. 순응 반응에 대해 이미 충분히 이야기해 온 터라, 그것이 얼마나 전형적인 장면인지 공감했기 때문이다. 순응형 사람들은 다른 사람의 욕구와 기대에 반사적으로 초점을 맞춘다. 마치 그것이 자신의 사명이라도 되는 것만 같다. 순응하는 사람이자 심리치료사인 내 경험에 비추어 볼 때, 웃음은 때로 가장 좋은 약이 된다.

　릴리는 이어 말했다.

　"제가 잘 알지도 못하는 이 남자, 내가 죽든 살든 별 관심도 없는 사람한테 그놈의 파이 한 조각을 약속해 버린 거예요! 좋은 여자가 할 일은 뭐다? 혼자서라도 뚝딱 파이를 구워야죠. 그거 한 조각 갖다주려고!"

　코미니 배우인 릴리는 타고난 이야기꾼이었고, 우리는 배를 잡고 웃었다.

　"근데 치료 덕분에, 그게 얼마나 미친 짓인지 알게 됐어요. 그래서 이렇게 생각했죠. '파이 만드느라 내 하루를 다 써버릴 순 없지. 그냥 사면 되잖아.'"

　동네 빵집에 전화를 돌린 끝에 바나나 크림파이를 찾았다. 초콜릿은 없었지만 그 정도면 괜찮을 것 같았다. 그런데 그 순간, 릴리는 멈춰 섰다. 자신이 지금 무엇을 하고 있는지, 그 이면에 어떤 불안이 숨어 있는지를 알아차린 것이다.

　'이 남자는 나한테 문자 한 통 없었고, 다음 약속을 잡자고도 하지 않았어. 그 정도 수고도 하지 않는 남자를 위해서 내가 왜 파이

한 판을 사려고 하지? 그리고 그걸 누가 다 먹어?'

릴리는 결국 한 조각짜리 파이를 사기로 했다. 스스로 말한 것처럼 '자신을 돌보는 법을 배우는 중'이었기 때문이다. 릴리는 완벽한 한 조각을 찾아 나섰다. 자신이 얼마나 사랑스럽고 사려 깊은 사람인지 보여주면 그 사람의 마음을 확실히 살 수 있을 것 같았다. 파이를 사서 집으로 돌아오는 길, 조수석에 놓인 파이를 바라보며 릴리는 문득 생각에 잠겼다. 이 파이는 사랑스러움의 증거가 아니었다. 그보다는 "나는 충분해요. 나는 파이처럼 달콤해요"라고 애써 설득하려는 시도 같았다. 집에 도착한 릴리는 파이를 꺼내 부스러기 하나 남기지 않고 혼자 다 먹어버렸다. 대단한 발전이었다.

우리가 답을 안다고 해서 순응 행동이 단번에 사라지지는 않는다. 중요한 것은 그 순간을 알아차리는 일이다. "에구, 나 또 이러네"라는 자각이 반복되다가, 언젠가는 이렇게 말하게 된다. "에구, 나 또 그럴 뻔했네."

그렇다고 해서 순응 반응이 두 번 다시 나타나지 않는다는 것은 아니다. 다만 그 본능이 올라오는 순간을 의식하기 시작하면, 선택이 필요한 삶의 길목마다 더 큰 유연성과 자유를 갖게 된다.

최근 찍고 있던 작품의 마지막 촬영 날, 릴리는 문득 이런 생각이 들었다고 했다.

"모든 스태프랑 배우들한테 선물을 해야겠어!"

마음속으로는 이미 무엇을 살지도 다 정해둔 뒤였다. 그때 그녀는 스스로를 붙들었다.

'내가 지금 뭘 하고 있는 거지?'

촬영 내내 쏟은 노력과 진심이면 충분하다고 스스로에게 상기했다. 이제 그녀는 자신에게 이렇게 물을 수 있다.

"이 일을 하는 이유가, 오로지 저 사람들이 나를 더 좋아하게 만들기 위해서인가?"

그녀의 답은 '아니요'이다. 이제 릴리는 더 많은 자리를 차지하고서 자신을 위해 목소리를 낸다. 예전에 그녀는 의견이 없었다. 자신의 일부를 드러냈다가 비웃음을 살까 두려웠기 때문이다. 하지만 이제는 생각을 소리 내어 말한다. 일에서도, 연애에서도, 모든 관계에서 자신 그대로 존재할 수 있다는 사실에 마음이 설렌다.

사람들과 함께하기를 바라지만, 그들 사이에 진짜가 아닌 모습으로 서고 싶지는 않다. 그녀는 경계를 세우는 연습을 하고 있다. 여기에는 누군가와 사귈 때 '아니요'라고 말하는 것까지 포함된다. 모두 한때는 상상조차 할 수 없던 일들이다. 릴리는 자신을 점점 더 알아갈수록 그 존재에 더 견고히 발붙이고 있다.

7장

치유를 위한
바깥 작업

F A W N I N G

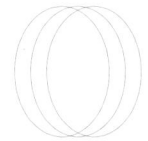

순응 반응에서 벗어나는 과정은, 스스로에 대한 신뢰를 쌓으며 마침내 삶의 안내자가 되는 것을 허락하는 일이다. 그 변화가 온전히 내면에서만 일어나는 것은 아니다. ㄱ 과정은 필연적으로 우리의 바깥, 우리의 관계에까지 파장을 미친다. 아마 당신도 이 책에 실린 여러 경험담을 보면서 공통된 흐름을 이미 파악했을 것이다. 순응 반응에서 벗어나는 일은 관계를 바꾼다.

내가 아무리 치유의 과정을 성실히 거쳤다 해도, 나를 아프게 하는 사람들과 예전과 똑같은 역학관계를 유지하려 애쓸 때면 모두 물거품이 되었다. 결국 왔던 길을 되돌아가 그 익숙한 회전목마에 다시 올라타게 되고 말았다.

저울 한쪽에 아무리 많은 자기 돌봄의 시간을 쌓아 올려도, 다른 한쪽에서 같은 사람들과 같은 방식으로 얽히는 순간 저울은 다시 원점으로 기울었다. 내가 겪은 일을 모른 체하는 그 사람들과 나를 같은 상황에 계속 놔둘 때면, 나는 나를 버리게 됐다. 그리고 그때마다 오래된 믿음은 더 단단해졌다.

'나는 가치가 없어.'

'나는 사랑받을 자격이 없어.'

'역기능이 곧 관계야.'

그러나 우리가 자신과 더 가까워질수록, 새롭게 발견한 우리의 능력을 타인과의 관계 속에서도 사용하게 된다. 이는 곧 성장을 의미한다. 다시 말해, 관계 속에서 우리가 존재하는 방식이 달라지며, 관계를 재정의하게 되는 것이다.

'상처는 관계 안에서 생겨나고, 치유도 관계 안에서 일어난다.' 이제는 그 말이 저절로 실현되기를 기다리지 않으며, 그 변화를 직접 이뤄낸다.

우리는 취향과 의견을 표현하는 연습을 한다. 무엇을 좋아하는지, 그리고 무엇을 좋아하지 않는지도 소리 내어 말한다. 때로는 관계 안에서 분명하게 자신을 주장하고, 때로는 말 그대로 물리적인 공간을 더 많이 차지하면서 존재감을 확장한다.

문제가 생겼을 때 가장 먼저 손을 들어 "제가 낼게요", "제가 도울게요", "제가 해결할게요"라고 말하는 사람이 되지 않으려 연습한다. 무의식적으로 타인에게 맞추는 대신, 가능하다면 그들이 우리 쪽으로 한 걸음 다가오도록 기다려 본다. 만약 그들이 다가오지 않겠다고 한다면 그 역시 좋은 정보가 될 것이다. 다음에는 그 정보를 바탕으로 더 적절한 선택을 할 수 있을 것이다.

건강한 투쟁 반응 일깨우기

어떤 관계는 균형을 다시 잡을 필요가 있다. 온전한 진짜 자아는 더하고 그동안 떠맡았던, 모든 것을 관리하고 책임지는 역할은 덜어 내는 방향으로. 그러나 때로는 상대가 그 변화를 함께할 준비도, 의 지도 없는 경우가 있다. 그런 관계 중 일부는 끝맺음이 필요할지도 모른다.

분노: 내면의 불꽃을 안전하게 다루는 법

순응 반응에 익숙한 많은 사람들은 투쟁 반응으로 이어지는 길을 잃어버린 채 살아간다. 맞서 싸우는 것이 안전했던 적이 없었기 때문이다. 그래서 우리는 그 반응과 연결된 모든 것을 차단한다. 분노를 느끼는 능력도, 그 분노와 소통하는 능력노, 자신을 위해 목소리를 내는 힘도 함께 내려놓는다.

그러므로 순응 반응에서 벗어나는 과정에는, 우리 안에 잠들어 있는 그 부분을 다시 깨우는 일이 포함된다. 그리고 그 부분이 지닌 주체성과 자율성, 권한을 받아들이는 법을 배우는 것이 필요하다. 대부분의 순응하는 사람들은 자신의 아픔이나 화에 닿으려 할 때마다 부정과 억압을 경험했다.

"진정해."

"그렇게까지 호들갑 떨 일 아니야."

"네가 너무 예민한 거야."

이런 경험이 반복되는 동안 우리는 버티지 말고 흘려보내는 것이 우리의 역할이라고 믿게 된다. 동시에 감정과 필요를 누르는 방법을 익힌다. 강바닥의 조약돌처럼 오랜 세월 물살에 쓸려 내려가면서도 우리는 그저 '내 수영 실력 괜찮네'라고만 생각한다.

하지만 상상해 보자. 당신은 사실 수영하고 싶지 않았다면? 물살의 흐름에 섞여 들고 싶지 않았다면? 이번에는 이렇게 생각해 보자. 아까와 똑같은 강 한가운데, 당신은 커다란 바위로 서 있다. 물살은 당신을 휘돌아 가고 당신은 흔들림 없이 제자리에 서 있다. 밀려가지 않는다. 자기 몫을 지킨다. 그렇다고 해서 강이 멈추는 것은 아니다. 바위도, 물도, 각자의 모습으로 함께 존재한다.

우리 존재는 다양한 감정을 경험하도록 설계되어 있다. 그리고 분노는 우리 팀의 중요한 구성원이다. 영화 〈인사이드 아웃Inside Out〉의 하키 경기 장면에서, 불붙은 분노가 라일리를 민첩하게 움직이게 했던 것처럼 것처럼 분노는 우리의 안내자 역할을 한다. 분노 덕분에 우리는 '괜찮지 않다'는 것을 깨닫는다. 분노는 우리에게 목소리를 준다. 동시에 분노는 깊은 상처와 슬픔을 행동으로 연결하는 다리가 되기도 한다. 다리 건너편에는, 세상 속에서 권리를 주장하고 경계를 세우는 내가 있다.

순응하는 사람들은 건강한 투쟁 반응의 전원이 꺼진 상태다. 열두 살의 나는 사회복지사에게서 이런 말을 들었다. "정서적 학대는 신고할 사안이 아니야." 이어 부모에게서는 이런 말을 들었다. "너 그거 과민반응이야. 자기밖에 모르는 거짓말쟁이." 목소리를 내어 나를 변호하고 뱃속에서 끓어오르던 불길에 가까이 다가가려 할 때마다 나는 데였다. 어느 순간 불은 '치익~' 하며 완전히 꺼지고 말았다.

　순응 반응에서 벗어나려면 우리는 그 불과 새로운 관계를 맺어야 한다. 불을 안전하게 다루는 법을 배워야 한다. 불길을 제대로 품게 되면, 우리는 꼿꼿이 일어서서 자신을 옹호할 수 있다. 수동성에서 능동성으로의 전환, 그 중심에 분노가 있다. 그리고 이것이 바로 꼭대기에 멈춰 선 롤러코스터가 내려오도록 돕는 우리 안의 일부분이기도 하다.

　"잠깐, 나는 그거 싫었어."

　이렇게 말함으로써 우리는 고착된 순응 반응을 통과해 앞으로 나아갈 수 있다. 물론 순응하는 사람들은 대개 자신의 분노를 두려워한다. 타인의 건강하지 못한 분노를 경험했기 때문이다. 건강하지 않은 분노는 거칠고, 이기적이며, 지배와 통제의 도구로 쓰인다. '누가 뭐라든 내 말이 맞다'는 식이나. 실제로 많은 사람들이 분노를 부정적인 것으로 여기며, '분노 조절'이라는 말도 흔히 사용한다. 그러다 보니 우리는 '내면의 불은 모두 진압해야 한다'는 메시지로 받아들이기 쉽다.

　하지만 순응형 사람들에게 필요한 것은 불씨를 살리는 일이다. 약한 불씨에 조심스레 숨을 불어넣어야 한다. '그러다 숲을 몽땅 태워버리면 어떡하지?'라는 두려움은 나도 잘 안다. 그러나 현실은 대개 다르다. 우리 대부분은 운이 좋아야 겨우 생일 케이크의 초 하나에 불을 붙일 수 있을 정도다.

　우리는 분노에 휩싸인 채 충동적으로 반응하며 스스로를 그 불길의 제물로 바치지 않을 것이다. 대신 분노를 느끼고, 그것과 관계 맺는 법을 배운다. 예를 들어 소마틱 익스피리언싱을 통해 나는 내 분노가 몸의 어디에 머무는지, 그 분노가 진짜로 해결하기 바라는 것은 무엇인지 의식할 수 있었다.

분노를 느낀다고 해서 늘 다른 사람을 향하는 것은 아니다. 때로는 그 분노가 몸을 통과해 스며들었다가 빠져나가는 과정을 그저 의식할 수도 있다. 흡사 자연스러운 날씨의 변화가 토양에 영양분을 남기고 지나가는 것 같다. 앞서 이야기했던 소마틱 익스피리언싱 세션에서, 나는 콩주머니를 방 끝까지 힘껏 집어던지며 분노를 느낀 뒤, 그 아래층 감정으로 가라앉았다. 그리고 마침내 눈물이 터져 나왔다. 그것은 누구와도 상관없는, 오롯이 나의 일이었다. 이후에 보게 되겠지만, 분노를 충분히 느끼고 해방하면 비로소 우리에게 필요한 행동에 가까워질 수 있다.

분노를 느끼지 못하면 자신을 제대로 돌볼 수 없다. 나아가 타인과 진심 어린 친밀함을 나누거나, 취약함을 드러내는 것도 불가능하다. 건강한 분노는 존중의 문제다. 상대방에게 우리의 경계를, 우리가 어떤 사람인지를, 우리에게 필요한 것은 무엇인지를 분명히 알려줌으로써 나를 존중하는 동시에 그 사람을 존중할 수 있다. 그럴 때 상대 역시 그 정보를 바탕으로 어떻게 관계 맺고 어떻게 반응할지 결정할 수 있다. 우리는 더 이상 감정을 가장하거나 통제하려 애쓰지 않고, 모든 감정이 그대로 존재하도록 허용하게 된다.

남편 얀시는 화가 나면 발을 아주 세게 구르며 걸어 다닌다. 예전의 나는 그 모습을 '쿵쾅대기'라고 부르며 못마땅해했다. 그런데 이제는 나도 가끔 '쿵쾅대기'를 한다. 화가 머리끝까지 차오르면, 우리는 둘 다 제대로 된 대화를 나눌 수 없는 상태임을 안다. 그럴 때는 그 에너지를 몸으로 흘려보내야 한다. 만화 속 등장인물처럼 씩씩대며 무릎을 높이 들어 올렸다가 쾅 하고 발을 구른다. 얼굴은 잔뜩 찡그린 채, 슬리퍼를 신고 동네를 쿵쾅거리며 걷는 내 모습은 아마 꽤 우스울 것이다.

하지만 그렇게 15분만 걸으면 몸은 훨씬 더 조율된 상태로 돌아온다. 우리는 다시 대화를 이어갈 수 있다. 이것은 분노를 극복했다는 뜻이 아니다. 더 자비로운 방식으로 분노를 전달할 수 있게 되었다는 의미다. 남편이 들을 수 있고 받아들일 수 있는 언어로 나를 표현하는 것. 우리 둘 다 진심으로 원하는 방식이다.

순응에 익숙한 사람들은 대개 분노를 드러내기 위한 대안을 찾는다. 직접적인 표현은 늘 안전하지 않았기 때문이다. 미아는 아주 어렸을 때부터 분노를 자신에게 표출했던 기억이 있다. 자기 몸을 때리거나 할퀴고 머리카락을 잡아당겼다. 타인을 향할 수 없었던 분노가 방향을 잃고 사신에게로 향한 것이다. 그러나 그렇게 한다고 해서 분노가 사라지지는 않았다. 오히려 '내가 화났다는 사실'에 다시 화가 나곤 했다. 마치 화를 느끼는 것 자체가 잘못인 것처럼 수치심이 뒤따랐다.

이제 미아는 자기 안의 분노가 드러나고자 할 때, 몸 안에 차오르는 긴장감을 알아챈다. 그렇게 긴장이 올라오면 자신을 향해 부드럽게 이야기한다.

"어릴 때처럼 그럴 필요 없어. 소리 질러도 괜찮아. 이제 우리가 스스로 다치게 하는 일은 없을 거야."

그녀는 차 안에서, 혹은 베개에 얼굴을 묻고 마음껏 소리를 지른다. 거친 심호흡을 여러 차례 반복하기도 하고, 귀가 울리도록 큰 소리로 말하기도 한다.

"젠장, 짜증 나 죽겠어!"

미아는 무술도 배운다. 발차기와 주먹 지르기 동작을 집에서도 열심히 연습하는 중이다. 아트 저널도 분노를 표현하기 적절한 방법이다. 예전부터 저널은 미아의 배출구였지만, 이제는 감정 발산을 위해 더 의도적으로 활용한다. 분노를 예술의 형태로 치환하면 언어로 표현할 때보다 두려움이 훨씬 덜하다. 두꺼운 흑연 연필을 손에 쥐고, 힘을 잔뜩 실어 마음 가는 대로 낙서를 한다. 때로는 낙서하며 소리를 내기도 하는데, 그럴 때면 분노가 몸 밖으로 빠져나와 종이 위에 내려앉는 느낌이 든다. 이렇게 분노와 함께 머무는 작업은 시야를 가리던 눈가리개와 수치심을 벗겨내어 분노를 더 건강한 방식으로 바라보고 다룰 수 있게 해준다.

건강한 분노에 다가가 그것을 받아들이는 일은, 적절한 반응이 시작되는 통로가 된다. 관심의 초점이 '사람들이 어떻게 느낄까?'에서 '나에게 지금 무엇이 필요한가?'로 옮겨간다. 물론 0에서 갑자기 10으로 뛰어오르는 변화는 없다. 모든 것은 점진적으로 이뤄나가는 과정이다.

자기주장: 언젠가는 넘어야 할 끓는점

순응하는 사람들에게 자기주장은 곧 '공격'처럼 느껴진다. 자신을 위해 목소리 높이는 일은 어쩐지 무례한 행동 같고 때로는 이기적으로까지 느껴진다(내가 어렸을 때, 내 생각을 말하려 할 때마다 되돌아온 단어가 바로 '이기적이다'였다). 그 말들은 우리 안에 오래 남아, 자신을 돌보려는 시도를 번번이 가로막는 장벽이 된다. 에둘러 포장하지 말자. 그 감각은 그야말로… 괴롭다!

건강한 투쟁 반응을 배우는 과정에는 우리가 어쩔 수 없는 숱한 이유로 피했던 일이 포함된다. 바로 '끓는 점'을 느끼는 일이다. 자, 아래 문장을 살펴보자.

'우리가 남들 기분 맞추는 걸 그만두면, 그들은 더 이상 기뻐하지 않을 것이다.'

사실이 아니었으면 싶지만, 안타깝게도 맞는 말이다. 순응을 멈출 때 타인이 보이는 반응을 '견디는' 일. 이것은 순응 반응에서 벗어나는 과정에서 상당히 중요하다. 그 두 가지를 따로 떼어놓고 생각할 수는 없다. 우리가 감정을 표현하면, 상대 역시 여기에 대해 자신의 감정을 표현할 가능성이 높아진다. 자신을 위해 목소리를 낸다는 것은 때로 비난을 감수하는 일이다.

사람들은 자기주장을 마치 승리의 세리머니처럼 말한다. "가자! 해내는 거야!" 혹은 너무도 간단하고 쉽게 얘기하기도 한다. "너 자신을 돌보렴. 건강한 경계를 세워봐."

그러나 나는 일부러 '견딘다'라는 표현을 사용한다. 순응하는 사람들에게 자기주장은 애초에 통쾌한 승리가 아니다. 그것은 벅차고, 두렵고, 때로는 형편없이 느껴지는 경험이다.

그럼에도 트라우마를 치유하는 일은 우리가 할 수 있는 가장 용감한 선택 중 하나다. 가슴에 손을 얹고 스스로에게 상기하자. 자신을 돌보는 일은 이기적인 것이 아니다. 당신은 존재할 자격이 있다. 그리고 그 존재 위에서 우리는 신경계를 조절하는 새로운 방법을 배워갈 수 있다. 앞서 살펴본 기법과 전략들은 바로 이런 순간을 위해 존재한다.

결국 이 모든 과정이 충분히 가치 있었다는 것을 우리는 알게 될 것이다. 그리고 과잉 보상으로 만들어 낸 모습이 아니라, 진짜 자신을 만나기 시작한다. 바로 거기에서 우리의 목소리, 우리의 기쁨, 우리의 독창성이 되살아난다. 진정한 자신과의 연결을 놓지 않는 한, 우리 앞에 열리는 가능성은 무궁무진하다.

순응에서 벗어나는 일은 '나'라는 집으로 돌아오는 여정이다. 우리의 본래 모습, 우리의 감정, 우리의 욕구로 돌아가는 길이다. 아마 세상 무엇과도 바꿀 수 없는 감각일 것이다.

자기주장은 분명하고 공손한 언어를 사용하는 능력과 연결된다. 그것은 타인의 필요를 무시하겠다는 선언이 아니라, 우리의 필요 또한 중요하다고 인정하는 태도다. 복종이라는 안전지대 밖으로 발을 내딛는 것이 공격적으로 느껴지는 이유는, 그 미지의 영역이 아직 우리 몸에 새겨져 있지 않기 때문이다. 그러나 자기주장은 위협이 아니다. 우리는 궁금한 것을 물을 수 있고, 우리의 필요를 말할 수 있다. 그것이야말로 살아 있는 인간으로 존재하는 방식이다.

우리가 그토록 오래 기다려 온 변화는 이때부터 시작된다. 우리가 진짜 모습을 드러내는 것을 스스로 허락할 때, 타인에게도 똑같은 기회를 주게 된다. 즉, 필요한 순간 우리 앞에 모습을 드러내도록 허용하는 것이다. 취약성은 더 이상 위험이나 연약함을 의미하지 않는다. 이제 그것을 솔직해질 수 있는 용기로 이해할 수 있다.

우리의 감정적 자원을 발견하면서 우리는 타인의 자원 또한 알아본다. 물론 몇몇 관계는 멀어질 수 있다. 그러나 그 자리를 새로운 관계가 채운다. 우리의 역량이 자라날수록 전과는 다른 유형의 사람들에게 끌리고, 그들 또한 우리에게 끌린다.

릴리에게 자기주장은 버릇없음이나 오만함을 뜻했다. 그녀의 표현대로라면, '다른 것은 안중에도 없는 태도'였다. 자기주장을 하면 사람들의 시선을 받게 되고, 그 시선은 잠재적인 위험이 될 수 있었다. 특히 이민자 가정에서 자란 릴리에게 그 감각은 문화적 배경과 깊이 얽혀 있었다. 어렸을 때부터 귀에 못이 박히도록 들은 이야기는, 불평 없이 열심히 일하는 게 미덕이라는 것이었다. 지금 누리는 것에 감사할 줄 모르는 사람으로 보이고 싶지 않았다.

그래서 릴리는 주장하기를 피했다. 그것은 곧 자기 자신을 피하는 일이었다. "화가 났을 때 화났다고 말하지 못하면 어떤 느낌이 드나요?"라고 묻자, 그녀는 이렇게 설명했다.

"심장이 빨리 뛰어요. 목뒤랑 귀가 뜨거워지고 쑤셔요. 가슴에는 묵직한 게 얹힌 것 같아요. 무언가에 짓눌린 것 같기도 하고, 동시에 금방이라도 공중으로 붕 떠서 날아가 버릴 것 같기도 해요. 완전히 내 몸 밖으로 밀려난 느낌이에요. 필사적으로 뭐라도 붙잡으려 해요. 저를 다시 아래로 끌어내려 주고, 이 짓누르는 무게는 덜어줄 무언가를요."

릴리의 순응 반응은 이런 순간 작동하기 시작한다. 그녀는 자신이 하지도 않은 일에 책임을 지며 희생양을 자처한다. 거짓으로 상황을 덮고 한발 물러선다. 자신의 분노를 피하고, 자기주장을 해야 하는 상황을 피하기 위해서다.

어느 날 한 친구가 릴리에게 물었다. "요즘은 왜 예전처럼 자주 못 만나?"

"요즘 정신건강에 집중하느라 바빴어"라고 대답할 수도 있었지만, 릴리의 입에서 먼저 튀어나온 것은 사과였다. "미안, 내가 너무 소홀했지. 앞으로 잘 챙길게."

그 말은 릴리가 실제로 느낀 감정도, 원하는 방향도 아니었다. 사실 릴리는 거리를 두고 싶었다. 그 친구뿐만이 아니라 모든 사람과 어느 정도 거리두기가 필요했다. 그러나 그녀는 경계를 세우는 법을 몰랐다.

나와 상담을 시작하기 전까지 릴리는 일단 사과하고 한발 물러서는 방법이 효과적이라고 생각했다. 그러면 상대는 안심했고, 릴리 역시 안심할 수 있었다. 하지만 이제는 달랐다. 목뒤를 타고 오르는 열기가 사라지지 않았다. 스스로 잘못을 뒤집어쓰는 방식은 더 이상 통하지 않았다.

이것이 내가 이야기하는 '몸이 우리에게 필요한 것을 알려준다'는 말의 의미다. 릴리가 목소리를 내게 된 것은 자신을 수치심으로 몰아붙인 결과가 아니다. 몸의 신호에 충실해지면서, 몸이 "이건 나에게 맞지 않아"라고 속삭일 때 그 신호를 듣기 시작한 것이다. 우리가 그 순간 무엇을 느끼는지 알아차리기까지는 시간이 걸릴 수 있다. 처음에는 감정이 지나간 뒤에야 깨닫게 될지도 모른다. 그렇다고 해서 늦은 것은 아니다. 충분히 감정을 소화한 뒤 우리는 이렇게 말할 수 있다.

"이제 보니 내가 완전히 솔직하지 못했던 것 같아. 다시 이야기 해도 될까?"

이렇게 우리는 뭔가를 다시 해볼 기회를 청할 수 있다. 이것이 부담스럽다면 좀 더 낮은 강도의 연습부터 해볼 수도 있다. 잘 모르는 사람들 앞에서 자기주장 하는 상황을 상상해 보는 것이다. 직접 실행하는 것은 조금 미루자. 가게에서 물건을 반품하는 장면을 떠올려 보라. 몸에 어떤 감각이 올라오는가? 식당에서 주문이 잘못 나왔다고 말하는 상황은 어떤가?

그 감각을 의식하며 가슴에 손을 얹어보자. 숨을 더 깊게 쉬고 싶은지 느껴보라. 주변에 천천히 집중하며 현재의 환경에 방향을 맞추지. 이런 과정이 조금 전의 신체 감각을 어떻게 변화시키는지 살펴보라. 머릿속에서라도 나를 옹호하고 나서는 경험이 어떤 느낌인지 알아차려 보라. 당신 안의 어떤 부분이 관심을 원하고 있는지 귀기울여 보라. 이 연습은 현실의 행동으로 한 걸음 더 가까워지도록 돕는다.

가능하다면, 미리 하고 싶은 말을 적어보는 것도 좋다. 타인에게 드러나지 않는 사적인 공간에서 내 목소리를 찾는 연습이 되기 때문이다. 신뢰할 수 있는 친구나 당신을 이해하는 누군가에게 그 글을 보여주어도 좋다. 그들이 당신의 감정을 인정해 줄 때, 진심을 나눌 힘을 더 얻을 수 있다.

또 한 가지 도움이 되는 방법은, 책꽂이로 책을 쓰러지지 않게 받치듯 행동의 앞뒤를 잘 받쳐주는 것이다. 뭔가를 새로 시도할 때 우리는 일시적으로 불안정해질 수 있다. 그래서 새롭고 긴장되는 영역에 발을 들이기 전과 후에 자신을 돌보는 일이 필요하다. 그럼으로써 의미 있는 순간에 신경계를 조율하는 법을 배우게 된다. 예를 들어, 부담스러운 대화를 나누기 전 잠시 산책을 하고 들어오거나, 대화가 끝난 뒤 따뜻한 목욕이나 음악 감상을 하기로 미리 정해두는 식이다.

건강한 투쟁 반응을 깨우는 일은 순응에서 벗어나는 여정에서 피할 수 없는 부분이다. 서두를 필요는 없다. 우리만의 속도로, 우리를 지지해 주는 환경 안에서, 떠오르는 모든 감정을 감당할 수 있는 자아를 조금씩 길러가며 천천히 나아갈 수 있다.

경계 세우기, 멀어진 중심을 되찾는 일

순응 반응에 익숙한 사람이 '건강한 경계'라는 개념을 받아들이기 전에 먼저 필요한 것이 있다. 우리 안의 어떤 부분은 한 번도 경계를 선택지로 가져본 적이 없다는 사실을 이해하고, 그 부분에 연민을 갖는 일이다.

경계를 설정한다는 것은 "어떤 경계를 세울까?", "그걸 어떻게 말하지?" 하는 문제가 아니다. 그보다는 여전히 두려움에 떨고, 트리거에 쉽게 활성화되는 내면의 부분들을 알아차리는 일에 가깝다. 또한 그 부분에게 '이제 우리는 경계를 세울 수 있는 능력이 있다'는 사실을 보여주는 일이기도 하다.

우리 중 많은 사람은 '경계'라는 것이 무엇인지 이제야 처음 배우는 중이다. 그러므로 다양한 형태의 순응 반응이라는 맥락에서 경계를 생각해 볼 필요가 있다. 순응은 때로 '돌봄'처럼 보이고, 때로는 '기분 맞추기'처럼 보인다. 하나는 다가가고, 다른 하나는 물러선다. 그러나 두 방식 모두 우리를 중심에서 멀어지게 만든다. 경계를 세운다는 것은 잃어버린 중심을 되찾는 일이다. 그것은 내가 나의 책임을 지는 동시에, 타인에게도 그들의 책임을 돌려주는 일이다.

돌보는 사람들의 경계 세우기

우리의 순응이 '돌봄' 쪽으로 기울어질 때, 우리는 마치 공구함이라도 된 듯 자신을 타인에게 내어주며 산다. "어떻게 도와드릴까요? 새로 나온 이 도구는 써보셨어요?" 상대가 부탁하기도 전에 계획을 세우고, 그들이 알지도 못하는 해결책을 마련한다. 충분히 돌봄 받고 필요를 채운 경험이 부족한 우리는, 다른 사람의 필요를 채워주는 방식으로 보상받으려 한다. 이것이 우리에게는 곧 자신을 돌보는 방법이다.

이 맥락에서 경계란, 내가 끝나는 지점과 상대가 시작되는 지점을 구분하는 일이다. 무리하면서까지 과도하게 기능하는 것을 멈추고, 타인에게 자기 몫은 스스로 감당하라고 요구하지 못하던 태도도 내려놓아야 한다. 만약 당신이 누군가와 밧줄로 연결된 듯한 느낌을 받는다면, 그리고 그 밧줄이 상대의 끝없는 요구를 향해 당신을 끌어당기고 있다면, 이제는 그 밧줄을 자를 때다(최소한 팽팽하고 신축

성 없는 밧줄을 유연한 고무줄로 바꾸기라도 해야 한다).

그것은 이런 의미다. 이제는 당신이 그들을 구해주지 않는다. 끝없이 문제를 해결해 주지 않는다. 그들의 부모가 아닌 이상, 부모 역할을 대신하지 않는다.

경계를 설정한다는 것은, 당장 달려가 불을 꺼주고 싶은 충동을 느끼면서도 손을 내려놓고 자리에 머무는 일이다. 당신은 소방관도, 응급실 의사도, 재활치료사나 심리치료사도 아니기 때문이다. 여기서도 우리는 불편함을 견디는 힘을 길러야 한다. 내가 도울 수 있을 것 같은데도 뛰어들지 않기란 쉽지 않다. 상대가 내 눈을 바라보며 간절히 부탁할 수도 있다. 그러나 도울 수 있을 것 같다고 해서 반드시 도와야 하는 것은 아니다.

매정하게 들릴지 모른다. 하지만 기억하자. 지금까지 당신은 다른 사람을 구하려다 번번이 함께 침몰했다. 우리가 타인의 책임을 대신 짊어지는 동안 우리의 필요는 늘 뒤로 밀렸다. 우리가 더 이상 대신해 주지 않을 때 비로소 타인에게도 자기 삶에 직접 발을 들이고 책임져 나갈 공간이 생긴다. 그들이 반드시 성장하리라는 보장은 없다. 다만, 우리가 할 일은 길을 비켜주는 것이다.

순응하는 사람들은 자신의 '아니요'를 되찾을 필요가 있다. 그 '아니요'는 이렇게 말한다. "나는 이제 당신의 삶에, 당신보다 더 큰 책임을 지지 않겠습니다."

맞추는 사람들의 경계 세우기

순응이 '기분 맞추기' 쪽으로 기울어지면, 우리는 억눌리는 상황에서도 웃고, 입장을 밝히지 못하고, 갈등을 피하며 물러나는 방식을 택한다. 이때 경계를 세운다는 것은, 무엇을 받아들이고 무엇을 받아들이지 않을지 결정하는 일이다. 그것은 마치 몸 주변에 우리를 지켜줄 벽을 세우는 것과 같다. 그 벽에는 문이 있고, 그 문을 열 수 있는 사람은 오직 우리뿐이다.

순응하는 사람들은 자격이 없는 사람들까지 자신의 공간으로 들이는 데 익숙하다. 그리고 "이제 그만 떠나 주세요"라고 말하지 못한 채, 그들이 안에서 일으키는 혼란과 피해를 관리하느라 시간과 에너지를 소진한다. 우리는 상처와 혼란을 최소화하려 애쓰는 대신 '아니요'를 찾아야 한다. 이때의 '아니요'는 이런 의미다. "이런 식으로 내 영역을 침범하는 것을 더는 허용하지 않겠습니다." 문을 닫는다, 거리를 둔다, 더 이상 엮이지 않는다는 뜻이다.

물론 '돌봄' 유형과 '기분 맞추기' 유형은 서로 겹치기도 한다. 그리고 경계는 돌에 새긴 선처럼 고정된 것이 아니라 유연해질 수도 있고, 타협의 여지도 있다. 경계는 학대나 방임 같은 극단적인 상황에서만 필요한 것이 아니다. 모든 관계에 필수적이다. 늦은 시간까지 과도한 업무를 요구하는 상사, 연락 없이 불쑥 찾아오는 친구, 늘 신세를 지면서 갚는 일이 없는 아이 친구 엄마와의 관계에서도 경계는 필요하다. 부담이 덜한 관계에서부터 경계 설정을 연습하는 것이, 이후 더 중요한 관계에서 경계를 세울 힘을 기르는 데 도움이 될 수 있다.

타인을 바꿀 수는 없을지라도

순응하는 사람들은 종종 이렇게 믿는다. '내가 올바른 방식으로 (즉, 순응하는 방식으로) 경계를 세우면, 상대도 긍정적으로 반응할 것이다.' 그러나 우리가 내면의 안전을 다져가면서 깨닫게 되는 사실이 있다. 경계는 타인을 바꾸는 기술이 아니라는 것. 누군가가 마침내 나를(혹은 자신을) 돌보게 만들거나, 괴롭힘을 멈추게 만드는 장치가 아니다. 경계는 내가 자신을 돌보는 방식의 자연스러운 연장선이다. 상대가 달라지든, 달라지지 않든 아무 상관이 없다.

우리는 결과를 통제할 수 없다. 예를 들어, 당신이 이렇게 말할 수는 있다.

"이렇게 계속 늦게까지 야근하는 건 힘듭니다."

하지만 상사가 그 말에 동의하도록 만들 수는 없다. 이 단계에서 중요한 것은 상대를 변화시키는 것이 아니라, 우리가 문제를 표현하는 법을 배우는 일이다. 그 이후 어떤 일이 벌어질지, 경우의 수는 수만 가지다. 어떤 경우에는 우려를 전달하고 인정받는 것만으로 충분할 수도 있다. 또 다른 경우에는 구체적인 요구사항이 필요할지도 모른다.

"추가 근무 수당을 받을 수 있을까요?"

상사는 당신의 요청을 수용할 수도 있고, 혹은 다른 대안을 제시할 수도 있다.

"그건 좀 어려워요. 하지만 프로젝트가 끝나면 3일 휴가를 줄게요."

물론 그보다 더 부정적인 반응이 돌아올 수도 있다.

"지금 다들 힘든 거 안 보여? 책임감이라는 게 없는 사람이구먼."

경계를 세운다는 것은 상황을 통제하려는 시도라기보다 자신의 필요를 옹호하는 일에 가깝다. 상대가 어떤 반응을 보이든, 그것은 하나의 정보가 된다. 그리고 우리는 그 정보를 바탕으로 결정을 내릴 수 있다. 그때 비로소 사람 대 사람으로서 협상이 가능해진다. 순응형 사람들은 대개 '이 이야기를 꺼냈다가 분위기가 나빠지면 어떡하지?' 하고 두려워한다. 그 걱정이 현실이 될지 아닐지는 누구도 모른다. 그래서 우리는 어려운 대화를 시도하는 연습을 해야 한다. 때로 사람들은 상상치도 못했던 반응을 보이며 우리 곁에 서주기도 한다. 그 대화를 통해 얼마나 다양한 가능성이 펼쳐질지 알고 싶다면 직접 겪어보는 수밖에 없다.

물론 경계를 설정하는 일이 공포스러울 수 있음을 잘 안다. 아마 많은 이들이 내면을 다루는 과정까지만 마치고 더 나아가지는 않으면 할 것이다. 내면의 영역은 어느 정도 통제 가능한 것처럼 느껴지기 때문이다. 내면 작업 중요하지 않다는 뜻은 아니다. 하지만 그것만으로는 충분하지 않다.

나 역시 혼자 힘으로 트라우마를 극복해 보려 무던히 애썼다. 나의 몫을 성찰하고, 나의 책임을 짊어지려 했다. 그러나 결국 내가 스스로에게 진실하게 살기 위해서는, 바깥세상과의 관계 또한 달라져야 했다.

25년 만에 세상에 꺼내놓은 이야기

새아빠가 세상을 떠난 뒤, 내가 처음 글을 쓰기 시작했을 때였다. 내 이야기를 증명해 줄 사람이 떠오르면 망설임 없이 전화를 걸었다. 내 기억이 맞는지 확인하고 싶었다. 사회복지사 사무실에 연락해 1990년대 기록에서 내 상담 내용을 찾아봐 달라고 문의한 적도 있다. 새아빠의 전처 중 한 명에게도 전화를 걸었고, 새아빠의 친자녀 세 명 모두와도 통화했다. 그 시절 우리 가족의 치료모임을 주관했던 심리치료사에게도 연락을 시도했다. 다른 사람들은 그 시간을 어떻게 기억하는지 알고 싶었다. 내 기억처럼, 그 일이 실제로 끔찍하게 잘못된 일이 맞는지를 절박하게 확인하고 싶었다.

많은 이들이 확인하고 인정해 주었다.

"그래, 맞아. 랜디가 그랬지. 나한테도 그랬어."

새아빠의 전처는 이런 이야기도 들려주었다. 지인 하나가 마침 새아빠와도 아는 사이였는데, 라스베이거스에서 우리를 우연히 만난 김에 우리 호텔 방에 잠깐 들렀다. 거기서 새아빠와 나를 보고는 뭔가 심각하게 잘못되었다는 것을 눈치챘고, 가능한 한 빨리 자리에서 일어났다는 것이다.

그렇게 여러 사람을 찾아다니며 조사하고 캐물었지만 단 한 사람, 엄마에게만은 묻지 않았다. 내가 글을 쓰고 있다는 것에 대해서도 엄마와 이야기하는 것을 피했다. 그러다 어느 날, 이제 때가 되었다는 결심이 섰다.

그날 우리는 전화로 이야기를 나누고 있었다. 나는 오랫동안 씨름해 온 것들, 당신의 남편으로 인해 겪어야 했던 평생의 고통을 초조한 심정으로 꺼냈다. 눈물이 얼굴을 타고 흐르기 시작했지만 목소리가 떨리는 것을 들키지 않으려 애썼다.

"새아빠가 죽고 나서야 내 목소리를 찾은 것 같아. 기억이 홍수처럼 몰려와서 한밤중에 깨서 허겁지겁 적어 내려가고 했어. 원고를 쓰는 동안 다른 사람들하고는 다 이야기해 봤어. 새아빠 자녀들, 전처랑도."

엄마는 잠잠했고 나는 말을 이었다.

"솔직히 말하면… 새아빠가 세상을 떠난 뒤로 훨씬 자유로워진 느낌이야. 그런데 다들 그 사람 이야기만 유일한 사실로 기억한다는 게 너무 지쳐. 이제 내 이야기를 해야 할 것 같아. 내가 고등학생이었을 때 이후로 엄마하고는 이 이야기를 한 적이 없잖아. 엄마, 그 시절을 어떻게 생각해? 지금 이 시점에서 돌아보면 어때? 엄마한테 그 이야기를 할 기회를 주고 싶어."

"글쎄…."

긴 침묵이 흘렀다.

"생각을 좀 해봐야겠구나. 지금은 뭐라 말해야 할지 모르겠다."

엄마는 이런 상황을 전혀 예상하지 못했을 것이고, 당황스러운 것도 당연하리라 생각했다. 나는 이렇게 덧붙였다.

"원래는 책이 출간되면 엄마한테 보낼 생각이었어. 그런데 한꺼번에 불쑥 들이미는 것 같아서 그게 마음에 걸렸어. 엄마랑 어디까지 이야기할 수 있을지는 솔직히 잘 모르겠어. 그래도 눈에 훤히 보이는 걸 더 이상 모른 척하지는 못할 것 같아."

"네가 왜 그러는지 알겠다. 어디서 그런 생각을 하게 된 건지도 알겠어. 다만… 그 일을 떠올리면 엄만 마음이 너무 안 좋아. 그 감정들을 굳이 끄집어내야 하는지 잘 모르겠구나."

엄마의 목소리에 주저함이 묻어났다. 나는 울컥하는 마음을 억누르며 말했다.

"하지만 그 이야기를 묻어두니까 우리 사이가 계속 어긋나잖아. 서로 속이는 것 같다고. 새아빠도 돌아가셨으니 이제 우리 관계도 달라져야지. 난 그렇게 기대했어. 드디어 가까워질 수 있다고. 근데, 엄마, 그러려면 우리 그때 일부터 인정해야 해."

대화를 이어갈수록 나는 마치 느리지만 완고하게 저항하는 물살을 거슬러 헤엄치는 것 같은 기분이 들었다. 엄마는 계속 이렇게 반복했다.

"이해는 한다… 그게 너한테 꼭 필요한 일이라면, 그래서 네 기분이 나아진다면… 그걸로 된 거겠지…."

엄마는 한 번도 나와 같은 물에 몸을 담그지 않았다. 내가 하는 말이 실제로 일어난 일이라고 인정하지도 않았다. 나는 마지막으로 말했다.

"엄마, 난 오랫동안 상처를 혼자 안고 살았어. 아무도 그 상처를 봐주지 않았고 증언해 주지도, 믿어주지도 않았으니까. 그래서 이제 말하려는 거야. 그건 진짜라고. 실제로 일어난 일이었고, 진짜 개같은 일이었다고. 더는 비밀로 하지 않을 거야. 언젠가는 우리 이 이야기를 더 직접적으로 얘기해야 한다고 생각해. 적어도 난 그랬으면 좋겠어. 그러니까 엄마도 생각해 봐."

엄마는 동의했고 우리는 전화를 끊었다. 전화기를 내려놓는 순간, 나는 긴 한숨을 내쉬었다. 그동안 숨을 참고 있었다는 사실조차 몰랐다. 한결 가벼워진 기분이었고 용기를 낸 스스로가 조금은 자랑스러웠다.

그러나 다음 통화에서도 더 이상의 진전은 없었다. 엄마는 어려운 이야기는 피하기로 작정한 듯 보였고, 목소리도 한층 날이 서 있었다. 엄마는 이렇게 말했다.

"잉그리드, 사실 내가 마음이 너무 약해진 상태야. 랜디가 죽고 나서 작년 한 해를 버티는 것만도 엄만 너무 힘들었어. 그래서 지금 그 얘기까지 들어갈 수 있을지 자신이 없다. 벌써 25년이나 지난 일이잖니. 네가 해야 할 일을 하려는 건 알겠어. 하지만 내가 준비됐는지는 잘 모르겠구나."

준비가 안 되었다고? 25년이나 지났는데?

"엄마, 나는 내 이야기를 늘 꾹꾹 눌러뒀어. 아무도 나를 믿지 않는다고 느꼈거든. 더는 그렇게 못 하겠어. 엄마가 그렇게 아무 일도 없던 것처럼 지나가려고 하면, 난 정말 견디기 힘들 것 같아."

"지난 일을 내가 어떻게 하겠니. 내가 어찌할 수 있는 건 오늘이나 내일뿐이다."

엄마는 울기 시작했다. 그러더니 "널 정말 사랑한단다…"라고 말했다. 한참 뒤, 엄마는 흐릿하고 떨리는 목소리로 겨우 말을 맺었다.

"우리 완전히 좋은 관계는 못 되더라도, 절반쯤만 괜찮은 관계라도 계속된다면 좋겠다. 어쩌면 시간이 더 흐른 뒤에 그 이야기를 할 수도 있겠지. 하지만 지금은… 내가 안 될 것 같다."

심장이 내려앉는 느낌이었다. 그래도 알겠다고 답했다. 엄마가 준비될 때까지 나는 글을 계속 쓰겠다고 말했다. 엄마는 한참 더 말이 없다가 이렇게 말했다.

"나도 노력해 볼게. 오늘 오후에는 요가라도 가보려고. 최근 몇 주 동안 그런 활동을 전혀 못 했거든. 이제 좀 해야 할 것 같아."

"잘 생각했어, 엄마."

우리는 전화를 끊었다. 처음에는 약간의 안도감이 있었다. 적어도 내가 글을 쓰고 있다는 사실은 더 이상 비밀이 아니었다. 그리고 나는 익숙한 희망으로 돌아갔다. '언젠가는 엄마가 진실을 마주하겠지.'

그 희망을 타임캡슐처럼 묻어두고 3년 반이 흘렀다. 그 사이 전 세계에 팬데믹이 닥쳤고, 아들 헨리는 유치원을 졸업했다. 수십 년간 그래왔듯, 나는 한 달에 서너 번 엄마에게 전화를 걸어 현재 시제의 무난한 대화를 나누었다. 가끔 엄마에게 의지가 될 때도 있었지만 우리 사이의 정서적 거리는 변하지 않은 채 그대로 남아 있었다.

새아빠가 세상을 떠난 뒤 시간이 흐를수록 엄마는 오히려 그를 더 떠받드는 듯했다. 한동안 코로나로 가족들을 만나지 못하던 남편과 나는 마침내 콜로라도로 갈 수 있게 되었다. 엄마는 친구 캐시 아줌마와 함께 살고 있었고, 우리는 콜로라도 산속에서 두 사람과 며칠을 보내게 되었다.

엄마는 엄마의 방을 침실로 쓰라고 우리에게 내주었다. 그곳은 마치 새아빠를 기리는 성소 같았다. 그의 피아노 위에 걸려 있던 낡은 포스터가 이제는 엄마 침대 머리맡에 크게 드리워져 있었다. 새아빠의 물건들을 바라보며 등골이 서늘해졌지만 아무 말도 하지 않았다. 적어도 엄마 앞에서는.

엄마가 병원에 간 사이, 나는 시간을 내어 캐시 아줌마에게 내 책 이야기를 꺼냈다. 우리는 아줌마 방에 딸린 화장실에 나란히 앉아 함께 울었다.

"네 엄마가 진실을 볼 수 있도록 내가 최선을 다해 볼게."

아줌마가 말했다. 우리는 가족사진을 찍고, 따뜻한 식사를 나누고, 함께 우노 보드게임을 했다. 저녁이 되면 엄마는 술을 마셨다. 손자 헨리가 기대만큼 살갑지 않다고 못마땅해하는 눈치였다. 그리고 나는 예전과 똑같은 감정을 느꼈다. 엄마와 함께 있는 시간이 일종의 의무 같다는 감정, 엄마는 나를 전혀 모르는데도 이런 모습이 '좋은 딸'이라는 감각.

네가 먼저 찾아가야지. 엄마의 한계를 받아들여. 엄마의 상처를 우선시해. 엄마도 최선을 다하고 있다고 이해해야 해.

다만, 이제 나는 그 모든 감정에 분노를 느끼고 있었다.

내 삶에 한 사람을 택한다면

나는 원고를 마무리하고서 중요한 몇몇 사람들에게 먼저 보여주었다. 캐시 아줌마도 그중 한 사람이었다. 엄마와 나 사이를 잇는 다리가 되어주기를 바라며 책 한 부를 보냈다. 몇 달이 흐른 뒤, 페이스북 메시지가 도착했다. 발신자는 캐시 아줌마였다. 나는 한동안 메시지를 열어보지 못했다.

"네 책을 괜히 읽었나 보다. 그걸 읽고 나니, 도무지 네 엄마를 존중할 수가 없구나."

뱃속이 단단히 조여드는 듯했다. 이 책의 후폭풍이 엄마에게까지 미칠 거라고는 생각하지 못했다. 오직 내게 쏟아질 분노와 비난만을 걱정하느라, 엄마 또한 당신 몫의 결과와 마주하게 되리라는 것은 예상치 못했다. 메시지는 이렇게 이어졌다.

"어떻게 엄마라는 사람이 딸 편에 서지 않았는지, 나는 도무지 이해가 안 간다. 지금 네 엄마는 그 이야기만 꺼내면 네가 거짓말쟁이라고 소리 질러. 전혀 인정하려 들지 않으니, 정말 속이 터지는구나. 이 문제로 한참 대화를 하고서 다음 날이면 아무 일도 없다는 듯 멀쩡한 얼굴로 일어나 있어. 네 책에 쓴 그대로더구나. 모래 속에 머리를 박고 아무 일도 없다고 믿는 거지. 정말 안타깝다."

조여들던 속은 곧 메스꺼움으로 바뀌었다.

"여보, 잠깐 이리 와줄래?"

나는 남편을 불렀다. 남편에게 캐시 아줌마의 메시지를 읽어주다가 숨이 막힐 듯 오열하기 시작했다. 그동안 목구멍에 걸려 있던 눈물을 한꺼번에 토해내는 것 같았다.

"믿을 수가 없어. 엄마가 내가 겪은 일을 인정하지 않는대. 내가 거짓말쟁이라면서 소리만 지른대."

남편 얀시는 나를 힘껏 끌어안았다. 나는 멍해진 채, 이 모든 상황을 어떻게 풀어내야 할지 필사적으로 생각했다. 마치 인생이 걸린 수학 문제라도 받아 든 것 같았다. 새아빠가 죽은 지 5년이었다. 엄마와 그 일을 이야기할 수 있는 작은 창이 이제야 열렸다고 믿었는데, 사실 그 문은 내내 굳게 닫힌 채였다. 그리고 그 창은 앞으로도 영영 열리지 않을 터였다. 한 번도 선명하게 보지 못했던 진실을, 억지로 눈을 떠 바라보게 된 기분이었다. 지금껏 나는 엄마가 진실을 부정하는 것이 문제라고 여겼지만, 눈을 가리고 있던 사람은 어쩌면 나였는지도 몰랐다.

엄마는 나를 버렸다. 그때도, 그리고 지금도. 내가 경험한 진실보다 그 남자와 그 남자의 이야기를 우선시함으로써, 그리고 나를 거짓말쟁이로 몰아세움으로써. 그 상처는 예전만큼이나 지금도 아팠다. 완전히 짓밟힌 기분이었다.

"엄마가 여전히 나를 거짓말쟁이라고 생각한다면, 더는 관계를 이어갈 수 없을 것 같아요."

나는 캐시 아줌마에게 답장을 보냈다. 빈틈 하나 없는 진심이어서, 그 말을 하는 스스로도 놀랄 정도였다. 그것은 선택이라기보다 내 몸이 1분도 더 견딜 수 없다고 외치는 알람 같았다.

나는 소파에 앉아 있는 남편 곁으로 다가가 몸을 웅크렸다. 무거운 담요를 뒤집어쓰고, 생각할 필요 없는 TV 프로그램을 보다가 잠자리에 들었다. 다음 날 아침 일찍 일어나 엄마에게 보낼 메시지를 썼다. 애쓰지 않아도 문장이 흘러나왔다. 해야 할 말은 모두 담겨 있었다. 그러나 나는 그 메시지를 보내지 않았다. 그저 그 문장들과 함께 머물렀다. 엄마와 작별한다는 것이 어떤 느낌일지 가늠해 보고 싶었다. 그 결심이 나와 가족에게 얼마나 큰 무게로 다가올지 미리 알고 싶었다.

처음에는 후련함이 찾아왔다. 나는 나를 치열하게 변호하고 있었고, 그것이 옳다고 느꼈다. 강해진 것 같았다. 그동안 의무감으로 이어오던 안부 전화와 방문을 더는 하지 않아도 된다고 생각하니 해방감이 들었다. 한층 더 나다워진 기분이었다.

그러나 캐시 아줌마의 메시지를 받고서 며칠 후, 나는 침대에 누워 잠을 이루지 못했다. 한참을 뒤척이다가 결국 눈물이 차올랐다. 울고 싶지 않았다.

'제발 울지 마. 이 감정을 느끼지 마. 너무 버거워. 감당하지 못할 것 같아.'

남편에게 털어놓고 싶었지만 그러지 못했다. 엄마에게 버림받았다는 사실을 깨달은 내 안의 아이가 깊은 수치심에 빠져 있었다. 세상에서 나를 가장 사랑하는 사람 곁에서도, 나는 가치 없는 존재가 된 듯 느껴졌다.

나는 불도 켜지 않은 채 욕실로 들어가 차가운 변기에 앉았다. 얼굴을 두 손에 묻고 온몸을 흔들며 울었다. 흐느낌은 좀처럼 가라앉지 않았다.

그동안 쓰고, 나누고, 치유하며 얻었다고 믿었던 그 명확함이란 것이 결국 이런 절망으로 이어지는 걸까. 마치 전기가 끊긴 밤처럼 모든 것이 암흑이었다. 죽고 싶은 건 아니었지만, 죽어도 괜찮을 것 같았다.

수십 년 묵은 절망과 켜켜이 쌓인 아픔이 한꺼번에 밀려왔다. 한 시간을 넘게 울고 나자 눈물조차 말라버렸다. 감정은 그대로인데 기운이 하나도 없었다. 나는 겨우 몸을 끌고 침대로 갔다. 온통 혼자인 것 같았다.

다음 날 아침, 나는 전날 밤의 일을 남편 얀시에게 이야기했다. 그의 표정만으로도 얼마나 큰 슬픔에 잠겼는지 알 수 있었다. 차마 말로 표현하지 못하는 얀시를 보며 마음이 무너졌다. 나를 대하는 얀시의 마음이 사랑에 기반한다는 것을 알았지만 그 순간에는 느낄 수 없었다. 그저 한없이 초라한 기분이었고, 그 감정은 다시 모든 것을 끌어올렸다.

우리는 어떻게든 헨리를 학교에 보냈고, 나는 예정대로 화상 면담에서 여섯 명의 내담자를 만났다. 늘 해오던 일을 하고, 내게 필요한 말을 사람들에게 들려주면서 나는 내게 필요한 희망을 느꼈다. 다른 사람이 달라질 것이라는 희망이 아니었다. 그들이 달라지지 않더라도 내가 나아질 수 있다는 희망이었다.

캐시 아줌마의 메시지를 받은 지 일주일쯤 되었을 때였다. 휴대전화를 열자 내 페이스북 페이지에 달린 엄마의 댓글이 눈에 들어왔다. 다정했다. 손녀에게 쓰는 할머니의 편지라 해도 믿을 정도였다. 순간 화가 치밀었다.

'내가 거짓말쟁이라고 소리치면서, 따뜻한 엄마인 척할 순 없는 거잖아.'

나는 일주일 전 써두었던 메시지를 다시 열어 발송 버튼을 눌렀다.

"엄마는 내가 영악하다고 생각하죠. 엄마의 생각을 알면서도 그동안 어떻게든 엄마와 관계를 이어나가려고 했어요. 내가 치유되고, 진짜 내 모습을 찾는 데 그게 늘 걸림돌이 되었어요. 엄마, 이제 나는 나를 사랑하는 쪽을 선택하려고 해요. 엄마가 날 어떻게 생각하든, 다른 누가 어떻게 보든 상관없어요. 이렇게까지 되길 바란 건 아니었어요. 하지만 엄마가 새아빠를 떠받들면서 나를 계속 망상에 빠진 사람으로 여긴다면, 나는 더 이상 엄마를 내 삶에 둘 수 없을 것 같아요. 이제는 선택의 문제가 아닌 것 같아. 이미 오래전에 이렇게 했어야 했다는 생각이 들어요…"

더는 말을 보태고 싶지 않았다. 엄마의 변명도 듣고 싶지 않았고, 어떤 설명으로도 내 마음이 흔들리길 원하지 않았다. 그저 이대로 마무리 짓고 싶었다.

내가 보낸 메시지를 다시 읽는데 하늘이 핑 도는 듯했다. 논리적으로 사고할 수 있는 상태는 아니었지만, 그날이 새아빠의 생일이라는 사실이 문득 떠올랐다. 하필이면 그 사람 생일에 그런 메시지를 보내다니, 헛웃음이 나왔다.

엄마는 곧장 답하지 않았다. 한 시간 뒤에도, 그날 밤이 다 지나도록 아무 답이 없었다. 전화는 엄마가 아니라 의붓동생 존에게서 걸려왔다. 존은 얘기하기를, 그날 저녁 엄마가 자기한테 메시지를 보냈다고 했다. 해마다 새아빠의 생일이면 그들끼리 주고받던 문자였다.

"랜디를 위하여."

그 대비는 잔인할 만큼 선명했다. 내가 엄마에게, 그 남자를 택하는 대신 나를 잃었다고 말하던 그 시간에 엄마는 그를 기리고 있었다.

다음 날, 휴대폰에 뜬 문자 하나를 보기 전까지는, 엄마가 내 메시지를 아예 받지 못한 건 아닌가 싶기까지 했다.

"잉그리드에게. 정말 미안하구나. 네 책이 네가 나아지는 데 도움이 되기를 바란다. 나는 이제 과거에 매여 살지 않기로 했단다. 과거는 내가 바꿀 수 있는 게 아니잖니. 실수는 누구나 하는 거야. 내가 잘못한 것이 있다면 미안하구나. 엄마는 너와 네 가족을 사랑하고 아낀단다. 매일 밤 너희를 위해 기도해. 사랑하는 엄마가."

겉보기에는 다정한 말이었다. 그러나 나는 거기 적힌 단어에서 눈을 돌려, 그 말이 내게 미치는 영향에 집중했다. 그리고 평소 내담자들에게 던지던 질문을 나에게 던졌다.

내가 그들에게 잘 보이고, 내 얘기가 잘 전달되며, 존중받는다고 느끼는가? *아니요.*
이해받고, 인정받는다고 느끼는가? *아니요.*
상대가 상황을 바로잡고 싶어 한다고 느끼는가? *아니요.*
묵살당하고, 비난받고, 수치스럽고, 조종당한다고 느끼는가? *예.*

질문에 답하는 동안 확실해졌다. 엄마의 문자는 실질적으로 아무것도 말하고 있지 않았다. 엄마는 '미안하다'고 하면서도 무엇이 잘못이었는지 절대 구체적으로 언급하지 않았다. 30년 전 나를 버린 일인지, 혹은 바로 지난주 나를 거짓말쟁이라고 부른 일인지.
특히 "과거에 매여 살지 않기로 했다"는 문장을 눈여겨보았다.

그것은 트라우마 피해자들이 지겹도록 들어온 말이며, 트라우마를 심각하게 왜곡하는 표현이기도 하다. 트라우마 경험은 선택의 문제가 아니다. 단순히 오래전의 사건을 가리키는 말도 아니다. 그것은 과거에 머물지 않는다. 지금 이 순간에도 불안과 공포가 현재형으로 반복되는 경험이다.

엄마가 끝까지 부정하는 태도를 놓지 못하는 이유도 이해할 수 있었다. 그것은 자기 삶이 통째로 잘못되었다는 사실을 인정하는 일이기 때문이다. 나를 위험에 빠뜨렸고, 혼자 두었고, 그 책임을 내게 돌렸다는 사실을 인정해야 했다. 그러나 엄마를 이해하는 것과, 그 관계 안에 계속 남아 있는 것은 서로 다른 문제였다.

내 삶에 둘 중 한 사람만 남겨야 한다면(실제로 그런 상황이었다) 나는 엄마가 아니라 나 자신을 택할 것이라는 사실을 마침내 깨달았다. 끔찍한 선택이었지만, 나는 결정을 내렸다. 아이러니하게도 그 모든 일은 어머니의 날 주간에 벌어졌다. 슬픔과 자기 존중이 뒤섞인 마음으로, 나를 향해 말을 건넸다.

"어머니의 날 축하해."

그렇게 악순환의 고리를 끊었다. 트라우마 치유를 향한, 용감하면서도 잔인한 과정이었다.

나는 늘 착한 딸이었다. 엄마가 내 이야기를 외면했고 알코올 문제도 있었지만, 엄마의 좋은 면만 보려 애쓰며 그것으로 충분하다고 믿었다. 그것이 나를 위험한 상황에서 벗어나지 못하게 붙들고 있다는 사실을 전혀 알지 못했다. 나는 내 안에서 가장 중요한 부분들을 문밖에 버려두어야 했다. 그것들을 내 것이라고 온전히 주장할 수 없었다. 나를 망가진 사람처럼 보는 엄마와의 관계 안에 머무는 동안, 나 역시 그렇게 믿게 되었다는 사실은 꿈에도 알지 못했다.

그로부터 2년이 더 흘렀다. 나는 아직도 엄마와 말을 하지 않지만, 그 어느 때보다도 더 단단해진 느낌이다. 캐시 아줌마와는 계속 연락을 주고받는데, 덕분에 엄마 소식을 들을 수 있었다. 아줌마 이야기에 따르면, 엄마는 내 회고록이 출간되고서 그 책을 읽었다고 한다. 방 안에서 우는 소리가 들렸다고도 했다. 그리고 어느 날 아침, 엄마는 아줌마에게 조용히 말했다고 한다.

"그 애 말을 믿어."

엄마는 그 말을 내게 직접 하지는 않았다. 하지만 시간이 흐르면서 그 말을 굳이 들을 필요가 없다는 사실을 깨달았다.

엄마와 연락을 끊은 것에 후회는 없다. 거리를 두고, 내 상처에 목소리를 허락하는 일은 치유를 위해 꼭 필요했다. 엄마의 필요를 한쪽에 내려놓고 나서야 나는 비로소 나를 돌볼 수 있었다.

다만 이제는 생각한다. 그 단단한 경계가 지금도 여전히 필요한지. 때로는 흔들림 없는 경계가 반드시 필요하다. 여기에 대해서는 그 어떤 판단도 하지 않는다. 그러나 어떤 때에는 경계가 조금 더 유연해질 수도 있다. 내가 지금 나를 위험한 길 위에 두었는지 아닌지는 오직 나만이 알 수 있다. 그리고 그때그때 가진 자원 안에서, 나를 가장 잘 돌보는 방법이 무엇인지 역시 오직 나만이 결정할 수 있다.

엄마에겐 나를 위해 나서줄 힘이 없었다. 그 사실을 누구보다 잘 알고 있었고, 그런 엄마에게 연민을 느끼기도 했다. 엄마의 어려움은 이해했다. 하지만 순응 반응에서 벗어나기 전까지 나는 그 관계의 방정식에서 내 자리를 아예 비워두고 있었다. 엄마의 아픔을 본다는 것은 곧 내 아픔은 지워야 한다는 뜻이었다. 엄마가 겪는 어려움이 항상 더 중요했다. 왜냐하면, 엄마가 먼저 그 상태에서 벗어나야 나도 벗어날 수 있다고 믿었기 때문이다.

엄마가 변하기를 기다리는 일을 멈추고 내가 먼저 경계를 세웠을 때, 비로소 나 자신을 다르게 볼 수 있는 공간을 얻었다. 내가 치유되기 위해 엄마를 더 파헤쳐 이해할 필요는 없었다. 이미 오래전에 해봤던 일이기에 너무도 잘 알고 있다. 엄마를 바라보는 시선은 크게 달라지지 않았다. 여전히 고착된 사람으로 보이고, 여전히 연민을 느낀다. 그러나 나 자신을 보는 관점은 완전히 달라졌다. 나는 내 진실을 말할 수 있다. 나는 나의 필요를 책임질 수 있다. 그리고 이제 나는 모든 관계를 전혀 다른 각도에서 마주할 수 있다.

시간이 모든 상처를 치유해 주지는 않는다. 그러나 경계를 세우는 일은, 그 치유의 절반쯤까지는 우리를 데려다줄 수 있다고 생각한다.

일상에서 실천하는 경계 설정

현실에서의 경계 설정이란 우리가 지금까지 살펴본 모든 작업의 총합이라고 생각한다. 다만 여기에 더해, 내가 내담자들과 나누는 유용한 실천법을 몇 가지 제안하고자 한다.

- **작은 것부터 시작하자:** 누군가 "뭐 하고 싶어?"라고 물으면, 습관처럼 "아무거나 괜찮아"라고 답하기보다 잠깐 자기 마음을 확인하고, 가능한 한 솔직하게 대답해 보자.

- **나의 가치 목록을 작성하라:** 내가 중요하게 여기는 것은 무엇인가? 그것을 모르면 경계를 세우기 어렵다. 하루 중 잠시 혼자만의 시간을 갖기, 주말만큼은 가족과 보내기. 무엇이든 가치 목록에 포함될 수 있다. 이것을 의식하고 있으면, 우선순위에 두기도 훨씬 쉬워진다.

- **미리 안전을 확보하라:** 믿을 수 있는 사람들에게 "이제부터 경계 세우는 연습을 해보려 한다"고 미리 말하라. 어떤 변화를 만들려 하는지, 왜 그런지 말해주면 나에게도 그들에게도 도움이 된다. 이것은 상대 역시 취약한 모습을 드러내도록 초대하는 과정이기도 하다. "우리 서로를 있는 그대로 대할 수 있을까? 나도 너에게 그런 공간을 지켜주고 싶어." 이런 합의 속에서 두 사람 사이의 규칙을 다시 세울 수 있다.

- **'부분'의 관점에서 경계를 살펴본다:** 내 마음 전체가 하나로 이루어진 것이 아니라 '내 안의 한 부분은 A를 원하고, 다른 부분은 B를 원한다'는 시각으로 바라보면 더 많은 해석이 가능해진다. 왜

내가 때때로 확실한 결정을 내리기 어려운지도 이해하게 된다.

- **구독 취소 버튼을 누르자:** 나는 한때 어떤 메일도 구독 취소하지 못하던 사람이었다. 하지만 그 작은 버튼을 한 번 눌러본 뒤 이런 생각이 들었다. '자유다!' 혹시 발신자의 마음을 상하게 할까 걱정하는 사람을 위해 덧붙이자면, 메일 구독자 수에 따라 비용을 지불하는 사람으로서 나는 더 이상 원치 않는 사람이 구독을 취소할 때 오히려 고맙다. 서로 윈윈이라는 이야기다.

- **나만의 경계 설명서를 만들라:** 당신이 절대 물러날 수 없는 선은 어디인가? 누군가 선을 넘으면 우리는 종종 그 선을 슬쩍 뒤로 옮겨버린다. 하지만 종이에 분명히 적어두면, 스스로를 돌볼 책임을 더 분명히 자각하게 된다. 예를 들면 이런 식이다. '그 사람이 파티에서 술을 마시면 나는 우버를 불러 집에 간다', '누군가 내 몸을 평가하면, 한 번 더 그러면 대화를 중단하겠다고 말한다'.

- **경계의 이미지를 시각적으로 떠올려 보자:** 거대한 비눗방울? 혹은 울타리? 어떤 것이 숨 막히지 않으면서도 당신을 안전하게 보호해 줄까? 그것은 충분히 단단한가? 드나들 수 있을 만큼 열려 있는가? 경계 너머는 잘 보이는가? 동시에 밖에서도 당신의 모

습이 잘 보이는가?

- **허락을 기다리지 말라:** 우리는 경계를 세우기 위해 누군가의 동의나 이해, 승인에 의존하지 않아도 된다. 우리는 스스로를 돌볼 권한이 있다. 이유는 필요 없다.

- **제한적인 수락이나 거절을 연습해 본다:** 모든 제안에 '예', '아니요'로만 답할 필요는 없다. 어디까지는 괜찮고, 어디부터는 조건을 달고 싶은지 생각해 보자. 예를 들면 이런 식이다. '등산 좋지! 대신 조금 짧은 코스로 가면 어떨까?' 대부분의 경우에는 생각보다 많은 중간지점이 존재한다.

나를 안전하게 드러내 보자

타인을 위해 자리를 내어주느라 스스로 작아져야 했던 관계, 끝없이 이용당하는 것 같은데도 안전을 위해 나의 욕구를 억눌러야 했던 관계. 평생 그런 관계 속에서 살다 보면 관계 맺기 자체를 경계하게 된다. 이제 우리는 과거에 왜 순응 반응을 보였는지 이해할 수 있고, 모든 상황을 수용할 필요가 없다는 것도 안다. 그럼에도 여전히 자신이나 타인을 신뢰할 수 없을 것처럼 느낄 때가 있다.

내가 '집으로 돌아온 비둘기' 씨와 헤어진 후 만난 사람이 남편 얀시라는 사실은 지금 생각해도 놀랍다. 두 사람은 극과 극이라 할 만큼 달랐고, 두 사람과 내가 맺은 관계의 성격 또한 완전히 달랐다. 얀시와의 만남은 조심스러울 수밖에 없었다. 특히 얀시가 막 금주를 시작했다는 사실을 알았을 때는 도무지 마음을 놓을 수가 없었다.

나는 이미 20년 넘게 술을 멀리하던 중이었다. 게다가 전남편 마크는 자신에게 알코올 중독 문제가 있다는 것을 절대 인정하지 않았고, 내가 문제를 제기할 때면 오히려 나를 과민한 사람으로 몰아세웠다. 그러니 '이제 막 술을 끊기 시작했다'는 말은 내게 명백한 경고처럼 들렸다. 실패로 끝나는 관계를 되풀이하고 싶진 않았다.

그런데 마크 때와는 전혀 다르다고 느낀 것은 이때부터였다. 얀시 역시 그 상황을 경고 신호로 받아들이고 있었다. 그 사실을 먼저 입 밖에 낸 사람도 얀시였다.

"나는 우리가 좋은 짝이 될 수 있다고 느껴. 하지만 당신 생각은 다를 수 있다는 것도 충분히 이해해."

그는 나의 불안과 망설임을 존중했다. 서두르지 않았고, 무엇보다 내가 안전하다고 느끼기를 바랐다. 그의 태도는 내 지난 관계들과는 분명히 달랐다. 얀시는 자신의 문제를 알았고, 변하기 위해 노력하고 있었다. 그에게서 받은 전체적인 인상은 한마디로 '내 문제는 내가 책임진다'는 것이었다.

사탕발림으로 나를 안심시키려 하지 않았고, 내 감정을 왜곡하거나 가스라이팅하지도 않았다. 나는 그에게서 솔직함과 진정성을 느꼈다. 우리 사이에는 여백과 상호 존중이 있었다. 그것은 낯선 감각이었지만, 의심의 여지 없이 옳게 느껴졌다. 나는 조금씩 마음을 열었다. '자기를 책임질 줄 아는 사람이라면 인생을 함께할 동반자가 될 수 있겠구나.' 하고 믿는 법을 배워갔다.

지난 12년 동안 그와 함께하면서 위험하다고 느낀 적이 없다. 이보다 더 사랑받는다고 느낀 적도 없다. 물론 갈등이 없다는 뜻은 아니다. 다만 우리는 각자 자신에 대해, 그리고 우리가 맺어가는 관계의 성격에 대해 책임을 느낀다. 이 근본적인 차이가 우리 관계의 기반을 단단하게 만든다. 덕분에 우리는 서로의 공간을 침범하지 않으면서도 함께 설 수 있는 현실적인 동반자가 되었다.

건강한 분노가 그렇듯 '안전한 관계'는 순응 반응이 익숙한 사람에게는 낯설다. 우리는 관계 안에서 안전함을 경험해 본 적이 거의 없기 때문이다. 늘 연기하듯 무언가를 수행해야 한다고 여겼다.

그래서 관계를 맺는다는 것은 우리에게 '안전하다/위험하다', '취약하다/취약하지 않다'라는 이분법으로 딱 자를 수 없는 영역이다. 우리는 한꺼번에 뛰어들지 않는다. 조금씩 발을 담그며 관계 안에서 안전을 발견한다. 안전이 조금씩 쌓이면 그것을 알아차리고 그쪽으로 움직인다. 동시에 안전하지 않은 관계에서는 물러난다. 그렇게 안전해질수록 우리는 마음을 열고 더 취약해질 수 있게 된다.

취약성과 안전은 목적지가 아니라 과정이다. 우리가 자신에게, 그리고 우리가 놓인 맥락에 맞춰가는 조율의 과정이다. 모든 관계는 안전한 정도가 다르고, 그 정도는 시간에 따라 변할 수 있다. 우리는 그 변화를 알아차릴 수 있어야 한다. 언뜻 과잉각성 상태와 비슷하게 들릴지 모르지만, 신뢰하는 법을 배운다는 것은 불안에 떨며 상대를 감시하는 일이 아니다. 내가 무엇을 나누고 싶은지, 상대가 그것을 받아들일 수 있는지를 정직하게 존중하는 일이다.

취약해진다고 해서, 어떤 상황에서든 자신을 바닥까지 투명하게 내보인다는 의미가 아니다. 사람들에게 우리를 100퍼센트 내어줄 의무는 없다. 잠시 멈추는 것이 언제나 '회피'인 것 또한 아니다.

취약해지는 법을 배우는 과정에서는, 순응 반응이 자동으로 가동되는 것이 아니라 조금쯤은 의식적으로 느껴질 수 있다. '이 사람은 안전하지 않아. 여기서 굳이 내 약한 면을 드러낼 필요는 없어.' 이렇게 본능적으로 알게 되는 것이다. 그래서 미소를 지으며 "고마워요"라고 말하고 넘어간다. 이런 행동이 마치 뒤로 물러나는 것처럼, 혹은 진짜 자신이 아닌 것처럼 느껴질 수도 있다. 그런 순간을 흘려보내지 말자. 그 감정을 그대로 느끼도록 자신에게 허락하자. 호기심을 가지고, 약간의 틈을 둬보자. 바로 그 지점이 취약함이다. 여기에서 당신의 안전감에 대해 더 많은 정보를 얻게 될 것이다.

어떤 사람과는 더 깊은 관계로 나아가지 않은 것에 안도감을 느낄 수도 있다. 그럴 때 우리가 할 일은 '그래, 나를 전부 내주지 않았던 건, 다 그럴 만한 이유가 있었던 거야.' 하고 인식하는 것이다. 반대로, 더 가까워지지 못해 아쉬움이나 후회가 남을 수도 있다. 그럴 때는 이렇게 말해보자. "그때 조금 더 나를 드러내 볼 걸. 다음엔 꼭 시도해 보자."

우리는 언제나 힘이 작동하는 시스템 안에서, 동시에 우리를 보호하도록 설계된 몸 안에서 살아간다. 그러니 다시 한번 분명히 하

자. 우리의 목표는 '절대 순응하지 않는 것'이 아니다. 인생의 모든 순간을 순응이라는 생존 모드로만 살지 않는 것. 그게 우리가 바라는 바다. 안전에 대해 엄격하고 고정된 규칙을 세우려는 것도 아니다. 우리가 원하는 것은 관계 속에 유연함과 분별력을 불어넣는 일이다.

취약성은 흑백으로 나뉘는 지점이 아니라, 셀 수 없이 많은 선택지가 뒤섞인 회색의 영역 어딘가에 있다. 그 취약성의 바다로 조금씩 걸어 들어가다 보면, 그 안에 온전하고 깊게 신뢰할 수 있는 사람들이 존재한다는 사실을 알게 된다. 안전은 서서히 자라난다. 트라우마의 치유가 선형적 과정이 아니듯, 우리는 두 걸음 나아갔다가 한 걸음 물러선 것처럼 느낄 수도 있다. 괜찮다. 그 또한 과정의 일부다. 지금 서 있는 그 자리에 머물 수 있도록 자신에게 허락하자. 당신의 마음을 살펴보고, 그다음 시선을 주변으로 옮겨보자. 다음에 일어나려는 일은 무엇인지 찬찬히 둘러보면서.

더 이상 나를 대신할 입장료는 없다

나와 세션을 시작한 지 1년쯤 되었을 때, 릴리는 그동안 익힌 방법들을 전혀 예상치 못한 자리에서 실전에 투입하게 되었다.

릴리와 가장 친한 친구 에이바는 눈빛만 봐도 통하는 사이였다. "나보다 걔가 나를 더 잘 알아요"라고 말할 정도였다. 하지만 어느 순간 릴리는, 그 친구가 좋아하는 것은 자신도 좋아해야 한다는 암묵적인 규칙이 둘 사이에 존재한다는 것을 깨달았다. 에이바의 생각은 곧 릴리의 생각이 되어버렸고 여기에는 비판적 사고도, 호기심도 허용되지 않았다.

릴리가 몇 년 만에 처음으로 누군가를 만나볼 마음을 가지게 되었을 때였다. 다 같이 어울리던 친구 무리 중에 마이클이라는 남자에게 호감이 생겼다. 릴리는 그 사실을 에이바에게도 귀띔했지만, 막 시작된 이 관계의 모든 것을 낱낱이 공유하고 싶지는 않았다. 그래서 자기 생각을 믿어보기로 했다. 사소한 디테일까지 나누는 대신, 이 새롭고 설레는 경험의 일부는 혼자 간직하기로 한 것이다.

릴리와 마이클은 함께 시간을 보내기로 약속했다. 데이트였다. 오랫동안 두려움의 대상이었던 일을 릴리는 무사히 해내는 중이었다. 이 계획을 미리부터 에이바에게 말하고 싶지 않았다. 그런데 에이바와 다른 대화를 하던 도중 목덜미가 뜨겁게 달아오르는 것을 느꼈다. 불안했고, 죄책감이 밀려왔다. '너한테는 전부 다 말할게'라는 둘 사이의 규칙을 깨버린 것만 같았다. 어색한 태도를 눈치챈 에이바는 릴리를 몰아붙였고, 결국 릴리는 마지못해 입을 열었다.

"알았어. 대신 화내지 마. 오늘 밤에 마이클이랑 콘서트 보러 가."

에이바가 화를 낼 거라 예상은 했지만, 그렇게까지 격렬한 반응일 줄은 몰랐다.

"뭐? 언제? 왜?"

속사포처럼 질문을 퍼붓던 에이바는 곧 비난으로 방향을 틀었다.

"중요한 걸 숨기고 있잖아. 너 나 속이는 거야. 내가 널 얼마나 걱정하는데 왜 나한테 숨겨? 너 그 새로 만난다는 치료사 잘라야겠다. 그 사람이 너한테 거짓말하라고 시킨 거지?"

에이바는 늘 릴리에게 경계를 세우라고 말해왔다. 릴리가 사람들에게 자신을 얼마나 많이 내어주는지 잘 알았기 때문이다. 그러나 그 경계를 자기에게도 세우라는 소리는 아니었다. 에이바는 릴리의 경계를 인격 모독처럼 받아들이고 있었다. 릴리는 몸이 떨리기 시작했다. 너무 놀라고 겁이 나서 이 상황을 어떻게 수습해야 할지 알 수 없었다.

릴리는 오랫동안 연애라는 말만 들어도 얼어붙던 사람이었다. 주변의 많은 이들이 이미 결혼하고 아이를 낳았다. 에이바도 그중 하나였다. 자신도 그 가능성에 닿고 싶었을 뿐인데, 가장 친한 친구가 분노를 터트리고 있었다.

릴리는 물러섰다. 에이바를 얼마나 아끼고 신뢰하는지 얘기하며 사과했고, 거듭 애정을 확인해 주었다. 친구를 소외시키려던 게 아니라는 말은 사실이었다. 오히려 자신을 제자리에 포함하고자 했던 일이었다.

하지만 소용 없었다. 에이바는 화가 난 채 전화를 끊었고 이후 연락에도 응답하지 않았다. 친구의 반응이 너무 격했기에, 자신이 정말 끔찍한 일을 저지른 건 아닐까 하는 생각마저 들었다. '어쩌면 내가 거짓말한 건지도 몰라.'

릴리는 과거에 순응 반응으로 사소한 거짓말을 하곤 했다. 그러나 이번 일은 달랐다. 과정이 세련되진 않았을지언정, 그것은 거짓말이라기보다 스스로 준비될 때까지 미뤘던 것이라 해야 했다. 친구

라면 자신의 성장과 치유의 과정을 지지해 줄 것이라 믿었다. 릴리
는 자신에게 맞다고 느끼는 선택을 내리며, 자기 삶에 대한 권한을
직접 행사하는 중이었다.

릴리는 자신을 지키면서 우정을 회복하려 애썼다. 그러나 두 시
간 넘는 고통스러운 대화 끝에도 답은 보이지 않았다. 상황은 분명
해졌다. 릴리의 성장으로 인해 관계의 균형이 바뀌었고, 그 변화를
에이바는 받아들일 수 없었던 것이다.

그 이야기를 하며 릴리는 깊은 한숨을 내쉬었다.

"에이바와 관계를 유지하려면 제가 완전히 복종해야 해요. 그런
데 제가 성장하면서 우리의 역학관계가 달라졌고, 에이바는 그걸 견
디지 못하는 거예요. 나를 버려야 에이바가 버려진 느낌을 받지 않
아요. 제 감정보다 에이바의 감정을 먼저 챙겨야 하고요. 에이바가
잘못해도 이해해야 해요. 왜냐하면 '그렇게 행동하게 만든 건 나'라
고 생각했으니까요. '나는 당해도 싸다'는 수준이었어요."

릴리는 둘 사이의 역학관계를 정면으로 마주하고 있었다. 눈이
번쩍 뜨이는 것 같았지만, 동시에 너무 아픈 일이기도 했다.

자신이 걷는 변화의 방향이 이 우정을 위협한다는 사실이 속상
했다. 그러나 자신의 행동이 그렇게까지 잘못되었다는 데에는 동의
할 수 없었다. 다시는 비밀을 만들지 않겠다고 약속할 수도 없었다.
그래서 사과하며 물러서기를 그만두었다. 그렇게 그들의 우정은 끝
이 났다.

에이바는 자기 삶에 '진짜 릴리'가 존재하기를 바라지 않았다.
그녀가 원했던 것은 거울이었고, 치어리더, 충성의 맹세였다. 그 요

구를 또렷이 바라본 순간, 릴리는 더는 여기에 응할 수 없다는 것을 알았다. 지금도 평생지기를 잃은 듯한 허전함과 그리움이 밀려올 때가 있지만, 자신을 잃는 대가를 치르며 돌아가고 싶지는 않다. 마이클과의 관계는 오래가지 않았다. 하지만 이후에도 스스로에게 최선을 다하는 일만큼은 흔들림 없이 지속하고 있다.

순응 반응에서 벗어날 때 우리가 받는 가장 큰 선물은, 마침내 '자기 자신'이 될 수 있다는 것이다. 순응의 방식을 내려놓을수록, 우리는 점점 더 자기 몸과 삶 안쪽으로 깊이 들어서게 된다. 단단히 뿌리내리고, 온전히 실재하며, 자신을 그대로 담아내게 된다.

스스로에게 진실해진다는 것은 발견의 과정이다. 이것은 또한 순응에서 벗어나는 여정 하나하나가 모여 맺어내는 결실이다. 머리로만 이해해서는 절반밖에 닿을 수 없는 영역이기도 하다.

익명의 알코올 중독자 모임^^에서는 겸손을 가리켜 '제 크기만큼 커지는 것'이리고 정의한다. 내가 특히 좋아하는 표현이다. 흔히 겸손을 '작아지는 것'으로 해석하지만, 순응 반응에 익숙한 사람들에게 겸손이란 오히려 '커지는 것'을 의미하기도 한다. 자기 안에서 더 많은 자리를 차지하고, 자신이 속한 공간에서 더 많은 자리를 차지하는 것이다. 복종도 오만도 아닌 지점에서, 자기 가치에 대해 정확한 감각을 되찾고 자부심과 함께 그것을 품을 수 있게 된다.

최근 세이디와 나는, 그녀가 한때 '순응'을 사랑받기 위한 입장료처럼 사용했다는 이야기를 나누었다. 나는 문득 궁금해졌다.

"그럼, 지금은 뭐가 입장료인가요?"

세이디가 웃으며 답했다.

"이제는 입장료가 없어요. 예전에는 있었죠. 그런데 지금은… 그냥 저예요."

그 말을 듣는 순간, 어쩐지 눈물이 났다. 예전에 사랑받던 것은 세이디 자신이 아니라 그녀의 '입장료'였다. 날씬한 몸과 순응하는 태도가 곧 입장료였다. 그러나 이제 세이디는 더 이상 가면 증후군에 시달리지 않는다. 계속 사랑받기 위해 어떻게 연기하고 미션을 수행해야 하는지 고민하지도 않는다. 곡예는 끝났다. 세이디는 사랑스러운 사람이고, 무엇보다 자신이 그것을 느낀다. 그 변화는 세이디가 사랑을 주는 방식에도 영향을 미쳤다.

"진짜로 베풀 때는 소모되는 느낌이 전혀 없어요. 그 행동 자체가 기쁨이에요. 끝나면 그냥 끝이고요. 그런데 순응할 때는 불안해요. 제가 맞춰준 대가로 뭔가 돌아오길 기대하거든요. 사랑이나 칭찬, 인정 같은 것들요. 그런데 그걸 받을 수 있을지 확신이 없으니까요. 결국 못 받으면 텅 빈 느낌이 들고, 억울해지기도 해요."

나와 세션을 진행하는 동안 세이디는 꽤 오래 싱글로 지냈다. 그 시간을 통해 삶이 완전히 달라졌고, 마침내 자기 모습을 찾았다는 데 감사했다. 하지만 동시에 이런 생각이 스치기 시작했다. '이렇게 달라진 나를 좋아할 사람이 과연 있을까?'

"저는 이만큼의 힘을 가지게 되었어요. 누가 이걸 다 감당하겠어요?"

방금 나는 세이디에게서 한 통의 메시지를 받았다. 약혼했다는 소식이었다. 세이디가 보내준 사진 속에서 청혼 직후의 두 사람은 아름다운 자연을 배경으로 서로를 바라보고 있었다.

세이디는 청혼을 어느 정도 예상했던 듯, 얼마 전 내게 결혼식에 와줄 수 있겠냐고 물었다.

"당연하지!"

나도 모르게 큰 소리로 외쳤다. 그리고 아마 얌전히 앉아 있지는 못할 것 같다고, 너무 기뻐서 엉엉 울지도 모른다고 얘기했다. 세이디가 웃으며 말했다.

"알아요. 그보다 더 바라는 건 없어요."

그것이 세이디와 나, 우리의 진짜 모습일 것이다.

앤서니는 진짜 화가가 되었다. 어느 날 아침, 문득 미술 재료를 사러 가야겠다는 충동이 들었다고 한다. 그 길로 캔버스와 물감을 한가득 사 왔고, 그 이후로 멈춘 적이 없다. 그가 보내주는 작품 사진들은 밝고 강렬하며 환희로 가득하다.

몇 년 전, 우리가 처음 세션을 시작했을 때 나는 앤서니에게 그림을 그려보라고 권한 적이 있다. 말 잘 듣는 내담자였던 그는 숙제처럼 그림을 그렸다. 그러나 지금은 전혀 다른 이유로 그림을 그린다. 창의력이 자신을 다른 차원으로 이끄는 경험을 즐기기 때문이다. 마치 마법 같은 일이라고 앤서니는 말한다.

프랜시스는 대학원 과정의 중반을 지나고 있다. 트라우마에 관한 전문 지식을 갖추고 치료 기법을 수련한 후 부부 심리치료사가 되고자 한다. 이제 그녀는 자신의 성적 매력이나 완벽한 성취에 의존하지 않는다. 트라우마 유대 속에 살았고, 그것을 깨고 나온 사람으로서 프랜시스는 교수와 동기들에게 선물 같은 존재다.

상담 중 그녀는 가끔 내게 묻는다.

"제가 심리치료사가 되려는 게 미친 짓일까요?"

나는 프랜시스 안의 불안해하는 부분이 충분한 공간을 차지하고서 그녀와 함께 머물도록 하고 싶지만, 결국 이렇게 말하게 된다.

"전혀 아니에요, 프랜시스. 당신은 내가 늘 찾던 바로 그런 치료사가 될 거예요. 이 분야에는 당신 같은 사람이 정말 필요해요."

데이비스와의 최근 세션에서, 우리는 학대받던 어린 소년에게 다시 돌아갔다. 이번에는 이전과 다른 새로운 방식으로 그 아이와 연결될 수 있었다. 데이비스는 맨 처음 만들어진 그 '상자'로 가서 어린 시절의 자신과 온전히 함께 머물렀다. 소년도 점점 다가오고 있다. 데이비스가 자신을 찾기 위해 얼마나 애써 이곳까지 돌아왔는지 확인하려는 듯이.

이 순간이 그가 그토록 원했던 일이고, 지금 현실이 되고 있다는 것을 우리는 함께 느꼈다. 상자들은 모두 열렸다. 몇몇 상자의 경우에는 데이비스가 아직 벽 안에 머물러 있지만, 그가 곧 더 크게, 안전한 방식으로 변화할 것임을 나는 안다. 필요한 모든 일을 이미 해냈기 때문이다.

릴리는 연인과의 관계만이 아니라, 일과 우정에서도 자신의 많은 부분을 잃고 있었다는 사실을 뒤늦게 깨달았다. 어린 시절의 '빨래집게'가 아직도 릴리의 자아를 상당 부분 움켜쥐고 있었던 것이다.

지금은 다르다. 릴리는 모든 부분에서 막힘없이 흐르고 있다. 정식으로 사귀는 사람은 없지만 데이트를 하고 있고, 친구들과의 관계는 근본적으로 달라져 놀랄 만큼 건강해졌다. 이제는 일터에서 능숙하게 자신의 입장을 표현하고, 현재에 충실하며, 자신과도 다정한 관계를 맺고 있다. 그녀는 마침내 자신이 필요로 하던 바로 그 사람이 되었다. 릴리는 정말 운이 좋다. 눈부시게 멋진 사람이기 때문이다다.

미아는 자신의 삶에 지속적인 힘을 발휘하고 있다. 새로운 사업을 시작했다. 그 과정은 두렵지만, 굳건히 자리를 지키고 있다. 미아는 어린 시절의 더 많은 사건들이 아직도 자신의 주의를 끌고 있다는 것을 안다. 밝혀야 할 속삭임과 꿈, 부름이 여전히 남아 있다. 미아는 그것들을 맞이하고 더 많은 자신을 자유롭게 풀어줄 준비가 되어 있다. 스스로 그럴 가치가 있으며, 결국 해낼 수 있는 존재라고 믿는다.

그레이스는 이름 그대로 우아하다Grace. 깨어 있는 모든 순간 그녀를 지배하던 규칙, 가면, 외줄타기, 두려움은 이제 배경으로 물러나고 그레이스가 앞으로 등장했다. 그녀는 자신의 목소리를 찾았고, 자신이 누구인지 안다. '사람들이 어떻게 생각할까?'보다는 '나는 어떻게 생각하는가?'를 더 중요하게 여긴다. 이 책의 마지막 사례로서, 그레이스의 이야기를 조금 더 살펴볼 것이다.

순응 반응에서 벗어나는 과정은 사람마다 다른 모습으로 펼쳐진다. 그러나 누구에게나 공통되는 핵심이 하나 있다. 이 과정이 '자신을 파티에 초대하는 일'과 같다는 것이다.

우리는 더 이상 습관처럼 자신을 목록에서 제외하지 않는다. 혹시나 그렇게 했다면, 알아차리고 바로잡는다. 우리에게도 발언권이 있고 테이블에 자리를 차지할 수 있다는 사실을 기억한다. 그렇게 할 때 우리는 오래 참아왔던 숨을 내쉰다. 자기 안에 깊이 자리하며, 마침내 우리 자신이 된다.

비판의 손아귀에서 모두를 놓아주라

순응 반응은 안전을 확보하기 위한 전략이었다. 그러나 우리가 순응할 수밖에 없었던 사정이, 우리가 보였던 모든 행동에 대해 책임을 면제해 주는 것은 아니다. 특히 그 행동이 다른 이들에게 부차적인 피해를 남겼다면 더욱 그렇다.

자신을 작게 만드는 것, 강박적으로 타인을 돌보는 것, 사실을 왜곡하는 것, 심지어 우리 자신의 안전을 선택하는 일에도 대가는 따른다. 순응 반응에서 벗어난다는 것은 상대에게 책임을 요구하는 데서 그치지 않는다. 우리 역시 책임 지는 존재가 되는 것을 의미한다.

누군가에게 휘둘리며 그들의 거짓말을 그대로 받아들이거나, 우리의 순응 서사에 맞지 않는 정보들을 걸러내 버릴 때 우리는 스스로에게 해를 끼칠 뿐 아니라 타인에게도 해를 입힐 수 있다. 이런 모습은 고도로 통제된 집단이나 광신적인 종교 집단에서도 쉽게 발견

된다. 꼭대기에는 카리스마 있는 리더(의도적으로 타인을 조작하는 성향을 가진 사람)가 존재하지만, 그 아래의 추종자들 역시 점차 권력을 쥐면서 리더의 자리를 두고 경쟁한다. 그들은 자신이 하는 일이 영적이고 윤리적이며 정당하다고 믿는다. 그러나 다큐멘터리 〈서약The Vow〉이나 〈불의 숨Breath of Fire〉은, 그 과정에서 의도치 않게 발생하는 폐해를 적나라하게 보여준다.

한 사람이 순응하도록 길들면, 자신보다 아래에 있는 이들 또한 순응하기를 기대하는 경우가 많다. 위계적인 조직에서는 그것을 순응이라 부르는 대신, 의무, 명예, 봉사, 존경이라 부른다. 해로운 가족 체계나 기업 문화에서도 마찬가지다. 순응하는 사람들은 자신 또한 타인에게 상처를 줄 수 있다는 사실을 잘 인식하지 못한다. '나도 그들과 똑같이 하는 것뿐'이라고 생각하기 때문이다. 혹은 피해가 어렴풋이 감지되더라도 그것을 다수의 이익을 위한 희생이라 합리화한다.

그렇다면 순응하는 사람들도 고의적 학대자와 똑같은 책임이 있다는 소리인가? 아니다. 그렇다고 해서 아무런 책임을 지지 않아도 되는가? 역시 아니다. 트라우마는 누군가의 개인적인 사정이나 의도와 상관없이 발생한다. 치유의 과정에는, 우리가 의도했든 아니든 타인에게 상처를 주었던 순간을 인정하는 일 또한 포함된다.

때로 책임을 진다는 것은 자신의 트리거와 트라우마 반응을 알아차리는 것에서 시작한다. 얀시와 나의 침실에는 〈뉴요커〉지에 실린 팻 번스Pat Byrnes의 카툰 한 장이 놓여 있다. 만화 속 남자가 부엌에 있는 여자를 향해 이렇게 말한다.

"혹시 더 필요한 잘못이 있으신가요Is there anything else I can do wrong for you?"

그 만화가 거기에 있는 이유는, 음, 내가 바로 그 여자이기 때문이다.

나의 과잉각성은 어린 시절에서 비롯되었다. 아주 사소한 실수에도 벌을 받는 환경에서, 나는 동생들과 함께 방으로 도망치곤 했다. 그 경험이 반복되며 내 신경계는 늘 경계 태세를 유지하게 되었다. 자동 조종 모드에 들어가면 남편이 식기세척기에 그릇을 넣는 방식조차 '잘못'처럼 느껴진다. '우리'가 혼날 것 같고, 큰일이 벌어질 것만 같은 예감이 스친다. 내 반사적 반응은 '비판'이다. 남편이 똑바로 다시 하게끔 만드는 것이다.

남편은 그걸 싫어한다. 나 역시 그런 내 모습이 싫다. 그래서 나는 아무 말도 하지 않는 연습을 한다. 지금은 더 이상 새아빠와 한집에 살고 있지 않다는 사실을 스스로에게 상기한다. 얀시가 자주 해주는 말 중 내가 특별히 좋아하는 것이 있다.

"이 집에는 '꼭 이렇게 해야 한다'는 건 없어."

식기세척기에 접시 한 장을 조금 삐뚤게 놓았다고 해서 우리가 벌 받는 일은 일어나지 않을 것이다.

나는 여전히 무언가를 해결하고 도와주려는 쪽으로 기울어 있다. 그 습관을 내려놓기란 쉽지 않다. 게다가 얀시는 내가 이전 관계에서 경험했던 것처럼 크고 분명한 문제를 가진 사람이 아니기 때문에, 나는 오히려 사소한 것들에 과도하게 집중하게 된다. 여기서 내가 해야 할 일은, 나에게 해를 끼친 적 없는 사람들을 비판적인 시선에서 풀어주는 것이다. 내가 그들의 문제를 그들보다 더 잘 안다고 믿으며 훈수 두는 역할을 내려놓는 것이다.

책임을 진다는 것은 모든 사람을 나의 비판에서 해방시키는 일이기도 하다. 타인을 통해서 자신을 돌보는 데 익숙한 순응형 사람들은 자기가 모든 사람의 문제에 해답을 알고 있다고 느끼는 경향이 있다. 우리는 오랫동안 주변 사람들 하나하나에게 필요한 것이 무엇인지 열심히 고민해 왔다. 심지어 마트 계산대에 서 있는 낯선 사람이 뭘 하면 좋을지까지 생각한다. 정작 갈등이 필요한 상황에서는 갈등을 피하고 자신의 본질적 치유도 미뤄두었으면서, 타인에 대한 의견만은 넘쳐흘렀다.

상대가 의견을 원하는지 묻지도 않은 채 우리는 너무 쉽게 말한다. "이건 내가 확실히 아는데 말이야."

그 태도는 부분적으로, 불편한 감정과 거리를 두기 위한 것이다. 내가 내 감정을 견디지 못하면 상대방의 감정 또한 견딜 수 없다. 타인의 벅찬 감정이나 곤란은 우리를 중심에서 밀어낸다. 그래서 건강한 경계를 세우는 대신, 우리는 여전히 '그들을 통해' 문제를 해결하려 한다.

"내가 시키는 대로만 해. 그러면 우리 모두 무사할 거야."

《언테임드Untamed》의 저자 글레넌 도일Glennon Doyle은 자신이 진행하는 팟캐스트 '우리는 어려운 일들을 해낼 수 있다We Can Do Hard Things'에서, 사랑하는 사람들에 대한 '마음속 폴더' 이야기를 한 적이 있다. 그 폴더에는 사람들이 더 나은 삶을 살도록 돕기 위해 자신이 떠올린 모든 아이디어가 들어 있다. 우리는 최선의 답을 안다고 진심으로 믿는다! 그 폴더를 버려야 할 때가 되었다고 느꼈을 때, 그녀는 순간 이렇게 생각했다.

'그럼, 이제 나는 뭘 하지?'

이것이 핵심이다. 타인을 관리하는 일을 멈출 때, 우리는 비로소 우리 자신을 위한 폴더를 만들기 시작한다.

이것은 연습이 필요한 일이다. 나 또한 아직 완전히 도달하지는 못했지만 점점 나아지고 있음을 느낀다. 이 작업은 내가 꼭 쥐고 있던 비판의 손아귀로부터 타인을 풀어주는 동시에 나 역시 해방시킨다. 사람들이 자기 자신으로 존재하도록 허락하는 만큼, 나 또한 나로 존재하게 된다.

우리는 분명 실수할 것이다. 막을 수 없는 일이다. 그러나 그 순간은 죄책감에 빠질 때가 아니라, 상호적인 관계에서 중요한 도구를 연습할 기회다. 바로 '균열'과 '회복'이다.

애착 이론에서 말하는 '균열Rupture'은 오해, 상처, 감정의 폭발 등으로 관계가 끊어지거나 흔들리는 것을 뜻한다. 관계에서 균열은 피할 수 없다. 대부분 이 사실을 안다. 그러나 '회복Repair'에 대해서는 잘 모르는 경우가 많다. 우리가 사랑하는 이들에게 실수하거나 크게 부딪히고 사과하는 상황이 벌어질 수 있다. 이때 상대에게 다시 돌아가 여전히 관계의 끈이 이어져 있음을 보여줄 때, 그 관계는 괜찮다. 아니, 괜찮은 것을 넘어 더 단단해진다. 회복의 과정이 연결을 강화하기 때문에, 좋지 않았던 순간이 오히려 더 깊은 유대로 바뀔 수 있다.

많은 내담자들에게서 보았듯, 자신의 트라우마 반응을 인식하는 일은 취약함을 한층 열어젖히는 문이 되었다. 그 문 앞에서 우리는 새로운 규칙을 세울 수 있다.

우리는 어떻게 서로를 온전한 존재로 존중할 수 있을까?
나는 어떻게 더 나은 친구, 가족, 동료가 될 수 있을까?
당신에게 진정으로 힘이 되는 지지는 어떤 모습일까, 어떤 느낌일까?
내가 당신의 경계를 넘었을 때, 혹은 너무 물러났을 때, 당신은 나에게 그 사실을 어떻게 알려줄 수 있을까?

이것은 끝이 정해지지 않은 과정이 될 것이다. 때로 헛다리를 짚기도 할 것이다. 상대도 그럴 것이다. 순응 반응에서 벗어나는 일은 바로 그 복잡성을 기꺼이 끌어안는 시도다. 갈등을 피하는 대신, 갈등에 참여하는 능력을 넓혀가는 과정이다. 갈등은 관계의 실패가 아니라, 관계 맺기의 아주 자연스러운 일부이기 때문이다.

이 여정은 더 복잡한 세계로 들어가는 일이기도 하다. 우리가 모든 답을 미리 손에 쥐고 있지 않다는 사실을 받아들이는 일이다. 타인을 달래는 것으로 나의 고통을 달랠 수 없다. 세상의 모든 모서리를 둥글게 만들 수도 없다. 우리가 마주해야 할 날카로움은 분명히 존재한다. 그러나 그 날카로움이야말로, 의식적으로 건강하게 살아낸 '진짜 삶'의 윤곽을 빚어준다.

그레이스 이야기

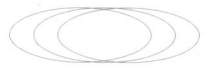

그레이스는 2009년, 내가 개인 클리닉을 열고 얼마 되지 않아 만난 초기 내담자 중 한 명이다. 당시 나이 마흔이었고, 얼마 전 입양한 딸아이를 둔 엄마였다. 그레이스는 진심으로 좋은 엄마가 되고 싶어 했다. 순응 반응을 가진 사람들이 대개 그렇듯, 그녀 역시 처음에는 자신이 아닌 타인을 위해 치료를 시작했다. 본인에게 있는 섭식장애나 왜곡된 신체 이미지, 낮은 자존감 같은 것을 딸에게만은 물려주고 싶지 않다고 말했다.

그 무렵 그레이스는 남편이 알코올 의존 상태라는 사실을 알고 있었다. 공교롭게도 당시 내 남편이었던 마크 역시 알코올 문제가 있는 사람이었다. 그레이스는 자기 남편의 문제를 오히려 나보다 훨씬 분명히 인식하고 있었다. 나는 그로부터 1년이 더 지나서야 마크가 벽장에 숨겨둔 보드카 병들을 발견했다. 그가 얼마나 많은 것을 감추고 있는지, 내가 그것을 얼마나 외면하고 싶었는지를 그제야 알게 되었다.

그 시간 동안 그레이스와 나 모두 각자의 방식으로 '좋은 아내'가 되기 위해 애썼다. 남편의 몫까지 떠안고는 스스로의 가치를 낮추면서 관계가 무너지지 않도록 붙들고 버티고 있었다.

초기 치료는 전형적인 공동의존 모델을 중심으로 진행했다. 중독자인 남편이 아니라 그레이스에게 초점을 맞추는 접근이었다. 물론 그녀의 욕구와 감정을 끌어올리는 일은 중요했다(그레이스는 발 디딜 곳을 정확히 아는 외줄타기 같은 삶을 추구했으며, 삶의 사명은 '아무런 욕구도 없는 사람'이 되는 것이었다). 그러나 나는 곧 깨달았다. 공동의존에 초점을 맞춘 치료 방식이 오히려 역기능적 관계를 강화하고 있었다. 그녀는 공동의존 상태에서 벗어나기 위해 더 사랑받을 만한 사람이 되고자 애를 썼다. 있는 그대로의 자신으로 존재하기보다, 자신을 개선하는 데 여전히 몰두하고 있었다.

그레이스는 상담 초반부터 못을 박았다.

"남편과는 절대 헤어지지 않을 거예요."

남편의 음주 문제와는 별개로, 그녀는 낭만적인 동화 속 세상에 살고 있는 듯 보였다. 심리치료사로서 나는 남편을 둘러싼 보이지 않는 요새를 느꼈다. 만약 그레이스에게 어떤 문제가 생기더라도 그것이 요새 안에서 일어난다면 우리는 그 안으로 들어갈 수 없다. 관계에서 충돌하는 부분이 생기기라도 하면, 그레이스는 기꺼이 자신의 그 부분을 희생할 터였다.

그러나 그녀는 그것을 '자기 포기'라고 여기지 않았다. 영혼의 짝과 함께하기 위해선 누구나 감수해야 할 일이라 믿었다. 그레이스는 관계에 따라 서로 다른 모자를 썼다. 결혼 생활에서 쓴 모자에는 이렇게 적혀 있었다.

"그 무엇도 흔들 수 없는, 진정한 사랑."

나는 그 영원한 사랑의 맹세 위에 노란 경고 테이프가 둘러쳐진 듯한 위화감을 느꼈다. 그러나 그때의 나는 관계성 트라우마나 순응 반응을 아직 분명한 언어로 설명할 수 없었다. 내가 받아온 트라우마 교육은 긴급한 사고를 중심으로 하는 것이었고, 나 자신의 트라우마조차 의미 있는 방식으로 풀어내지 못한 상태였다. 결국 나는 그레이스와 평행한 길을 걷고 있었다. 그레이스와 마찬가지로 눈가리개를 벗지 못한 채, 내 진실과 고통으로부터 스스로를 방어했다.

그레이스는 나와의 관계에 안전감을 느끼기 시작하면서, 반복적으로 꾸는 악몽에 대해 이야기해 주었다. 그중 하나는 이런 것이었다. 푸른색과 금색 벽지로 화려하게 꾸며진 커다란 집에 있는 꿈. 허락을 구하고 들어간 욕실에는 공중화장실처럼 변기가 여러 개 놓여 있었지만 칸막이는 없었다.

"배는 더부룩해 미치겠는데, 남의 집에서 볼일을 보려니 너무 민망했어요."

하지만 다른 선택지가 없었다. 급히 물을 내렸는데 변기가 막혀 있었다. 물은 점점 차올라 결국 바닥으로 흘러넘쳤다. 당황하는 와중에, 넘치는 변기가 하나가 아니라는 것을 알게 되었다. 화장실 안의 모든 변기가 통로 쪽으로 흘러넘치고 있었다. 그레이스는 두 손으로 얼굴을 감싸며 말했다.

"그게 전부 나한테서 나온 거라는 걸 알았어요. 다 제 똥이었어요. 다른 사람 게 아니라요. 그런데 저는 그걸 멈출 수가 없었어요."

그 꿈은 너무도 생생했고, 그녀는 진심으로 괴로워했다. 이야기를 하던 그레이스의 시선이 한순간 내 의자 뒤 어딘가에서 멈추었다.

내 사무실의 낮고 긴 책장 위에는 화분이 네 개 놓여 있다. 그레이스가 넘치는 변기 이야기를 마치던 순간(그녀의 수치심과 당혹감, 부적절하다는 두려움이 한꺼번에 쏟아져 나오던 바로 그때), 커다란 벌레 한 마리가 화분의 가장자리까지 기어올랐다가 책장 위로 툭 떨어졌다. 나는 그 통통한 벌레로 시선을 돌리며 말했다.

"세상에, 이런 동시성이라니, 칼 융이라도 감탄하겠네요."

그 벌레는 마치 그레이스의 꿈, 그리고 이제 막 시작되려는 우리의 과정을 상징하는 듯했다. 오랫동안 숨겨져 있던 것들이 모습을 드러내고 있었다. 그레이스와 내가 마침내 그것을 인정하고 다뤄야 할 순간이 다가왔다.

그녀가 두려워하던 것들, 스스로 '역겹다'고 느꼈던 모든 것은 가시화되어야 했다.

'내가 실제로 어떤 사람인지 알게 되면, 왜 그렇게 모든 걸 숨겨야 했는지 이해할 거야.'

그레이스는 진심으로 이렇게 믿었다. 그레이스도 나도 그때는 몰랐지만, 숨기는 행동의 상당 부분은 순응 반응으로 관리되고 있었다. 그레이스는 나쁜 사람이 아니었다. 옷장에 숨겨둔 말 못할 비밀 같은 것도 없었다. 그녀는 사랑스럽고 친절했으며, 학생들에게는 훌륭한 교사였다. 그러나 내면 깊은 곳에서 그녀는 자신이 더럽고 혐오스럽다고, 아예 다르게 태어났어야 한다고 믿었다. 있는 그대로 존재할 공간이 없었고, 그 긴장은 우울로 나타났다.

그녀는 폭식하거나 아무 생각 없이 할 수 있는 휴대폰 게임을 하며 우울을 달랬다. 겉으로는 괜찮은 것처럼 행동하는 방식으로 고통을 무디게 만들었다. 책임을 다해야 했고, 밝은 표정을 유지해야 했으며, 가족과 직장을 위해 늘 스위치를 켜고 있어야 했다.

그녀의 순응 반응은 우울을 가렸고, 우울은 다시 트라우마를 가렸다.

그레이스는 자신이 아버지를 닮을까 봐 자주 두려워했다. 피자에 양파를 넣지 않겠다고 했다는 이유로 딸을 발로 차 내쫓았던 아버지. 자신을 공포에 떨게 했던 사람처럼 될까 염려하는 것은 내담자들이 공통적으로 보이는 모습이다. 하지만 그레이스의 생각은 거기서 더 나아갔다.

'아빠는 치료 같은 건 절대 받으러 오지 않겠지. 자기가 달라져야 한다는 걸 알아도.'

아버지는 단 한 번도 책임을 진 적이 없었던 반면, 자신은 늘 지나치게 많은 책임을 떠안았다. 그레이스도 그 사실을 알고 있었다. 어릴 적 그레이스는 아버지가 알코올 중독이라는 사실을 몰랐다. 아버지가 갑자기 폭발할 때마다 어머니는 이렇게 말했다.

"할아버지는 훨씬 더 심했어. 네 아빠는 자기가 자란 환경에 비하면 훨씬 잘하고 있는 거야."

아버지의 행동은 그렇게 매번 변호를 받았다. 어머니는 결코 아버지가 하는 일에 개입하지 않았다.

그레이스의 부모는 47년간 결혼 생활을 했고, 함께한 시간은 50년이었다. 그때 아버지의 외도가 드러나면서 '행복한 가정'이라는 환상은 산산이 부서졌다. 부모의 이혼 직후, 그레이스는 나를 찾아왔다.

그녀는 삼 남매 중 둘째였다. 위로 언니가 한 명, 아래로는 그녀가 여섯 살 때 입양된 남동생이 있었다. 가족은 로스앤젤레스의 부촌으로 손꼽히는 벨에어 지역에 살았다. 방 네 개짜리 주택에는 방방마다 욕실이 딸렸고 뒤뜰에는 수영장이 있었다. 겉으로 보기에 부족함이 없었지만, 그레이스는 늘 '우리는 가난하다'는 말을 들으며 자랐다. 어린 그레이스로서는 혼란스러운 일이었다. 무엇이 사실이고 현실인지 분간하기 어려운 상황을 겪으며 그녀는 자기 감각을 믿을 수 없다고 생각하게 되었다.

돈은 가족이 나누는 대화의 단골 주제였다. 사랑, 가치 같은 단어들과 뭉뚱그려 돈 이야기를 입에 올렸다. 한편으로 돈은 그레이스를 통제하는 구실이기도 했다. 아버지는 대학 등록금을 전액 지원해 주었지만, 그 지원에는 수많은 조건이 따라붙었다. 딸의 지적 능력을 은근히 깎아내리는 말들, 어떤 학교는 합격은 꿈도 꾸지 말라는 평가도 함께였다. 결혼식 비용 역시 전부 아버지가 부담했지만 하객 명단과 식장, 음식까지 모든 결정권은 아버지에게 있었다. 그레이스는 자신의 결혼식에 아무런 발언권이 없었다.

겉으로는 후한 지원처럼 보였지만, 여기에는 언제나 강한 통제가 배어 있었다. 결혼식에 남동생을 초대하는 것조차 허락되지 않았다. 당시 아버지와 남동생의 관계가 좋지 않았기 때문이다. 남동생은 정신 건강 문제와 중독 문제로 힘겨운 시간을 보내던 중이었고, 수시로 가출하거나 소년원에 들어가는 일이 반복되었다.

그레이스가 십 대 후반이었을 때, 가족은 남동생을 제외한 채 휴가를 떠난 적이 있었다. 수영장 옆에서 아버지는 태연하게 말했다.

"글쎄, 나는 네 남동생을 진짜 사랑한다고는 못 하겠다. 오해는 하지 마. 너하고 네 언니는 내가 죽을 때까지 사랑할 거다. 너희는 내 핏줄이니까."

그레이스는 그 말을 듣고 역겨움을 느꼈다. 몇 년 뒤, 아버지는 전화를 걸어 이렇게 물었다.

"네 동생을 유언장에서 빼버릴까 생각 중이다. 완전히 제외하는 게 좋을까? 만약 그렇게 하면, 내가 죽고 나서 그 애한테 돈을 나눠주지 않겠다고 약속할 수 있겠니?"

충격을 받은 그레이스는 조심스럽게 제안했다.

"동생 몫을 신탁에 넣는 건 어때요? 그러면 아빠가 걱정하는 것처럼 돈을 다 써버리는 일은 없을 거예요."

한편 그레이스는 가능한 한 빨리 경제적으로 독립했다. 어떻게 보면 아버지에게 묶여 있던 끈을 끊어내는 일 같지만, 그레이스는 말하길, 자신에게 독립은 또 다른 의미였다고 한다. 스스로 경제 감각이 있는 사람이라는 걸 증명하고 싶었다는 것이다. 자기는 믿을 만하고, 똑똑하며, 돈 관리도 잘해 내는 사람이라고 말하고 싶었다. 그러나 아버지에게 점수를 따고 동시에 아버지처럼 되려 했던 그 노력은 역설적인 결과를 낳았다. 아버지는 딸의 자립을 공격으로 받아들였다.

사실 그레이스의 시도는 순응적 메시지를 담고 있었다. '내가 얼마나 아빠를 닮았는지, 아빠가 나를 얼마나 잘 가르쳤는지 보여 드릴게요.' 그럼에도, 딸이 더 이상 자신을 필요로 하지 않는다는 사실에 아버지는 뒤통수를 맞는 것 같은 모욕을 느꼈다. 그때 이후 두 사람의 관계는 이어지다가 끊어지기를 반복했다. 그레이스는 독립 선언 직후 아버지가 남긴 음성 메시지를 내게 들려주었다. 어느 정도 예상은 했지만, 실제로 들으니 상상한 것 이상이었다. 적대감, 분노, 독설, 광기가 넘실거려서 듣고 있기 버거울 정도였다. 그런데도 그레이스는 이렇게 물었다.

"제 인생에서 아버지를 배제하는 게 정말 맞는 걸까요?"

결국 그녀는 선택의 여지가 없다고 느꼈다. 다만, 아버지를 완전히 끊어내기보다는 관계를 적절히 관리하는 편이 더 안전하리라 생각했다. 그러나 아버지와 함께 있는 시간은 견디기 힘들었다.

하누카를 맞아, 그녀는 푸짐한 명절 음식을 차에 싣고 젖먹이 아기까지 데리고서 한 시간 반을 운전해 아버지의 집을 찾았다. 아버지는 새로운 여자 친구와 동거 중이었다. 아버지는 딸들에게 이렇게 말했다.

"괜히 인터넷으로 이 사람에 대해서 찾아보지 마라. 나도 이미다 알고 있으니까. 검색하면 체포 기록이 나와. 메스랑 크랙(코카인) 이력이 있고, 정신과 문제도 있어. 나랑 처음 만났을 때는 성매매도 했었고.”

도착한 지 몇 분도 되지 않아, 그 여자는 그레이스의 코 앞까지 얼굴을 들이밀며 정신없이 말을 쏟아냈다. 몸을 덜덜 떨었고 얼굴에는 땀이 흘렀다.

“내 동생이 고속도로에서 총을 쏴서 방금 체포됐대!”

그레이스의 아기는 다른 방에 재워둔 상태였다. 이런 상황에서도 언니와 아버지는 아무 일도 없다는 듯 대화를 나누고 있었다. 그레이스는 심장이 쿵쾅거렸지만 애써 평온한 표정을 유지했다. 그리고 다시 한번, 평범하고 정상적인 반응으로 비정상적인 상황을 봉합했다.

“그런 일이 있었다니 안됐네요. 우리 이제 애피타이저 먹을 시간이죠?”

비록 그레이스 자신은 오랫동안 참는 법을 익히며 살았지만, 딸에게만큼은 다른 기준을 갖고 있었다. 그래서 남편의 약물과 알코올 문제가 위험한 수준에 다다랐을 때는 재활시설을 알아보고 입소시켰다. 남편이 돌아오면 예전처럼 함께 살 수 있을 거라 믿었다. 그러나 그 믿음은 서서히 무너졌다. 어떻게든 가정을 유지하고 싶었지만, 결혼 생활은 결국 끝나고 말았다.

그 사건은 그녀가 ‘사랑’과 맺는 관계를 근본적으로 바꾸어 놓았다. 그때까지 그레이스는 ‘다른 사람이 나를 사랑하지 않는데,

내가 어떻게 나를 사랑할 수 있어?'라고 생각했다. 자기애가 가능한 사람들은, 분명히 누군가로부터 무조건적인 사랑을 이미 받아보았기에 그럴 수 있는 거라고 믿었다.

순응하는 사람들에게 자기애는 종종 '진짜 사랑'의 대체품처럼 느껴진다. 내가 나를 사랑하면, 바깥에서 사랑을 경험할 기회는 잃게 될 것만 같다. 마치 몸 안에 담을 수 있는 사랑의 총량이 정해져 있기라도 한 것처럼 말이다. 그래서 이들에게 자기애는 일종의 벌이고, 기껏해야 위로상에 지나지 않는다.

그러나 딸에게 좋은 엄마로 남기 위해서라도, 그레이스는 마침내 시선을 자기 안으로 돌려야 했다. 아이를 사랑하는 그 자연스러운 방식으로 자신을 사랑하는 연습을 시작했다. 아이를 '고쳐야 할 문제'로 본 적이 없듯, 자신 역시 그런 존재로 보지 않으려 애썼다. 아이가 인간다운 모습을 숨기지 않고 그대로 드러낼 때 더 큰 사랑을 느끼듯, 자신에게도 같은 태도를 적용해 보기로 했다.

남편이 짐을 뺀 뒤, 둘이 함께 찍었던 사진을 들여다보았다. 예전에는 사진 속에서 남편만 보였다. 그러나 이제는 자신의 모습이 눈에 들어왔다. 거의 처음 있는 일이었다.

어느 세션에서 그레이스는 자신의 이름을 성까지 붙여서, 사랑과 연민을 담아 불러보는 연습을 하고 있다고 말했다. 지금껏 그 이름은 '혼날 일이 생겼다'거나 '나는 본질적으로 문제 있는 사람이다'라는 감각을 불러일으켰다. 이제는 그 연상 작용을 바꾸고 싶었다.

그레이스는 한걸음 떨어져 자신을 바라보는 연습을 시작했다.

자신의 행동과, 그 행동에 대한 즉각적인 판단을 분리하는 연습이었다. 예를 들면, 이불 속에 파묻혀 엠앤엠을 씹으며 '난 완전히 망했어'라는 생각에 빠지는 대신, 그저 이렇게 인식하는 것이다.

'그렇네, 내가 지금 엠앤엠을 먹고 있네.'

그렇게 자신을 바라보는 시선에 호기심과 연민, 그리고 약간의 여유를 길러내고자 했다. 그레이스는 자기 모습을 바라보며 현재 시점에 함께 머무는 법을 익혀갔다. 그렇게 내면의 안전감을 조금씩 쌓아 올렸다.

그레이스에게는 오래된 수치심이 아직 자리하고 있었다. 자신을 위한 이야기를 입 밖으로 낼 때마다 스스로 민폐 덩어리, 성가신 존재가 된 것처럼 느꼈다. 우리는 이 문제를 함께 다루었고, 그레이스는 자신의 감정을 지키는 법을 배웠다. '온전한 나'로 존재하면 문제가 생긴다는 감각은 쉽게 사라지지 않았지만, 무슨 일이 있어도 자신과 함께 머물 수 있는 힘은 점점 단단해졌다.

이혼 후 약물과 알코올에 의존하는 파트너와 공동육아를 시작하면서 그녀는 아이의 안전을 위해 분명한 경계를 세워야 했다. 그래서 양육권 합의서에 면접교섭 시 약물 검사를 통과해야 한다는 조항을 명시했다. 전남편이 아무리 그녀를 구슬리거나 조종하려 들어도 자신이 세운 경계를 지킬 수 있다는 사실을 확인해 나갔다.

아버지와는 한참을 연락 없이 지내다가 일시적으로 연락하기를 반복했다. 어느 땐가, 아버지는 여자 친구를 유언장에 포함하겠다고 밝혔다. 그레이스는 아버지의 선택을 존중하면서도 신중하게 대응하려 했다. 그리고 이렇게 조언했다.

"그 사람은 아빠를 최선에 두고 생각하지 않을 수도 있어요."

그리고 그 사람에게 폭력적 성향이 있음을 상기시키며, 유산 상속 문제를 여자 친구 앞에서 거론하지 않는 게 좋겠다고 말했다. 원래 아버지의 재정적·의료적 권한은 그레이스에게 위임되어 있었다. 그러나 아버지는 여자 친구와 결혼하면서 그 권한을 모두 회수했다. 심지어 그레이스가 자신의 물건을 훔친다고 비난하기도 했다. 하지만 아버지가 병원에 입원해 있는 동안 집 안의 가전제품을 몽땅 팔아 치운 쪽은 그 여자 친구였다.

아버지는 세상을 떠날 때, 새 아내에게 50만 달러를 남겼다. 남동생에게는 25만 달러를, 그레이스와 언니에게는 각각 1만 5,000달러를 남겼다. 그리고 나머지 100만 달러가 훌쩍 넘는 금액은 아버지와 아무 연고도 없는 자선단체에 기부되었다. 남동생의 상속분에는 단서 조항도 붙어 있었다. "상속자가 전액을 사용하지 못한 채 사망할 경우, 그 금액은 자선단체 외 누구에게도 이전될 수 없다."

그레이스는 충격에 빠졌고, 깊이 절망했다. 유언장은 그레이스에게 내리는 처벌이자 '너는 가치가 없다'는 최종 판결문처럼 느껴졌다. 문제는 액수가 아니라 그 안에 담긴 메시지였다.

'아빠는 나를 한 번이라도 진심으로 사랑한 적이 있었을까?'

그 질문이 그녀를 괴롭혔다. 그녀는 평생 아버지의 기분과 요구에 맞추며, 아버지의 마음에 들고자 애썼다. 하지만 아버지는 죽으면서까지 학대와 모욕을 낱낱이, 그리고 끝까지 지속했다. 그녀가 늘 속으로 곪는 듯한 기분을 안고 살았던 것도 당연했다.

그 시기의 슬픔은 내가 보아온 그레이스의 모습 중 가장 깊은 바닥에 가까웠다. 그러나 그녀는 멈추지 않았다. 긴 산책을 이어 갔고, 아이와 자신을 돌보았고, 타인을 달래고 맞추는 일을 멈추는 법을 배웠다. 무엇보다, 자신을 놓지 않았다. 자신이 어디에서 시작되고 어디에서 끝나는지 알게 되면서 예전의 꿈속, 범람하던 오물이 전부 자신의 것은 아님을 깨달았다. 내가 누구인지, 나의 인간됨은 어떤지를 직시하면서 아버지에 대한 시선도 그 어느 때보다 선명해졌다. 그동안 그녀는 가족 안에서 희생양이 되어 너무 많은 고통과 역기능을 떠안았다. 그러는 동안 자신이 '너무 과하다'고, 이 모든 결과가 다 자기 탓이라고 믿게 되었다. 그 맥락이 이제는 분명히 눈에 보였다.

그레이스는 지금도 내 내담자다. 매주 만나지는 않지만, 우리의 여정은 16년째 이어지고 있다. 우리는 서로가 결혼반지를 빼는 순간을 지켜보았고, 새로운 사람을 만나며 자신을 찾아가는 과정도 함께 보았다.

치료의 중심은 점점 더 '그녀 자신'으로 옮겨가서, 그녀가 무엇을 좋아하고 무엇을 싫어하는지, 어떤 감정을 느끼는지, 어떻게 자기 입장을 옹호할 수 있는지에 초점을 맞추었다. 예전의 틀과 규칙이 여전히 그레이스 주변을 맴돌지만, 이제는 그것을 감지할 수 있다. 그레이스는 자신을 사랑하는 방법을 계속 배우고 있다. 자기애는 대체물이 아니라, 그녀에게 꼭 필요했고 마땅히 누려야 할 것이었다.

그녀 안의 한 부분은 여전히 결혼에 대해 품었던 동화 같은 환상을 그리워한다. 또 다른 부분은 아버지가 남긴 모욕의 흔적을 떠올리며 흔들린다. 그러나 이제는 그런 것들이 자신을 정의하지 않는다는 것을 안다. 자신은 똑똑하고 강하며, 자격 있는 사람이라는 것을 잘 알고 있다.

그레이스는 늘 그랬듯이 지금도 훌륭한 어머니이고 뛰어난 교사다. 나에게도 그렇다.

나 역시 그레이스와의 관계를 통해 달라졌다. 이런 고백이 전문가답지 않게 들릴지도 모르겠다. 하지만 내담자들이 나에게서 뭔가를 얻어가길 바라는 만큼, 나 역시 그들로부터 배우고 성장한다. 그레이스와 나는 함께 자랐다고 해도 과언이 아니다.

처음 그녀를 만났을 때의 나는 '모든 답을 알고 있어야 한다'는 심리치료사의 모자를 쓰고 있었다. 그레이스의 꿈에 빗대자면, '내 상담실 안에 내 똥은 절대 쏟아져선 안 된다'고 믿었다. 그러나 결국 그것은 내 선택으로 어찌할 수 있는 문제가 아님을 깨달았다.

심리치료사로 막 일을 시작하던 시절, 나는 균형을 잃고 있었다. 순응 반응이 다시 작동하면서 나라는 사람은 거의 존재하지 않는 듯했다. 내담자에게 과도하게 몰입한 상태였다. 치료 과정은 내담자를 중심으로 하지만, 그 책임은 모두 나에게 있다고 생각했다. 나부터 '나'로 존재하지 못했기에, 내담자들 또한 그들 자신으로 설 수 있도록 힘을 실어줄 수 없었다.

내담자들은 내가 성을 바꾸고, 아이를 낳고, 사무실에 큰 짐볼을 들여와 앉는 모습을 지켜보았다. 특히 회고록과 온라인 매체로 나의 경험을 나누는 일은 두려웠다. 스스로를 트라우마 생존자라고 밝히면서 '앞으로 나 같은 치료사에게 치료를 맡길 사람이 있을까?' 싶기도 했다.

하지만 솔직해졌다고 해서 내담자를 잃은 적은 없다. 오히려 내가 그 과정을 거쳐왔기에, 그들을 더 잘 알아보고 인정해 줄 수 있다고 내담자들은 말한다. 이런 관계 중심의 접근이 모든 심리치료사나 내담자에게 적합하다고 생각하지는 않는다. 그러나 복합 트라우마를 다루는 나와 내담자들에게는, 그것이 유일한 길이었다.

많은 이들이 심리치료사가 자신을 평가할까 두려워한다. '아이고, 이 사람 또 이러네.' 하면서 마음속 체크리스트에 기록할 것만 같다. 그러나 내가 소파 반대편에 앉아 보내온 시간 동안 느낀 감정은 주로 '경이로움'과 '영감'이었다. '살아 있음'과 '연결됨'이었다.

수년 동안 만났던 많은 내담자들이 내게 말했다.

"하루 종일 남들 힘든 얘기 들으면 지치지 않으세요?"

그러나 나는 한 번도 그렇게 느낀 적이 없다. 내게 이 일은, 사람들이 자신과 사랑에 빠지는 모습을 지켜보는 과정이었다. 그 마법을 우리가 함께 만들어 가는 감각이었다. 매 순간이 거대한 깨달음은 아니었지만, 여정 전체를 보면 그러했다.

나는 나의 내담자들에게 깊은 애정을 느낀다. 이 역시 전문가로서 적절한 표현이 아닐지도 모른다. 하지만 그들을 사랑하는 것

말고는, 그들에게 그렇게 용기를 북돋고, 결국 그것을 현실로 만들 다른 방법을 알지 못한다. 그들이 자신에게 다가가고 자신을 사랑하게 되는 과정을 지켜보며 나 또한 내 안의 새로운 면과 만났다. 그들 한 명 한 명의 삶에서 가능해진 것을 통해, 내 삶의 가능성도 보게 되었다.

나의 내담자들이 없었다면 나는 이 책을 쓰지 못했을 것이다. 이 책 전체에서 보았듯, 그들의 이야기는 나의 이야기와 떼어서 생각할 수 없다. 우리는 순응 반응이 진정 무엇인지 함께 탐색했다. 그들이 보여준 통찰과 솔직함 덕분에, 지금껏 누구도 이만큼 온전히 지면에 담지 못했던 것에 대해 마침내 이름 붙일 수 있었다.

이 책은 나의 책이고, 동시에 그들의 책이다.

옮긴이 최시은

고려대학교에서 심리학을 전공하고 현재 바른번역 소속 번역가로 활동하고 있다.

감수 김현수

명지병원 정신건강의학과 임상 교수. 정신보건, 자살 예방, 지역사회 트라우마 회복 등의 분야에서 20년 넘게 일해왔다. 경기도광역정신건강복지센터, 복지부 중앙심리부검센터, 안산 정신건강트라우마센터, 서울시 자살예방센터 등에서 센터장으로 활동했으며, 코로나 시기에는 서울시 COVID19 심리지원단 단장을 맡았다. KBS 「아침마당」, EBS 「부모클래스」, 「세바시」 등에 다수 출연한 바 있으며, 학업을 중단한 청소년들을 위한 치유형 대안 학교 '성장학교 별' 운영의 공로로 2021년 교보재단에서 주는 참사람 대상을, 느린 학습자, 경계선급 청년들의 인권을 확대하는 활동을 인정받아 2022년 태평양·동천재단이 주는 태평양 공익 인권상을 수상했다. 지은 책으로 『스몰 트라우마』, 『괴물 부모의 탄생』, 『무기력의 비밀』, 『요즘 아이들 마음고생의 비밀』, 『사춘기 마음을 통역해 드립니다』, 『선생님, 오늘도 무사히!』 등이 있다.

포닝

초판 1쇄 발행 2026년 5월 4일

지은이 잉그리드 클레이튼

책임 편집 임성은
디자인 STUDIO BEAR
경영지원 임효순
펴낸이 정덕식, 김재현

출판등록 2009년 10월 14일 제300-2009-126호
주소 서울특별시 마포구 성암로 189, 1707-2호
전화 02-734-0981
팩스 02-333-0081
메일 sensio@sensiobook.com

ISBN 979-11-6657-226-5 03180

소중한 원고를 기다립니다. sensio@sensiobook.com